泥水盾构工程关键工序施工管理实践

北京兴油工程项目管理有限公司 著

石油工业出版社

内容提要

本书详细描述了盾构施工过程中的各项技术管理要求及检查要点，整理并总结为竖井施工、管片预制、盾构掘进、竖井施工关键工序检查卡、管片预制关键工序检查卡和盾构掘进关键工序检查卡六部分，能够有效帮助各级管理人员深刻了解盾构施工关键工序管理标准，掌握盾构施工工艺流程及工法要点，规范盾构工程施工现场管理，指导盾构工程现场管理工作。

本书旨在为泥水盾构隧道施工各级管理人员和供应商提供指导。

图书在版编目（CIP）数据

泥水盾构工程关键工序施工管理实践 / 北京兴油工程项目管理有限公司著 . -- 北京：石油工业出版社，2025.4. -- ISBN 978-7-5183-7448-9

Ⅰ. U455.43

中国国家版本馆 CIP 数据核字第 2025ZG6080 号

出版发行：石油工业出版社
（北京安定门外安华里 2 区 1 号楼　100011）
网　址：www.petropub.com
编辑部：（010）64523655　　图书营销中心：（010）64523633
经　销：全国新华书店
印　刷：北京中石油彩色印刷有限责任公司

2025 年 4 月第 1 版　2025 年 4 月第 1 次印刷
787×1092 毫米　开本：1/16　印张：23.25
字数：490 千字

定价：100.00 元
（如出现印装质量问题，我社图书营销中心负责调换）
版权所有，翻印必究

《泥水盾构工程关键工序施工管理实践》

编 委 会

主　任：李广超
副主任：成　波
编　委：杨占东　刘育峰　梁　峰　杨　成　杨保增
　　　　秦星宾　李宏鑫

编 写 组

主　编：赵　良
副主编：吴军时
成　员：周邦国　田　伟　赵盛刚　杜经伟　邱英龙
　　　　刘　朝　郭精学　张　强　曹世敏　文利豪
　　　　张成宇　段宏亮　曹晓军　胡紫维　黄华伦
　　　　李松坡　唐世刚　罗　继　吴　超　郭盛统
　　　　赵　博　张海奎　管加州　胡泽华　宋世豪
　　　　谭　星　简子川　高　亮　齐奂超　王镌博
　　　　高铭骏　徐国强　石　川　刘　媛　张静宇
　　　　苗淑伟　袁泽浩　王承堃　张　伟　丛嘉男
　　　　程六四　苏金文　贺国勇　齐广运　丛　飞

前 言

近年来，随着科技的不断进步，盾构施工技术取得了显著的进步，当今中国已是世界上隧道及地下工程规模最大、数量最多、地质条件和结构形式最复杂、修建速度最快的国家，中国盾构技术已经实现了从零起步到世界领先的水平。随着国家基础建设力度不断加大，跨江越海隧道工程不断增加，盾构施工将发挥越来越重要的作用。盾构施工由于其自动化程度高，地下施工不受干扰，施工过程中有衬砌支护可确保其安全可靠等特点，越来越多的铁路、公路、市政、供水、供气、防洪、水电、油气管道等隧道工程的建设都采用盾构法施工。

盾构是一项集设备应用、施工管理、材料生产为一体的大型复杂施工工艺，施工过程中每一道关键工序都是决定盾构成败的关键因素。因此，深刻了解盾构施工关键工序管理标准，掌握盾构施工工艺流程及工法要点，对于盾构施工管理显得尤为重要。本书以国内某重点泥水盾构项目中的竖井施工、管片预制、盾构掘进施工管理实践为例，整理并总结了泥水盾构施工各工序关键控制参数及管理要求，用以规范盾构现场施工管理，指导各级管理人员现场应用。本书共分为六大部分，包括竖井施工、管片预制、盾构掘进、竖井施工关键工序检查卡、管片预制关键工序检查卡、盾构掘进关键工序检查卡，详细描述了盾构施工过程中的各项技术管理要求及检查要点，能够有效指导盾构工程现场管理工作。本书中部分数据取自项目设计数据，仅作参考，不作为盾构施工的标准依据。

笔者多次深入施工现场，了解施工一线管理实际。在本书编写过程中，笔者还得到了相关盾构建设单位、监理单位、设计单位、施工单位各级领导、专家以及同事们的关怀与支持，在此表示衷心的感谢。随着盾构科技的不断发展，施工工艺的不断创新，我们将及时对本书进行修订，以确保其始终保持科学性、先进性和实用性。书中如有不当之处，恳请各位读者批评指正。

目 录

1 竖井施工 ·· 1
   1.1 管理依据 ·· 1
   1.2 管理原则 ·· 1
   1.3 管理内容 ·· 2
       1.3.1 地基加固 ··· 2
       1.3.2 围护结构 ·· 12
       1.3.3 降水系统 ·· 35
       1.3.4 基坑开挖 ·· 42
       1.3.5 主体结构施工 ·· 49
       1.3.6 防水工程 ·· 82

2 管片预制 ·· 89
   2.1 管理依据 ··· 89
   2.2 管理原则 ··· 90
   2.3 管理内容 ··· 90
       2.3.1 管片生产 ·· 90
       2.3.2 管片存储堆放 ··· 109
       2.3.3 管片运输 ·· 111

3 盾构掘进 ·· 115
   3.1 管理依据 ··· 115
   3.2 管理原则 ··· 115
   3.3 管理内容 ··· 116
       3.3.1 盾构机吊装与组装 ··· 116
       3.3.2 盾构分体始发 ··· 144
       3.3.3 盾构掘进姿态及方向管理 ·· 156

		3.3.4 泥水处理及渣土弃运	161
		3.3.5 管片拼装	176
		3.3.6 同步注浆	185
		3.3.7 盾构掘进带压进仓换刀	190
		3.3.8 盾构接收及拆机	203
		3.3.9 盾构下穿建构筑物	213
		3.3.10 物料运输、通风及管线路布置	235
		3.3.11 盾构掘进测量及监测	253

4 竖井施工关键工序检查卡 … 263

4.1 地基加固 … 265
4.1.1 三轴搅拌桩 … 265
4.1.2 高压旋喷桩 … 266

4.2 围护结构 … 268
4.2.1 塑性地下连续墙 … 268
4.2.2 钢筋地下连续墙 … 270

4.3 主体结构 … 290
4.3.1 地下连续墙超灌混凝土破除 … 290
4.3.2 冠梁施工 … 291
4.3.3 环梁施工 … 297
4.3.4 侧墙施工 … 301

4.4 土方开挖 … 306
4.5 防水工程 … 307
4.6 脚手架工程 … 310
4.7 降水井施工 … 312

5 管片预制关键工序检查卡 … 315

5.1 钢筋工程 … 316

		5.1.1 钢筋原材	316
		5.1.2 钢筋半成品加工	317
		5.1.3 钢筋笼焊接	319
		5.1.4 钢筋笼安装	320
	5.2	混凝土工程	322
		5.2.1 混凝土原材的选用	322
		5.2.2 管片生产流水线作业	326
		5.2.3 混凝土拌合质量控制	328
	5.3	模板工程	329
	5.4	管片养护	331
	5.5	管片试验	332
		5.5.1 管片拼装检验	333
		5.5.2 渗漏检验	334
		5.5.3 抗弯性能检验	336
	5.6	管片成品检验	339
		5.6.1 管片尺寸检验	339
		5.6.2 外观质量检验	340
	5.7	管片储存与运输	341
6	盾构掘进关键工序检查卡		343
	6.1	盾构机	343
		6.1.1 盾构机简介	343
		6.1.2 盾构机各设备参数	344
	6.2	盾构机吊组装	347
		6.2.1 吊装设备选型	347
		6.2.2 吊扣选择	350
	6.3	盾构掘进	351
	6.4	盾构掘进姿态及方向管理	353

6.5	泥水处理 ……………………………………………	353
6.6	管片拼装 ……………………………………………	355
	6.6.1 管片拼装准备 …………………………………	355
	6.6.2 管片拼装精度控制 ……………………………	355
6.7	同步注浆 ……………………………………………	357
6.8	盾构带压进仓换刀 …………………………………	358
	6.8.1 盾构带压开仓标准 ……………………………	358
	6.8.2 常规带压进仓气体检测标准 …………………	359
6.9	盾构掘进监测及测量 ………………………………	359

1 竖井施工

1.1 管理依据

竖井施工管理一般依据以下标准。
（1）《建筑工程施工质量验收统一标准》（GB 50300—2013）；
（2）《建筑施工安全检查标准》（JGJ 59—2011）；
（3）《建筑与市政工程施工现场临时用电安全技术规范》（JGJ/T 46—2024）；
（4）《建筑基坑支护技术规程》（JGJ 120—2012）；
（5）《建筑地基基础设计规范》（GB 50007—2011）；
（6）《建筑地基处理技术规范》（JGJ 79—2012）；
（7）《环境空气质量标准》（GB 3095—2012），《环境空气质量标准》（GB 3095—2012）修改单（2018）；
（8）《地下水质量标准》（GB/T 14848—2017）；
（9）《声环境质量标准》（GB 3096—2008）；
（10）《建设工程施工现场供用电安全规范》（GB 50194—2014）；
（11）《油气输送管道穿越工程施工规范》（GB 50424—2015）；
（12）《石油天然气建设工程施工质量验收规范 油气输送管道穿越工程 第3部分：水域隧道穿越工程》（SY/T 4216.3—2018）。

1.2 管理原则

（1）贯彻执行国家的方针、政策及相关的工程施工规范、规定，当地政府的相关制度；
（2）确保满足建设单位、监理单位、设计单位的管理要求；
（3）严格按照实施性施工组织设计总体安排，合理编制，确保履约；
（4）符合国家和地方关于环境保护、职业健康安全、水土资源及文物保护、节能减排的要求；
（5）对盾构项目职业健康危害主要影响因素进行识别并采取措施。

1.3 管理内容

竖井工程作为盾构的关键性工程，具有技术复杂、危险性大、施工周期长、涉及学科多等特点。为实现全过程监督、全工序确认，有效指导施工标准化管理，编写人员依据现行国家标准规范设计图纸，以国内某工程始发井为例，整理并总结了竖井地基加固、围护结构、支护与土方、主体结构、防水工程、基坑降水等分部分项工程关键控制参数及管理要求，指导开展现场管理工作，规范现场施工行为，有效提高现场管理水平。

1.3.1 地基加固

1.3.1.1 三轴搅拌桩

1.3.1.1.1 工序介绍

三轴水泥搅拌桩施工原理：水泥搅拌桩是我国在20世纪70年代发展起来的地基处理新技术，它是通过特制的深层搅拌机械在地层深部就地将软土和水泥强制拌和，使软土硬结而提高地基强度。这种方法适用于软弱地基的处理，对于淤泥质土、粉质黏土及饱和性土等软土地基的处理效果显著，处理后可以很快投入使用，施工速度快；在施工中无噪声、无振动，对环境无污染。

1.3.1.1.2 施工工法

三轴搅拌桩施工顺序如图 1.1 所示。为满足止水效果，三轴搅拌桩施工采用套打施作，桩与桩相交部分为重复套钻，以保证桩与桩之间充分搭接，确保墙体的连续性和接头的施工质量，达到止水的作用。

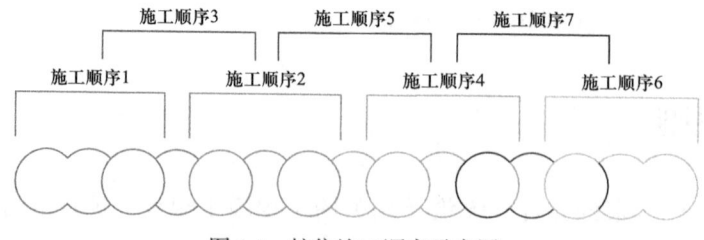

图 1.1 桩位施工顺序示意图

1.3.1.1.3 作业管理统一规定

（1）作业准备。

① 场地平整。为保证三轴搅拌桩设备整体平整，施工前应进行场地整平，确保桩机整体稳定，以便桩机就位后调整钻杆垂直度满足设计要求。

② 测量放样。在场地清理整平后进行放样，放样包括两项内容：一是根据设计资料放出打设宽度；二是根据设计画出布桩平面图，标明排列编号，放出具体桩位。

③ 开挖沟槽。根据三轴搅拌桩桩位中心线用挖机开挖槽沟，沟槽尺寸为宽1.2m，深1～1.2m。开挖导向沟槽余土应及时处理，以保证桩机水平行走。根据设计要求间距在轨面设定施工分档刻度标记，准确定位出每一根搅拌桩的位置并编号。

④ 桩机就位。由现场施工员、桩机班长统一指挥桩机就位，桩机下铺设钢板及路基板，移动前看清前、后、左、右各位置的情况，发现有障碍物应及时清除，移动结束后检查定位情况，及时纠正，桩位偏差≤50mm。桩机应平稳、平正，并用全站仪或线锤进行观测，确保钻机的垂直度，搅拌桩垂直度精度≥1/200。三轴搅拌桩机位于水平位置时，采用全站仪对三轴搅拌桩基的钻杆进行垂直度校正，校正完成后进行三轴搅拌桩施工。

⑤ 桩长控制标记。施工前根据图纸计算三轴搅拌桩施工桩长并根据桩长在钻杆上做好标记，控制搅拌桩桩长≥设计桩长，当桩长变化时擦去旧标记，做好新标记。在施工过程中通过对标记来实现对桩长的控制。

（2）工艺流程。喷浆搅拌桩施工工艺流程如图1.2所示。

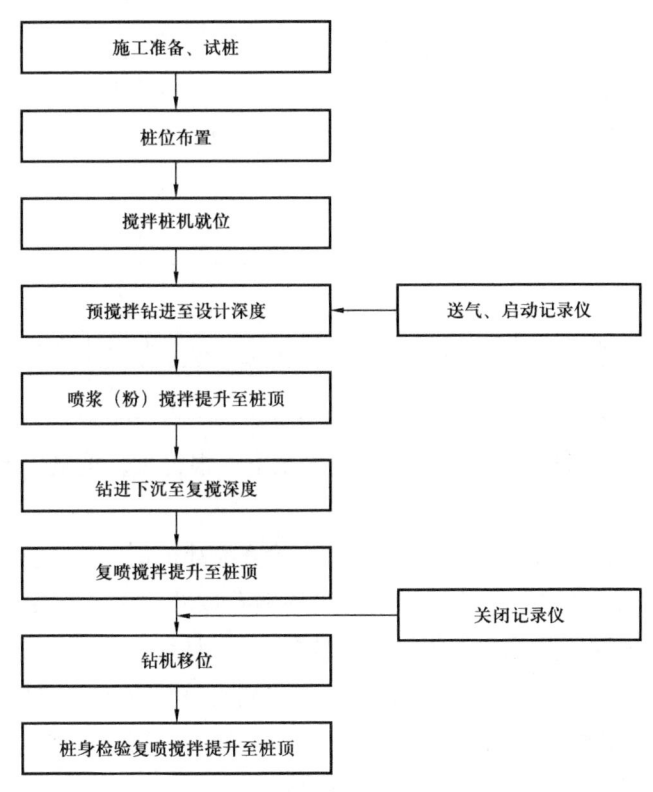

图1.2 搅拌桩施工工艺流程

（3）施工要求。

① 制备水泥浆液及浆液注入。开钻前对拌浆工作人员做好交底工作，在施工现场配备电脑计量的自动搅拌系统和散装水泥罐，以确保浆液质量的稳定。在特别软弱的淤泥和淤泥质土中应再适当提高水泥掺量及搅拌喷射时间。

② 压浆钻进与搅拌。水泥浆配制好后，停滞时间不得超过 2h，因故搁置超过 2h 以上的拌制浆液，应作废浆处理，严禁再用。搭接施工的相邻搅拌桩施工间隔不得超过 12h。注浆时通过 2 台注浆泵 2 条管路同 Y 形接头在 H 口进行混合，注浆压力为 1.5~2.5MPa，注浆流量为 140~200L/（min·台）。

③ 压浆提升与搅拌。

三轴水泥搅拌桩止水帷幕施工，在桩体范围内水泥和原状土须均匀搅拌，下沉和提升过程中均为注浆搅拌，同时严格控制下沉和提升速度。下沉速度为 0.5~1.0m/min，提升速度为 1.0~1.5m/min，在桩底部分宜重复搅拌注浆。

按照三轴搅拌桩的施工工艺，三轴搅拌机在下钻时，注浆的水泥浆用量占总数的 70%~80%，而提升时为 20%~30%。按照技术交底要求均匀、连续注入拌制好的水泥浆液，钻杆提升完毕时，设计水泥浆液全部注完。

三轴搅拌桩主要施工技术参数见表 1.1。

表 1.1　三轴搅拌桩施工技术参数表

序号	项目	技术指标
1	水泥掺量	注浆的水泥用量占总数的 70%~80%，而提升时为 20%~30%
2	下沉速度 /（m/min）	0.5~1.0
3	提升速度 /（m/min）	1.0~1.5
4	搅拌转速 /（r/min）	30
5	浆液流量 /［L/（min·台）］	140~200
6	注浆压力 /MPa	1.5~2.5

④ 桩机移位。施工完一根桩后，移动桩机至下一根桩位，重复以上步骤进行下一根桩的施工。

⑤ 试验检测。成桩 7d 后采用浅部开挖桩头检查搅拌桩均匀性，测量成桩直径，检查数量≥总桩数 5%。深层搅拌桩的加固效果采用钻孔取芯法进行检测，成桩 28d 后钻取桩身芯样检验抗压强度，验桩数量为施工总桩数 2%，且须≥3 根。加固后无侧限抗压强度 >1.0MPa，渗透系数 $k \leqslant 1 \times 10^{-7}$ cm/s，在每根检测桩桩径方向 1/4 处、桩长范围内垂直钻孔取芯，观察其完整性、均匀性，拍摄取出芯样的照片，取不同深度的 3 个试样做无侧限抗压强度试验。钻芯后的孔洞采用水泥砂浆灌注封闭。

⑥ 特殊情况处理。

a. 施工冷缝处理。

水泥土搅拌桩搭接施工的间隔时间应≤24h，当超过 24h 时，搭接施工时应放慢搅拌速度。若无法搭接或搭接不良，应作为冷缝记录在案，并经监理和设计单位认可后，采取在搭接处补做搅拌桩或旋喷桩等技术措施，确保搅拌桩的施工质量。

施工过程中一旦出现冷缝则采取在冷缝处围护桩外侧补搅水泥搅拌桩方案，在围护桩达到一定强度后进行补桩，以防偏钻，保证补桩效果，补桩与原搅拌桩搭接厚度约10cm。

b.垂度、直度控制及纠斜措施。准确定位桩的平面位置，桩机就位严格按桩的平面位置就位；对于有偏斜的桩位，采用加桩的措施，在其背面补做加强桩。

c.遇障碍物的处理措施。在碰到地面沟或地下管线无法按设计走向施工时，施工单位宜与业主、设计、监理共同协商，确定解决办法。

d.意外停机时的应急措施压浆提升与搅拌。发生意外停机事件，将钻杆下沉0.5m，重新喷浆搅拌，防止出现断桩或夹层现象，若两桩咬合超过24h，则第二根桩采用增加20%浆量，或采用加桩。

e.其他情况的处理。施工过程中，如遇到停电或特殊情况造成停机导致成墙工艺中断时，均应将搅拌机下降至停浆点以下0.5m处，待恢复供浆时再喷浆钻搅，以防止出现不连续墙体；如因故停机时间较长，宜先拆卸输浆管路，进行清洗，以防止浆液硬结堵管。发现管道堵塞，应立即停泵处理。待处理结束后立即把搅拌钻具上提和下沉0.5m后方能继续注浆，等10~20s恢复向上提升搅拌，以防断桩发生。

（4）劳动组织。每个作业班组配置的作业人员见表1.2。

表1.2 搅拌桩每个作业班组人员配备表

序号	工种	人数	备注
1	测量、放线	2	钻孔前测量进行放设点位
2	技术主管	1	技术方案编制、交底编制
3	值班工程师	2	现场的技术管理和质量管理
4	电工	1	现场电器设备的维护和运行管理
5	浆液配制及输送	4	
6	前台指挥	2	
7	空压机操作工	2	
8	桩机操作工	2	负责钻孔喷浆
9	普工	4	
10	合计	20	

（5）材料要求。

①原材料应符合设计要求，施工用水的水质应符合工程用水标准。搅拌桩加固料的种类、规格及质量应符合设计要求。进场时应验证产品质量证明文件，并现场抽样检验，合格后方可使用，严禁使用受潮、结块、变质的加固料。

②搅拌桩加固料运输时应封闭覆盖，存放应遮盖、防潮。加固料浆液应按试验确定的配合比采用机械拌制，浆液应随拌随用，配制好的浆液不应离析，供浆应连续。

(6）设备机具配置。

表 1.3　设备机具配置

序号	设备名称	规格型号	数量	备注
1	三轴搅拌桩机	ZLD180/85-3	1 台	附带钻杆
2	注浆泵	BW-250	1 台	
3	散装水泥自动拌浆系统	BZ-20L	1 套	
4	储浆桶	3m³	1 只	
5	空压机	VF6/7，6m³	1 台	
6	储气罐	LJ.S-D07-193-00	1 台	
7	电子配料秤	XK31CB4	1 台	
8	挖掘机	PC200	1 台	根据现场情况
9	水泥罐	100t	3 个	

1.3.1.1.4　质量控制要点

（1）成桩质量控制。

① 施工前应通过成桩试验确定搅拌下沉和提升速度、水泥浆液水灰比、水泥掺量等工艺参数及成桩工艺，成桩试验应≥5 根。

② 水泥必须经检验合格后方可入场，严禁使用过期、受潮、结块、变质的水泥。

③ 成桩质量要求：桩径偏差±10mm 以内，桩底标高允许偏差+100mm、-50mm，桩位平面偏差≤50mm，桩体垂直度偏差≤1/200。严格控制浆液配比，保证浆液质量，水灰比宜控制在 1.0～1.5 范围内。

④ 采用连续搭接的施工方法。每根桩开钻后必须连续作业，不得中断喷浆，以保证浆液的连续均匀。

⑤ 成桩采用二次搅拌工艺，一般下沉喷浆量控制在每幅桩总浆量的 70%～80%，提升时喷浆量控制在 20%～30%，压浆速度应与钻头提升或下沉速度相配合，确保额定浆量在桩身长度范围内分布均匀。

⑥ 施工前应制定周密的施工组织设计和操作大纲，确保水泥掺合的均匀度和水泥与土体的搅拌均匀性，并认真做好各项记录工作。

⑦ 成桩后 7d 采用浅部开挖桩头检查搅拌桩均匀性，量测成桩直径，检查数量≥总桩数 5%。成桩后 28d 钻孔取桩身芯样检验抗压强度，检验数量为施工总桩数 2%，且≥3 根。加固后无侧限抗压强度应>1MPa，渗透系数应<1×10^{-7}cm/s。

（2）水泥浆液质量控制。

① 用比重仪随时检查水泥浆的密度。土体应充分搅拌，严格控制钻孔下沉、提升速度，并保持匀速下沉（提升），搅拌提升时不应使孔内产生负压造成基坑围护地基沉降，

在桩机钻杆身上做好明显标志,严格控制隔水帷幕桩顶和桩底标高。

② 压浆阶段输浆管道不能堵塞,不允许发生断浆现象,全桩须注浆均匀,不得发生土浆夹心层。

③ 发生管道堵塞,应立即停泵处理。待处理结束后立即把搅拌钻具上提和下沉 0.5m 后方能继续注浆,等 10～20s 恢复向上提升搅拌,以防断桩发生夹层等。

(3) 施工质量管理要求。

① 关键工序实施前编制详细的作业指导书,并明确技术要求和质量标准。

② 严格执行"三检"检查制度,由质检工程师组织分项工程技术员、质量检查员、班组长做检查,做出较详细的文字记录并签字确认。

③ 施工过程中随时检查施工记录,检查重点为水泥用量、桩长、制桩过程中有否断桩现象、搅拌提升时间;成桩质量要求为孔径与设计桩径偏差 ±10mm 以内,桩底标高允许偏差 +100mm、−50mm,桩位平面偏差≤50mm,垂直偏差≤1/200。现场施工人员认真填写施工原始记录。

④ 专职管理人员(技术员或施工员)施工过程必须全程旁站盯岗,严格监督是否按照控制要求施工,填写盯岗记录,留有后期查询的文字依据。

⑤ 为监督管理人员履职履责情况,规定将一定时间或关键点的施工情况按时上传至 QQ、微信等交流群,目的是监督人员是否在岗和质量控制情况。

1.3.1.1.5　HSE 检查控制要点

(1) 督促承包商编制地层加固的专项施工方案,严格审核方案中各项 HSE 控制措施,需要进行专家论证的方案必须及时完成专家论证,现场加固方案审批手续必须在施工前完成。

(2) 审核承包商地层加固施工的 HSE 等管理文件、人员、应急物资设置是否齐全,符合开工 HSE 要求后方可开工。

(3) 严格执行班前讲话交底制度,及时辨别并分析地层加固施工作业过程中各种安全风险。

(4) 施工现场的电器设备设置要制定有效的安全管理制度,张贴相应的操作规程,现场电线及电气设备设施由专业电工定时进行检查。

(5) 地层加固施工现场配电箱设置总开关,要做到一机一闸一漏电保护器,电缆线及支线架空或埋地,架空敷设采用绝缘子,不直接绑扎在金属构架上,严禁用金属裸线绑扎,所有电气设备和金属外壳具备良好的接地和接零保护,所有的临时电源和移动电具装置有效的二级漏电保护开关。

(6) 所有进场设备(如三轴搅拌桩、高压旋喷桩)必须在使用前经过承包商验收,完成报验流程,监理人员在现场核实过程中,要求设备及操作人员证件齐备方可投入使用。

(7) 三轴搅拌等设备桩架拆装时,存在吊装作业、高处作业的,必须完成作业票据办理手续后方可进行相应作业，在拆装区域必须设置警戒线，且有专人监护。

（8）进场三桩架移位时，桩架底下的钢板路基箱必须铺垫平直。桩架移位时，须有专人监护。

（9）三轴搅拌桩等设备顶端高处避雷电设施安装到位，在施工过程中必须保证性能良好，无破损，避免防雷电击事故发生。

（10）泥浆外运作业必须选择专业资质符合条件且有相关丰富经验的承包商进行渣土运输作业，监理在审查承包商资质时必须进行核实，确保承包商选择符合要求。

（11）严格审查承包商报审的渣土外运方案中的各项环保措施及要求等，确保各项措施符合现场实际作业情况。

（12）确保废弃泥浆能够及时处理并外运，同时泥浆池等周围必须设置硬防护、警示标语等。

（13）地层加固施工过程中成孔、成桩时应防止泥浆外泄，设置专门导流渠或者泥浆泵进行抽排处理。

（14）要求废弃泥渣必须采用封闭式专用泥浆运输车进行泥浆运输，泥渣要运输到指定地点排放，外运过程中必须做到严密覆盖，避免洒落等情况。

1.3.1.2 高压旋喷桩

1.3.1.2.1 工序介绍

高压旋喷桩是高压喷射注浆法地基处理的一种，是利用钻机等设备，把安装在注浆管底部侧面的特殊喷嘴，置入土层设计深度后，利用高压泥浆泵等装置，以一定的压力把浆液从喷嘴中喷射出去冲击破坏土体，同时借助注浆管的旋转和提升运动，使浆液把从土体上崩落的土搅拌混合，经一定时间的凝固，便在土中形成圆柱状的固结体，与周围土共同承受荷载。

1.3.1.2.2 施工工法

旋喷桩沿塑性混凝土墙与三轴搅拌桩之间布设，具体如图1.3所示。

1.3.1.2.3 作业管理统一规定

（1）作业准备。

① 桩位放样。施工前用全站仪测定旋喷桩施工的钻孔点，合格后用钢尺和测线实地布设桩位，现场采用木桩钉紧，一桩一签，保证桩孔中心移位偏差＜50mm。

② 钻机就位。钻机就位后，对桩机进行调平、对中，调整桩机的垂直度，保证钻杆与桩位一致，偏差应在10mm以内，钻孔前应调试空压机、泥浆泵，使设备运转正常；校验钻杆长度，并用红油漆在钻塔旁标注深度线，保证孔底标高满足设计深度。

③ 引孔钻进。钻机施工前，应首先在地面进行试喷，在钻孔机械试运转正常后，开始引孔钻进。钻孔过程中要详细记录好钻杆节数，保证钻孔深度准确。

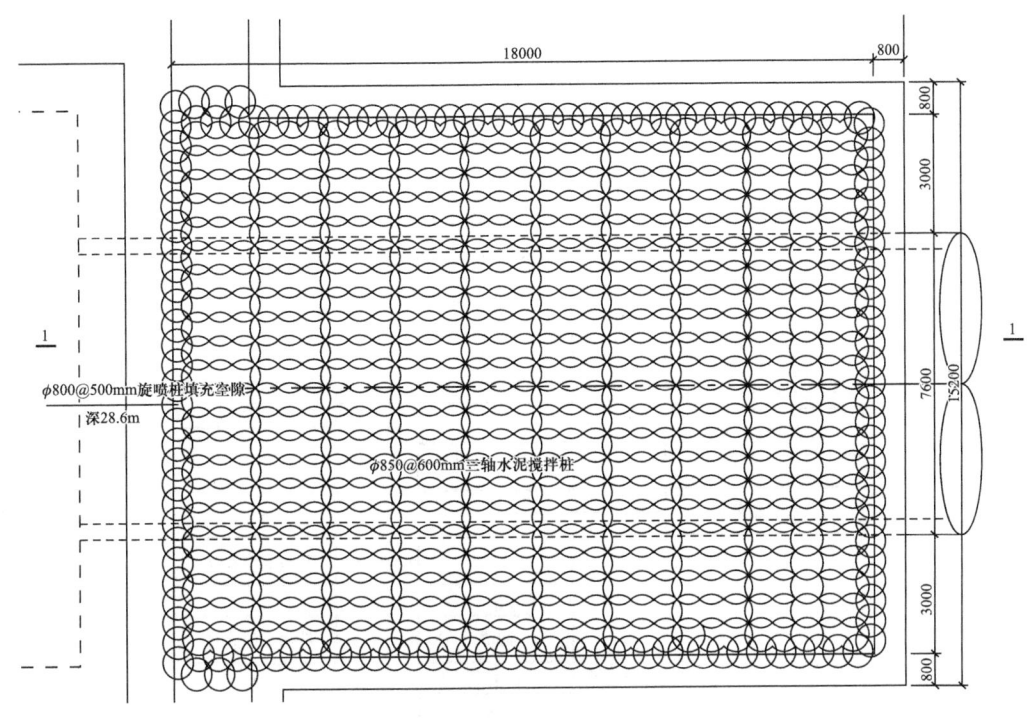

图 1.3 旋喷桩填充加固布置图

④ 拔出岩心管，插入注浆管。引孔达到设计深度后，拔出岩心管，并换上喷射注浆管插入预定深度。在插管过程中，为防止泥砂堵塞喷嘴，要边射泥浆边插管，水压不得超过 1MPa，以免压力过高，将孔壁射穿。高压水喷嘴要用塑料布包裹，以防泥土进入管内。

⑤ 旋喷提升。当喷射注浆管插入设计深度后，接通泵，然后由下向上旋喷，同时将泥浆清理排出。喷射时，先应达到预定的喷射压力、喷浆后再逐渐提升旋喷管，以防扭断旋喷管。为保证桩底端的质量，喷嘴下沉到设计深度时，在原位置旋转 10s 左右，待孔口冒浆正常后再旋喷提升。钻杆的旋转和提升应连续进行，不得中断，钻机发生故障，应停止提升钻杆和旋转，以防断桩，并立即检修排除故障，为提高桩底端质量，在桩底部 1.0m 范围内应适当增加钻杆喷浆旋喷时间。在旋喷提升过程中，可根据不同的土层，调整旋喷参数（旋喷参数按试桩参数执行）。

⑥ 钻机移位。当钻机旋喷提升到钻孔桩设计桩顶标高时停止旋喷，提升钻头出孔口，清洗注浆泵及输送管道，然后将钻机移位。

（2）工艺流程。高压旋喷桩施工工艺流程如图 1.4 所示。

（3）施工要求。

① 水泥宜采用强度等级不低于 P·O42.5 级的普通硅酸盐水泥。

② 旋喷桩 28d 无侧限抗压强度 $\geqslant$ 1.0MPa，渗透系数 $k \leqslant 1 \times 10^{-7}$ cm/s。

③ 施工前应进行工艺性成桩试验以确定提钻速度、喷浆量等工艺参数，验证搅拌均匀程度及成桩直径。成桩试验 $\geqslant$ 5 根桩。

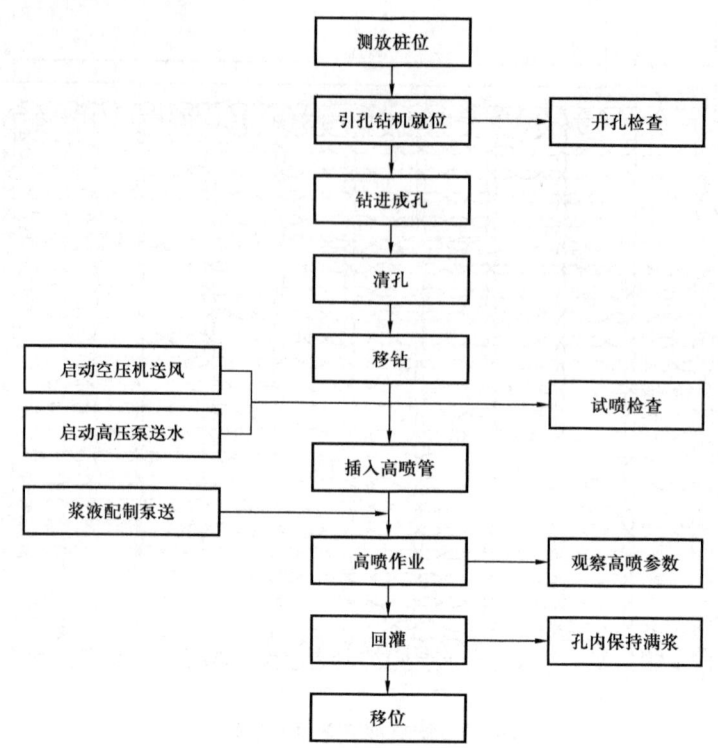

```
              ┌──────────┐
              │  测放桩位  │
              └────┬─────┘
                   ▼
              ┌──────────┐      ┌──────────┐
              │引孔钻机就位├─────►│  开孔检查  │
              └────┬─────┘      └──────────┘
                   ▼
              ┌──────────┐
              │  钻进成孔  │
              └────┬─────┘
                   ▼
              ┌──────────┐
              │   清孔    │
              └────┬─────┘
                   ▼
┌──────────┐  ┌──────────┐
│启动空压机送风├─►│   移钻    │
└──────────┘  └────┬─────┘      ┌──────────┐
┌──────────┐       ├───────────►│  试喷检查  │
│启动高压泵送水├─►                └──────────┘
└──────────┘       ▼
              ┌──────────┐
┌──────────┐  │ 插入高喷管 │
│浆液配制泵送├─►└────┬─────┘
└──────────┘       ▼
              ┌──────────┐      ┌──────────┐
              │  高喷作业  ├─────►│ 观察高喷参数│
              └────┬─────┘      └──────────┘
                   ▼
              ┌──────────┐      ┌──────────┐
              │   回灌    ├─────►│ 孔内保持满浆│
              └────┬─────┘      └──────────┘
                   ▼
              ┌──────────┐
              │   移位    │
              └──────────┘
```

图 1.4　高压旋喷桩施工工艺流程图

④ 成桩质量要求：孔径≥设计桩径，有效桩长≥设计长度，桩位平面偏差≤50mm，垂直度偏差≤1/300，不出现断层。

（4）劳动组织。高压旋喷试桩人员配备详见表 1.4。

表 1.4　高压旋喷试桩人员配备统计表

序号	岗位	人数	备注
1	施工负责人	1	项目经理
2	技术负责人	1	项目总工
3	现场负责人	1	生产副经理
4	试验负责人	1	试验室主任
5	现场负责人	1	副总工程师
6	质量员	1	质量监督
7	现场技术员	2	数据记录、整理
8	钻机操作司机	2	操作钻机
9	送浆泵操作手	2	负责送浆
10	辅助施工人员	3	负责制浆

（5）材料要求。高压旋喷材料宜采用强度等级不低于 P·O42.5 级的普通硅酸盐水泥，水泥进场后取样送检，合格后方可使用。

（6）设备机具配置。高压旋喷试桩设备配备详见表1.5。

表1.5 高压旋喷试桩设备配备统计表

序号	机械名称	规格型号	数量
1	钻机	MGJ-50	1台
2	水泥罐	100t	3个
3	高压泵	XPM-90D	1台
4	搅拌机	WJG80	1台
5	空压机	VF6/7，6m^3	1台
6	储气罐	LJ.S-D07-193	1台
7	杭州泵	SGB6-10	1台
8	抽水泵		2台
9	高压胶管		200m
10	全站仪	徕卡	1台
11	泥浆比重计		1套

注：高压旋喷桩设备型号暂定。

1.3.1.2.4 质量控制要点

（1）定位。钻机就位时先使钻头对准桩位标志中心，然后进行钻杆的双向调平，之后再次调整对中，最后再精确调平。垂直度偏差≤1/300。

（2）钻进操作。由于在桩身不同深处采用了不同的泵压、上升和下钻速度，所以操作人员应熟悉操作工艺，严格按深度记录仪上显示的深度采用不同的参数进行控制。

（3）送浆与钻进配合。司泵与司钻密切配合，并建立合理的联络信号，司钻与司泵均要求熟知施工工序及参数，要求钻进与送水（灰浆）同步，前后协同动作，一气呵成。司泵随时注意泵压的调整和异常情况，送水与送灰浆切换迅速，保持送液的连续，司钻注意钻进时的冒浆情况，一旦发现异常，立即采取有效措施。这是成桩质量控制的关键，应予以特别注意和加强管理。

（4）灰浆的制作。选用优质 P·O42.5 普通硅酸盐水泥，水灰比1∶1，根据每根桩的灰浆用量，提前制作，并经充分搅拌，搅拌时间<15min 的不得使用，超过初凝时间的浆液也不得使用。灰浆经过两道过滤网的过滤，以防喷嘴发生堵塞。抽入储浆桶内的灰浆要不停地搅拌。

（5）水泥必须经检验合格后方可入场，严禁使用过期、受潮、结块、变质的水泥。

（6）浆液配制必须严格按照配比均匀上料，充分搅拌，并经过滤网输入浆管，以防堵塞喷嘴，经常检查测定浆液密度，设专人观察水、浆压力和流量，并做好记录。

（7）严禁在尚未喷浆的情况下提升钻杆，注浆管分段提升搭接长度应≥200mm。储浆罐的浆液应有一定富余，储浆量不足时，不得进行下一根桩的作业。

（8）成桩28d后检验抗压强度（采用钻孔取芯方法），检验数量为施工总桩数的2%，且≥6点。

1.3.1.2.5 HSE检查控制要点

（1）工程施工前，对投入该工程施工的机电设备和施工设施进行全面的安全检查，未经设备部进行现场验收的设备和设施不准使用，不符合安全规定的地方立即整改完善，并在施工现场设置必要的护栏、安全标志和警示牌。

（2）进入施工场地的人员必须做好安全保护措施，进入施工场地佩戴安全帽，高空作业要系安全带，再进行水泥装运，拌和过程中粉尘较大时还需佩戴防尘面具。

（3）桩机操作人员必须按照操作规程进行施工，应划出行驶的操作范围，由专人指挥，统一信号。

（4）从事电力、高空作业及起重作业等特殊作业的人员，各种机械的操作人员及机动车辆驾驶人员，必须经过劳动部门专业培训并考试取得合格证后，方准持证独立操作。

（5）注浆过程中应加强对周边环境及地下管线的监测，防止意外情况发生。

（6）高压三重管试桩施工过程中，要做好各种机械设备和电路的检查工作，消除各种不安全因素。

（7）为保证高压旋喷施工过程中孔口外冒产生浆液流到地面，污染周边环境，现场采用砂袋沿旋喷桩周围堆码一圈，同时在试桩附近开挖1m×2m×1m浆液坑，将孔口溢出的浆液排放到坑内，待浆液初凝后，利用土方车将废浆拉至渣土池堆放，后续与土方共同外运处理。

1.3.2 围护结构

1.3.2.1 塑性地下连续墙

1.3.2.1.1 工序介绍

止水帷幕指的是一个概念，是工程主体外围止水系列的总称。用于阻止或减少基坑侧壁及基坑底地下水流入基坑而采取的连续止水体。

塑性混凝土是指用黏土和（或）膨润土取代普通混凝土中的大部分水泥形成的一种柔性墙体材料。塑性混凝土墙指采用塑性混凝土的一种防渗墙形式。塑性混凝土比普通混凝土或黏土混凝土的弹性模量小得多，与周围土体的变形模量相近，因而能很好地适应地基的变形，大大地减小了墙体内的应力，避免了墙体开裂。它还能节约水泥材料。

1.3.2.1.2 施工工法

塑性地下连续墙止水帷幕采用液压抓斗式成槽机成槽，成槽过程中高浓度泥浆护壁，成槽完成后清底除砂，导管法灌注水下混凝土的工法。

1.3.2.1.3 作业管理统一规定

（1）作业准备。

① 熟悉并掌握设计施工图纸，充分了解设计意图，如有疑问，及时向设计单位报告解决。

② 编制相关施工方案，并报业主、监理单位审批同意后执行。

③ 施工现场应先进行场地平整，清除施工区域的表层硬物和地下障碍物，管线调查及迁改完成，场地内临建设施安装完成、施工机械进场完成、原材料检验合格、人员配备完整。

④ 召开项目部全体人员会议，向施工人员及操作人员做好施工技术和安全技术交底，使员工了解设计意图，掌握施工要领和关键工序及安全操作规程，做到分工明确，职责分明。

⑤ 施工前应做好设备安装、调试、验收工作；做好供水供电、夜间照明工作。

（2）工艺流程。施工流程如图1.5所示。

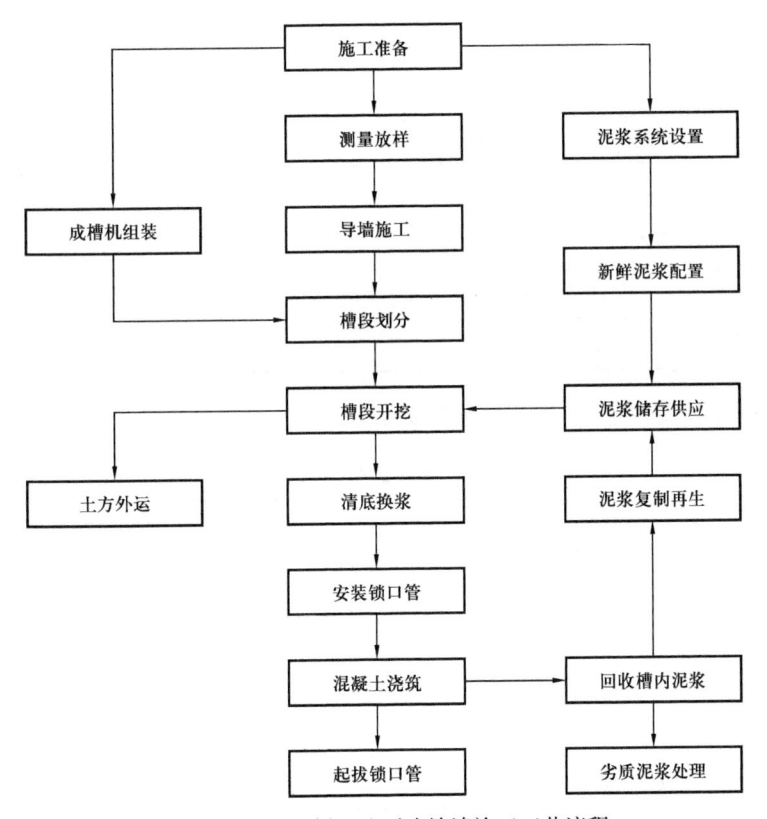

图1.5 塑性混凝土地下连续墙施工工艺流程

（3）施工要求。

① 导墙。成槽前应构筑导墙，应满足强度及稳定性的要求。成槽机作业一侧的导墙主筋宜与路面钢筋连接。导墙分段进行施工，各施工段端部设施工缝，施工缝在前段混凝土初凝后做凿毛处理，露出粗骨料并用清水冲洗干净。

② 泥浆。

a. 现场应设置泥浆池或泥浆箱，采用液压抓斗成槽机施工，故泥浆的储备量应＞每日计划最大成槽方量的 2 倍。

b. 泥浆制备应符合下列规定：

泥浆拌制材料宜选用膨润土；

新拌制泥浆应经充分水化，贮放时间应≥24h；

泥浆配合比应按土层情况试配确定。

c. 施工中循环泥浆应进行沉淀或除砂处理等再生处理手段，符合要求后方可使用。

d. 泥浆使用前宜对材料及配合比进行室内试验。施工中应测试泥浆指标，并应完成泥浆质量检测记录。新拌制泥浆的性能指标应符合表 1.6 的要求。

表 1.6　新拌制泥浆性能指标

序号	项目		性能指标	检验方法
1	相对密度		1.03～1.10	泥浆比重计
2	漏斗黏度 /s	黏性土	22～30	漏斗法
		砂性土	≥55	
3	胶体率 /%		＞98	量筒法
4	失水量 /（mL/30min）		＜30	失水量仪
5	泥皮厚度 /mm		＜1	失水量仪
6	pH 值		8～9	pH 试纸

e. 循环泥浆的性能指标应符合表 1.7 的要求。

表 1.7　循环泥浆性能指标

序号	项目		性能指标	检验方法
1	相对密度		1.05～1.25	泥浆比重秤
2	漏斗黏度 /s	黏性土	22～30	漏斗法
		砂性土	≥55	
3	胶体率 /%		＞98	量筒法
4	失水量 /（mL/30min）		＜30	失水量仪

续表

序号	项目		性能指标	检验方法
5	泥皮厚度/mm		<3	失水量仪
6	pH 值		8~11	pH 试纸
7	含砂率/%	黏性土	<4	洗砂瓶
		砂性土	<7	

f. 泥浆测试应符合下列规定。

（a）循环泥浆应按表的规定每天至少测试一次。

（b）成槽完成、刷壁及清基后，应取槽段上中下3个部位处泥浆进行相对密度、黏度、含砂率和pH值的测定验收并完成记录。

（c）成槽。

成槽过程中，在影响槽壁稳定的范围内不得超载。

地下连续墙施工前宜先试成槽，以检验泥浆的配比、成槽机的选型并可复核地质资料。

槽内泥浆面不应低于导墙面0.3m。

成槽后应检查泥浆指标、槽位、槽深、槽段长度及槽壁垂直度。

抓斗成槽机应具备垂直度显示仪表和纠偏装置，成槽过程中应进行纠偏，异形槽段成槽时槽壁前后左右的垂直度均应满足设计要求。

单元槽段成槽过程中抽检泥浆指标应≥3次。

转角幅槽段的成槽施工宜在相邻槽段施工完成后进行。

按槽段划分，分幅跳槽施工，采用"三抓法"开挖成槽，即每幅连续墙施工时，先抓两侧土体，后抓中心土体，如此反复开挖直至设计槽底标高为止，成槽时不宜快速掘进，以防槽壁失稳。当挖至槽底2~3m时，应用测绳测深，防止超挖和少挖。转角处槽段按先短边后长边的原则开挖成型。

成槽后，应对槽段接头部位进行清刷，刷壁施工时应符合以下规定：刷壁器应与接头形式匹配；刷壁深度宜到槽段底部；刷壁次数应≥30次，且刷壁器上应无泥及混凝土碎渣，在时间和次数满足标准化要求的情况下，若钢刷仍然存在杂物或泥质，则继续进行刷壁处理，直至多次刷壁后钢刷干净无杂物；对于二期槽段，必须用特制带钢丝刷的方锤在槽内混凝土端头上下来回清刷，确保刷壁后无夹泥及混凝土碎渣；刷壁完成后使用超声波检测仪测壁，保证其垂直度和尺寸符合设计要求。

刷壁完成后应进行清基和泥浆置换，应该采用气举法进行清基，确保槽底沉渣厚度≤100mm，误差控制在规范要求内。应检查槽位、槽深、槽宽、槽壁垂直度，合格后方可进行清槽换浆工作。采用气举法清槽，通过压入压缩空气使管内形成负压，将泥砂向槽

-15-

外循环，通过泥浆分离器将槽内的泥浆进行浆液、渣土分离，将槽内的各项指标偏大的泥浆进行筛分，筛分出达到要求的净化泥浆向槽段内不断输送，置换出带渣的泥浆，依次循环，吸渣过程中吸泥管不断移动位置，确保清槽后槽底沉渣满足要求。在清底换浆时，要保持槽内始终充满泥浆，以维持槽壁稳定，避免塌孔。

二期槽段成槽时，成槽机将相邻一期槽段侧挖除 25cm 左右。

试成槽应全部进行成槽检测。

塑性地连墙成槽允许偏差应符合表 1.8 的规定。

表 1.8 塑性地连墙成槽允许偏差

序号	项目	测试方法	允许偏差
1	深度	测绳 2 点 / 幅	≤100mm
2	槽位	钢尺 1 点 / 幅	≤30mm
3	墙厚	100% 超声波 2 点 / 幅	≤50mm
4	垂直度	100% 超声波 2 点 / 幅	≤1/500 ≤1/600（基坑深度范围）
5	沉渣厚度	100% 测绳 2 点 / 幅	≤100mm

清基后应对槽段底部泥浆进行检测，取样点距离槽底宜为 0.5～1.0m，泥浆指标应符合表 1.9 的规定。

表 1.9 清基后的泥浆指标

项目		清基后泥浆	检验方法
相对密度	黏性土	≤1.15	比重计
	砂性土	≤1.20	
黏度 /s		20～30	漏斗计
含砂率 /%		<7	洗砂瓶
pH 值		8～10	pH 试纸

（d）混凝土浇筑。

墙体混凝土为塑性混凝土，塌落度（200±20）mm，应采用导管法水下连续浇筑。

导管宜采用直径为 300～350mm 的多节钢管，管节连接应密封、牢固，施工前应试拼并进行水密性试验，压力应≥0.7MPa，时间不得短于 15min，若未漏水，将导管翻滚 180°，再次加压，保持压力 15min，检查情况做好记录，确保导管的水密性功能良好。

相邻导管水平布置距离应≤3m，距槽段两侧端部应≤1.5m。导管下端距离槽底宜为 300～500mm。导管内放置软质隔水球，以便混凝土灌筑时能将管内泥浆从管底排出；浇筑前在漏斗面板上放置格栅网眼，网眼尺寸应≤80mm。

混凝土水下浇筑应符合下列规定：初灌混凝土时，混凝土中导管埋深应＞500mm；每根导管应分担相等的浇筑面积；混凝土浇筑应均匀连续，间隔时间应≤30min；浇筑过程中，导管埋入混凝土深度应为2～4m，相邻两导管间混凝土高差应＜0.5m。

混凝土浇筑中保持混凝土连续均匀下料，确保混凝土面均匀上升，防止因混凝土面高差过大而产生夹层现象。混凝土面上升速度应≥3m/h，导管下口在混凝土内埋置深度控制在2～4m，在浇筑过程中用测绳随时测量混凝土面标高，并计算导管的埋深，防止导管下口暴露在泥浆内，造成泥浆涌入导管。当混凝土浇筑到地下连续墙顶部附近时，导管内混凝土不易流出，一方面可以降低浇筑速度，另一方面可将导管的最小埋入深度减为1m左右。若混凝土浇筑困难，可将导管上下抽动，但上下抽动范围不得超过30cm。

混凝土浇筑面宜高出设计标高300～500mm，凿去浮浆后混凝土强度应满足设计要求。

到场混凝土≥4车时方可浇筑，方量≥20m³。

由于现场搅拌桩机与成槽机交叉作业，搅拌桩机的自身重量可能会对导墙一端造成变形，从而使两幅槽段对接困难，在导墙的内表面上使用螺栓锚固钢板，之间使用工钢与内表面上两块钢板焊接，回填黏土。

（4）劳动组织。每班安排人员见表1.10。

表1.10 施工人员配备表

序号	工种	人数	备注
1	技术主管	1	
2	值班工程师	2	
3	测量、放线	2	
4	电工	1	
5	泥浆配制及输送	2	
6	成槽机司机	4	
7	混凝土工	6	
8	普工	10	
9	合计	28	

（5）材料消耗见表1.11。

表1.11 主要材料表

序号	工序	单位	备注
1	塑性混凝土	m³	
2	膨润土	t	

（6）设备保证措施。

① 施工时必须坚持规范施工，不得违章、野蛮作业，确实做好夏季施工安全工作。各专（兼）职安全员、施工负责人加强巡查，严格把关，发现问题立即整改，防患于未然。

② 暴风雷雨多发季节，要及时掌握气象部门发布的不同等级的气象信息，有针对性地做好人员的疏散和设备的安置。暴风雷雨来临前停止施工，并合理加固或摆放打桩设备，切忌麻痹大意和侥幸心理。

1.3.2.1.4 质量控制要点

（1）塑性地连墙施工工艺质量要求。

① 成槽。槽宽≥设计墙厚度，有效墙长≥设计长度，墙位平面偏差≤30mm，垂直度允许偏差≤1/500，且在基坑深度范围内≤1/600，沉渣厚度≤100mm；泥浆质量满足施工要求，确保孔壁安全和灌注混凝土顺利。

② 地下连续墙采用跳段施工方式，一期槽段的混凝土强度达到设计强度的80%以上，方可进行下期槽段的施工。

（2）塑性地连墙质量检测。

每幅连续墙应进行槽壁垂直度、沉渣厚度检测等，检测要求应符合《建筑地基基础工程施工质量验收标准》（GB 50202—2018）与《建筑基坑支护技术规程》（JGJ 120—2012）等相关规范要求。

① 成槽后使用超声波测壁仪检测槽壁垂直度、净空是否满足要求。

② 沉渣厚度使用测绳检测；

③ 塑性混凝土地连墙应在成墙28d后对墙体质量进行钻孔取芯检测，检测槽段数为总槽段的10%。抗压强度应为2.0~3.0MPa，渗透系数应<1×10^{-7}cm/s。取芯钻孔应及时采用0.5∶1的微膨胀水泥浆或水泥砂浆回填。其他要求见《现浇塑性混凝土防渗芯墙施工技术规程》（JGJ/T 291—2012）。

④ 每幅接头的平面位置偏差应≤20mm。

⑤ 地下连续墙的墙体强度、平面位置、垂直度及表面平整度的允许偏差应符合表1.12的规定。

表1.12 地下连续墙墙体允许偏差

序号	项目	测试方法	允许偏差
1	墙体强度	查标准养护条件下试块养护记录或取芯试压	≥设计值
2	平面位置	钢尺1点/幅	≤30mm
3	表面平整度	钢尺3点/幅	≤100mm

⑥ 墙体应无夹泥现象。

（3）其他技术质量要求。

塑性地连墙施工前应进行试成槽。塑性地连墙施工前应完成下列工作。

① 在地下连续墙外侧设置厚塑性混凝墙止水帷幕。塑性混凝土墙槽段间采用锁口管接头。

② 塑性混凝土地连墙应在成墙28d后对墙体质量进行钻孔取芯检测，检测槽段数为总槽段的10%。抗压强度应为2.0~3.0MPa，渗透系数应$<1×10^{-7}$cm/s。取芯钻孔应及时采用0.5:1的微膨胀水泥浆或水泥砂浆回填。其他要求见《现浇塑性混凝出防渗芯墙施工技术规程》（JGJ/T 291—2012）。

③ 场地内的供电、供水、排水、泥浆循环系统等设施应布置完成。

④ 原材料进场时，应具有产品合格证。进场后，应进行材料验收和抽检，且应在质量检验合格后投入使用。

⑤ 成槽过程中，槽段边应根据槽壁稳定的要求控制施工荷载。

⑥ 相邻槽段施工时间间隔应≥24h。

⑦ 塑性地连墙成槽施工应采用具有自动纠偏功能的设备。

1.3.2.1.5 HSE检查控制要点

（1）对上岗人员必须进行三级安全培训。

（2）进入施工场地人员劳保穿戴必须齐全。施工现场内要有安全标志，危险地区要设示警牌，且不得随意移动。

（3）施工前必须对机械设备进行检查、维修、保养。施工所用电缆线必须认真检查，确认安全后方可使用。

（4）现场生产用电设备需派专人管理，无关人员严禁乱动电气设备，操作人员上岗时应对设备进行认真细致的检查，下班时应关闭现场电气闸刀。

（5）高空作业必须有专人指挥，不得各行其是，所有带电设备移动前须切断电源，严禁违章操作及无证上岗。

（6）启动电压降不超过额定电压的10%，否则应加大导线截面。

（7）钻机应放置平稳、坚实，应打好支腿架起轮胎。

（8）启动后，应将操纵杆置空挡位置，空转运行，经检查确认无误后再进行作业。

（9）钻机应安装钻深限位报警装置，当钻机发出下钻限位报警信号时，应停钻，将钻杆稍稍提升，待解除报警信号后，再继续下钻。

（10）钻孔时，如遇卡钻，应即切断电源，在没查清原因之前，不得强行启动。

（11）作业时，发生机架摇晃、移动、偏斜等，应立即停钻，查明原因，处理后再进行作业。

（12）钻孔时，严禁用手清除螺旋叶片上的泥土，发现紧固螺栓松动时，应停机及时处理。

（13）成立应急小组，明确各应急小组人员工作职能，发现问题能及时上报。

（14）设专人维护场地、专职管理泥浆池，防止溢失，泥浆排污不影响场地环境。

1.3.2.2　地下连续墙

1.3.2.2.1　工序介绍

采用一种挖槽机械，沿着需要深度开挖工程的周边轴线，在泥浆护壁条件下，开挖一条狭长的深槽，清槽后在槽内吊放钢筋笼，然后用导管法浇筑水下混凝土，筑成一个单元槽段，如此逐段进行，在地下筑成一道连续的钢筋混凝土墙壁，作为防水、防渗、承重和挡土的结构。

1.3.2.2.2　施工工法

地下连续墙止水帷幕采用液压抓斗式成槽机成槽，成槽过程中高浓度泥浆护壁，成槽完成后清底除砂，导管法灌注水下混凝土的工法。

1.3.2.2.3　作业管理统一规定

（1）作业准备。

① 内业技术准备。收集地质资料、水位情况，根据设计图纸要求，依据相关规范制订出合理可行的施工方案，报相关部门审批，并邀请专家进行评审，评审通过后进行施工。

② 外业技术准备。

a. 施工现场调查。施工现场调查以下几个方面：施工机械进入现场和进行组装的可能性；挖槽过程中弃土的堆放和外运；给排水和供电条件；地下障碍物和相邻建（构）筑物情况；噪声、振动与污染物等公害引起的有关问题。

b. 施工机械进场条件调查。为确保施工机械、设备、材料等顺利进场，除调查地形条件外，还需调查所经过的道路状况，尤其是道路的宽度、坡度、弯道半径、路面状况和桥梁的承载能力等，以便解决成槽机械、吊装设备等重型机械等进场的可能性。

c. 给排水、供电条件调查。调查施工现场供水、排水能力是否满足成槽的要求，电压、容量、引入现场的难易程度，设法创造条件解决给排水及供电要求。

d. 地下障碍物与施工对周边环境影响的调查。调查施工范围内地下桩、废弃的混凝土结构、大块石、光缆等地下障碍物，并尽可能在地下连续墙施工之前排除，或辅以其他必要的挖槽辅助措施，充分考虑泥浆、排水及弃土对地下水污染的防治措施。

e. 水文地质调查。收集熟悉地质勘察资料中地下水位及水位变化情况、地下水的流动速度、承压水层的分布与压力大小，了解地下水的水质分析情况；熟悉地质分布情况，了解土层的土的重度、内摩擦角、黏聚力、土的不排水抗剪强度、渗透系数等物理力学指标，从而确定地下连续墙泥浆槽和地下连续墙深基坑支护的开挖方法，决定单元槽段长度、估计挖土效率、考虑护壁泥浆配合比和循环出土工艺；验算槽壁的稳定性，研究施工用泥浆渗透是否会影响和污染临近水源等。

（2）工艺流程。施工流程如图1.6所示。

（3）施工要求。

① 导墙施工。

a. 槽段放线后，应沿地下连续墙轴线两侧构筑导墙，以防地表土坍塌和保证成槽精度。导墙要具有足够的刚度和承载能力，导墙一般采用现浇钢筋混凝土结构。

b. 导墙的横断面采用"┐ ┌"型式。

c. 导墙宜构筑在密实的黏性土地基或杂填土地基上。如遇不良地基时，宜进行换填黏土夯实处理、土体改良或者支护措施。

d. 现浇钢筋混凝土导墙拆模后应立即在两侧导墙间按一定间距架设支撑，然后进行回填。回填土宜采用黏性土并分层夯实。

e. 现浇钢筋混凝土导墙养护3d，且强度达到设计强度的50%以上，方可进行成槽作业。

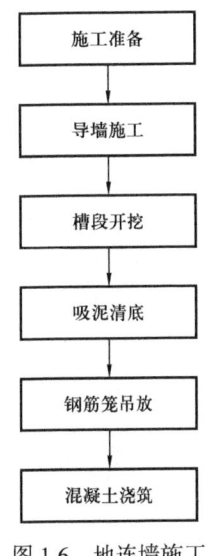

图1.6 地连墙施工工艺流程

f. 导墙的内间距要比地下连续墙设计厚度加宽50mm以上。

g. 导墙的施工允许偏差：导墙的轴线允许偏差为±10mm；导墙顶面应平整，要求平整度为5mm；内外导墙净距允许偏差为±10mm。

② 槽段开挖。

a. 机械应根据成槽地点的工程地质和水文地质情况、施工环境、设备能力、地下墙的结构、尺寸及质量要求等条件进行选用，现场采用液压抓斗式。

b. 地下连续墙成孔施工时，采用膨润土泥浆进行护壁。施工中泥浆液面不得低于导墙顶标高0.3m，并高出地下水位0.5m以上，确保施工时槽壁的稳定。施工时，定期观测周围地下水位。当槽孔内外液位差＜1.0m时，不得继续进行槽孔施工。

c. 槽段开挖应采用跳挖方式，宜相隔1~2段进行。

d. 成槽过程中，在影响槽壁稳定的范围内不得超载。抓斗在成槽过程中，抓斗入槽、出槽应慢速、稳当，根据成槽机仪表显示的垂直度及时纠偏，必须保证垂直均匀地上下，尽量减少对侧壁的扰动。

e. 如遇坍孔，宜回填黄泥，待其自然沉淀后再进行开挖，同时采取在钢筋笼的靠基坑面上固定一夹板的措施。

f. 每幅槽段分三抓施工，防止成槽机成槽过程中土体的偏压导致槽段垂直度失控，单幅标准槽段先抓两侧，最后抓中间。当挖至槽底2~3m时，应用标定好的测绳测深，防止超挖和少挖。转角处槽段按先短边后长边的原则开挖成型。

g. 槽段开挖完毕，应检查槽位、槽深、槽宽及槽壁垂直度，合格后方可进行清底换浆工作。

h. 槽段的长度、厚度、倾斜度、深度、等应符合下列要求：槽段长度允许偏差≤30mm；

槽段厚度允许偏差＜50mm；槽段垂直度允许偏差≤1/500，基坑深度范围≤1/600；槽段深度允许偏差＜100mm；墙面上预埋件位置偏差＜30mm。

③ 泥浆拌制和使用。

a. 槽段的清底要求：槽底沉渣厚度应≤100mm。

b. 地下连续墙拌制泥浆前，应根据地质条件、成槽方法和用途等进行泥浆配合比试验，试验合格后，方可使用。

c. 泥浆的储备量应＞每日计划最大成槽方量的2倍。

d. 泥浆拌制材料选用膨润土，新拌制泥浆应经充分水化，贮放时间应≥24h。

e. 施工中循环泥浆应进行沉淀或除砂处理等再生处理手段，符合要求后方可使用。

f. 储浆池内泥浆应经常搅动，保持指标均一，避免沉淀或离析。

g. 泥浆指标见表1.13～表1.15。

表1.13　新拌制泥浆性能指标

序号	项目	性能指标	检验方法
1	相对密度	1.06～1.08	泥浆比重计
2	漏斗黏度/s	25～28	漏斗法
3	胶体率/%	＞98	量筒法
4	失水量/(mL/30min)	＜30	失水量仪
5	泥皮厚度/mm	＜1	失水量仪
6	pH值	8～9	pH试纸

表1.14　循环泥浆性能指标

序号	项目	性能指标	检验方法
1	相对密度	1.15～1.20	泥浆比重秤
2	漏斗黏度/s	29～33	漏斗法
3	胶体率/%	＞98	量筒法
4	失水量/(mL/30min)	＜30	失水量仪
5	泥皮厚度/mm	＜3	失水量仪
6	pH值	8～11	pH试纸
7	含砂率/% 黏性土	＜4	洗砂瓶
7	含砂率/% 砂性土	＜7	洗砂瓶

刷壁完成后，进行清底、除砂作业，通过泥浆置换，降低泥浆内的含砂率，减少泥砂沉淀。在清底换浆时，要保持槽内始终充满泥浆，以维持槽壁稳定，避免塌孔。

表 1.15 清底后的泥浆指标

项目	性能指标	检验方法
相对密度	1.08~1.12	比重计
漏斗黏度/s	25~28	漏斗计
含砂率/%	<7	洗砂瓶
pH 值	8~10	pH 试纸

h. 单元槽段成槽过程中抽检泥浆指标应≥3 次。

④ 钢筋笼制作。

a. 钢筋笼采用分段制作整体吊装入槽。钢筋笼在场地内的钢筋笼加工平台上加工制作，钢筋笼制作平台采用型钢制作，平整坚实，排水畅通。平整度控制在 2mm 以内。根据设计的钢筋间距、插筋、预埋件及钢筋接驳器的设计位置画出控制标记，以保证钢筋笼和各种预埋件的布设精度。

b. 钢筋笼主筋采用直螺纹套筒连接，主筋与水平筋采用点焊连接。主筋与水平筋交点除桁架和钢筋笼四周全部点焊外，其余部分采用 50% 交错焊接，焊缝应满足焊接规范要求。钢筋搭接焊的焊缝长度，单面焊≥10d，双面焊≥5d。焊缝有效厚度≥0.3d，焊缝宽度≥0.8d。焊条：用电弧焊接 HPB300 钢筋时采用 E43XX 型，HRB400 钢筋作锚筋与预埋钢板穿孔塞焊时采用 E50XX 型。钢筋笼设置桁架、桁架斜筋、内外侧各设置 X 形剪力拉筋等加强整体刚度，防止吊装时钢筋笼发生变形，其余地连墙钢筋一律采用焊接。桁架斜筋焊在钢筋笼上，双面焊接，焊缝长度≥5d。钢筋笼应设保护层定位垫块，纵向、横向间距 2.0m，定位垫板采用 5mm 钢板制作，与主筋焊接，如遇预埋件（筋）应适当调整以便于焊接。钢筋笼内预留纵向混凝土灌注导管、注浆管位置，并上下贯通。

c. 将钢筋的连接端用直螺纹滚丝机滚轧成直螺纹丝头。丝头有效螺纹长度加工成 1/2 连接套筒长度，允许误差为 +2P，接头错开间距≥35d，并且位于同一连接区域内接头面积应≤钢筋总截面积的 50%。丝头加工完毕检验合格后，立即带上丝头保护帽。直螺纹钢筋接头安装采用管钳扳手拧紧，使钢筋丝头在套筒中央位置相互顶紧。标准型接头安装后的外露螺纹不宜超过 2P。安装后应用扭力扳手校核拧紧扭矩。丝头长度要求及扭力要求见表 1.16~表 1.17。

d. 套筒检查。外观质量：螺纹牙型要饱满，连接套筒表面不得有裂纹，表面及内螺纹不得有严重的锈蚀及其他肉眼可见的缺陷。内螺纹尺寸的检验：用专用的螺纹塞规检验，其塞通规要能顺利旋入，塞止规旋入长度不得超过 3P。

e. 接头。地下连续墙接头采用 H 形钢接头，施工时接头钢板与地下连续墙钢筋笼焊接并整体吊装入槽，工字钢接头顶部偏差应<20mm。H 形钢接头，下端应插入槽底，上端宜高出地下连续墙泛浆高度。

表 1.16　丝头加工参数表

钢筋直径 d/mm	丝头长度/mm	完整螺纹圈数	备注
25	35.0	11	
28	38.0	12	
32	40.5	13	
36	49.0	14	

表 1.17　直螺纹接头安装时的最小拧紧扭矩值

钢筋直径 d/mm	≤16	18~20	22~25	28~32	36~40
拧紧扭矩 /N·m	100	200	260	320	360

f.预埋钢筋及套筒。在地下连续墙钢筋笼对应混凝土支撑梁及底板位置处预留钢筋接驳器，其余位置处预埋 ϕ16mm 钢筋梅花形布置，间距 1000mm×800mm，钢筋笼下放时预埋钢筋弯折成 L 形以便钢筋笼下放，待基坑开挖完成施工主体结构时掰直。所有预留套筒与预埋钢筋均核对安装位置并与钢筋笼主筋连接牢固，钢筋接驳器外漏处应包扎严密。

地连墙底板预留钢筋接驳器时，底板下侧接驳器宜下不能上，否则影响结构受力，并注意底板纵、横向钢筋互相穿插的问题。在连续墙接头部位不便留设钢筋接驳器时，将底板钢筋弯折 5d 后与型钢双面焊接。

g.预埋件。地下连续墙单个槽段中声测管埋设数量≥4 根，埋管管距应≤1.5m，呈之字形排布。深度要求达到围护墙底，下端封闭、上端加盖，管内无异物，管口应高出地下连续墙顶 100mm 以上，且各声测管管口高度宜一致。应采用适宜的方法，固定声测管，使之成地下连续墙后相互平行。在墙中心处埋设测斜管，深度要求达到围护墙底，保证其铅锤向下。在围护墙顶有圈梁时，须预留 80cm 的高度，浇筑混凝土时注意保护，预埋件埋设情况见表 1.18。

h.钢筋笼制作允许偏差见表 1.18。钢筋笼安装水平误差应＜20mm，安装深度误差应＜10mm。

⑤钢筋笼吊装。

a.钢筋笼应在清底换浆合格后立即吊装。钢筋笼应平稳入槽就位，如遇障碍应重新吊起，修好槽壁后再就位，不得采用冲击、压沉等方法强行入槽。钢筋笼就位后 4h 内应开始灌注混凝土。

b.钢筋笼的下端与槽底之间宜留有 500mm 间隙。钢筋笼两侧的端部与接头管或混凝土接头面间应留有 150~250mm 空隙。

c.钢筋笼导管位置周围需增设箍筋和连接筋进行加固。

d.钢筋笼应在验收合格后方可吊装入槽。

表 1.18 钢筋笼制作允许偏差表

序号	项目	允许偏差/mm	检查方法	检查范围	检查频次
1	钢筋笼长度	±100	钢尺量,每片钢筋网检查上、中、下3处	每幅钢筋笼	3
2	钢筋笼宽度	0,-20			3
3	钢筋笼保护层厚度	0,+10			3
4	钢筋笼安装深度	+50			3
5	主筋间距	±10	任取1断面,连续量取间距,取平均值作为1点,每片钢筋网上测4点		4
6	分布筋间距	±20			
7	预埋件中心位置	±10	钢尺		预埋件数量的20%
8	预埋钢筋和接驳器中心位置	±10	钢尺		预埋钢筋和接驳器数量的20%

⑥混凝土灌注。

a.混凝土应符合下列规定:

混凝土使用水下C40混凝土,抗渗等级P12,用导管法灌注的水下混凝土应有良好的和易性,灌注时的坍落度宜为180~220mm;

水泥宜选用普通硅酸盐水泥或矿渣硅酸盐水泥,并可根据需要掺入外加剂。

b.导管的构造和使用应符合下列要求:

导管直径宜为200~250mm,导管壁厚应≥3mm,宜采用无缝钢管制作。管节连接应密封、牢固,施工前应试拼并进行水密性试验,压力应≥0.7MPa,时间应≥15min,若未漏水,将导管翻滚180°,再次加压,保持压力15min,检查情况做好记录,确保导管的水密性功能良好。

隔水栓宜用预制混凝土塞、钢板塞、泡沫塑料等,现场导管内放置软质隔水球,以便混凝土灌筑时能将管内泥浆从管底排出;浇筑前在漏斗面板上放置格栅网眼,网眼尺寸应≤80mm。

钢筋笼和导管就位后,施工单位应会同建设、监理、设计对该槽段进行隐蔽工程验收,合格后应及时灌注水下混凝土,其间歇时间不宜超过4h。灌注前复测沉渣厚度是否符合要求。

c.水下混凝土的灌注应符合下列规定。

开始灌注时,隔水栓吊放的位置应临近水面,导管底端到孔底的距离一般为0.3~0.5m,以能顺利排出隔水栓为宜。

灌注前储料斗内必须有足以将导管的底端一次性埋入混凝土中2~4m以上深度的混

凝土储存量，到场混凝土≥4车时方可浇筑，方量≥29m³。

混凝土灌注的上升速度≥3m/h。

随着混凝土的上升，要适时提升和拆卸导管，导管底端埋入混凝土面以下一般宜保持2~4m，应≤6m，并≥1m，严禁把导管底端提出混凝土面。

在水下混凝土灌注过程中，应有专人测量导管埋深，填写好水下混凝土灌注记录表。

水下混凝土的灌注应连续进行，不得中断，一旦发生机具故障、停电停水及发生导管堵塞、漏水或混凝土内混入泥浆等事故时，应立即采取有效措施，并同时做好记录。

提升导管时应避免碰撞钢筋笼。

相邻导管水平布置距离应≤3m，距槽段两侧端部应≤1.5m。各导管处的混凝土表面高差应≤0.3m，施工时应采取措施避免混凝土绕过接头管注入另一槽段。混凝土应在终凝前灌注完毕，槽段过深时宜加缓凝剂。

成槽后，应对槽段接头部位进行清刷，刷壁时刷壁器应与接头型式匹配，刷壁深度宜到槽段底部。钢筋混凝土地连墙刷壁次数应≥30次，且刷壁器上应无泥及混凝土碎渣，在时间和次数满足标准化要求的情况下，若钢刷仍然存在杂物或泥质，则继续进行刷壁处理，直至多次刷壁后钢刷干净无杂物。对于二期槽段，必须用特制带钢丝刷的方锤在槽内混凝土端头上下来回清刷，确保刷壁后无夹泥及混凝土碎渣。刷壁完成后使用超声波检测仪测壁，保证其垂直度和尺寸符合设计要求。

由于地下连续墙成槽完成后，泥浆内含有大量的泥砂，静置过程中易发生沉淀，造成槽底大量堆积泥渣，影响地下连续墙的施工质量。因此，刷壁完成后，进行清底、除砂作业，通过泥浆置换，降低泥浆内的含砂率，减少泥砂沉淀。清基采用泵吸法或者气举法，将槽段底部的泥浆通过泥浆管置换至筛分系统，通过筛分设备分离出泥浆内的大颗粒杂质，同时补充循环泥浆或新浆入槽段，保持槽段内液面平衡。通过不断的泥浆循环，最终槽段内泥浆密度、含砂率等指标达到规范要求的范围。在清底换浆时，要保持槽内始终充满泥浆，以维持槽壁稳定，避免塌孔。

接头箱安装采用履带吊逐节吊起，对准槽段孔口位置后逐渐缓慢下放，在导墙设置卡位棒，到位用卡位棒进行固定后，再吊下一节段与前一节段连接固定，连接好后再下放至槽段内，直至接头箱完全到位，然后用顶拔器机架将接头箱上部进行固定。钢筋笼及接头箱下放后，在接头箱背后回填砂袋填充空隙，为缩短钢筋笼下放及砂袋填充时间，减小槽壁两侧泥皮形成量。钢筋笼下放过程中，各作业人员各司其职，提前做好钢筋笼下放的准备工作，同时，提前将砂袋装袋、配备足够数量，并堆放至吊车作业半径内，缩短钢筋笼下放及砂袋填充时间，减小槽壁两侧泥皮形成量，从而减少混凝土浇筑过程中槽壁两侧的泥皮脱落量，提高混凝土施工质量。待混凝土浇筑后强度达到0.05~0.20MPa（一般在混凝土浇筑开始后3~5h，视气温而定）开始提拔接头管，开始时每隔20~30min提拔一次，每次上拔30~100cm，上拔速度应与混凝土浇筑速度、混凝土强度增长速度相适应，一般为 2～4m/h。接头管不宜停在初凝的混凝土内 0.5h 以上，拔管时，不得损坏接头处的混凝土。

灌注混凝土时，应按设计、质检和施工单位商定的位置和数量留置混凝土试块，每个单元槽段至少留置一组。

混凝土浇筑面宜高出冠梁底标高 100～300mm，凿去浮浆后混凝土强度应满足设计要求。

（4）劳动组织。施工人员安排见表1.19～表1.21。

表 1.19　导墙施工人员计划一览表

岗位		班数	人数		
			小计	合计	总计
施工管理	队长		1	1	53
导槽开挖、换填班	班长	2	1	24	
	司机		1		
	工人		10		
钢筋加工班	班长	1	1	7	
	钢筋工		6		
木工班	班长	2	1	16	
	支模工		7		
混凝土工班	班长	1	1	5	
	混凝土工		4		

表 1.20　连续墙施工人员计划一览表

岗位		班数	人数		
			小计	合计	总计
施工管理	队长	2	2	2	74
技术管理	技术负责	2	1	8	
	技术员		3		
成槽班	司机	3	1	12	
	修理工		3		
泥浆班	班长	2	1	16	
	送浆工		1		
	制浆工		6		

续表

岗位		班数	人数		
			小计	合计	总计
起重班	指挥	2	1	16	74
	司机		1		
	工人		6		
混凝土灌注班	班长	2	1	12	
	混凝土工		5		
接头处理班	班长	2	1	8	
	接头处理工		3		

表 1.21 钢筋笼制作人员计划一览

岗位	班数	人数		
		小计	合计	总计
电工	3	1	3	70
钢筋配料班	2	4	8	
钢筋对焊班	2	4	8	
钢筋笼制作班	3	16	48	
负责人		1	1	
技术员		2	2	

（5）材料消耗。

该工程混凝土均采用商品混凝土，应加强对拌合站原材料的抽样检查，并对进场的混凝土进行坍落度、和易性检查。

钢筋的各种规格、型号、机械性能、化学成分、可焊性和其他性能符合设计要求和标准规范的规定。

（6）设备保证措施。本工艺用到的主要施工机械有液压抓斗成槽机、混凝土浇注机具及设备、接头管及顶升设备、卷扬机、千斤顶、履带吊等。

1.3.2.2.4 质量控制要点

（1）质量控制。

① 对关键工序编制关键工序工艺实施细则，有明确的技术要求和质量检查标准，技术人员做好技术交底和记录，实施前经项目技术负责人批准。

② 特殊工序由熟悉本工序的操作人员操作，实施前对这些人员进行规范、规程、标

准、检测等方面培训。水下混凝土浇筑实行旁站制度。

③地下连续墙混凝土施工质量有4个要求：高抗压强度、高防渗标号、良好的搞裂性能和防腐性能。必须从混凝土原材料、配合比设计、拌合、运输及浇筑各个环节实施全方位质量控制。

④防止槽壁坍塌措施。成槽过程中，软土层和厚砂层易产生坍塌，针对此地质条件，制订以下措施。

a. 减轻地表荷载：槽壁附近堆载不超过 20kN/m²，起重设备及载重汽车的轮缘距离槽壁≥3.5m。

b. 控制机械操作：成槽机操作要平稳，不能猛起猛落，防止槽内产生坍塌。

c. 强化泥浆工艺：采用优质膨润土制备泥浆，并配以 CMC 增黏剂形成致密而有韧性的泥浆止水护壁，并适当提高泥浆密度、黏度，保持好槽内泥浆水头高度，并高于地下水位 1m 以上。

d. 缩短裸槽的时间，抓好工序的衔接，使成槽到浇筑完混凝土时间控制在 24h 内。

e. 施工中，一旦出现塌槽，要及时填入砂土，用抓斗在回填过程中压实，并在槽内和槽外（离槽壁1m处）进行注浆或旋喷桩加固处理，待密实后再进行挖槽。

⑤混凝土坍落度检验每幅槽段应≥3次；混凝土抗压强度试件每幅槽段应≥1组，且每100m³混凝土应≥1组，每组应≥3件；永久性地下连续墙混凝土抗渗试件每5幅槽段应≥1组，每组应≥6件。取样时，每组试块应按规范要求制作、养护，确认达到28d龄期后做室内检测试验。入槽口的混凝土应进行性能指标检测，主要包括温度、坍落度及其他设计要求检测的项目，混凝土试块按要求制作，及时送检，以便对混凝土质量进行综合评价。混凝土抗压强度和抗渗压力应符合设计要求，墙面应无漏筋和夹泥现象。

（2）质量检验及验收。

①导墙施工的允许偏差见表 1.22。

表 1.22 导墙施工的允许偏差表

序号	项目	允许偏差 /mm	检查频率 范围	检查频率 点数	检查方法
1	宽度	±10	每 10m	1	尺量
2	垂直度	$H/500$，且≤5	每 10m	1	线锤、尺量
3	墙面平整度	<5	每 10m	1	尺量
4	导墙平面位置	<±10	每 10m	1	尺量
5	导墙顶面标高	±20	每幅槽段	1	水准仪

② 槽段检验。

a. 槽段检验的内容，平面位置、深度、垂直度。

b. 槽段检验的工具及方法。

槽段平面位置偏差检测：用测绳实测槽段两端的位置，两端实测位置线与槽段分幅线之间的偏差即为槽段平面位置偏差，允许偏差为 30mm。

槽段深度检测：用测绳实测槽段左中右 3 个位置的槽底深度，三个位置的平均深度即为该槽段的深度，要求深度≥设计深度。

③ 钢筋笼制作安装精度。

④ 地下连续墙验收标准。

基坑开挖后应进行地下连续墙验收，并符合下列规定：

a. 混凝土抗压强度和抗渗压力应符合设计要求，墙面无露筋、露石和夹泥现象；

b. 墙体结构允许偏差应符合表 1.23 的要求。

表 1.23　地下连续墙各部位允许偏差

序号	项目	测试方法	允许偏差
1	墙体强度	查标准养护条件下试块养护记录或取芯试压	≥设计值
2	平面位置	钢尺 1 点／幅	≤30mm
3	表面平整度	钢尺 3 点／幅	≤100mm

1.3.2.2.5　HSE 检查控制要点

钢筋笼吊装过程中变形、履带吊倾覆、钢筋笼或反力箱入槽困难，是地下连续墙施工的最大隐患。应采取的主要预防、应急措施如下。

（1）钢筋笼吊装变形安全管理。

原因分析：

钢筋笼整体刚度不够；钢筋笼吊点距离过远造成挠度过大；钢筋笼接头质量差，不能满足吊装要求。

预防措施：

① 采用主吊、副吊双机抬吊方式将钢筋笼水平吊起，然后升主吊放副吊将钢筋笼垂直吊起，主吊单独将钢筋笼运送到槽孔位置下放，该吊装作业前经试吊成功后实施；

② 钢筋笼起吊时主吊布置、副吊布置及吊环设置位置，必须严格按照施工方案组织实施；

③ 钢筋笼纵向剪力拉条、横向桁架增设斜筋、在孔口最终钢筋笼吊点位置将横向钢筋增加成双排等加固措施必须严格按照设计及施工方案组织实施；

④ 认真检查钢筋笼接头质量，包括焊接、机械连接、绑扎接头等接头质量；

⑤ 督促承包单位加强三检制控制管理，未经检查验收合格的钢筋笼不得吊放使用。

应急控制管理：

钢筋笼变形主要发生在起吊时，当发现变形时，应立即停止起吊作业，将钢筋笼放回加工平台上进行修正加固，修正加固完成后，重新向监理工程师报验钢筋笼，合格后继续吊装作业；监理安全管理人员跟班到位做好旁站管理。

（2）预防履带吊吊装倾覆安全管理。

① 原因分析：

司机未按操作规程操作；履带吊行走便道不平整、地基承载力不够造成不均匀沉降；起吊、放钩过快造成较大冲击荷载；起吊重量过重；天气恶劣，风载过大。

② 预防措施：

a. 履带吊司机严格按操作规程操作，并通过培训持证上岗；

b. 履带吊、钢丝绳、滑轮等起吊设备要合格证，按规定年检，严禁超过检验期限的设备进场，并且定期检验、保养，保证设备在良好的状态下工作；

c. 两台履带吊配合台吊时，要有专人指挥，通信联络设备完好、通畅；

d. 钢筋笼在起吊、吊运过程中缓慢，要有人员配合，防止钢筋笼产生较大晃动，避免履带吊突然启动、停止而产生较大的冲击荷载；

e. 履带吊行走路线要平整、硬化，地基承载力达到100kPa以上，清除地面上无障碍物；

f. 作业时，起重臂的仰角不得超过出厂规定，当起重机如需要带载行走时，载荷不得超过允许载荷的70%，重物应在起重机正前方向，重物离地而应≤500mm，并应拴好拉绳，缓慢行驶，严禁长距离带载行驶；

g. 在有六级及以上大风或大雨、大雪、大雾等恶劣天气时，应停止起吊作业。

③ 应急措施：

a. 事故发生后，首先由旁观者立即通知项目负责人，然后采取应急措施，抢救伤人，并拨打应急救护电话"120"，通知有关部门和附近医院，到现场救护；

b. 现场总指挥由项目经理担当，负责全面组织协调工作，副经理带领相关人员负责事故现场抢救，电工应首先切断电源，防止触电事故发生，门卫到大门口迎接救护车辆及人员；

c. 查明事故原因、责任人，写出书面报告，制定或修改有关措施，防止此类事故发生；

d. 组织所有人进行事故教育。

（3）钢筋笼或反力箱入槽困难安全管理措施。

① 原因分析：

先行幅地下连续墙混凝土浇筑时发生严重绕流现象；槽孔不垂直，偏差过大；槽孔下部发生缩径现象；钢筋笼外型尺寸不符合要求或发生变形。

② 预防措施：

a. 督促承包单位合理安排各工序交错进行，减少各工序的搭接时间，尽量缩短槽段的闲置时间，减少缩颈的程度；

b. 在成槽施工时可适当地增加槽段厚度，以适应土体缩颈产生的变形；

c. "工"字形钢板接头制作时，在封头端板的下端增长40cm，使端板在可以插入土体一定深度或翻卷起来包裹住钢筋笼底，防止混凝土浇筑时底部的混凝土绕流导致Ⅱ期槽钢筋笼下放困难；

d. 地下连续墙成槽时，要保证槽壁面平整度、垂直度，严格控制钢筋笼外形尺寸，其截面长宽比槽孔小20cm。

③ 应急措施：

a. 当因先行幅发生严重混凝土绕流时，先用自制冲击钻头冲击绕流混凝土；

b. 当为槽孔不垂直或缩径时用成槽机再次对该部位进行修整后下放。

（4）地连墙成槽施工安全管理。

该工程属于超大、超深地下连续墙。成槽困难、塌方严重、深部缩径等为成槽施工中的风险控制重点。

① 原因分析：

地下粉砂层致密，挖斗成槽效率低，超深槽壁，深部土体受时间影响发生蠕变，导致槽段缩颈。

② 预防措施：

a. 制作导墙，并采取搅拌桩加固措施对淤泥质土与粉质黏土地层进行地基加固；

b. 成槽时，选用黏度大、失水量小、使形成护壁泥皮薄而韧性强的优质泥浆，并根据成槽过程中土壁的情况变化选用外加剂，调整泥浆指标，以适应其变化，确保槽段在挖槽过程中土壁稳定；

c. 地下连续墙施工前，要储备一定数量（1000m³以上）的泥浆，在施工遇到有异常地质段，突然出现槽段坍塌现象时，可以配制掺加重晶石粉的膨润土泥浆，灌入槽内提高混浆密度，堵塞地基空隙，防止槽段继续坍塌；

d. 施工中防止泥浆漏失并及时补浆，始终维持稳定槽段所必需的液位高度，保证泥浆液面比地下水位高；

e. 雨天地下水位上升时应及时加大泥浆密度和黏度，雨量较大时暂停挖槽，并封盖槽口；

f. 施工过程中严格控制地面的重载，不使土壁受到施工附近荷载作用影响过大而造成土壁塌方，确保墙身的光洁度；

g. 成槽结束后进行泥浆更换，吊放钢筋笼、放置导管等工作，经检查验收合格后，立即在水下进行浇注，尽量缩短槽壁的暴露时间；

h.安放钢筋笼做到稳、准、平,防止因钢筋笼上下移动而引起槽壁坍方。

③应急措施:

a.当遇到地下障碍物时,挖槽无法正常进行,应立即调冲击钻机进场作业,尽量减少成槽作业时间;

b.当发生缩径现象时,用抓斗反复清理该段槽壁,使其达到设计宽度;

c.严重塌孔时,要拔除液压抓斗并填入较好黏土重新成槽;局部坍塌加大泥浆密度,已塌土体可用离心泵吸取;如发现大面积坍塌,将液压抓斗提出地面,用优质黏土(掺入20%水泥)回填至坍塌处以上1~2m,待沉积密实后再进行挖槽。如发现地面下沉机械设备及时撤出作业区域,确保人机安全。

(5)混凝土灌注施工安全管理。

该工程地下连续墙混凝土浇筑施工存在导管断裂、卡死无法继续使用,反力箱断裂、卡死无法顶拔,混凝土供应不连续,灌注混凝土出现夹层等风险。

①导管断裂、卡死。

a.原因分析:

由于导管自重较大,且浇筑混凝土过程中,起拔导管时,可能发生导管的法兰接头被钢筋卡死,起拔设备的上拔力达不到要求,导管接头质量,商品混凝土供应不连续,浇筑中断时间过长。

b.预防措施:

要求施工单位提前加工备用导管,加厚导管厚度,以确保导管自身的刚度,防止起拔时发生导管断裂的情况;

在钢筋笼制作时设置备用导管仓,以便在紧急情况下可投入使用;

采用160t履带吊进行提升、拔出导管作业;

保证混凝土供应,保证混凝土浇筑中断时间不超过30min。

c.应急措施:

先行幅一旦发生导管无法正常使用的情况,立即在备用导管仓内下放另一根导管到达混凝土面。利用损坏的导管继续浇灌一定方量的混凝土,以保证备用导管的埋管深度达到规范要求,通过导杆式泥浆泵将备用导管中的泥浆吸出,再通过备用导管继续完成剩余的混凝土浇筑施工;

后行幅出现导管无法正常使用时,立即将导管拔出,并将备用导管伸至混凝土浇注面以下,抽出导管内泥浆继续浇注。

②反力箱断裂、卡死。

a.原因分析:

起拔设备的顶力达不到要求;反力箱接头质量差;混凝土绕管,导致摩阻力增大;地基基础差,无法提供足够的顶拔反力。

b. 预防措施。

止水钢板与钢筋笼整体制作。考虑到混凝土浇筑时将产生极大的侧向推力，导致反力箱的摩擦力增加，该工程地下墙钢筋笼制作时采用先行幅和闭合幅交错施工的措施。其中先行幅的钢笼两侧均设置止水钢板，与钢筋笼水平筋牢固焊接，整体起吊入槽。闭合幅两侧不设止水钢板，减少反力箱起拔的风险。由于止水钢板与钢筋笼水平筋焊接，混凝土浇筑时产生的侧向压力受到水平筋的约束，可大大减小止水钢板的侧向变形，保证止水钢板和反力箱之间的间隙，有利于起拔。

提高导墙基础强度。由于起拔顶力极大，当起拔设备满负荷运转时，一旦导墙路面基础较差，无法提供足够的反力，地面坍陷，顶拔作业无法继续进行。为增强顶拔时的基础强度，导墙壁采用双层双向300mm厚C30钢筋混凝土结构，确保顶拔作业的顺利进行。

反力箱涂抹减摩剂以减小摩阻力；整根反力箱涂抹减摩剂以减小摩阻力。

加强施工过程管理，严格执行起拔制度，落实专人加强监督。原则上，反力箱的起拔在第一车混凝土浇灌完成初凝后立即实施，时间确定根据现场制作的混凝土试块初凝时间而定。开始起拔后，利用引拔机，规定每10～15min对反力箱进行松动，松动的幅度在5cm左右。由于在整个混凝土浇灌期间，反力箱始终保持松动，在不影响混凝土凝固的前提下，可避免产生混凝土将反力箱锁死的情况。

c. 应急措施：

导墙发生断裂或变形过大等情况无法承担起拔顶力时，可立即对破损部位进行清理，并架设钢跑板或钢垫箱，加大触地面积，将反力分散到周围完好的导墙上；

反力箱卡死，可利用振动锤，通过对反力箱的振动、锤击，使反力箱产生松动后，继续起拔。

③ 混凝土供应不连续。

地下连续墙混凝土方量大、需灌注时间长，存在混凝土供应不连续甚至中断的风险。

a. 原因分析：

主要商品混凝土供应厂家发生设备故障、停水、停电等突发事件；同时供应多个工程混凝土造成生产能力不足；混凝土运输车在运输途中发生交通堵塞或其他事故。

b. 预防措施：

督促承包单位采用一家主供应商和两家备用供应商以保证混凝土供应；

灌注混凝土提前24h向搅拌站报混凝土供应计划，使搅拌站提前计划安排设备、人力、物资等准备工作；

在混凝土浇筑过程中，保证有3～4车的混凝土备用量，并随时与搅拌站保持联系，掌握运输途中的混凝土运输车的数量、位置。

c.应急措施：

应立即联系备用搅拌站供应混凝土，并每隔10min上下抽动导管，防止导管抱死。

1.3.3 降水系统

1.3.3.1 工序介绍

降水系统起到降低地下水位或者疏干地下水的作用，可防止基坑破面和基底的渗水，保持基坑底干燥便利施工，减少土体含水率，有效提高土体物理力学性能指标，提高土体固结程度，增加地基抗剪强度。

1.3.3.2 作业管理统一规定

1.3.3.2.1 作业准备

（1）施工区域内建筑物的工程地质勘察报告；

（2）工程所使用的施工图纸；

（3）施工区域内原有地下管线和其他障碍物的资料；

（4）施工所需的相关规范、规程；

（5）井点降水方法的选择、确定；

（6）井点管的构造、长度和数量，抽水机械的型号和数量（包括泵和电动机的备用量），滤管和砂滤料的规格和数量；

（7）井点净水系统的平、剖面布置图和安装图。

1.3.3.2.2 施工机具准备

（1）根据降水与排水工程施工实际情况制定施工工艺，并相应选用适宜的施工机具。进入施工现场的施工机具应进行验收，验收合格后方可使用。降水施工机具设备按不同的降水类型及适用条件选用。

（2）成井机械。

管井井点降水施工机械主要有正反循环钻机或冲击钻机。真空井点降水施工机械主要有长螺旋钻机、卷扬机、冲水管、高压水泵、套管或高压水枪等。喷射井点根据其工作时使用的喷射介质的不同，分为喷水井点和喷气井点两种。其主要设备由喷射井管、高压水泵（或空气压缩机）和管路系统组成。

（3）抽水设备。

根据施工工艺的不同选择不同型号的离心泵、潜水泵、真空泵、深井泵等排水采用的动力水泵有机动泵、电动泵、真空泵及虹吸泵等。选用水泵类型时，宜取水泵的排水量为基坑涌水量的1.5～2倍。当基坑涌水量 $Q<20m^3/h$，可用隔膜式泵或潜水电泵；当 $Q=20\sim60m^3/h$，可用隔膜式或离心式水泵，或潜水电泵；当 $Q>60m^3/h$，多用离心式水泵。隔膜式水泵排水量小，但可排除泥浆水，选择时应按水泵的技术性能选用。

1.3.3.2.3 施工材料准备

(1) 砂滤层。用于井点降水的黄砂和小砾石砂滤层应洁净,其黄砂含泥量应<2%,小砾石含泥量应<1%,其填砂粒径应符合 5d50≤D50≤10d50 要求,同时应尽量采用同一种类的砂粒,其不均匀系数应符合 Cu=D60/D10≤5 要求 ❶。

(2) 滤网。在细砂中宜采用平织网,中砂中宜用斜织网,粗砂、砾石中则用方格网。各种滤网均应采用耐水锈材料制成,如铜网、青铜网和尼龙丝布网等。

1.3.3.2.4 工艺流程

降水井施工采用循环钻机成孔工艺,具体施工工艺如图 1.7 所示。

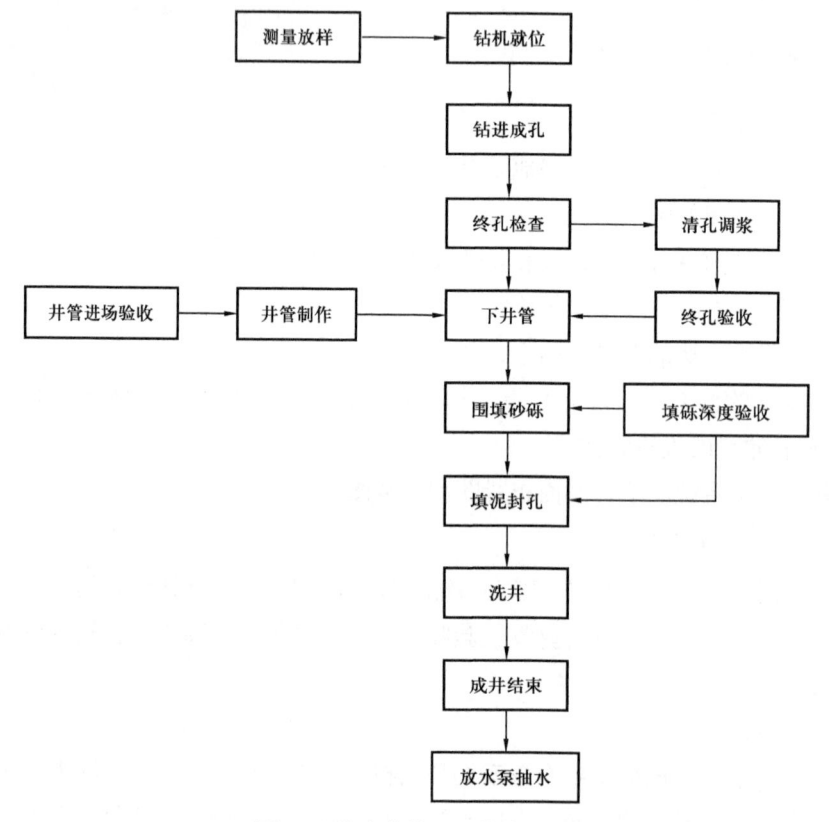

图 1.7 降水井施工工艺流程图

1.3.3.2.5 施工要求

(1) 测量放线定位。根据设计降水平面布置图,测量定出每个管井准确位置,钻机按井点位置就位。

(2) 挖泥浆坑。泥浆池位置的选定宜根据现场条件确定。可多井一池,其大小根据井深、井数、排浆量综合确定。泥浆池的选定与开挖应注意地下管网,必要时采用砖砌泥浆池。

---

❶ d50 为天然土体颗粒 50% 的直径;D50 为填砂颗粒 50% 的直径;D60 为颗粒<土体总重 10% 的直径;D10 为颗粒<土体总重 10% 的直径。

（3）钻机就位、凿井。钻机就位平稳，管井埋设可采用泥浆护壁冲击钻成孔或泥浆护壁钻孔方法成孔。钻进时一般采用地层自造泥浆护壁。孔口设长1.5m、ϕ900钢护筒，钢护筒埋设高出地面±（0.3~0.4）m，外围封填堵塞，设溢浆孔和进浆管，并保证孔内液面高出地下水位。井径宜>井管外径200mm以上，且井管外径应≥200mm，井管内径宜>水泵外径50mm。井孔应保持圆正垂直，钻孔底部应比滤水井管深200mm以上。井管下沉前应进行清洗滤井，冲除沉渣，可灌入稀泥浆用吸水泵抽出置换或用空压机洗井法，将泥渣清出井外，并保持滤网的畅通，然后下管。滤水井管应置于孔中心，下端用圆木堵塞管口，井管与孔壁之间用3~15mm砾石填充作过滤层，地面下0.5m内用黏土填充夯实。水泵的设置标高根据要求的降水深度和所选用的水泵最大真空吸水高度而定，一般为5~7m。

（4）下设井管。井管采用无砂混凝土管，在预制混凝土井上放置井管同时水位以下包缠1层尼龙网，缓缓下放，当管口与井口相差200mm时，接上节井管，接头处用尼龙网裹严，以免挤入泥砂淤塞井管，竖向用2~4条宽30mm、长2~3m的竹条固定井管。为防止上下节错位，在下管前将井管依井方向立直。吊放井管要垂直，并保持在井孔中心，为防止雨水泥砂或异物流入井中，井管高出地面≥200mm，并加盖临时保护。

（5）填砾料。井管放入井内后，及时在井管与孔壁间填充粒径为1~3cm的细砾石滤料。滤料必须符合级配要求，将设计砂砾规格上、下限以外的颗粒筛除，合格率要>90%，杂质含量≤3%，用铁锹下料，以防止分层不均匀和冲击井管，填滤料要一次连续完成，从底填到井口下1m左右，上部采有不含砂石的黏土分层回填并夯压封口。

（6）洗井。洗井的主要目的在于清除停留在孔内和透水层中的泥浆与孔壁的泥浆，疏通透水层，并在井周围形成良好的反滤层。采用压力为0.8MPa，排气量为9m³/min空压机及潜水泵联合洗井，直至抽出清水为止。洗井前后两资抽水涌水量相差<15%，且洗井后井内沉渣不上升或基本不上升。

（7）下放水泵。潜水泵在安装前应对水泵本身和控制系统做一次全面细致的检查。检验电动机的旋转方向，各部件的螺栓是否拧紧，润滑油是否加足，电缆接头的封口有无松动，电缆线有无破坏折断等情况，然后在地面上转3~5min，如无问题，方可放入井中使用。用绳索将潜水泵吊入滤水层部位。

（8）铺设排水管网及沉淀池。

① 排水管网采用钢管、硬塑料管作为排水主管路，排水管直径应满足基坑总出水量的要求，必要时可采用多向排水。在排水管线转角连接处、每边中部、排水管网进入市政管线接口处设置沉淀池，沉淀池采用砌砖池，须做防水处理。排水管网向水流方向的倾斜以1‰为宜。

② 管井使用时，应经试抽水，检查出水是否正常，有无淤塞等现象，如情况异常，应检修好后方可转入正常使用。抽水过程中应经常对抽水设备的电动机、传动机械、电

流、电压等进行检查,并对井内水位下降和流量进行观测和记录。

③井管使用完毕,井管可用人字桅杆借助钢丝绳、倒链、绞磨或卷扬机将井管徐徐拔出,将滤水井管洗去泥砂后储存备用,所留孔洞用砂砾镇实,上部50cm深用黏性土填充夯实。

(9)降水、维护。在施工完毕后进行抽水,抽水不应中断,需要维修更换水泵时,应逐一进行。

(10)排水。排水系统应根据现场实际情况合理安排排水管线,满足现场排水需求,合理选用降水水泵,满足每日排水量需求。水管线路施工工艺流程如图1.8所示。

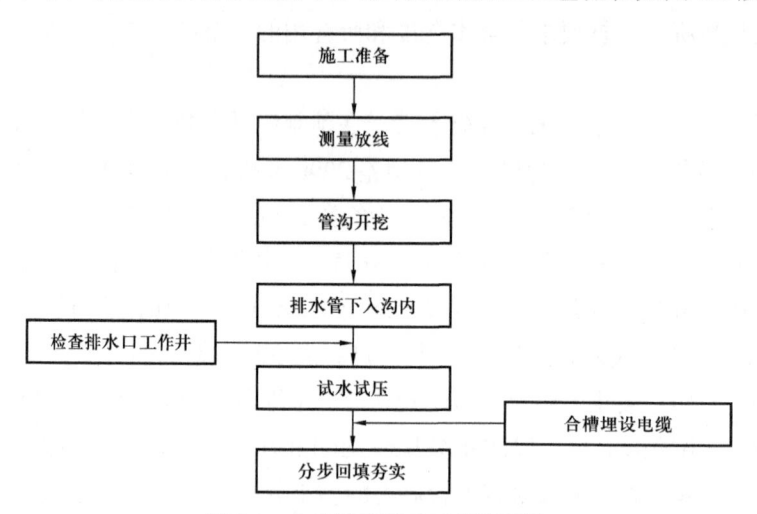

图1.8 水管线路施工工艺流程图

1.3.3.2.6 劳动组织

施工人员应结合制订的施工方案、机械、人员组成、工期要求进行合理配备。主要劳动力计划见表1.24。

表1.24 降水井施工主要劳动力计划

序号	名称	人数	职责
1	安全员	2	安全教育与管理,旁站
2	施工员	2	负责项目的现场施工调度
3	技术员	2	负责项目的现场技术指导
4	焊工	1	降水井管焊接
5	电工	1	现场用电线路的铺设
6	机操工	6	负责机器的操作
7	测量工	2	测量放线
8	普工	2	场地文明施工

1.3.3.2.7 材料要求

填入2~6mm砾石滤料，砾料要有一定的磨圆度，含泥量≤3%，排水管直径满足设计要求，在400~800mm之间。降水井施工主要材料见表1.25。

表1.25 主要材料配置表

序号	材料名称	单位
1	ϕ325钢管壁厚5mm	m
2	ϕ325桥式滤水管	m
3	ϕ273钢管	m
4	ϕ273桥式滤水管	m
5	60~80目滤网	m
6	中粗砂	t
7	黏土球	t

1.3.3.2.8 设备机具配置

降水井施工所需要的主要机械设备配置见表1.26。

表1.26 主要施工机械设备配置表

序号	设备名称	规格型号	功率
1	成井钻机	MY100	
2	电焊机	ZX7-335GS	5.5kW
3	泥浆泵	AL-100	7.5kW
4	潜水泵	QX系列	4.0~7.5kW
5	测绳	50m	

1.3.3.3 质量控制要点

1.3.3.3.1 降水质量要求

（1）根据设计规范要求，合理选用降水井的数量、孔径，水泵大小、降水井间距、井深等降水参数。地下水要求降至开挖面以下0.5~1.0m，基坑施工范围内地层干燥无水。

（2）工作井施工期间基坑采用地下连续墙围护墙、止水帷幕、坑底加固结合坑内降水的处理措施，解决抗浮和抗突涌问题，运营期依靠结构与地连墙自重可满足抗浮要求。

（3）基坑开挖前应进行降水试验，由专业降水设计单位根据降水试验结果进一步优化、调整降水设计。建议在开挖前1个月进行坑内降水，水位降至开挖面以下1m，保证基坑无水作业。待工作井底板与侧墙施工完毕，且强度达到100%设计强度后方可停止坑内降水，并应将降水井封堵密实。

（4）在工作井基坑外侧设置坑外备用降水井，如基坑在开挖时侧壁出现渗漏涌砂且一时难以处理或水位监测孔内水位较高，坑底抗突涌安全系数≤1.1时，应及时启用备用降水井，水位应降至坑底以下1m。

（5）围护结构开洞前1个月应进行降水，水位应降至始发洞门以下1m，确保盾构始发安全。

（6）竖井开挖过程中，施工承包商必须做好井内排水工作，通过井内设置积水坑，由排水泵将井内积水及时排出井外，以免影响开挖作业。

（7）按照设计方案设置观测井，进行监测由专业监测单位负责每天观测记录水位的变化，并对观测点的水平位移和沉降进行观察，能够及时掌握水位的变化，以及降水对周边环境的影响。

（8）降水区域附近设置一定数量的沉降观测点，对周围道路、建筑物进行定时观测，防止基坑外的地下水位下降对周围的道路、建筑物造成危害。

1.3.3.3.2 成井质量要求

（1）注入孔口的泥浆相对密度≤1.10（根据需要是否采用泥浆护壁）；排出孔口的泥浆相对密度≤1.20。洗井应在下管填砾后8h内进行，洗井剂必须浸泡24h后再洗井，焦磷酸钠洗井液的配置浓度一般为0.6%～1.0%。

（2）成孔质量标准见表1.27。

表1.27 降水井成孔质量标准

序号	项目名称	质量标准	检测方法
1	孔径允许偏差	+50mm	钢卷尺测量
2	孔深允许偏差	+300mm	测绳
3	垂直度允许偏差	1.0%	测倾仪
4	孔底沉渣	≤100mm	测绳

（3）含砂量检测。为防止因抽地下水带出地层细颗粒物质造成地面沉降，抽出的水含砂量必须保证：粗砂含量<1/50000；中砂含量<1/20000；细砂含量<1/10000。

1.3.3.4 HSE检查控制要点

1.3.3.4.1 降水井施工防止对现场地下管线造成破坏

（1）熟悉、核查现场的地下管线具体分布情况，掌握其大小、方向、深度，利用施工设计图上已标明的和通过其他途径已知的地下管线位置，确定降水井位置，避开已知地下管线。

（2）在钻机施工降水井前要备足黏土球、中粗砂、滤布和水源，预防孔口塌孔。

1.3.3.4.2 预防触电、火灾事故

（1）对施工人员进行安全用电教育，严格遵守电气安全技术操作规程。

（2）施工现场一切电源、电路的安装和拆除必须由持证电工操作。操作时必须两人进行操作，电源线无破损，接线必须符合《施工现场临时用电安全技术规范》（JGJ 46—2005）要求。

（3）现场供电采用逐级漏电保护。

（4）管井钢管接长焊接时，氧气瓶、乙炔瓶的安全操作距离应符合《施工现场临时用电安全技术规范》（JGJ 46—2005）要求。

1.3.3.4.3 机械伤害

所有机械必须要有安全防护罩，机具和材料放置必须稳固，所有机械设备必须运行良好。施工人员必须与机械设备保持一定的安全距离。在成孔、连接、拆除钻杆以及抽水钢管下放过程中，钻机司机与协作人员手必须协调一致，确保安全。

1.3.3.4.4 高空坠落

作业完毕之后必须对孔洞进行封闭，以防发生坠落事故。

1.3.3.4.5 降水监测

（1）对井底下水位进行监测，发现异常应及时报告，以便采取及时采取措施。

（2）突降大雨或暴雨时，立即由降水负责人抽水，并安排专人不间断观察基坑的稳定性及水位变化情况。

（3）如发现水泵损坏时，应用备用泵顶替，并立即修理坏泵，无法修理的应更换新泵。

1.3.3.4.6 降水作业

（1）基坑开挖前应进行降水试验，由专业降水设计单位根据降水试验结果进一步优化、调整降水设计。建议在开挖前1个月进行坑内降水，水位降至开挖面以下1m，保证基坑无水作业。待工作井底板与侧墙施工完毕且强度达到100%设计强度后方可停止坑内降水，并应将降水井封堵密实。

（2）在工作井基坑外侧设置备用降水井，如基坑在开挖时侧壁出现渗漏涌砂且一时难以处理或水位监测孔内水位较高，坑底抗突涌安全系数<1.1时，应及时启用备用降水，水位应降至坑底以下1m。

（3）围护结构开洞前1个月应进行降水，水位应降至始发洞门以下1m，确保盾构始发安全。

（4）基坑按无水作业设计。基坑开挖前应观测地下水位是否满足要求，确保已到达设计要求，方可开挖基坑。如基坑开挖时出现渗漏水现象，应停止基坑开挖，启动施工应急预案，确保基坑安全，并应立即通知业主、监理、设计单位调整处理。

（5）基坑排水应做好如下工作：基坑顶部设置截水沟和挡水墙，应满足防内涝要求，

井顶应适当高出地面；地表裂缝处应予封堵，注意排走地势低凹处的集水，防止地表水流入基坑内；基坑内采用明沟排水疏干，坑内设置备用降水井，设置排水沟及集水井，排除基坑积水及雨水，集水井的设置根据施工分段及水量大小妥善确定。在雨季施工时必须准备足够的抽水设备，做到雨水能及时排除。

（6）基坑位于长江边，施工中应配备足够容量的自备发电机，一旦发生停电、降雨等，应首先确保降、排水系统的供电和场地不被淹没。基坑施工应避开长江主汛期。

1.3.4 基坑开挖

1.3.4.1 工序介绍

在深基坑土方开挖前，要详细确定挖土方案和施工组织；要对支护结构、地下水位及周围环境进行必要的监测和保护。

1.3.4.2 施工工法

土方开挖顺序、方法必须与设计工况一致，并遵循"开槽支撑，先撑后挖，分层开挖，严禁超挖"的原则。

1.3.4.3 作业管理统一规定

1.3.4.3.1 施工准备

（1）熟悉施工图纸，做好各项技术交底。

（2）做好现场劳动力组织，准备好各种施工机械，并保证施工机械的完好率，使其能满足施工要求。

（3）预备好施工使用的各项材料，使其满足施工要求。

1.3.4.3.2 技术要求

（1）基坑必须在钢筋混凝土地下连续墙、工作井坑底加固、塑性墙止水帷幕、盾构端头加固、基坑外排水系统、基坑降水达到设计要求之后方可进行开挖。基坑开挖至冠梁底标高后，将墙顶浮浆、低强度混凝土及破碎部分清除，绑扎钢筋，模筑第一层水平框架（冠梁）、第一道钢筋混凝土支撑及坑顶挡墙，混凝土强度达到设计要求之后进行基坑开挖。

（2）土方开挖的顺序、方法必须与设计工况相一致，并遵循"开槽支撑、先撑后挖、分层开挖、严禁超挖"的原则。基坑开挖时，必须分段、分区、分层、对称进行，不得超挖。对于淤泥和淤泥质土，分层开挖高度不宜超过1m；其他土层每层开挖高度≤2m。离基坑顶边线30m以内严禁堆载超过20kPa。

（3）基坑开挖后，应及时设置坑内排水沟和集水井，防止坑底积水。

（4）依次开挖并及时施工各层水平框架及其以上的侧墙钢筋混凝土，混凝土达到设计强度80%之后开挖下一层土体，直至基坑底。建议采用拉槽施工水平框架。

（5）开挖至距坑底约0.3m时，必须采用人工挖土，防止超挖。向下开挖至基坑底并验底后，尽快浇筑混凝土垫层。

（6）底板混凝土达到设计强度后，可以依次拆除各道临时支撑。

（7）为满足竖井结构受力要求，在地下连续墙内设置5道钢筋混凝土内支撑。为加强内支撑与地连墙的整体性，在地下连续墙施工时预埋直螺纹钢筋接驳器，支撑钢筋通过接驳器与地下连续墙连接。

（8）为减少混凝土干缩造成内支撑开裂，支撑采用补偿收缩混凝土进行浇筑。每层内支撑浇筑后，其强度必须达到设计强度的80%后，方可开挖下一层。支撑标高的允许偏差为30mm。

1.3.4.3.3 工艺流程

工艺流程为：施工准备工作→测量放线→冠梁施工→设置井点和预降水→分层开挖竖井。施工要求如下。

（1）第一层土方开挖及出土。第一层土方为填土层，采用2台挖机直接开挖、出土，在东侧设置一堆土平台，基坑内1台挖机将基坑四周土方开挖至堆土平台，基坑上方1台挖机配合自卸车运输出土，开挖至第一道混凝土支撑下5cm，施工冠梁、混凝土支撑及挡土墙。

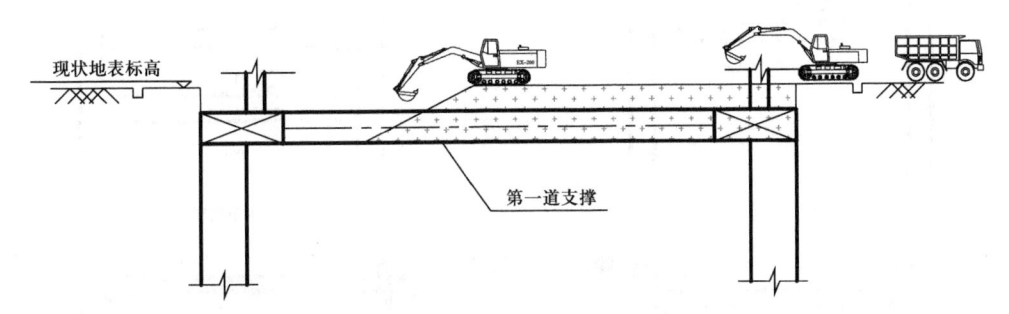

图1.9 第一层土方开挖横断面图

（2）第二层土方为粉土层，采用基坑外1台挖机、基坑内2台挖机直接开挖出土，在基坑内侧地面下5m位置设置一堆土平台，基坑内2台挖机将基坑四周土方开挖至堆土平台，堆土平台放坡系数≤1:2，基坑上方挖机配合自卸汽车直接运输出土，开挖至第二道环梁及混凝土支撑底下5cm处，施工混凝土支撑垫层。

（3）第三层至第六层土方为粉土层、淤泥质粉质黏土、粉砂、粉质黏土，均采用基坑外1台1.5m³液压抓斗，基坑内2台挖机开挖土方，基坑四周土方采用挖机集中堆放至基坑中部，液压抓斗垂直运输至地面，土方开挖放坡系数应≤1:2，分别开挖至第三道、第四道、第五道环梁及混凝土支撑底下5cm处，施工混凝土支撑垫层，最后开挖至基坑设计底标高上30cm，基底采用人工开挖至设计标高，不得超挖，施做垫层、防水及保护层。

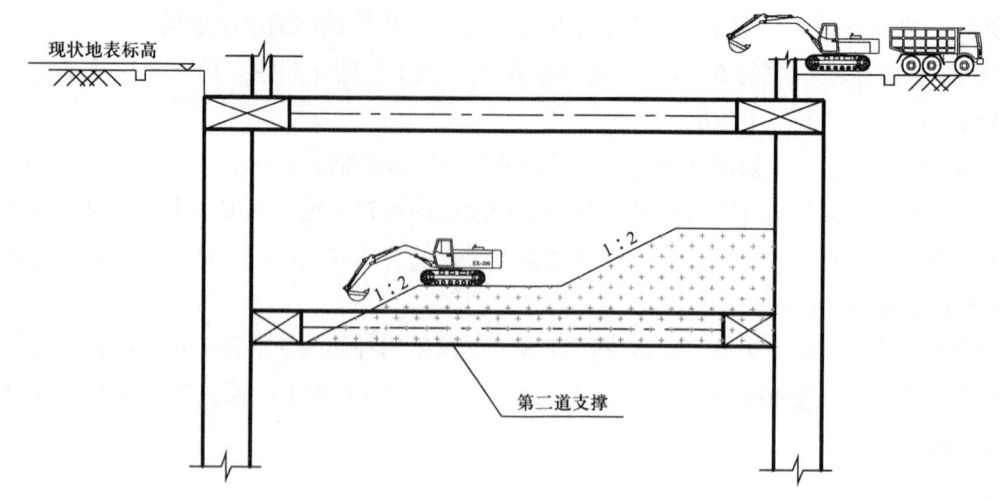

图1.10 第二层土方开挖示意图

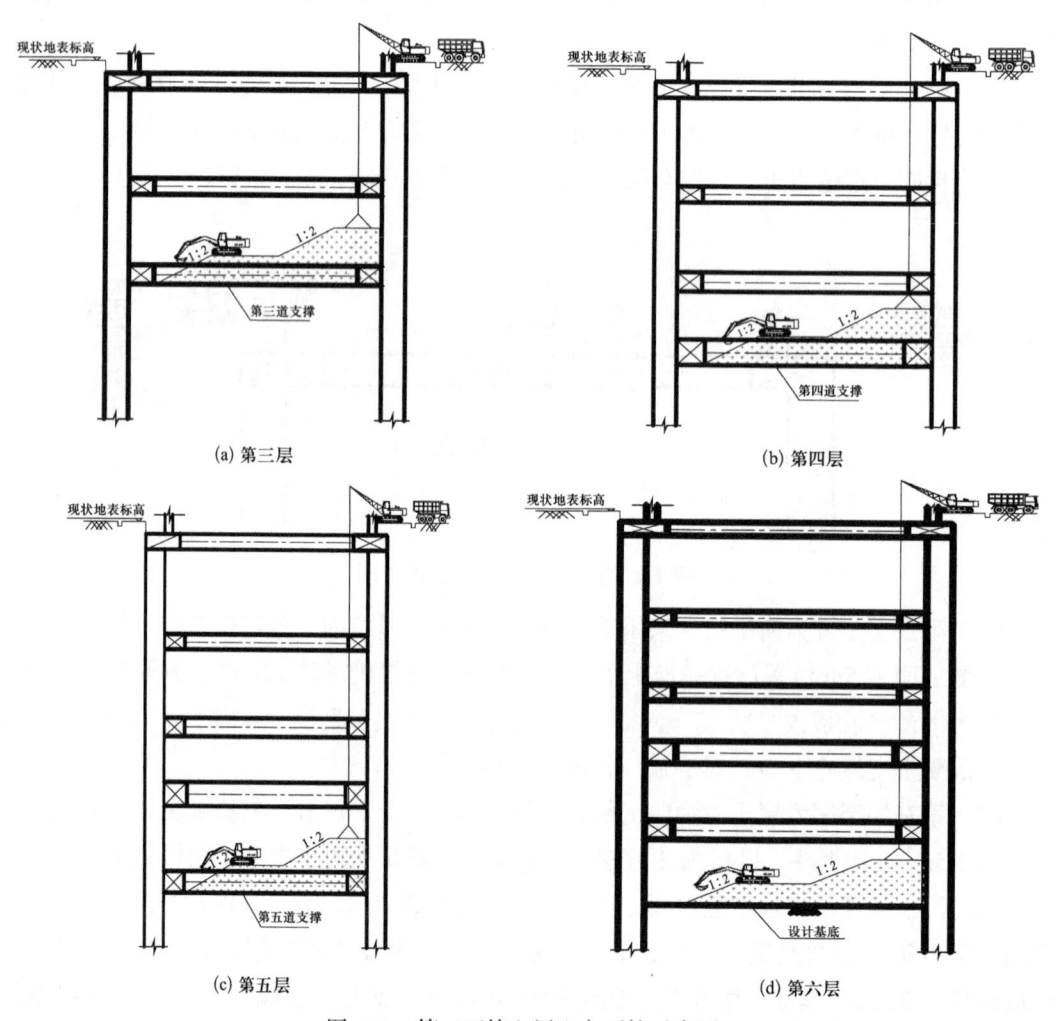

(a) 第三层

(b) 第四层

(c) 第五层

(d) 第六层

图1.11 第三至第六层土方开挖示意图

（4）土方由自卸汽车运输至临时弃土场。

（5）为确保开挖边坡的稳定及安全性，采用由中间向四周放坡开挖。

（6）开挖施工中，应加强井点降水工作，始终保持井下水位低于最低工作面以下1m。

1.3.4.3.4 劳动组织

根据现场实际情况一般采用两班倒循环作业。单班作业人员和管理人员配备见表1.28。

表1.28 竖井土方开挖作业人员配置表

部门	工种（职务）	人数	部门	工种（职务）	人数
管理	工区主任	1	土方开挖	开挖司	4
	技术主管	1		司索工	2
	值班工程师	2		吊车司机	2
	专职安全员	2		普工	4
	机械管理人员	1		小计	12
	物资管理	1			
	小计	8			

1.3.4.3.5 材料要求

竖井开挖所需材料主要包括环框梁及钢筋混凝土支撑施工所需钢筋、混凝土、模板、支架等材料。

1.3.4.3.6 设备机具配置

表1.29 竖井土方施工机械设备表

施工项目	机械名称	型号规格	生产能力	数量	备注
土方开挖	吊车		25t	1台	
	自卸土方车		25m³	5台	
	空气压缩机		10m³	1台	
	挖机	PC200		2台	

1.3.4.3.7 质量保证措施

（1）基坑开挖时，应准备一定数量的钢支撑，根据施工监测的情况，必要时增设钢支撑，以更好地控制连续墙的变形。同时应加强对支撑轴力及变形的监测，确保支撑的稳定性。当有内撑支护的围护墙发生较大的内凸变位时，应在坡顶或墙后卸载，坑内停止挖土作业，适当增加内撑，并堆筑砂石袋等。

（2）基坑发生整体或局部土体滑塌失稳时，基坑周围应降低水位（有条件时），坡顶卸载，加强对未滑塌段的监测和保护，防止事故扩大。

（3）当基坑漏水、流土，坑内降水开挖、使坑外地面或道路下陷，坑周管道断裂等时，应停止坑内降水和施工挖土，迅速用堵漏材料处理渗漏；严重时应在坑内回灌水，使坑内外水位平衡，有利于堵漏。必要时补做止水帷幕后方可继续施工。

（4）当基坑开挖发现围护结构破洞、露筋等严重质量问题，起不到支护作用时，应通过现场检验鉴定，重新制定基坑支护加固方案，对原基坑支护结构进行补强、加固或改造等处理。

（5）当基坑围护结构向基坑侧发生较大移位变形或破坏时，首先应停止开挖，尽快回填超挖土方，或堆土反压，保护围护结构稳定。

（6）基坑雨季施工时，应准备充足的抽排水设备，以便大雨时及雨后及时抽排基坑积水，避免基坑被雨水浸泡。同时加强对围护结构的监控量测及现场巡查。确保工程安全和设备的正常运转，做到大雨后能立即复工。

（7）基坑应严格按施工图和相关规范施工，确保基坑施工安全及减少对周边建构筑物沉降的影响。如发现周边建筑沉降过大，且有继续发展的趋势，应采取必要的技术处理措施，如跟踪灌浆加固等。

（8）认真分析地质资料，做好超前预报；对地质情况不明的地段一定要申请补勘，做到心中有数。加强施工管理，严格按标准化、规范化作业，施工中要经常分析土质变化，遇到可疑情况及时分析，不得冒进。

（9）基坑施工时，应加强监测，特别在基坑开挖急剧阶段，更应密切监测，发现监测数据有异常或急剧变化时，应停止开挖，并采取措施防止不利情况的进一步发生，同时告知建设相关各方，及时进行会诊，找出解决问题的办法，坚决杜绝施工人员擅自冒险抢急施工。对意外事故应及时组织专家、业主、设计及相关各方进行事故诊断、处理。

（10）基坑开挖时应加强施工监测，发生整体或局部土体滑塌失稳征兆时，应及时向作业人员预警，迅速撤离基坑作业区。基坑坡顶应禁止大面积堆载，防止基坑失稳。

（11）混凝土模板工程、脚手架工程、混凝土浇筑等作业应严格按照《混凝土结构工程施工规范》(GB 50666—2011)，经批准的专项施工方案等执行，严禁野蛮施工。

1.3.4.3.8 检查要点

（1）安全措施。

① 实际施工过程中，如发现地质情况与勘察资料不符，应及时通知监理、设计、业主等有关单位，共同协商处理措施。

② 工作井基坑采用明挖逆作法施工。动工前必须先查明工程范围内的地下管线的位置、埋深、管线材质以及基础型式，如存在对工程有影响的管线，应会同业主、设计及有关管线部门共同协商、研究地下管线的迁改、加固、悬吊等施作方法和处理措施。组织专业队伍做好在基坑附近的地下管线的保护和监控工作。迁改、保护及监控方案必须报管线主管部门批准后方可实施。

③ 工作井现场场地主要为农田，地面标高约在2.0m左右。施工单位进场后对场地进行必要处理、压实，以满足承载力要求。

④ 防洪井圈先行浇筑部位兼做施工期挡水墙，先行浇筑高度高于场平标高0.5~1m。若施工场平标高有变，应同时调整浇筑高度，满足施工期防涝要求。

⑤ 基坑开挖应严格按照施工工序设置支撑，避免超载造成围护结构过大的变形。

⑥ 基坑开挖及回筑主体结构期间，严禁施工机具碰损结构。施工期间，基坑周边30m范围内的超载应≤20kN/m^2，并在基坑的四周设护栏，以确保人员的安全。在基坑开挖过程中，应对地下连续墙间渗漏水进行封堵，避免造成地下水的大量流失而危及周边建构筑物的安全。

⑦ 基坑开挖应严禁大锅底开挖，在开挖至基坑底面标高以上300mm处，应进行基坑验收，并改用人工开挖至基底，及时封底，以尽量减小对基底地基土的扰动。基坑底面标高以主体结构设计图为准。

⑧ 基坑开挖后应检查地下连续墙暴露面，是否符合设计及有关规范、规定的要求。基坑主体结构施工前应做好围护结构堵漏工作，围护结构没有渗漏水时方可施工主体结构。

⑨ 基坑按无水作业设计。基坑开挖前应观测地下水位是否满足要求，确保已达到设计要求，方可开挖基坑。如基坑开挖时出现渗漏水现象，应停止基坑开挖，启动施工应急预案，确保基坑安全，并应立即通知业主、监理、设计单位调整处理。

⑩ 基坑排水应做好以下工作：基坑顶部设置截水沟和挡水墙，应满足防内涝要求，井顶应适当高出地面；地表裂缝处应予封堵，注意排走地势低凹处的集水，防止地表水流入基坑内；基坑内采取明沟排水疏干，坑内设置备用降水井，设置排水沟及集水井，排除坑内积水及雨水，集水井的设置根据施工分段及水量大小妥善确定；在雨季施工时必须准备足够的抽水设备，做到雨水能及时排除。

⑪ 本基坑位于长江江边，施工中应配备足够容量的自备发电机，一旦发生停电、降雨等，应首先确保降、排水系统的供电和场地不被淹没。基坑施工应避开长江主汛期。

⑫ 工作井在侧墙和框梁施工前，应对地下连续墙表面浮渣夹泥等进行凿除和清洗处理。

⑬ 根据地勘报告，场地钻探过程中发现沼气。工作井开挖前，应设置地面抽排沼气孔，加强沼气浓度监测并及时排出地层沼气；沼气浓度合格后方可进行土方开挖，开挖过程加强竖井通风，并设置应急逃生通道等应急预案。开挖时，沼气浓度未降低到安全水平不允许开展电焊或明火作业。

（2）环保。

① 施工过程的环境保护应符合现行国家标准《建筑工程绿色施工规范》（GB/T 50905—2014）和行业标准《建设工程现场环境与卫生标准》（JGJ 146—2013）的有关规定。

② 施工前应制定建筑物、地下管线安全的保护技术措施，并应标出施工区域内外的建筑物、地下管线的分布示意图。

③ 施工前应对周边建筑物、管线进行调查摸底，制定监测方案，对需重点保护的建筑物、管线进行评估，并应委托有资质的监测单位进行监测。

④ 施工现场出入口处应设置冲洗设施，并应由专人对进出车辆进行清洗保洁。

⑤ 夜间施工应办理相关手续，并应采取措施减少声、光的不利影响。

1.3.4.4 质量控制要点

（1）开挖时严格按照标高进行控制，不得欠挖、超挖，基坑开挖至设计标高以上20～30cm时，采用人工开挖，开挖至设计标高时，进行地基承载力实验。

（2）土方开挖过程中注意保护测斜管、声测管及土压力计。

（3）确保降水井抽排水系统正常运行。

（4）开挖施工中，应加强降水井降水工作，始终保持坑内井下水位低于最低工作面以下1m。

（5）施工过程中，控制围护结构一定范围内的堆载应≤20kPa，且基坑周边2m范围内不得堆载。

（6）地下连续墙鼓包处采用人工清除。

（7）开挖时混凝土支撑及围檩下方垫层破除。

（8）掏槽捡缝：基坑开挖时应先检查开挖地连墙接缝处有无渗漏水，若无渗水情况方可大面积开挖。

1.3.4.5 HSE检查控制要点

（1）土方开挖过程中应特别注意对管线的保护。在土方开挖过程中做到：开挖暴露前调查清楚（包括具体里程、埋深等）、标明位置；开挖过程中留有保护距离；人工挖掘暴露后加以支吊保护，严禁碰撞；管线采用迁改或悬吊等措施进行保护。

（2）土方开挖至每层环梁及支撑底标高后，及时施做支撑。

（3）运输便道应设专人修整，确保运输安全，提高效率。

（4）机械开挖的同时应辅以人工配合，特别是基底以上30cm的土层应以人工开挖为主，以减少超挖、保持坑底土体的原状结构。

（5）在土方开挖过程中，应加强观察和监控量测工作，以便发现施工安全隐患，并通过监测反馈及时调整开挖程序。

（6）严禁在挖土过程中碰撞已施工完成的支撑、管井。

（7）在基坑开挖过程中发现与设计有不同地层时，及时报监理、业主确认并做好记录、绘制施工工程地质素描图。

（8）当基底持力层与设计不符时，及时通知设计、监理协商解决。

（9）在基坑周边设置钢管护栏，以策安全。

（10）施工过程中，控制围护结构一定范围内的堆载应≤20kPa，且基坑周边2m范围内不得堆载。

（11）基坑开挖前应加强降水，确保开挖作业在无水条件下进行，基坑外侧降水井抽水应持续不断。

（12）基坑开挖后安排专人巡视。

1.3.5 主体结构施工

1.3.5.1 工序介绍

对于超大深基坑，采用单纯的顺作法或逆作法都难以同时满足工期、经济、安全性及环境保护要求。为解决此问题，可采用顺逆结合的设计方案有效缩短施工工期。

1.3.5.2 施工工法

施工工艺流程见表1.30。

表1.30 竖井施工工艺流程

步骤	施工步序	说明
第一步		开挖第一层土方，施做冠梁、第一道支撑及挡土墙

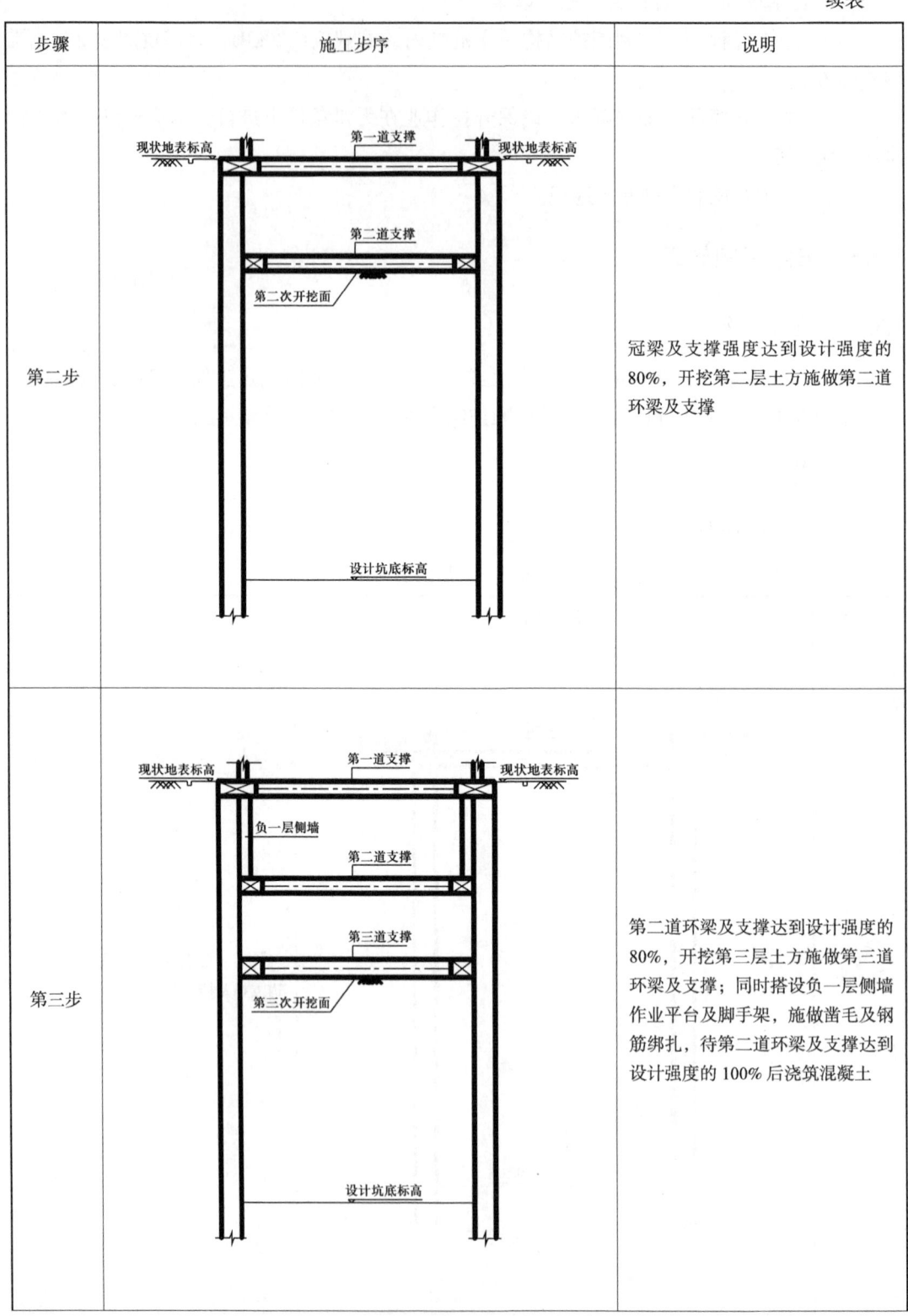

续表

步骤	施工步序	说明
第二步		冠梁及支撑强度达到设计强度的80%，开挖第二层土方施做第二道环梁及支撑
第三步		第二道环梁及支撑达到设计强度的80%，开挖第三层土方施做第三道环梁及支撑；同时搭设负一层侧墙作业平台及脚手架，施做凿毛及钢筋绑扎，待第二道环梁及支撑达到设计强度的100%后浇筑混凝土

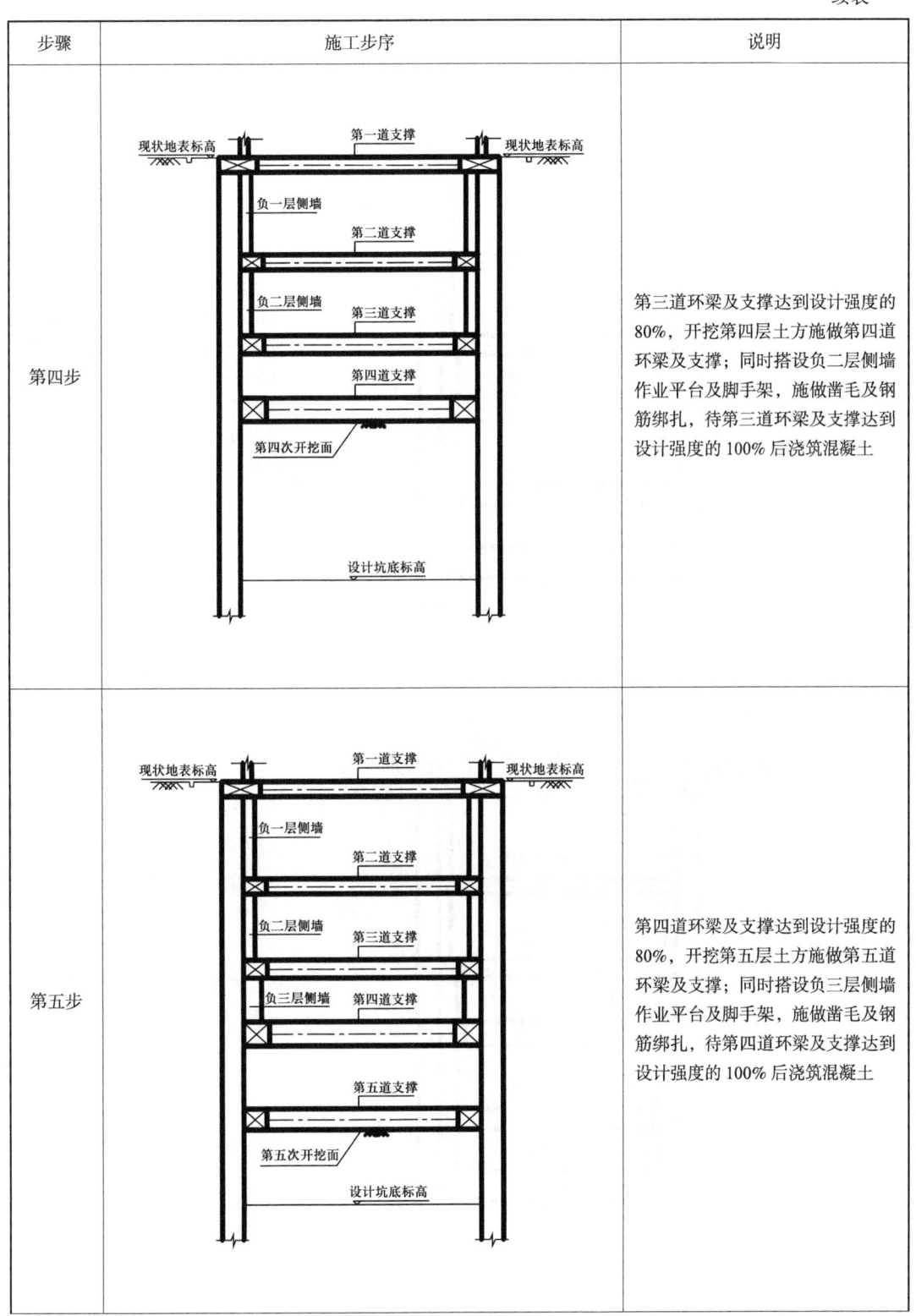

续表

步骤	施工步序	说明
第四步	(图示：第一道支撑、负一层侧墙、第二道支撑、负二层侧墙、第三道支撑、第四道支撑、第四次开挖面、设计坑底标高、现状地表标高)	第三道环梁及支撑达到设计强度的80%，开挖第四层土方施做第四道环梁及支撑；同时搭设负二层侧墙作业平台及脚手架，施做凿毛及钢筋绑扎，待第三道环梁及支撑达到设计强度的100%后浇筑混凝土
第五步	(图示：第一道支撑、负一层侧墙、第二道支撑、负二层侧墙、第三道支撑、负三层侧墙、第四道支撑、第五道支撑、第五次开挖面、设计坑底标高、现状地表标高)	第四道环梁及支撑达到设计强度的80%，开挖第五层土方施做第五道环梁及支撑；同时搭设负三层侧墙作业平台及脚手架，施做凿毛及钢筋绑扎，待第四道环梁及支撑达到设计强度的100%后浇筑混凝土

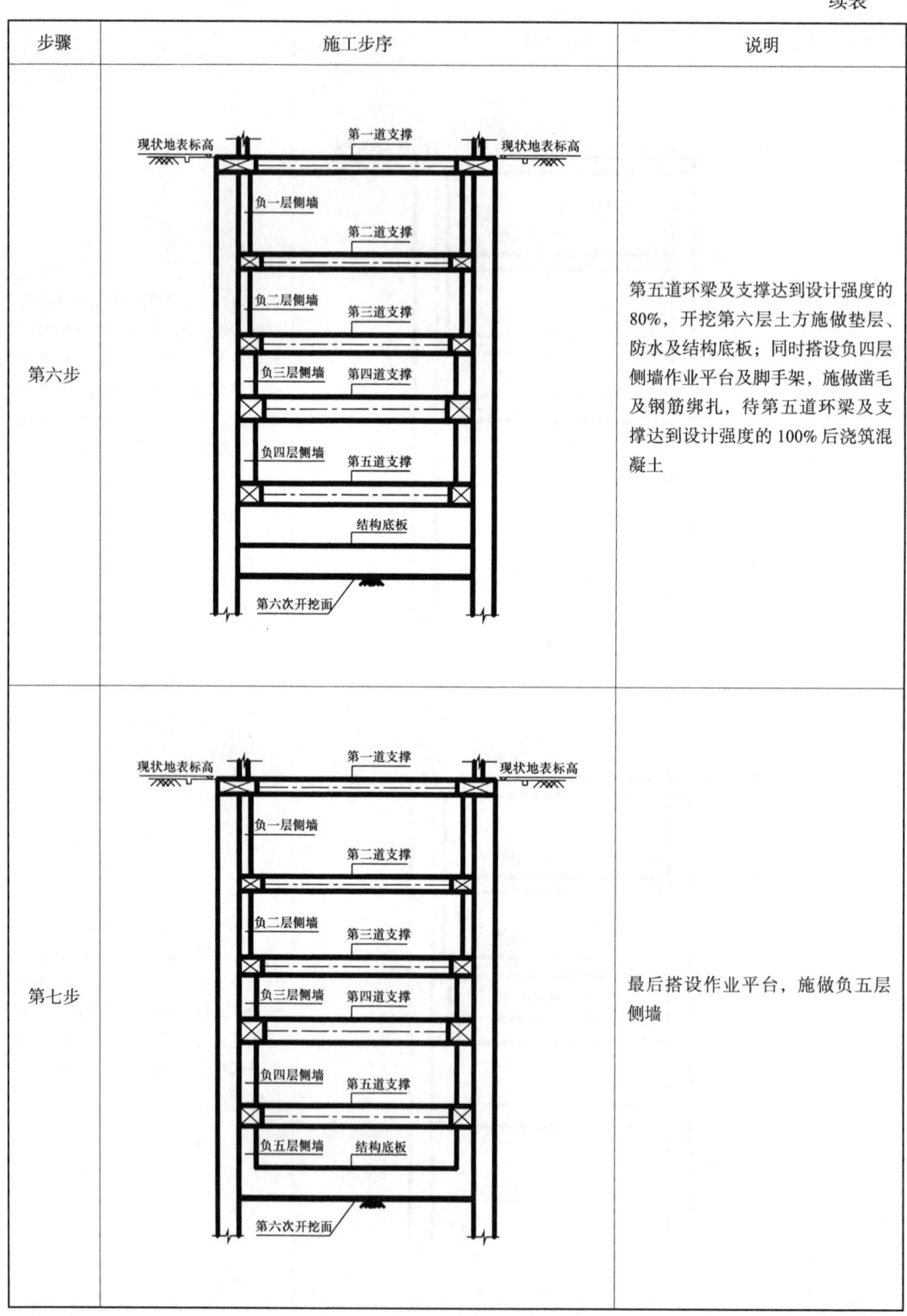

续表

步骤	施工步序	说明
第六步	(图示：现状地表标高、第一道支撑、负一层侧墙、第二道支撑、负二层侧墙、第三道支撑、负三层侧墙、第四道支撑、负四层侧墙、第五道支撑、结构底板、第六次开挖面)	第五道环梁及支撑达到设计强度的80%，开挖第六层土方施做垫层、防水及结构底板；同时搭设负四层侧墙作业平台及脚手架，施做凿毛及钢筋绑扎，待第五道环梁及支撑达到设计强度的100%后浇筑混凝土
第七步	(图示：现状地表标高、第一道支撑、负一层侧墙、第二道支撑、负二层侧墙、第三道支撑、负三层侧墙、第四道支撑、负四层侧墙、第五道支撑、负五层侧墙、结构底板、第六次开挖面)	最后搭设作业平台，施做负五层侧墙

1.3.5.3 作业管理统一规定

1.3.5.3.1 施工准备

（1）场地布置。该工程在进场以后，清除施工场地范围内障碍物和建筑垃圾，平整场地完毕后进行全面硬化，同时整修施工道路保障交通畅通，施工临时用水、用电已经接通。围护结构施工前为满足大型机械设备的地基承载力要求，将整体施工场区进行硬化，满足土方施工机械设备对地面强度的要求。场地内设置3‰排水坡，做到场内排水畅通，无积水现象。并根据场地所处地段，在场内设置三级沉淀池，沉淀池与洗车槽相连，场内施工及生活污水经三级沉淀后排入邻近市政污水管道。主体结构施工场地应结合后期盾构场地进行综合布置，基坑安全距离内不得设置搅拌站、渣土场等重载建筑物。

（2）测量定位。

① 建立测量控制网。

根据建设单位提供的交桩资料，组织测量班组对控制网进行复测，对施工区段内有关三角网点、水准网点和中线控制桩点等基本数据进行复测。包括GPS网点、精密导线点、高程控制点等，并及时将复测结果报业主和监理工程师，结果获批准后在施工中采用。

在确认地面控制网复测无误后，布设地上施工控制网，利用地上施工控制网对施工区段进行平面定位控制和高程控制，同时通过联系测量将地面施工控制点引入到内部，地下施工由出土口向下利用精密投点仪提供地面下测量基准网，并随着土方的向下开挖施工，在内陆续建立其他测量控制点。整个施工过程中定期对地上施工控制网及内测量基准网进行检验复核。

② 施工控制测量成果的检查和检测。

a. 根据设计人员提供的基本数据测量资料精确地测定建筑物的位置，进行放样和全部测量数据的计算工作。

b. 应在放测前10d将有关施工测量的意见报告报送监理工程师审批。包括施测方法和计算方法、操作规程、观测仪器设备的配置和测量专业人员的设置等。

c. 要保护和保存好本合同范围内全部三角网点、水准网点和自己布设的控制点，使之容易进入和通视，防止移动和损坏。

③ 施工测量工作。地面施工高程测量以二级水准点为基准点，采用常规方法控制标高。主要包括工作井内施工的控制导线测量、水准控制测量、定向测量等，在施工过程中及时纠正土方开挖偏差。

1.3.5.3.2 技术要求

（1）熟悉、会审图纸，了解设计内容及设计意图，明确工程所采用的设备和材料，明确图纸所提出的施工要求。

（2）会同设计单位现场核对施工图纸，进行设计技术交底。充分了解设计文件和施工图纸的主要设计意图。

（3）熟悉和工程有关的其他技术资料，如施工及验收规范、技术规程、质量检验评定标准以及材料生产厂家提供的产品资料及质量证明文件。

（4）编制施工方案。根据设计文件和施工图纸的要求，结合施工现场的客观条件、材料的供应和施工人员数量等情况，安排施工进度计划和编制施工组织计划，做到合理有序地进行施工。施工计划必须详细、具体、严密和有序，便于监督实施和科学管理。

（5）编制工程预算。编制依据为批准的初步设计或扩大初步设计概算及有关文件；施工图、通用图、标准图及说明。

（6）安全技术交底要全面、有针对性，符合有关安全技术操作规程的规定，内容要全面准确。安全交底后，项目技术负责人、安全员、班组长要对安全交底的落实情况进行检查和监督、督促操作工人严格按照交底要求施工，制止违章作业现象发生。

1.3.5.3.3 围护结构检测

在基坑开挖前，委托有相应资质的检测单位对地下连续墙隔水效果进行检测，主要检测地连墙接缝渗漏水情况，检测合格后组织基坑开挖，如检测发现地连墙存在问题，立即进行处理，合格后再进行基坑开挖。

按《建筑基坑支护技术规程》要求对地连墙墙身混凝土质量进行检测，主要检测地下连续墙墙身完整性，判别墙身缺陷程度及其所在位置。地下连续墙采用超声波透射法检测墙身结构质量，检测槽段数应≥总槽段数的20%，且应≥3个槽段。

1.3.5.3.4 基坑开挖前条件验收

（1）主控条件相关项目。

① 设计文件：设计文件满足现场施工要求。

② 施工方案：安全专项施工方案编审（包括应急预案）、专家论证、审批齐全有效。

③ 冠梁：冠梁施做完毕，混凝土强度符合规范要求。

④ 提升系统：提升系统已验收合格。

⑤ 支护体系：钢材、混凝土支撑及冠梁已进场并验收合格。

⑥ 监控量测：监测方案已审批，监测点布置符合要求，已测取初始值。

⑦ 管线保护：管线核查，针对性保护措施落实到位。

⑧ 视频门禁：视频门禁系统已安装到位可正常使用。

⑨ 临边防护：临边防护设施符合要求。

⑩ 围护结构质量检测：围护结构质量检测报告符合检测要求，质量评估安全。

（2）一般条件相关项目。

① 质量证明文件齐全，复试合格。

② 进场验收记录齐全有效，特种设备安全技术档案齐全。安装稳固，防护到位。

③ 分包队伍资质、许可证等资料齐全，安全生产协议已签署，人员资格满足要求。

④ 拟上岗人员安全培训资料齐全，考核合格；特种作业人员类别和数量满足作业要

求，操作证齐全。施工和安全技术交底已完成。

⑤降水水位符合基坑开挖要求。

⑥地面截排水系统已完善。

⑦施工风、水、电满足施工需求。

⑧应急物资到位，通信畅通，应急照明、消防器材符合要求。

1.3.5.3.5 主体结构施工

（1）钢筋工程。

主体结构钢筋绑扎施工流程如图1.12所示，钢筋绑扎前测量组进行测量放点，确定钢筋位置以及钢筋顶面标高。

① 钢筋制作前的准备工作。

a. 在绑扎钢筋前首先检查连续墙的钢筋长度，确保墙体钢筋锚入冠梁部分满足设计要求，冠梁与连续墙界面的泥土、杂物、松散层等进行清理，保持墙顶的清洁，以免与冠梁连接时施工缝成为渗漏面，提高其防水抗渗能力。

b. 混凝土对撑、环梁底模采用原状土夯实，若原状土承载力不满足要求，可采用（废旧木模板＋灰砖或打设）≥5cm的厚砂浆铺底。

c. 环梁钢筋绑扎前，将围护结构预埋的锚固钢筋调直，复核预埋钢筋是否在腰梁设计位置上，若不在腰梁范围，需按照设计要求植筋处理，达到强度后进行拉拔试验检测，复核要求合格后，进行钢筋绑扎。

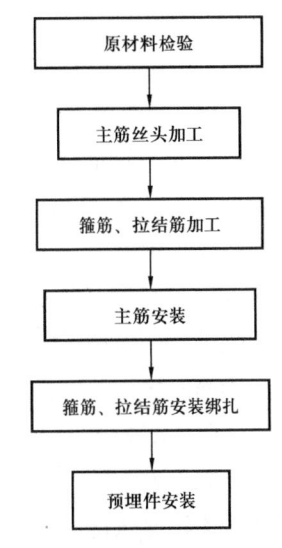

图1.12 钢筋施工流程示意图

② 钢筋原材的验收及堆放。

a. 钢筋进场必须有材质证明及合格证，并按规定见证取样送检，复检合格报验通过后方能使用。

b. 钢筋堆放要求下部垫高，上部用彩条布覆盖，堆放架摆码整齐。

c. 钢筋原材、半成品、成型筋应按规格、品种挂牌分别堆码，并采取必要的保护措施，以免被锈蚀和污染。

d. 钢筋加工过程中，如发现脆断，焊接性能有不良或力学性能不正常等现象，应对该批钢筋进行化学成分分析，其结果符合现行标准规定后方可使用。

③ 钢筋配料加工。

结构施工前应全面熟悉施工图，具体弄清以下几点：

a. 钢筋锚固长度，梁、柱、侧墙钢筋允许的钢筋搭接位置及连接方式；

b. 柱、梁箍筋的加密区域；

c. 板上、下层钢筋的间距，板标高变化处钢筋的布置情况；

d. 板内负筋和板下筋的搭接位置，其端头的锚固长度；

e. 预留孔洞处是否需附加钢筋；

f. 板、柱、梁、墙受力筋的保护层厚度。

钢筋大批量生产前，对各结构段的所有钢筋按施工部位及先后顺序把各种规格的钢筋抽出大样，结合现场操作条件判断抽样是否施工操作方便。

④ 钢筋加工制作。

制作钢筋必须符合设计要求，参照设计图纸及规范图集制作，并满足抗震规范的要求。钢筋制作前，工人必须持证上岗，按照大样试制，检查无误后方可进行大批量制作，同时做好现场的随机抽样工作及焊接过程控制。

a. 钢筋连接和锚固长度应符合设计和规范要求，具体如下。

纵向受力钢筋接头应优先采用机械连接；当钢筋直径≥28mm时不得采用绑扎接头，受力钢筋直径d＞22mm时，不宜采用非焊接的搭接接头。

主梁（框架梁）、次梁纵向钢筋接头宜优先采用机械连接；柱纵向钢筋接头采用机械连接或焊接接头；机械连接和焊接接头的类型和质量应符合国家现行有关标准的规定。

位于同一连接区段内的受拉钢筋机械连接或焊接接头面积百分率≤50%。

钢筋连接接头应错开，焊接接头连接区段的长度为35d且≥500mm；机械连接接头的连接区段长度为35d。

纵向受力钢筋的连接接头宜避开梁端、柱端箍筋加密区；当无法避开时，应采用满足等强度连接要求的高质量机械连接接头（Ⅰ级接头），且位于同一连接区段的钢筋接头面积应≤50%，对于框支梁等特别重要的构件，应采用Ⅰ级机械连接接头，位于同一连接区段的钢筋接头面积百分率应≤25%。

b. 配料加工中的注意事项。

配料计算前要认真研究图纸，计算时应仔细运算并认真复核。

对设计图纸中没有注明的钢筋配置的细节参照规范图集配筋的构造要求处理，必要时应征得设计人员同意。

钢筋弯曲成型采用钢筋弯曲机，钢筋的弯制和末端弯钩均严格按设计加工，弯曲后平面上没有翘曲不平现象，不能对钢筋反复弯曲。

配料计算完成以后，认真填写配料单，报技术部门审核。

钢筋的级别、种类和直径应按设计要求采用。当需代换时，应征得设计单位的同意。

c. 钢筋加工及焊接注意事项。

钢筋应平直，无局部曲折。

调直钢筋时Ⅰ级钢筋的冷拉率应≤4%；Ⅰ级钢筋末端需做180°弯钩，其圆弧弯曲直径D应≥钢筋直径d的2.5倍。

钢筋加工的允许偏差见表1.31。

表 1.31 钢筋加工允许偏差表

项目	允许偏差/mm
受力钢筋顺长度方向全长的净尺寸	±10
弯起钢筋的弯起位置	±20
箍筋内径尺寸	±5

钢筋焊接前必须先试焊,合格后方可施焊;焊工必须有焊工证,并在规定范围内进行焊接操作。

焊接接头距钢筋弯折处应≥钢筋直径的10倍,且不宜位于构件的最大弯矩处。

d. 机械连接(等强直螺纹连接)。

(a)材料要求:进场的连接套应有产品合格证并附产品型式检验报告;连接套的加工质量应按试验方案送检,连接套的屈服承载力和抗拉承载力≥被连接钢筋屈服承载力和抗拉承载力标准值的1.1倍,连接套的外径和长度尺寸允许偏差为0.5mm,连接套的表面应有明显的规格标记。

(b)施工准备:直螺纹接头施工操作工人应进行技术培训,经考试合格后持证上岗。钢筋切口端面应与钢筋轴线垂直,不得有马蹄形或挠曲形,应用切断机和砂轮片切断,不得用电气焊下料。

(c)工艺流程:钢筋下料→滚丝→检验→装保护帽→连接→检验。

钢筋端头螺纹加工:应使用合格的滚丝机加工钢筋端头螺纹;螺纹的牙形、螺距等必须与连接套螺纹规格匹配,且经配套的量规检测合格,加工钢筋端头的螺纹时,应采用水溶性润滑液,不得使用油性润滑液,操作工人按要求逐个检查钢筋端头螺纹的滚制质量。

质量检验:连接套检验,丝头检验;质量检查合格后,应装好保护帽或拧上连接套,防止搬运时损坏丝头。

钢筋连接:钢筋连接时钢筋的规格和连接套的规格应一致,并确保丝头和连接套的螺纹干净、无损。

性能检验:同一批同规格的接头,以500个为一验收批,不足500个的作为一个验收批;对每一验收批,随机截取3个接头试件进行静力拉伸实验,接头的抗拉强度应≥钢筋母材抗拉强度标准值,Ⅰ级接头应>1倍钢筋母材的实际抗拉强度值;试件单向拉伸强度符合要求时,该验收批评为合格,如有一件不合格应再取6个试件复验,复验中有一个试件不合格则此验收批为不合格。

⑤钢筋绑扎及安装。

a. 准备工作。

核对成品钢筋的钢号、直径、形状、尺寸和数量是否与料单和料牌相符。如有遗漏,应及时纠正和增补。

准备好混凝土保护层垫块,垫块采用与混凝土成分相同的水泥砂浆制作。当垫块在垂直方向使用时,在垫块中埋入20号铁丝以便绑扎固定。

清除模板内杂物:将模板内刨花、碎木块和垃圾等清除干净。

b. 钢筋绑扎应符合下列规定。

钢筋的交叉点应采用绑扎扎丝扎牢,且应保证钢筋位置正确。绑扎时注意相邻绑扎点的铁丝扣要成八字形,以免钢筋歪斜变形。

墙柱钢筋纵筋接头位置严格按设计和图集要求。纵筋平面相对位置要在混凝土浇筑时良好固定,柱插筋用3~4个箍筋点焊固定位置;柱上部筋采用点焊固定竖向筋位置,以防偏移。箍筋搭接处,应沿受力筋方向错开设置,在柱与梁相交处按图集节点处理。

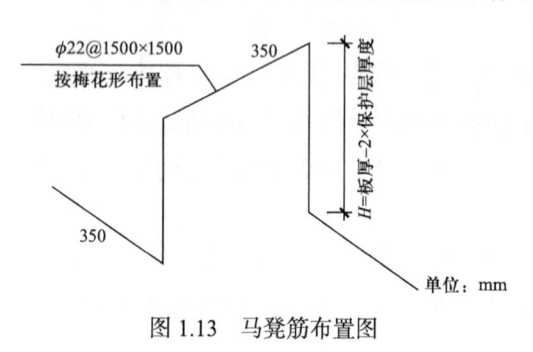

梁板钢筋:箍筋弯钩叠合处,应沿受力筋方向错开设置,并相互八字形每点扎牢,梁遇双层钢筋,用直径22mm钢筋同梁宽长短钢筋垫于上下层钢筋之间。底板钢筋绑扎时弯钩应朝上,不得倒向一边,双层钢筋网的上层钢筋弯钩要求向下。板筋钢筋网间设置马凳筋保证上下间距,梅花形布置,间距1500mm×1500mm。具体布置如图1.13所示。

图1.13 马凳筋布置图

梁和柱的箍筋,除设计有特殊要求外,应与受力钢筋垂直设置;箍筋弯钩叠合处,应沿受力钢筋方向错开设置。

预埋件位置的允许偏差不得超过规定值。根据防迷流要求,严格按设计要求采用焊接贯通。

钢筋安装允许偏差见表1.32。

表1.32 钢筋安装允许偏差表

项目		允许偏差/mm	检验方法
绑扎钢筋网	长、宽	±10	钢尺检查
	网眼尺寸	±20	钢尺量连续三挡,取最大值
绑扎钢筋骨架	长	±10	钢尺检查
	宽、高	±5	钢尺检查
受力钢筋	间距	±10	钢尺量两端中间各一点,取最大值
	排距	±5	钢尺检查
	保护层厚度	±5	钢尺检查
绑扎钢筋、横向钢筋间距		±20	钢尺量连续三挡,取最大值
钢筋弯起点位置		200	钢尺检查

⑥ 钢筋施工注意事项。先在防水保护层上放置预先预制好的与保护层厚度相同的垫块，垫块数量需足够。板钢筋除靠近外围两行相交点全部扎丝扎牢外，中间部分的相交点可间隔交错扎牢，但必须保证受力钢筋不位移，双向受力的钢筋须全部扎牢。钢筋扎丝一律弯向结构内部，严禁穿透板保护层。钢筋绑扎好后，经设计、监理、建设单位、施工单位共同验收后，作好隐蔽验收记录。

（2）模板工程。

① 冠梁、环梁及混凝土支撑模板安装。

a. 施工准备。

关模前用高压风、水将基面及预埋钢筋冲洗干净。

钢筋绑扎完毕并经检验合格。

立模材料采用14mm厚木胶板，背楞采用双排50mm×100mm方木，次楞采用双拼ϕ48mm×3.5mm@1500mm钢管，采用14mm对拉丝杆与主筋焊接进行加固，环梁部位对拉丝杆必须使用止水螺杆，模板两侧采用50mm×100mm方木斜撑，间距3000mm，端部设置地锚。

立模前，保证模板、凿毛面湿润无积水。

蝴蝶扣采用双扣、双螺丝配置，拉结筋无翘曲。

b. 施工工艺。

测量组现场放线后，向施工人员进行轴线、标高现场交底，现场施工人员根据测量点位放样放出冠梁、环梁及混凝土支撑中线，在整个施工过程要保证中线固定牢固，在立模中随时检查，确保定位准确。

模板安装示意图如图1.14～图1.18所示。

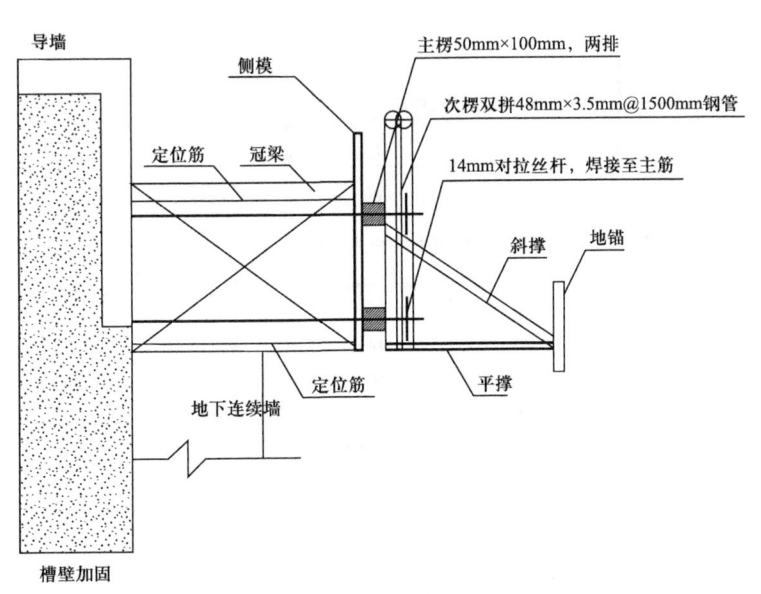

图1.14 冠梁立模示意图

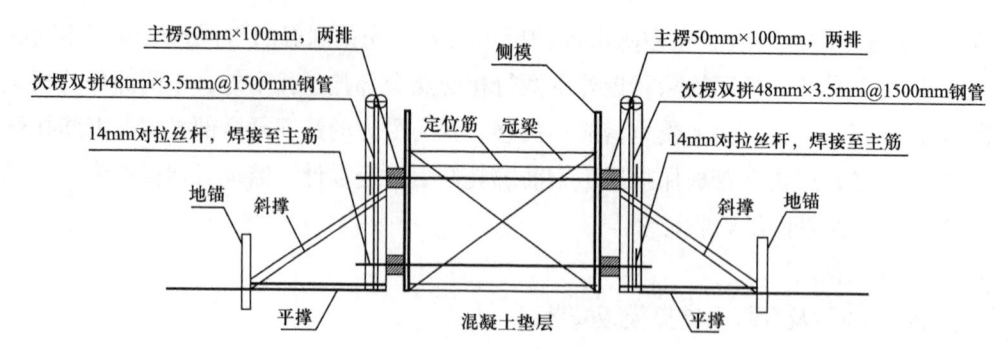

图 1.15 混凝土支撑立模示意图

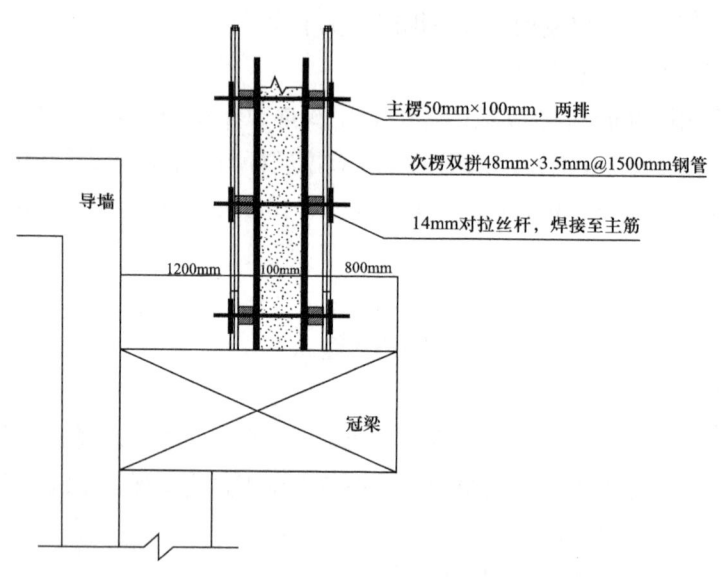

图 1.16 防洪井圈立模示意图

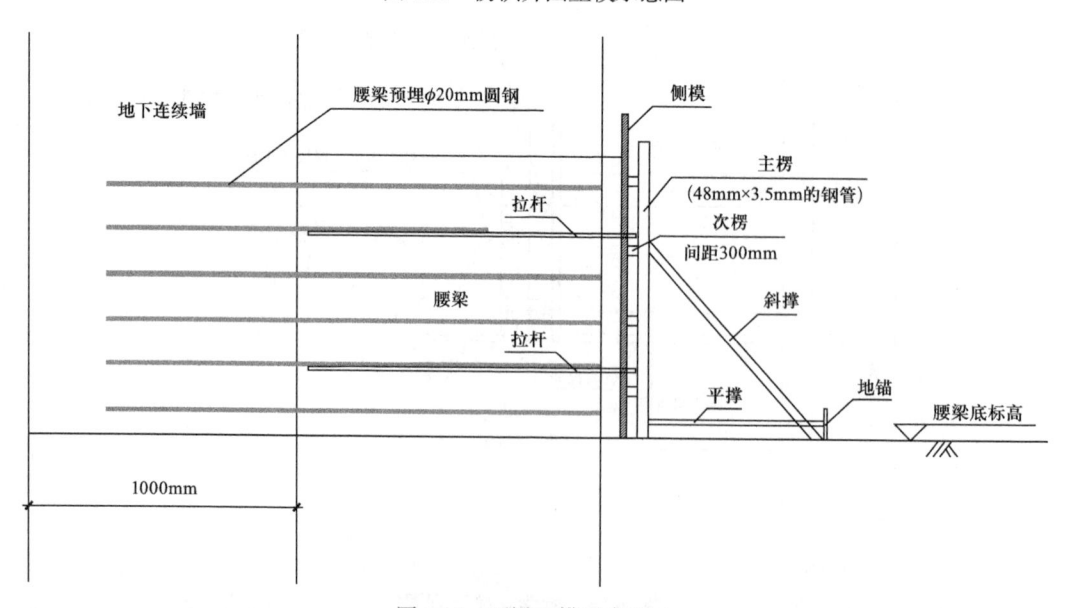

图 1.17 环梁立模示意图 1

模板安装完成后，混凝土浇筑之前，应在环梁上部倾斜布设预留ϕ150mmPVC套管，用于底部侧墙灌注孔兼作排气孔，间距1500mm，混凝土浇筑前安装灌注漏斗。第一层至第四层对撑及第五层支撑后期拆除，需预留ϕ28mm吊环，间距3000mm，便于后期支撑拆除吊装。

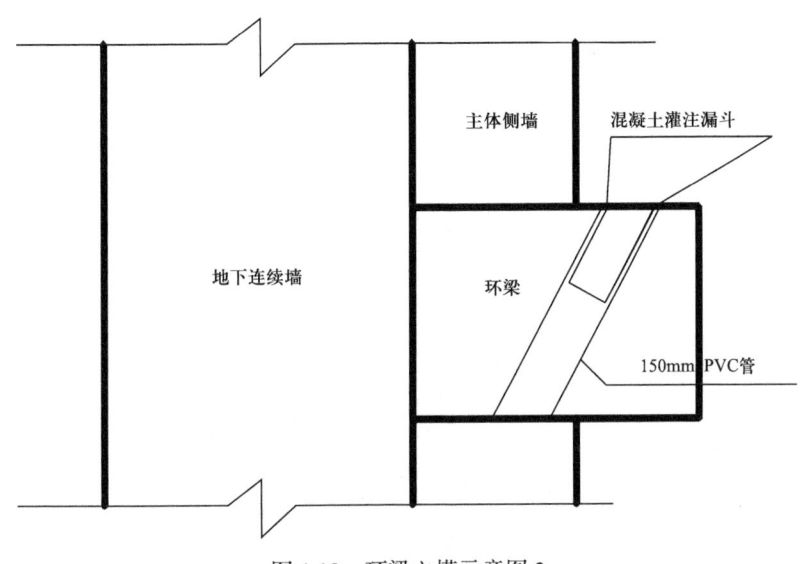

图1.18 环梁立模示意图2

② 侧墙支模体系安装。

a. 模板体系配置。主体结构侧墙模板采用木模板支护体系（图1.19），单层最大浇筑高度4000mm，最大厚度1000mm。立模材料采用14mm厚木胶板，次楞采用双排50mm×100mm方木，间距200mm，主楞采用双拼20槽钢，间距500mm。双拼槽钢采用ϕ22mm对拉丝杆单面焊接至地连墙主筋加固，纵向间距≤2000mm，横向间距500mm，对拉丝杆均采用中部安装法兰片的止水螺杆。

b. 施工顺序及施工方法。

侧墙模板支架体系施工顺序：测量放线→作业平台支架搭设→钢筋绑扎及验收→弹外墙边线→合外墙模板→安装次楞方木→安装主楞双拼槽钢（包含焊接中部拉杆）→加固预埋螺栓系统→调节支架垂直度→再紧固检查埋件系统→验收合格后混凝土浇筑。

预埋地脚螺栓：环梁上部300～1100mm矮边墙浇筑前，垂直预埋侧墙支模架体系L形地脚螺栓，地脚螺栓采用C22钢筋制成，垂直锚入侧墙长度35d，外露长度≥400mm，螺纹长度≥60mm；各预埋件相互间距为500mm，现场预埋时要求拉通线，保证预埋件在同一直线上，上下对撑设置。

注意：地脚螺栓在预埋前需对螺纹采取保护措施，防止浇筑混凝土时污损螺纹，影响上螺母连接；同时，还应在相应部位增加附加钢筋与地脚螺栓点焊，防止浇筑混凝土时预埋件跑位或偏斜（图1.20）。

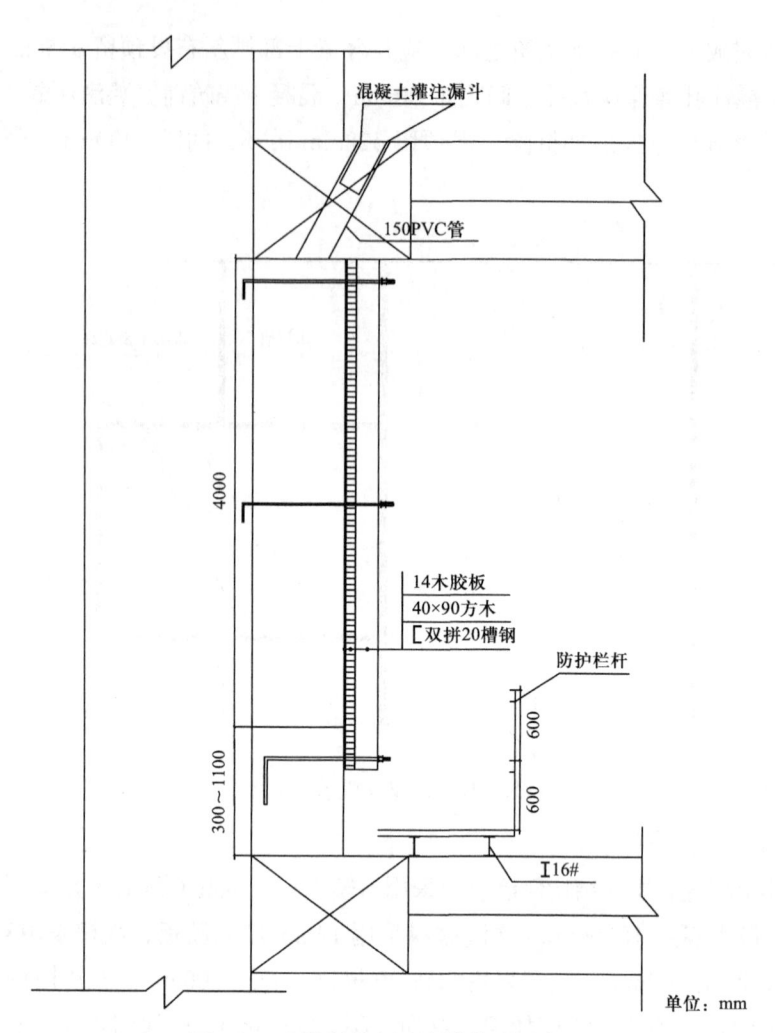

图 1.19 主体结构侧墙支模体系示意图

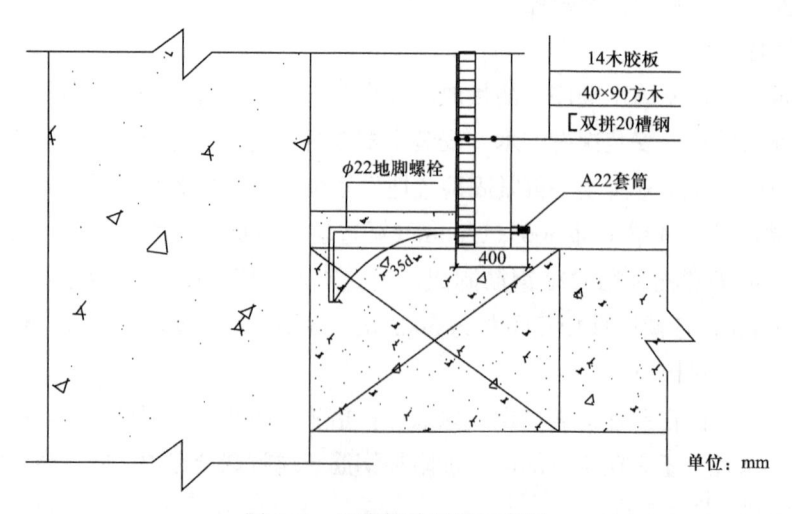

图 1.20 地脚螺栓预埋示意图

模板及主楞槽钢安装：

侧墙钢筋安装完成并经验收合格后，根据结构净空控制线弹出侧墙边线，并在侧墙钢筋上焊接模板定位钢筋及ϕ22mm对拉丝杆，丝杆与上、下预埋对角螺栓处于一条垂线上，对拉丝杆端部与地连墙主筋采用单面焊接10d；

支设侧墙模板，侧墙模板体系主要采用200mm双拼槽钢支撑体系，水平间距500mm，模板拼装最大高度为4000mm；单根槽钢支架应先固定上部地脚螺栓，预埋锚筋螺纹必须满拧，槽钢安装时应随时加设临时支撑，防止倒塌伤人；

调节模板垂直度，紧固支架预埋件系统，对模板体系进行全面检查，经验收后格后进行混凝土浇筑。

③临时双排脚手架体系搭设。

a.作业平台搭设（图1.21、图1.22）。主体结构侧墙与下部基坑土方开挖及环梁施工同步作业，需待该层环梁及混凝土支撑达到100%设计强度后，在环梁外沿及混凝土支撑上搭设1500mm宽作业平台进行侧墙施工，作业平台采用两根工16mm工字钢架设至钢筋混凝土支撑上部，工字钢两侧采用M12膨胀螺栓固定在支撑梁上，防止工字钢移位或侧翻。支撑跨度最大净距7000mm，在环梁上部横向预埋一根长2000mm工16mm工字钢，外露长度1000mm，顶部与支撑顶平齐，确保作业平台受力支点距离≤3500mm。平台上部满铺方木，并固定牢固，外侧安装1200mm高防护栏杆，满挂密目网。

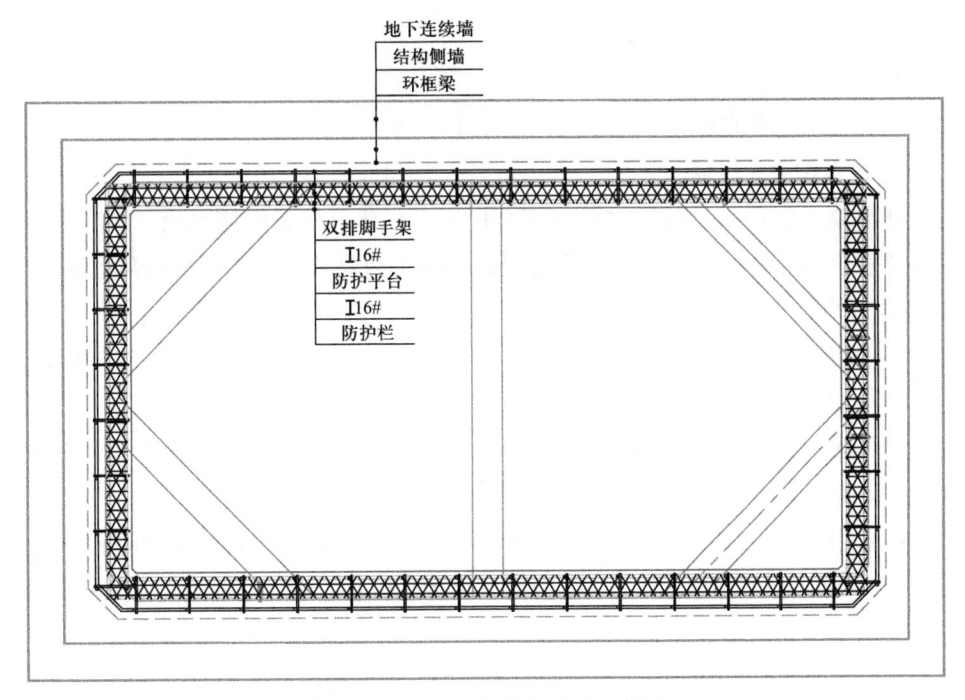

图1.21 作业平台安装平面示意图

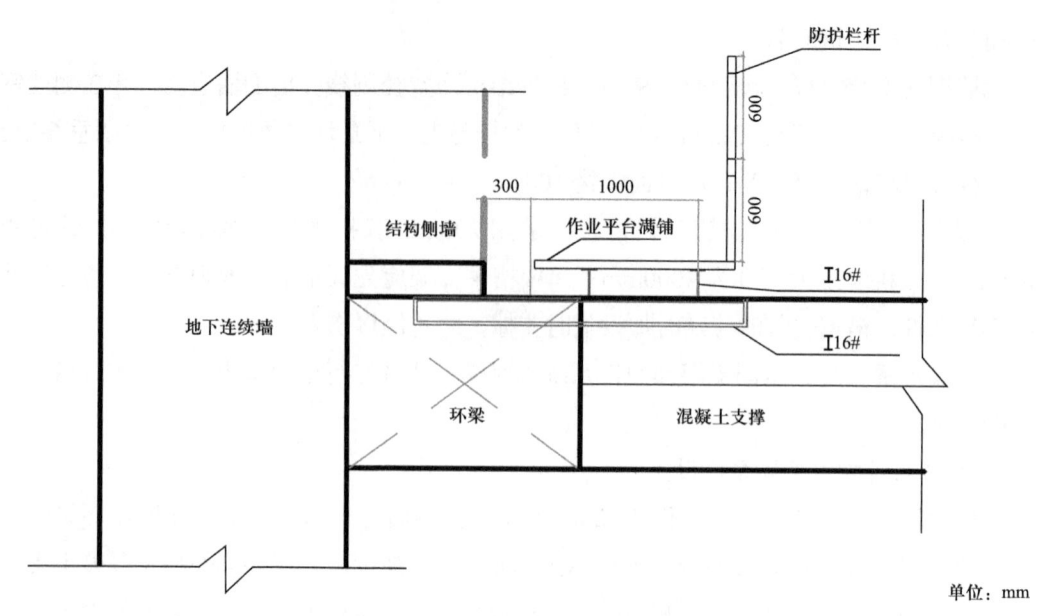

图1.22 作业平台安装断面示意图

b.脚手架搭设(图1.23、图1.24)。主体结构侧墙施工前需在作业平台上搭设临时组装式脚手架,单层脚手架高度为1800mm,宽度为1000mm,由可卸式立杆、横杆、扫地杆、剪刀撑、活动踏板组成,纵向立杆承插加高,水平立杆采用铁丝捆绑牢固,顶部设1200mm高防护栏杆,活动踏板满铺固定牢固,上部采用ϕ14mm钢筋连墙件,间距1800mm,端部与地连墙主筋焊接牢固。

(3)混凝土工程。

为确保混凝土生产质量,本标段所用混凝土全部采用商品混凝土。

① 原材料及配合比要求。

为保证混凝土的质量,首先需要对配合比进行优化。控制好用水量、水灰比、砂石、水泥用量及掺合料、外加剂用量,使混凝土的性能达到要求。该工程采用泵送混凝土,坍落度控制在(200±20)mm。

水泥:采用泌水少、水化热低的水泥,其强度等级为42.5MPa;水泥的含碱量、氯离子含量、水泥细度等严格按设计图纸要求。

细骨料:采用选用级配合格、质地坚硬、颗粒洁净的中粗砂,其含泥量、细度模数、泥块含量、氯离子含量等指标严格按设计要求。

碎石:采用的粗骨料级配必须良好,连续级配,最大粒径不宜超过30mm,不得使用单粒级石子;含泥量、泥块含量、压碎指标、针片状颗粒含量等指标严格按设计要求。

水:采用生活饮用水。

外加剂:外加剂中的氯离子含量应≤混凝土中胶凝材料总重量的0.06%;为减少混凝土收缩影响,添加适量CMA高性能抗裂防水剂,用量为胶凝材料的6%~8%;填充孔洞的混凝土中加入适量膨胀剂。

图 1.24 脚手架纵断面示意图

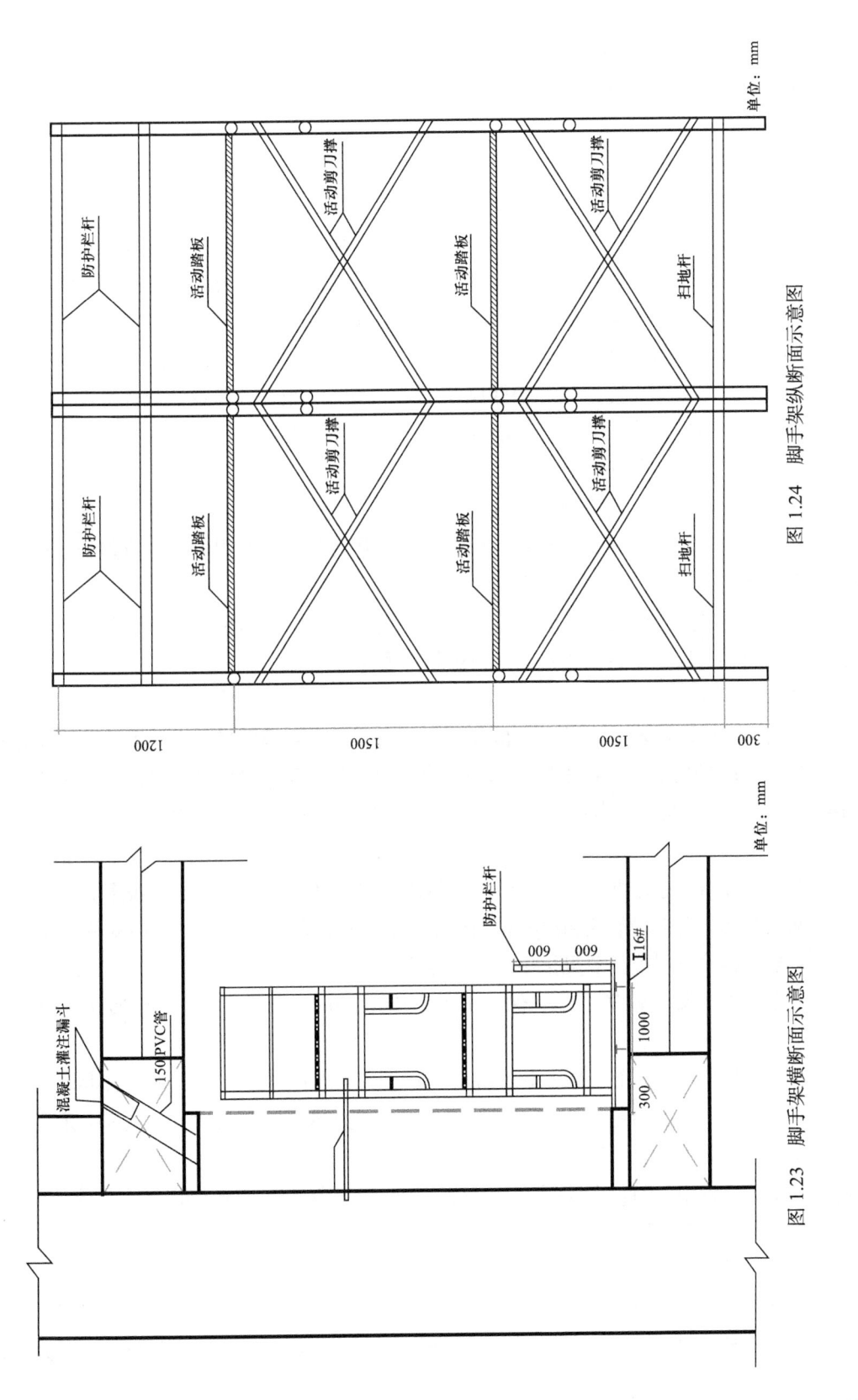

图 1.23 脚手架横断面示意图

掺合料：采用优质粉煤灰、磨细矿渣粉。

各种混凝土配合比须报监理批准后方可投入指导施工。

② 混凝土工程的施工准备。

a.班前进行技术交底，落实浇筑方案，对浇筑的起点及浇筑的进展方向做到心中有数。

b.为了确保浇筑连续进行，对每次浇灌混凝土的用量计算准确，对所有机具进行检查和试运转，对备品备件有专人管理和值班，保证机械、材料均能满足浇筑速度的要求。

c.注意天气预报，不安排在雨天浇灌混凝土。在天气多变季节施工，为防止不测，储备足够的抽水设备和防雨物资。

d.对模板及其支架进行检查。确保尺寸正确，强度、刚度、稳定性及严密性均满足要求。对模板内杂物进行清除，在浇筑前同时对木模板浇水湿润，以免木模板吸收混凝土中的水分。模板工程应经监理验收合格。

e.对钢筋及预埋件进行检验。检查钢筋的级别、直径、位置、排列方式及保护层厚度是否符合设计要求，并认真做好隐蔽工程记录。钢筋隐蔽工程及水电等专业隐蔽工程须经监理验收合格。

f.混凝土浇灌实行混凝土浇灌浇筑令制度，结构浇注前与监理单位申请，然后得到专业监理工程师签字认可，签发浇筑令，再组织混凝土浇灌施工。

③ 混凝土运输。

a.混凝土到场进行坍落度及目视检查，发现有不符合要求等情况应立即调整。坍落度抽检每车一次；混凝土整车容重检查每一配合比每天≥1次。现场取样时，应以搅拌车卸料1/4后至3/4前的混凝土为代表。混凝土取样、试件制作、养护，均须监理工程师见证旁站。

b.如遇意外情况超过混凝土运送时间，混凝土已不适于浇筑时应予以报废。

c.做好混凝土出机坍落度和浇灌时的坍落度、出机时间和到达工地的时间等记录。

d.严禁在运输过程中往混凝土中加水或减水剂。

e.选用优质混凝土输送泵，确保将坍落度为（160±20）mm的合格混凝土输送到模板内。

f.施工前做好施工调配计划，防止混凝土运输车长时间暴露在阳光下，必要时要进行喷水降温，泵管可用湿棉毡或其他隔热材料包好，在炎热的气候条件下，最好多采用夜间施工，以降低混凝土入模温度。

g.在施工过程中，项目全体技术人员分工合作，项目各部门全力配合及协调管理，确保底板混凝土一次性浇筑完。

④ 混凝土浇筑。

a.浇筑方法。

采取"分段定点、分层浇筑、循序推进"的方法。结构板按施工缝分段一次浇筑完成，施工缝按设计要求设置。板浇筑时，浇筑第一步高度为400mm，以后每步浇筑≤500mm；混凝土沿侧墙四周侧壁与板一起浇筑300mm高墙体，并按图纸要求设置镀锌钢板止水带。墙柱分层浇注，400～500mm一层，混凝土自高处自由倾落应≤6000mm，>6000mm时，采用特制串筒引导混凝土完成浇筑。

在施工缝上浇筑混凝土前，先将混凝土表面凿毛，清除杂物，冲净并湿润，再铺一层水泥基渗透结晶。

12℃≤混凝土入模温度≤28℃。同时入模温度以温差控制，混凝土的表面温度与大气温度的差值应≤20℃。

施工时，混凝土实行"先高后低"的浇捣原则，即先浇高强度等级混凝土，后浇低强度等级混凝土，严格控制在先浇柱混凝土初凝前继续浇捣梁、板混凝土，先用混凝土泵输送柱等级的混凝土就位，分层振捣，在梁板处留出45°斜面。在混凝土初凝前，使用混凝土泵，尽快浇筑梁板的混凝土，在混凝土初凝前重点控制高低强度等级混凝土的邻接面不能形成冷缝，故应在柱顶梁底处留设施工缝，避免高低强度等级混凝土的邻接面之间形成冷缝。同时对梁柱节点钢筋密集的核心区用小型插入振捣器加强振捣，坚决杜绝漏振死角，避免形成蜂窝麻面，以确保节点核心区混凝土的密实性和设计强度。随之泵送浇筑梁板的混凝土。商品混凝土配合比中，高强度等级混凝土的水泥用量偏多，水灰比、含砂率、坍落度偏大，梁板的混凝土采用二次振捣法，即在混凝土初凝前再振捣一次，增强高低强度等级混凝土交接面的密实性，减少收缩。

b.混凝土浇筑技术控制措施。

混凝土施工板面平整度控制措施：混凝土浇筑完毕后，在初凝后终凝前再用木抹子抹平压实，尤其是在塑性顺筋裂纹处要加强拍实使其愈合，接近终凝时再用木抹子抹压一次，至少抹压2～3遍，以减少混凝土表面温度缝。

混凝土表面标高控制：为保证表面标高及平整度，在钢筋面层筋上焊垂直钢筋头，间距2000mm，然后用水平仪按设计标高，在钢筋头上用红油漆或胶带标记，当浇筑到设计标高时，拉广线用2000mm长木制刮板以标记为标准刮平混凝土表面，在收平后要用水准仪进行复核，以保证表面标高。

c.混凝土的振捣。

振捣手在操作振捣棒要做到"快插慢拔"，快插是为了防止将表面混凝土振实而与下一层混凝土发生分层、离析现象；慢拔是为了使混凝土能填满振捣棒拔出时所造成的孔洞，振动过程中应将振捣棒上下略为抽动，使上下振动均匀，在振捣每一层混凝土时，应插入下一层≥50mm，以消除两层之间的接缝，同时振捣上层混凝土时，应在混凝土初凝前进行。

振捣手操作振捣棒插入要均匀排列，采用"行列式"的次序移动，不能混乱，以免造成漏振，每次振动移动的距离为300～400mm。

每一插入点要掌握好振捣时间，过短混凝土不易振实，过长可能使混凝土产生离析现象，一般每点振捣时间20～30s，使用高频振捣棒时也应≥10s，应使混凝土表面呈水平不显著下沉，不再出现气泡，表面泛出水泥砂浆为宜。

混凝土表面二次振捣：混凝土浇捣至设计要求标高后，由混凝土工用刮尺将混凝土表面刮平，接近初凝（混凝土有一定硬度，用手摁有明显痕迹）时，派专人用平板振动器，中速振捣一次，并用平抹子搓抹，铁板压实。

混凝土浇筑时停顿时间要求：混凝土浇捣应连续进行，不得停歇，由于机械故障等因素不得不使浇筑中断时，当大气温度≤25℃时，其中断时间≤180min；当大气温度＞25℃时，中断时间≤150min。

d. 混凝土的养护。

根据该工程的施工工期及当地天气情况，混凝土浇筑应采用以下保温养护措施。

浇筑完混凝土12h内覆盖棉被保温。

养护天数≥14d。在养护期内混凝土构件要保持湿润。不得用污水进行养护。养护用水的水温与混凝土表面的温度差不得超过15℃。混凝土的表面温度与中心温度的差值应≤20℃。

根据现场的实际情况，可采用蒸汽加热法进行混凝土的养护，独立混凝土基础用蒸汽室法进行养护，在工作井井口设置推拉式防护棚，做成密闭的蒸汽室通汽加热。

现浇柱、梁等整体结构用蒸汽套法进行养护。在结构物与模板外面用一层紧密不透气的木板或其他围护材料做成蒸汽套，中间留出约150mm的空隙，通入蒸汽来加热混凝土。

⑤ 大体积混凝土施工。

根据《普通混凝土配合比设计规程》（JGJ 55—2019）中关于大体积混凝土施工的相关规定，混凝土结构物实体最小尺寸＞1m，或预计会因水泥水化热引起混凝土内外温差过大而导致裂缝的混凝土，该工程主体结构底板厚度为1600mm，属于大体积混凝土施工。

大体积混凝土施工时，水泥水化过程中将释放出大量的水化热，使结构件具有"热涨"的特性。大体积混凝土在硬化期间，混凝土硬化时又具有"收缩"的特性。使混凝土结构的温度梯度过大，从而导致混凝土结构出现温度裂缝。因而在混凝土硬化过程中，必须采用相应的技术措施，以控制混凝土硬化时的温度，保持混凝土内部与外部的合理温差，使温度应力可控，避免混凝土出现结构性裂缝。

采用埋设冷却循环水管可以控制结构混凝土内外温差，同时也可降低混凝土内部温度峰值。底板钢筋绑扎过程中，在结构内设循环水管，冷却循环水管采用ϕ50mm、壁厚1.5mm声测钢管，直线段采用配套直通外接头连接，转角处采用定做90°声测钢管（每边500mm）。采用钢筋（ϕ10@2000mm）与钢筋骨架固定牢固。循环水管单层按回形设置，管间距≤1000mm，循环水管距结构边≤500mm，具体布置方式如图1.25所示。

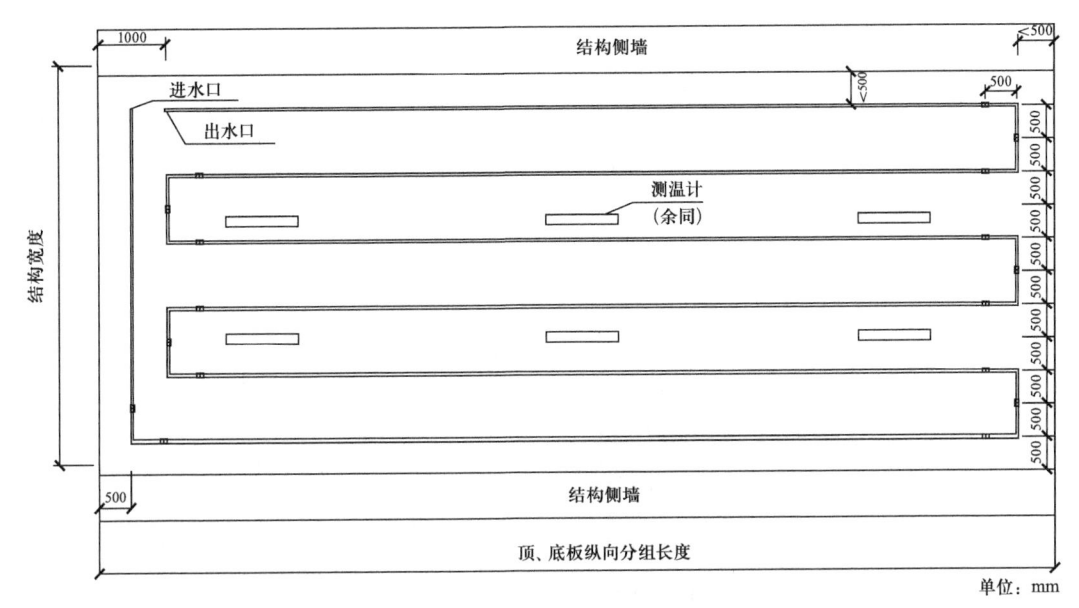

图 1.25 冷却循环水管布置示意图

循环水系统控制要点如下。

a. 循环水流量：约 60m³/h。

b. 混凝土内部温度保持范围：40~50℃（按气温25~35℃，温差≤15℃）。

c. 总功率：2~4kW。

冷却循环水温控制要点如下。

a. 水温：冷却水比混凝土入仓温度（30℃）低15~18℃。

b. 通水时间：待侧墙顶部混凝土浇筑完毕后5h（接近初凝时间），而底部混凝土温度开始上升时开始冷却水循环。

c. 通水流量或流速：初始每分钟通水量为0.5m³。

d. 流量调整：当温度开始下降时，应适当减少水量，当温度上升时，适当加大通水流量。

e. 记录：通水时应查看温度计初始温度，并做好记录，根据测温监控进行记录。

f. 停止冷却时间：待侧墙温度降至45℃时或混凝土温度峰值与气候温差值为15℃时为控制值，当温度持续5~6d下降，无回升时方可停止通水；如果停止通水后，温度再回升，需要重新通水冷却；约6d左右即可停止通水。

g. 冷却水管管内灌浆：停止通水后，应对循环水管进行灌浆；灌浆材料采用M40自流无收缩水泥净浆，详见砂浆配合比试验检测报告。

1.3.5.3.6 劳动力组织

施工劳动力配置见表1.33。

表 1.33 主要施工劳动力配置计划表

人员		人数	备注
作业人员	钢筋工	30	
	混凝土工	5	
	模板工	30	
	机修工	4	
	普工	20	
	防水工	5	
	测量及记录	4	
	挖机司机	6	
	空压机操作工	3	
	自卸汽车司机	10	
特种作业人员	吊车司机	2	
	司索工	4	
	电焊工	12	
	起重工	4	
	电工	2	
安全人员	安全总监	1	
	专职安全员	4	
	群众安全员	10	
合计		158	

1.3.5.3.7 材料要求

（1）现场材料由专人负责管理，材料的使用必须经检验并经工程技术人员现场确认报监合格后方可使用。

（2）材料采购计划要具有超前性，并经工程技术人员确认，防止材料采购的种类、型号出现错误或采购的时间不对，避免出现采购不及时或库存时间过长。

（3）特殊材料的采购应提前进行，考虑充足的时间富余量，加强与材料供应单位的联系，确保材料的正常供应。

1.3.5.4 设备机具配置

根据该工程的任务特点和施工进度配备相应的机械设备形成机械化施工流水作业线。

总体配备原则：先进合理、能力富余，满足该工程快速、优质、全面、经济和均衡生产的要求。

1.3.5.5 质量保证措施

1.3.5.5.1 组织保证

（1）健全质量保证体系，严格按照质量体系文件进行质量管理，从资源投入和过程控制上保证工程质量。

（2）项目部成立质量管理组织机构，由项目经理任组长，总工程师、生产副经理任副组长，质检工程师、专职质检员负责质量检验工作，作业队以上单位成立全面质量管理小组，对主要工序的施工质量进行有组织的控制。

（3）配备质检工程师和专职质检员，推行全面质量管理和目标责任管理，从组织措施上保证工程质量真正落到实处。

1.3.5.5.2 制度保证

（1）坚持质量检查制度，按制度进行日常、定期、不定期检查，发现问题及时纠正，并对结果进行验证。

（2）在施工中，对每道工序、每个工种、每个操作工人，做到质量工作"三个落实"，即：施工前，每个施工操作人员明确操作要点及质量要求；施工过程中，施工管理人员必须随时检查指导施工，制定工序流程图，确定关键工序和特殊工序的关键点，进行连续监控，对比分析质量偏差，及时纠正质量问题，把质量隐患消灭在施工过程中；每道工序施工结束后，严格执行质量自检制度，自检合格后，按质量管理程序报检。

（3）严格执行工程监理制度。充分做好质量自检工作的同时，有专职质检工程师积极配合监理工程师和业主对工程进行质量监督检查。自检合格后，及时通知监理工程师检查签证，隐蔽工程覆盖前必须经监理工程师签证认可。

（4）严格执行质检工程师制度。项目部设专职质检工程师，班组设兼职质检员，保证施工作业始终在质检人员的严格监督下进行。质检工程师有质量否决权，发现违背施工程序、不按设计图、规则、规范及技术交底施工，使用材料半成品及设备不符合质量要求者，有权制止，必要时下停工令，限期整改并有权进行处罚。

（5）认真执行质量管理制。把施工图审签制，技术交底制，测量复核制，质量自检、互检、专检"三检制"，隐蔽工程检查签证制，质量检查评比奖罚制，验工计量质量签证制，分项工程质量评定制，质量事故（隐患）报告处理制等行之有效的质量管理制度，贯穿到施工全过程，并落实到工班，严格质量控制，实行质量责任制，逐级落实到工班，责任到人。

（6）严格施工纪律，确保按照技术交底施工；把好工序质量关，上道工序不合格不能进行下道工序的施工，否则质量问题由下道工序的班组负责。对工艺流程的每一步工作内容认真进行检查，使施工作业标准化。

1.3.5.6 质量控制措施

1.3.5.6.1 材料及成品、半成品构件质量控制措施

（1）进场前的材料检查。订货前，提取样品向驻地监理报送拟购材料名称、型号、产地、数量及使用的工程部位等。附有关材料性能实验报告及样品，征求监理工程师意见，监理工程师同意后方可订货、购料。

（2）进场材料质量控制。按规范规定的项目和频率严格进行材料的实验工作，并积极配合监理工程师复核检验。

（3）施工中材料质量控制。使用前，会同现场监理工程师现场察看，根据进场材料数量、规格，在监理工程师监督下，按材料实验项目和测试频率进行实验，合格后方可使用。

（4）外购成品及半成品构件。签订合同前，向驻地监理工程师书面报告外购件计划，详列拟购件的名称、规格、数量及应用工程部位。构件生产厂名、地址、生产工艺及质量标准，产品质量检验证书及抽样测试技术报告。

（5）材料及构件进场、储存及搬运。

① 依据工程进展安排进场材料数量和规格。

② 搬运储存材料注意水泥防潮、砂石料应分类堆放，各类材料要设标签。

③ 成品构件运输、堆放应符合规范规定的受力要求，避免产生不合理的受力，使构件弯形、受损。

（6）不合格材料。经检查不合格的材料，一律清理出场，并由现场监理监督执行。

1.3.5.6.2 施工质量控制

（1）施工质量控制的重点。

① 确认有效的施工过程。

② 施工检查测量。

③ 最终的检验与实验。

④ 检查、测量及实验设备的控制。

⑤ 不合格项的控制。

⑥ 纠正措施。

（2）施工工序质量控制。

① 检验批、分项、分部工程完工后，或下道工序施工前，施工质量由各工区各班组进行自检，自检合格后报工区质检工程师进行检验，质检工程师检验合格后报现场监理检验确认。未经监理检查确认合格，不得进入下道工序作业。

② 单位工程质量由项目部申报，监理部核查，政府质量监督核定，业主认定。

③隐蔽工程检查确认：工区各作业队提出隐蔽工程验收申请，现场质检工程师和现场监理确认隐蔽工程验收申请，工区各作业队做好隐蔽工程验收记录，检查合格后，填写工程质量报验表，现场质量工程师和现场监理参加隐蔽工程验收，验收合格后，确认隐蔽工程检查记录。

④工程施工实验验收：工区提出施工实验申请，现场质量工程师和现场监理确认施工实验申请，工区做好施工实验准备，现场质量工程师和现场监理参加施工实验过程，工区填写工程质量报验表，实验合格后，现场质量工程师和现场监理确认施工实验记录。

⑤实验室实验验收：工区提出实验申请，现场质量工程师和现场监理确认实验申请，现场质量工程师和现场监理参加现场取样，工区送样，实验室进行实验，工区填写工程质量报验表交现场质量工程师和现场监理确认实验结果。

⑥施工检查记录与检查确认。工区填写施工检查记录，检查合格，并经现场质量工程师检查认为符合要求后，填写工程质量报验表，现场监理收到报验表后，进行现场检查确认，验收合格后，现场监理确认施工检查记录和工程质量报验表。

（3）施工质量管理评审。项目部根据质量管理手册、程序文件规定，依据作业文件以及图纸、标准和规范对工区、仓储质量每月开展一次管理实施过程评审活动，并将评审结果报监理部及业主。

（4）施工质量停工、停职管理。

项目部严格对施工质量的管理，不断提高管理水平，持续改进。当出现下列情况时，实施自动停工整顿。

①隐蔽工程未完成检验和书面确认，即进行隐蔽的。

②未能提供或不按施工图纸野蛮施工的。

③变更未获得批复即组织实施的。

④不按施工方案或作业文件施工的。

⑤技术员、质检员不到位的。

（5）检查、测量及实验设备的控制。对于作业、检测实验所用的检查、测量及实验设备，由计量管理人员进行登记造册并经检定合格后使用，并在使用过程中做好保养、维护。使用过程中一旦对检测数据产生怀疑就要采用不同仪器进行复检，并对设备重新标定。超过标定周期的设备严禁使用。

（6）不合格项的控制。

①质量部负责建立不合格项信息管理体系，为项目部以及业主、现场监理和政府质量监督等监督人员提供不合格项并为其整改提供录入、审查、查询窗口。

②质量部负责建立不合格项风险数据库，实现风险数据知识共享。

③质量部负责策划与设计不合格项分析管理系统，收录项目部以及业主、现场监理

和政府质量监督等监督人员发布的不合格项,并提供对比分析报告,提高各级监督管理层在不合格项管理中的积极性。

④ 质量部每天对不合格项实施动态管理,评审各级上报的不合格项,评审确认后进入风险数据库。

⑤ 质量部通过评估不合格项出现频次以及整改完成率,提出应对不合格项的管理措施,协调工区处理,并将此项指标作为绩效考核的依据之一,提高对不合格项的管理水平。

⑥ 质量部在周例会上通报本周出现的不合格项和累计不合格项整改情况,以及未完不合格项处理计划。

(7) 缺陷的修复和处理。

对用于工程的不符合质量要求的材料、不满足规定要求的不合格品进行控制,以防止不合格品的非预期使用和杜绝不合格品流入下道工序。

① 对业主、监理等确认的不符合项控制。

a. 调查或协助调查不符合项的原因。

b. 制定或协助制定不符合项的处理方案。

c. 按批准处理方案进行整改。

d. 对纠正后的不符合项进行最终检查,以符合业主、监理的要求。

② 自查自检发现不符合项的控制。

a. 当发现工程出现不符合项时,项目质量部进行系统的调查、分析、记录并报监理。

b. 制定不符合项处理方案、整改措施,报监理审批。按监理批准的处理方案、整改措施对不符合项进行处置。

c. 保存不符合项报告以及所有相关质量证明文件和记录。

d. 负责使所有不符合项完全符合合同文件的要求,并令业主、监理满意。

③ 确认和关闭。

a. 质量部对发生的不符合项进行监控,直至不符合项的整改措施以及相关质量记录由责任单位完成,并在不符合项报告上签字,以表明不符合项已经整改。

b. 当所有整改完成之后,项目部现场质量工程师在不符合项报告上签名并注明日期,表明不符合项已经整改并经验证。

c. 将整改结果按规定程序报告,经现场监理检查确认、签字并注明日期。

④ 记录。保留不符合项和所有相关的质量记录和原始记录文件,为符合业主、监理的要求采取有效的措施提供客观证据。记录文件保持清晰,易于辨认和翻查。

1.3.5.6.3 其他质量控制措施

(1) 建立相关质量管理制度。包括项目经理质量责任制、技术负责人质量责任制、质检工程师责任制、实验人员责任制、测量人员责任制、生产班长责任制、操作人员责任制,实行各施工参与方都同工程质量紧密联系,进行全员质量控制。

（2）加强质量管理基础，紧抓工程技术工作。

工程技术工作以相应法律、法规、规范、招标文件和设计单位图纸为依据，制订相应的技术管理制度，做好施工组织设计，优化施工技术方案，采用先进的施工工艺、技术等，以保证质量目标的实现。

① 掌握合同条件中相关技术质量要求和条款，并严格遵照执行。

② 熟悉设计图纸并领会设计意图，并对图纸进行相应的复核，力争校核准确无误，防止出现错误返工浪费。

③ 掌握相应施工技术规范和质量验收标准，设计图纸中的技术规范和质量标准是工程施工的重要依据，该技术规范包括了工程项目规范和范围、施工工艺和方法、材料性能与指标，在施工过程起着指导作用。

④ 在施工过程中选择有技术、施工经验丰富的精兵强将，采用先进技术和现代化网络管理手段，并通过一系列奖罚制度，让其发挥出各自的积极作用。

⑤ 施工中质量控制要做到工序层层把关，实验室负责实验配比及现场过磅，质检员履行全面质检评定。工程分项、分部的开工，施工中前后设计变更，工程质量现场把关、控制、逐项签认以及质量合格与否和质量隐患、事故等，均按相关规范要求执行。

⑥ 确立"防检结合、以防为主、重在提高"的观点，不仅要对工程质量的结构进行管理，更重要的是对原因的管理，对施工工艺方法及各施工环节检查，检验采购材料是否符合质量标准，检查预防施工工序和方法是否符合标准，对关键工种操作的技术工人要事先培训并进行技术考核，合格后才能上岗操作。

（3）加强技术保证措施。

① 工程开工前，按分部、分项编写完善的施工组织和施工要点。编写分部、分项施工组织设计和施工技术方案，施工组织设计和施工要点必须经监理工程师审核后方可执行。施工工艺设计的主要内容包括：工程概况、主要工序施工方法和操作规程、相关质量要求等级标准、实验测量的要求及方法、人员、材料和设备使用计划等。

② 加强施工技术、工艺管理，以施工组织设计为纲领，以施工工艺设计和施工要点为指导，以技术交底、操作规程和工序交接检查为保证，严格各施工工序的控制与管理。对易产生问题或出现质量通病的部位要加大技术投入和管理力度，严格遵守操作规程及施工工艺流程。

1.3.5.7 安全环保要求

1.3.5.7.1 安全要求

（1）建立安全保证体系，项目部和各施工队设专职安全员及质检员，在项目经理和总工程师的领导下，履行保证安全的一切工作。

（2）利用各种宣传工具，采用多种教育形式，使职工树立安全统一的思想，不断强化安全意识，建立安全保证体系，使安全管理制度化，教育经常化。

（3）各级领导在下达生产任务时，必须同时下达安全技术措施检查工作，必须总结安全生产情况，提出安全生产要求，把安全生产贯彻到施工的全过程中去。

（4）认真执行定期安全教育、安全宣传、安全检查制度，设立安全监督岗，支持和发挥群众安全人员的作用，对发现事故隐患和危及到工程人身安全的事项，要及时处理，做好记录，及时改正，落实到人。

（5）施工中临时结构必须向员工进行安全技术交底。对临时结构须进行安全设计和技术鉴定，合格后方可使用。

（6）架板、起重、高空作业的技术工人，上岗前要进行身体检查和技术考核，合格后方可操作。高空作业必须按安全规范设置安全网，拴好安全绳，戴好安全帽，并按规定配戴防护用品。

1.3.5.7.2 环保要求

（1）加强环保教育，贯彻环保法规。组织职工学习环保知识，加强环保意识，使大家认识到环境保护的重要性和必要性。认真贯彻各级政府有关水土保护、环境保护的方针、政策和法令，结合设计件和工程特点，及时申报安全环境保护设计，切实按批准的文件组织实施。

（2）强化环保管理。定期进行环境检查，及时处理违章事宜，主动联系环保机构汇报环保工作，做到文明施工。

（3）美化施工现场，消除施工污染。

场地废料处理，应按设计要求按工程师指定地点处理，防止水土流失。保持排水通道畅通，工地干净卫生，施工中尽量减少对周围绿化环境的影响和破坏。施工便道经常性地进行洒水，保证晴天不扬尘。拌和站运转时有粉尘发生，设防尘设备；工作人员配备防尘口罩等必要的劳保防护用品。

施工废水、生活污水源、耕地、农田、灌溉渠道，要采用渗井或其他措施处理。工地垃圾及时运往指定地点深埋，清洗集料机具或含有沉淀油污的操作水，采用过滤的方法或沉淀池处理，使生态环境受损减小到最低程度。应当对沿线及周边的一草一木悉心保护，禁止践踏和掠夺式施工。

（4）固体废弃物的处理。施工营地和施工现场的生活垃圾应集中堆放。施工和生活中的废弃物也可经当地环保部门同意后，运输至指定地点。报废材料或施工中返工的挖除材料立即运出现场并进行掩埋等处理。对于施工中废弃的零碎配件、边角料、水泥袋、包装箱等及时收集清理并搞好现场卫生，以保护自然环境与景观不受破坏。

1.3.5.8 质量控制要点

1.3.5.8.1 钢筋工程

（1）在绑扎钢筋前首先检查连续墙的钢筋长度，确保墙体钢筋锚入冠梁部分满足设计要求。

（2）环梁钢筋绑扎前，将围护结构预埋的锚固钢筋调直，复核预埋钢筋是否在腰梁设计位置上，若不在腰梁范围，需按照设计要求植筋处理，达到强度后进行拉拔试验检测，复核要求合格后，进行钢筋绑扎。

（3）纵向受力钢筋接头应优先采用机械连接；当钢筋直径≥28mm时不得采用绑扎接头，受力钢筋直径d>22mm时，不宜采用非焊接的搭接接头。

（4）主梁（框架梁）、次梁纵向钢筋接头宜优先采用机械连接；柱纵向钢筋接头采用机械连接或焊接接头；机械连接和焊接接头的类型和质量应符合国家现行有关标准的规定。

（5）位于同一连接区段内的受拉钢筋机械连接或焊接接头面积百分率≤50%。

（6）钢筋连接接头应错开，焊接接头连接区段的长度为35d且≥500mm；机械连接头的连接区段长度为35d。

（7）纵向受力钢筋的连接接头宜避开梁端、柱端箍筋加密区；当无法避开时，应采用满足等强度连接要求的高质量机械连接接头（Ⅰ级接头），且位于同一连接区段的钢筋接头面积百分率不应超过50%，对于框支梁等特别重要的构件，应采用Ⅰ级机械连接接头，位于同一连接区段的钢筋接头面积百分率不应超过25%。

（8）钢筋的交叉点应采用绑扎扎丝扎牢，且应保证钢筋位置正确。绑扎时注意相邻绑扎点的铁丝扣要成八字形，以免钢筋歪斜变形。墙柱钢筋纵筋接头位置严格按设计和图集要求。纵筋平面相对位置要在混凝土浇筑时良好固定，柱插筋用3~4个箍筋点焊固定位置；柱上部筋采用点焊固定竖向筋位置，以防偏移。箍筋搭接处，应沿受力筋方向错开设置，在柱与梁相交处按图集节点处理。

（9）梁板钢筋：箍筋弯钩叠合处，应沿受力筋方向错开设置，并相互八字形每点扎牢，梁遇双层钢筋，用直径22mm钢筋同梁宽长短钢筋垫于上下层钢筋之间。底板钢筋绑扎时弯钩应朝上，不得倒向一边，双层钢筋网的上层钢筋弯钩要求向下。板筋钢筋网间设置马凳筋保证上下间距，梅花形布置，间距1500mm×1500mm。

（10）在防水保护层上放置预先预制好的与保护层厚度相同的垫块，垫块数量需足够。板钢筋除靠近外围两行相交点全部扎丝扎牢外，中间部分的相交点可间隔交错扎牢，但必须保证受力钢筋不位移，双向受力的钢筋须全部扎牢。钢筋扎丝一律弯向结构内部，严禁穿透板保护层。

1.3.5.8.2 模板工程

（1）关模前用高压风、水将基面及预埋钢筋冲洗干净。

（2）立模材料采用14mm厚木胶板，背楞采用双排50mm×100mm方木，次楞采用双拼ϕ48mm×3.5mm@1500mm钢管，采用14mm对拉丝杆与主筋焊接进行加固，环梁部位对拉丝杆必须使用止水螺杆，模板两侧采用50mm×100mm方木斜撑，间距3000mm，端部设置地锚。

（3）蝴蝶扣采用双扣、双螺丝配置，拉结筋无翘曲。

（4）环梁上部300～1100mm矮边墙浇筑前，垂直预埋侧墙支模架体系L形地脚螺栓，地脚螺栓采用C22钢筋制成，垂直锚入侧墙长度35d，外露长度≥400mm，螺纹长度≥60mm。各预埋件相互间距为500mm，现场预埋时要求拉通线，保证预埋件在同一直线上，上下对撑设置。

（5）地脚螺栓在预埋前需对螺纹采取保护措施，防止浇筑混凝土时污损螺纹，影响上螺母连接；同时，还应在相应部位增加附加钢筋与地脚螺栓点焊，防止浇筑混凝土时预埋件跑位或偏斜。

（6）侧墙钢筋安装完成并经验收合格后，根据结构净空控制线弹出侧墙边线，并在侧墙钢筋上焊接模板定位钢筋及ϕ22mm对拉丝杆，丝杆与上、下预埋对角螺栓处于一条垂线上，对拉丝杆端部与地连墙主筋采用单面焊接10d。

（7）支设侧墙模板，侧墙模板体系主要采用200mm双拼槽钢支撑体系，水平间距500mm，模板拼装最大高度为4000mm；单根槽钢支架应先固定上部地脚螺栓，预埋锚筋螺纹必须满拧，槽钢安装时应随时加设临时支撑，防止倒塌伤人。

（8）调节模板垂直度，紧固支架预埋件系统，对模板体系进行全面检查，经验收后格后进行混凝土浇筑。

1.3.5.8.3 脚手架搭建

（1）作业平台宽1500mm，采用两根工16mm工字钢架设至钢筋混凝土支撑上部，工字钢两侧采用M12膨胀螺栓固定在支撑梁上，防止工字钢移位或侧翻。支撑跨度最大净距7000mm，在环梁上部横向预埋一根长2000mm工16mm工字钢，外露长度1000mm，顶部与支撑顶平齐，确保作业平台受力支点距离≤3500mm。平台上部满铺方木，并固定牢固，外侧安装1200mm高防护栏杆，满挂密目网。

（2）侧墙施工前需在作业平台上搭设临时组装式脚手架，单层脚手架高度为1800mm，宽度为1000mm，由可卸式立杆、横杆、扫地杆、剪刀撑、活动踏板组成，纵向立杆承插加高，水平立杆采用铁丝绑绑牢固，顶部设1200mm高防护栏杆，活动踏板满铺固定牢固，上部采用ϕ14mm钢筋连墙件，间距1800mm，端部与地连墙主筋焊接牢固。

1.3.5.8.4 混凝土工程

（1）需要对混凝土配合比进行优化，控制好用水量、水灰比、砂石、水泥用量及掺合料、外加剂用量，使混凝土的性能达到要求，坍落度控制为（200±20）mm。

（2）不安排在雨天浇灌混凝土。在天气多变季节施工，为防止不测，储备足够的抽水设备和防雨物资。

（3）混凝土浇筑采取"分段定点、分层浇筑、循序推进"的方法，结构板按施工缝分段一次浇筑完成。板浇筑时，浇筑第一步高度为400mm，以后每步浇筑≤500mm；混凝土沿侧墙四周侧壁与板一起浇筑300mm高墙体，并按图纸要求设置镀锌钢板止水带。

（4）12℃≤混凝土入模温度≤28℃。同时入模温度以温差控制，混凝土的表面温度与大气温度的差值应≤20℃。

（5）混凝土实行"先高后低"的浇捣原则，同时对梁柱节点钢筋密集的核心区用小型插入振捣器加强振捣，梁板位置的混凝土采用二次振捣法。振捣手在操作振捣棒要做到"快插慢拔"，振动过程中应将振捣棒上下略为抽动，使上下振动均匀，在振捣每一层混凝土时，应插入下一层≥50mm，以消除两层之间的接缝，同时振捣上层混凝土时，应在混凝土初凝前进行。

（6）混凝土浇筑时停顿时间要求：混凝土浇捣应连续进行，不得停歇，由于机械故障等因素不得不使浇筑中断时，当大气温度≤25℃时，其中断时间不得超过180min；当大气温度>25℃时，中断时间不得超过150min。

（7）混凝土浇筑应采用保温养护措施，浇筑完混凝土12h内覆盖棉被保温，养护天数≥14d。在养护期内混凝土构件要保持湿润。不得用污水进行养护。养护用水的水温与混凝土表面的温度差不得高于15℃。混凝土的表面温度与中心温度的差值不得高于20℃。

（8）大体积混凝土施工时，水泥水化过程中将释放出大量的水化热，因此采用埋设冷却循环水管，控制结构混凝土内外温差，同时也可降低混凝土内部温度峰值。

1.3.5.8.5 竖井防水工程

竖井防水等级一般为二级，不允许漏水，结构表面可有少量湿渍，总湿渍面积应≤总防水面积的2/1000；任意100m² 防水面积上的湿渍≤3处，单个湿渍的最大面积≤0.2m²。

（1）主体结构采用C40，抗渗等级依据深度采用P8~P12，设计使用年限为100年。混凝土的原材料和配合比、最低强度等级、最大水胶比和每立方米混凝土的水泥用量等应符合耐久性要求，满足抗裂、抗渗、抗冻和抗侵蚀的需要。

（2）工作井侧墙采用叠合墙结构，应先将地连墙内表面凿毛，清洗后涂刷2.0mm厚水泥基渗透结晶防水涂料防水层，用量≥2.0kg/m²。工作井底板采用4mm预铺防水卷材。

（3）竖井不设变形缝与垂直施工缝。采用逆作法施工，围檩兼作永久结构环框梁，每层侧墙留设1~2道水平施工缝。上层水平施工缝设置在环框梁（围檩）下部500mm位置的墙体上，做成斜坡型。接缝面涂刷水泥基渗透结晶型防水涂料，并应设置遇水膨胀止水胶和预埋注浆管。上部施工缝设置遇水膨胀止水条时，应使用胶粘剂和射钉固定牢靠。下层水平施工缝留在框梁顶面以上300~500mm位置，涂刷水泥基渗透结晶型防水涂料与中埋式镀锌钢板止水带。

（4）铺设防水卷材的结构表面应清理干净，平整度应满足D/L≤1/20，D为相邻两凸面间的最大深度，L为相邻两凸面间的最小距离。并要求凹凸起伏部位应圆滑平缓。所有不满足上述要求的凸出部位应凿除，并用1:2.5的水泥砂浆进行找平；凹坑部位采用1:2.5水泥砂浆填平。基面应洁净、平整、坚实，不得有疏松、起砂、起皮现象。

（5）不平整部位采用1∶2.5水泥砂浆圆顺地覆盖处理，当基面条件较差时，可先铺设400g/m² 的土工布缓冲层进行保护。

（6）基层表面可潮湿，但不得有明水流，否则应进行堵水处理或临时引排。

（7）所有阴角均采用1∶2.5水泥砂浆做成5cm×5cm的钝角，阳角做成20mm×20mm的钝角。

（8）预铺防水卷材与现浇混凝土结构外表面密贴面的隔离膜应在浇筑混凝土前撕掉。

（9）防水层采用机械固定法固定于围护结构表面，固定点距卷材边缘2cm处，钉距≤50cm。钉长≥3cm，且配合垫片将防水层牢固地固定在基层表面，垫片直径≥2cm。避免浇筑混凝土时脱落。

（10）相邻两幅卷材的有效搭接宽度为10cm（不包括钉孔）。将钉孔部位覆盖住。要求上幅压下幅进行搭接。搭接时，搭接缝范围内的隔离膜必须撕掉（双面粘卷材的两侧隔离膜均要求撕掉），搭接必须采用与卷材相配套的专用粘胶。

（11）底板防水层铺设完毕，除掉卷材的隔离膜，并立即浇筑50mm厚C30细石混凝土保护层，侧墙防水层应采取临时保护措施避免防水层受到破坏。

（12）防水层破损部位应采用同材质材料进行修补，补丁满粘在破损部位，补丁四周距破损边缘的最小距离≥10cm。

1.3.5.8.6 降水井工程

（1）测量放样：根据降水设计方案、地下管线分布图及甲方提供的坐标控制点的位置，施放降水井井位。

（2）钻机就位、调整：钻机采用正反循环钻机，钻机就位时需调整钻机的平整度和钻塔的垂直度，对位后用机台木垫实，以保证钻机安放平稳。

（3）钻孔：在钻孔过程中应保证孔内泥浆液面高度与孔口平，严防塌孔；在地层条件允许的情况下，使用地层自造泥浆成孔，在钻孔过程中，技术人员详细描述地层情况，作为下管填料的依据。

（4）清孔换浆：钻孔钻进至设计标高后，在提钻前将钻杆提至离孔底0.5m，进行冲孔清除孔内杂物，同时将孔内的泥浆密度逐步调至1.05～1.1，沉渣厚度符合要求，返出的泥浆内不含泥块为止。

（5）下管：对于钢管井，宜采用悬吊下管法，井管底部焊接钢板封堵牢靠，井管与井管之间焊接牢固，确保焊缝均匀、无砂眼；为保证井管居中及一定厚度的滤料，在滤管段上下部各加一组扶正器4块。

（6）填料：井管下好后，立即按设计要求回填滤料，滤料沿井壁四周均匀填入，并随填随测滤料层的顶面高度。

（7）洗井：滤料回填后，应该在8h内用潜水泵洗井，直至井水洗清达到规范要求为止；洗井时若出现井水中含有滤料，应停止洗井，检查原因，进行处理，必要时要报废掉，并按封井要求进行封井。

（8）水泵安装、试抽水：洗井结束后进行水泵安装，要求安装前记录井深，便于控制水泵深度，水泵安装要牢固平稳确保设备安全，水井底部预留1m沉淀段。

（9）每天观测1~2次地下水位。

（10）在正常的降水运行过程中，必须有合理的用电保障以满足降水运行的需求。降压井配置1台800kW应急发电机。备用电源具备可自动启动功能，停电后45s内可以完成电源自动切换。

（11）基坑抽水运行过程中，在基坑施工便道外侧修建排水沟/排水管，确保降水运行排水的顺畅，保障降水效果。排水沟/排水管有一定坡度，并与市政排水系统或者地表河沟相连，基坑排出的水经沉淀后排入雨水管网或地表水体。

（12）基坑开挖过程中，施工机械切不可碰撞降水井，必须保证降水系统的完好性。

（13）降水井应在井管口设置醒目标志，设置夜间施工反光带，加强人工值班保护。基坑开挖过程中盖好井盖或包好井口，以防杂物进入井内。

（14）疏干井封井：由于个别地层中含水层均被地连墙隔断，且基底以下10m均为加固，开挖至基底时，疏干井的水量理应很小。垫层施工时，从垫层位置割除井管，并在浇筑底板时，直接灌入混凝土，浇筑于底板之下即可。若开挖至基底后地墙存在一定渗漏，疏干井水量较大，则该疏干井应穿过底板，待底板达到强度后封堵疏干井，封井采用灌注微膨胀混凝土，并加焊钢板封闭。

（15）观测井封井主体施工结束后预留作为始发降水井，始发结束后，回填砂土或混凝土封堵即可。

1.3.5.9 HSE检查控制要点

（1）进入现场人员必须戴安全帽，上机操作人员需有操作证，非特殊工种人员不得随意拨弄机械及施工用电设备。

（2）根据季节及现场情况完善安全生产防护措施，机械运转部位应配齐安全防护设施，危险地带设置醒目安全标志和防护设施。

（3）施工现场加强安全保卫工作，非施工人员不得进入现场。

（4）加强用电安全管理，合理布置供电线路，配电箱、机电设备应用接地装置和防护措施。用电需专职电工负责安装。

（5）切实加强对施工人员的安全教育，增强安全生产意识和自我保护能力。

（6）施工现场各主要设备，均实行一机一闸一漏电保护装置。

（7）严禁非专业人员对带电器进行维修，严禁对电器进行带电检修，修检电器时应挂明示牌。

（8）施工中操作人员均不能擅自离开各自的操作岗位。

（9）夜间施工时场内必须配设各类照明灯具，要求为使任何一个操作和人行的角落都有足够的亮度。

（10）泥浆管理及外运：施工过程中会产生较多的废浆，充分利用现场设置的泥浆池，泥浆车要及时将废浆外运出场。

（11）定期清理现场，防止地面泥浆流淌，做好工完场清工作，确保施工不对周边环境造成污染。

（12）对全体施工人员进行"七不"教育，培养讲文明、讲卫生的良好习惯，自觉接受街道爱卫会及有关部门对工地卫生的检查与监督，搞好工地的清洁卫生。对在工地内随地大小便、乱扔果皮纸屑、乱倒垃圾、乱倒剩饭菜者给予重罚。

（13）降水施工在基坑内与土方开挖同时进行，环境复杂多变，安全施工尤为重要，必须坚决、彻底落实下述基坑作业安全措施：

① 严禁在无防护栏设置的钢筋混凝土支撑上行走；

② 严禁在钢管支撑安装及拆卸时，在其下方作业；

③ 严禁在未放坡开挖的直立土体边坡作业；

④ 上下基坑必须走有护拦的扶梯；

⑤ 若有降压井辅助平台，搭设必须使用标准脚手架及扣件，安装必须牢固、安全、可靠，周围设置护拦；

⑥ 若疏干井随基坑开挖深度的增加需割除暴露部分的井管，暴露部分的井管长度≤2.5m；

⑦ 机械开挖土方时，作业人员不得进入机械作业范围内进行清理或割管作业。

1.3.6　防水工程

1.3.6.1　工序介绍

主体结构环梁、侧墙施工缝采用水泥基结晶材料涂刷，底板防水采用预铺防水卷材。

1.3.6.2　施工工法

侧墙防水采用水泥基结晶型防水涂料涂2mm厚；施工缝防水采用中埋式镀锌钢板止水带，止水钢板燕尾朝向要求为燕尾朝外侧（地下连续墙）。钢板搭接为5cm，贴合边焊接，钢板交叉部位采用贴合四边满焊，钢板焊缝严密，如发现焊缝不合格或有渗漏现象，应予修整或补焊；底板防水基坑基底满足防水板铺设要求后，铺设C20混凝土垫层，厚度15cm，并收面平整，垫层混凝土强度未达到时禁止踩踏。底板防水层铺设完毕，除掉卷材的隔离膜，并立即浇筑50mm厚C30细石混凝土保护层，侧墙防水层应采取临时保护措施避免防水层受到破坏。

1.3.6.3 作业统一规定

1.3.6.3.1 施工准备

侧墙防水施工前，先将基面用高压空气吹扫干净；铺设防水卷材的基面应平整，平整度应满足 D/L≤1/20，D 为相邻两凸面间的最大深度，L 为相邻两凸面间的最小距离。并要求凹凸起伏部位应圆滑平缓。所有不满足上述要求的凸出部位应凿除，并用 1∶2.5 的水泥砂浆进行找平；凹坑部位采用 1∶2.5 水泥砂浆填平。基面应洁净、平整、坚实，不得有疏松、起砂、起皮现象。

（1）侧墙防水施工。

侧墙施工缝位置：

① 冠梁底部与负一层侧墙交叉处；

② 每道环梁或底板上部与侧墙水平施工缝设置在环梁顶面上 300~1100mm；

③ 每道环梁下部与侧墙上部水平施工缝设置在环梁底面。

考虑到防水需要，水平施工缝尽量统一取齐。

施工缝留置后考虑侧墙钢筋宜满足以下规定。

① 侧墙内侧主筋连接处宜设在距支座 1/4 处，侧墙外侧主筋连接处宜设在跨中 1/3 范围内。

② 侧墙下部钢筋同一连接区段内主筋接头率应<50%，主筋接头间距应≥35d 且≥500mm。当两道环梁间侧墙主筋无法采用机械连接时，宜在侧墙主筋下部 1/3 范围内采用单面焊接 10d，接头错开率应<50%，主筋接头间距应≥35d 且≥500mm。

③ 侧墙上部钢筋与环梁内预埋接驳器连接，采用一级接头处理。

主体结构侧墙及环梁与地连墙接触面采用凿毛处理，表面涂刷 2mm 厚水泥基渗透结晶，用量≥2.0kg/m²。侧墙上部施工缝预留在环梁底面，浇筑下部侧墙前进行施工缝凿毛处理，通长安装两道遇水膨胀止水条 + 一条 ϕ24mm×8mm 全断面注浆管。侧墙下部施工缝设置在环梁上 300~1100mm，采用镀锌钢板止水带居中布设，表面凿毛并涂刷水泥基渗透结晶。防水设计如图 1.26 所示。

（2）底板防水施工。

底板采用 150mm 垫层 +4mm 厚预铺防水卷材 +50mm 防水保护层，与结构侧墙接口处采用 M10 聚合物改性水泥基水泥砂浆 + 聚硫双组分密封胶封口。

（3）劳动力组织。施工劳动力配置见表 1.34。

1.3.6.3.2 材料要求

涂料防水层所选用的涂料应符合下列规定：

（1）应具有良好的耐水性、耐久性、耐腐蚀性及耐菌性；

（2）应无毒、难燃、低污染；

（3）无机防水涂料应具有良好的湿干粘结性和耐磨性，有机防水涂料应具有较好的延伸性及较大适应基层变形的能力。

1.3.6.4 质量保证措施

（1）渗漏水处理：渗漏水应采用注浆堵水进行封堵，保持基面无明显渗漏水。

（2）突出物处理：对于基面外露的锚杆头、钢筋头等突出物应予以割除并用砂浆抹平。

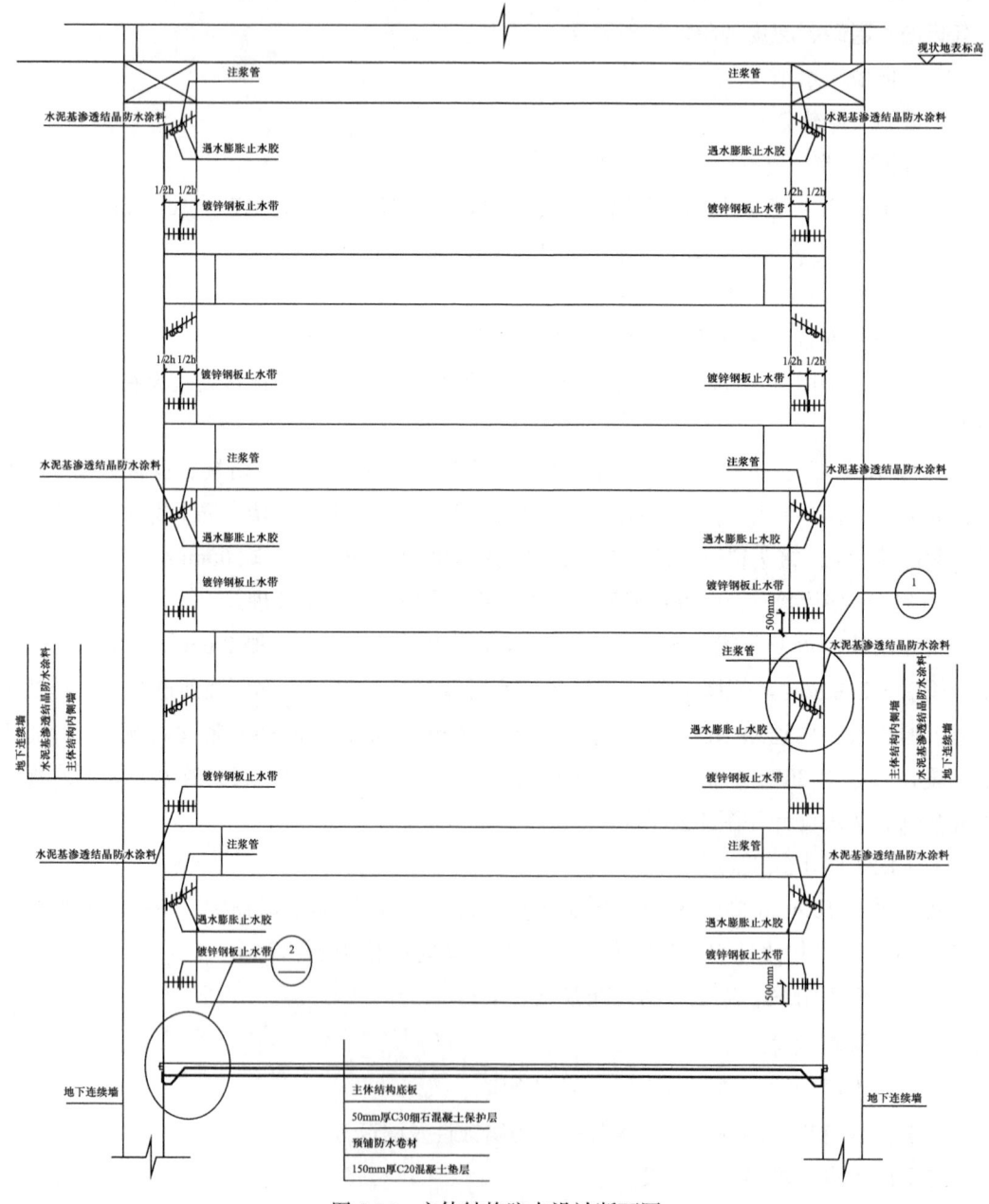

图 1.26 主体结构防水设计断面图

表 1.34 主要施工劳动力配置计划表

序号	人员		人数	备注
1	作业人员	钢筋工	10	
2		混凝土工	5	
3		模板工	10	
4		机修工	4	
5		普工	20	
6		防水工	5	
7		测量及记录	4	
8		空压机操作工	3	
1	特种作业人员	吊车司机	2	
2		司索工	4	
3		电焊工	12	
4		起重工	4	
5		电工	2	
1	安全人员	安全总监	1	
2		专职安全员	4	
3		群众安全员	10	
	合计		100	

表 1.35 设备机具配置

序号	机械名称	规格型号	数量	备注
1	钢筋弯曲机	GW40	1	
2	弯箍机	YT-12S	1	
3	钢筋切断机	GQ40	1	
4	钢筋调直机	GT4-10	1	
5	锯床	S-360	1	
6	喷涂机		1	
7	拌合筒		1	
8	直螺纹滚丝机	HGS-40DS	2	
9	直流电焊机	BX-500	2	
10	二保焊机	HB-1600	6	
11	风镐		12	

（3）平整度要求：基面应平整，无空鼓、裂纹、松酥，平整度符合 D/L≤1/6（L 为两凸面间距离，D 为两凸面间凹进去的深度）。

（4）防水涂料应分层刷涂或喷涂，涂层应均匀，不得漏刷漏涂；接槎宽度应≥100mm。

（5）底板、顶板应采用20mm厚1：2.5水泥砂浆层和40～50mm厚细石混凝土保护层，防水层与保护层之间宜设置隔离。

（6）涂料防水层严禁在雨天、雾天、五级及以上大风时施工，不得在施工环境温度低于5℃及高于35℃或烈日暴晒时施工。涂膜固化前如有降雨可能时，应及时做好已完涂层的保护工作。

（7）有机防水涂料基层表面应基本干燥，不应有气孔、凹凸不平、蜂窝麻面等缺陷。涂料施工前，基层阴阳角应做成圆弧形。

（8）无机防水涂料基层表面应干净、平整、无浮浆和明显积水。

（9）安全环保要求：

① 加强宣传教育，统一思想，使全体职工认识到文明施工是企业的形象，是队伍素质的反映，是安全生产的保证，以提高员工文明施工和加强现场管理的自觉性。

② 结合该工程实际情况，对管理和各班组负责人进行明确分工，落实文明施工现场责任区，制定相关规章制度，确保文明施工现场管理有章可循，做到事事有人管，处处有人负责。

③ 施工现场的用电线路、设施的安装和使用符合安装规范和安全操作规程，并按施工组织设计进行架设，严禁任意拉线接电。施工现场设置保证施工安全要求的电压和工地照明。

④ 现场建筑材料要堆放整齐，做到横成排、竖成行。散体材料要砌池围堆放，材料要设栏杆堆放，块料要赶堆交错叠放，叠放高度不得超过规范要求。

1.3.6.5 质量控制要点

（1）涂料防水。

涂料防水层的施工顺序遵循"先远后近，先高后低，先局部后大面，先立面后平面"，水层未固化前禁止上人踩踏。

涂料配制和施工，必须严格按设计配合比和技术要求混合搅拌均匀，不得任意改变配合比，并且要随配随用。

掺外加剂、掺合料的水泥基防水涂料厚度应≥3.0mm；水泥基渗透结晶型防水涂料的用量应≥1.5kg/m²，且厚度应≥1.0mm；有机防水涂料的厚度应≥1.2mm。

（2）止水带。

① 止水带的品种、规格和性能符合设计要求。

② 中埋式止水带在浇筑前必须固定，以保证止水带顺直；浇筑过程中止水带不应移位。

③ 中埋式止水带安装允许偏差为径向 ±5cm，纵向 ±3cm；中心空心圆环与施工缝或变形缝中心线重合。

④ 环向中埋式、背贴式止水带每卷长度根据围岩级别的不同，分别从厂家定制，不得有接头。

⑤ 纵向止水带定位：有接头段采用夹具式，无接头段采用牵引式。

⑥ 止水带连接：钢边止水带采用"一切、二粘、三锚"工艺，橡胶止水带采用热硫化连接工艺，搭接长度≥20cm。

⑦ 仰拱与拱墙施工缝或变形缝里程尽量保持一致，仰拱环向止水带伸长 20cm，与拱墙止水带搭接。

（3）卷材防水。

① 卷材防水层必须在基层面验收合格后方可铺贴，并在铺贴完毕经验收合格后及时施工保护层。

② 防水卷材在阴阳角处、变形缝处、穿墙管周围必须铺设附加层。

③ 卷材铺贴长边应与结构纵向垂直，其两幅搭接长度应符合规定（搭接长度≥100mm）。上下两层卷材搭接缝应错开 1/2 幅宽。

④ 卷材粘贴：底板底部卷材与基层面应按设计确定采用点粘法、条粘法或满粘法粘贴；立面和顶板的卷材与基层面、附加层与基层面、附加层与卷材及卷材之间必须采用满粘法粘贴。

⑤ 卷材应自平面向立面由下向上铺贴，其接缝应留置于平面上，距立面应≥600mm。

⑥ 卷材应随胶粘剂边涂边贴，并展平压实，卷材之间以及与基层面之间必须粘贴紧密，粘贴缝粘贴封严。

⑦ 底板卷材防水层上的细石混凝土保护层厚度应≥50mm。

⑧ 卷材宜先铺立面，后铺平面；铺贴立面时，应先铺转角，后铺大面。

1.3.6.6 HSE检查控制要点

（1）防水工程中不得采用现行国家标准《职业性接触毒物危害程度分级》（GB 5044—8）中划分为亚级（中度危害）和Ⅰ级以上毒物的材料。

（2）当配制和使用有毒材料时，现场必须采取通风措施，操作人员必须穿防护服，戴口罩、手套和防护眼镜，严禁毒性材料与皮肤接触和入口。

（3）有毒材料和挥发性材料应密封贮存，妥善保管和处理，不得随意倾倒。

（4）使用易燃材料时，应严禁烟火。

2 管片预制

2.1 管理依据

（1）《预制混凝土衬砌管片》（GB/T 22082—2017）；
（2）《盾构法隧道施工与验收规范》（GB 50446—2017）；
（3）《纤维混凝土应用技术规程》（JGJ/T 221—2010）；
（4）《混凝土结构工程施工质量验收规范》（GB 50204—2015）；
（5）《钢筋焊接及验收规范》（JGJ 18—2012）；
（6）《地下工程防水技术规范》（GB 50108—2008）；
（7）《地下防水工程质量验收规范》（GB 50208—2011）；
（8）《通用硅酸盐水泥》（GB 175—2007）；
（9）《普通混凝土用砂、石质量及检验方法标准》（JGJ 52—2006）；
（10）《预制混凝土衬砌管片生产工艺技术规程》（JC/T 2030—2010）；
（11）《用于水泥和混凝土中的粉煤灰》（GB/T 1596—2017）；
（12）《混凝土外加剂应用技术规范》（GB 50119—2013）；
（13）《混凝土拌合用水》（JGJ 63—2006）；
（14）《气体保护电弧焊用碳钢、低合金钢焊丝》（GB/T 8110—2008）；
（15）《混凝土结构耐久性设计规范》（GB/T 50476—2019）；
（16）《混凝土强度检验评定标准》（GBJ 50107—2010）；
（17）《混凝土物理力学性能试验方法标准》（GB/T 50081—2019）；
（18）《混凝土外加剂》（GB 8076—2008）；
（19）《普通混凝土长期性能和耐久性能试验方法标准》（GB/T 50082—2009）；
（20）《钢筋混凝土用钢 第1部分：热轧光圆钢筋》（GB 1499.1—2017）；
（21）《钢筋混凝土用钢 第2部分：热轧带肋钢筋》（GB 1499.2—2018）；
（22）《预制混凝土衬砌管片安全生产规范》（JC/T 2351—2016）；
（23）《道路交通安全管理体系要求及使用指南》（GB/T 39001—2019）；
（24）《城市道路交通组织设计规范》（GB/T 36670—2018）；
（25）《交通运输企业安全生产标准化建设基本规范 第16部分：交通运输建筑施工企业》（JT/T 1180.16—2018）。

2.2 管理原则

(1) 贯彻执行国家的方针、政策及相关的工程施工规范、规定，当地政府的相关制度；

(2) 确保满足建设单位、设计单位要求；

(3) 严格按照实施性施工组织设计总体安排编制；

(4) 符合国家和工程所在地关于环境保护、职业健康安全、水土资源及文物保护、节能减排的要求。

2.3 管理内容

盾构管片作为盾构施工的主要装配构件，是隧道的最内层屏障，承担着抵抗土层压力、地下水压力以及一些特殊荷载的作用。盾构管片是盾构法隧道的永久衬砌结构，盾构管片质量直接关系到隧道的整体质量和安全，影响隧道的防水性能及耐久性能。为实现全过程监督、全工序确认，有效指导施工标准化管理，编写人员依据现行国家标准规范、设计图纸，以国内某盾构穿越工程为例，整理并总结了钢筋工程、混凝土工程、模板工程、管片养护、管片试验、管片成品检验等分部分项工程关键控制参数及管理要求，指导开展现场管理工作，规范现场施工行为，有效提高现场管理水平。

2.3.1 管片生产

2.3.1.1 工序介绍

盾构管片是盾构施工的主要装配构件，是隧道的最外层屏障，承担着抵抗土层压力、地下水压力以及一些特殊荷载的作用。盾构管片是盾构法隧道的永久衬砌结构，管片质量直接关系到隧道的整体质量和安全，影响隧道的防水性能及耐久性能。

2.3.1.2 施工工法

盾构管片应采用符合设计要求的混凝土进行生产，确保其具有可靠的承载性和防水性能，并利用管片模具密封浇灌混凝土生产成型。

2.3.1.3 作业管理统一规定

2.3.1.3.1 作业准备

(1) 钢筋原材。选用符合设计及规范要求的钢筋，质量指标符合现行标准《钢筋混

凝土用钢　第 2 部分：分热轧带肋钢筋》（GB 1499.2—2018）、《钢筋混凝土用钢　第 1 部分：热轧光圆钢筋》（GB 1499.1—2017）相关规定。

（2）混凝土材料。

① 水泥：选用符合设计及规范要求的水泥，水泥质量符合现行国家标准《通用硅酸盐水泥》（GB 175—2023）相关规定及设计要求。

② 细骨料：选用符合设计及规范要求的砂，砂质量符合现行标准《普通混凝土用砂、石质量及检验方法标准（附条文说明）》（JGJ 52—2006）相关规定及设计要求。

③ 粗骨料：选用符合设计及规范要求的碎石，碎石质量符合现行标准《普通混凝土用砂、石质量及检验方法标准（附条文说明）》JGJ 52—2006 相关规定及设计要求。

④ 矿物掺合料：选用符合设计及规范要求的粉煤灰、粒化高炉矿渣粉、硅灰等矿物掺合料，质量指标符合现行标准《用于水泥和混凝土中的粉煤灰》（GB/T 1596—2017）和《预制混凝土衬砌管片》（GB/T 22082—2017）、《用于水泥和混凝土中的粒化高炉矿渣粉》（GB/T 18046）和《预制混凝土衬砌管片》（GB/T 22082）、《高强高性能混凝土用矿物外加剂》（GB/T 18736—2017）有关规定及设计要求。

⑤ 外加剂：选用符合设计及规范要求的外加剂，质量指标符合《混凝土外加剂》（GB 8076—2008）有关规定及设计要求。

⑥ 纤维：选用符合设计及规范要求的纤维，质量指标符合现行标准《水泥混凝土和砂浆用合成纤维》（GB/T 21120—2018）有关规定及设计要求。

⑦ 混凝土拌和用水：选用符合设计及规范要求的混凝土拌合水，质量指标符合现行标准《混凝土用水标准（附条文说明）》（JGJ 63—2006）的有关规定。

（3）钢模。管片制造采用钢模成型，钢模具有足够的刚度、精度和耐久性，以达到管片预制的精度要求。

2.3.1.3.2　施工工序与工艺流程

混凝土管片生产流程如图 2.1 所示。

（1）钢筋进场检查：

① 对进场钢筋进行外观检查，保证钢筋表面无裂缝、结疤和折叠，如凸块不得超过螺纹的高度，其他缺陷的高度或深度不得超过所在部位的允许偏差，表面不得有油污，将外观检查不合格的钢筋及时剔除。

② 核对出厂质量证明书的型号、批号（炉号），检查规格及型号是否符合设计要求。

（2）钢筋储存：

① 钢筋的外观检验合格后，应按钢筋品种、等级、牌号、规格及生产厂家分类堆放，设立识别标志。

② 钢筋在储存过程中，应避免锈蚀和污染，做好防范工作。

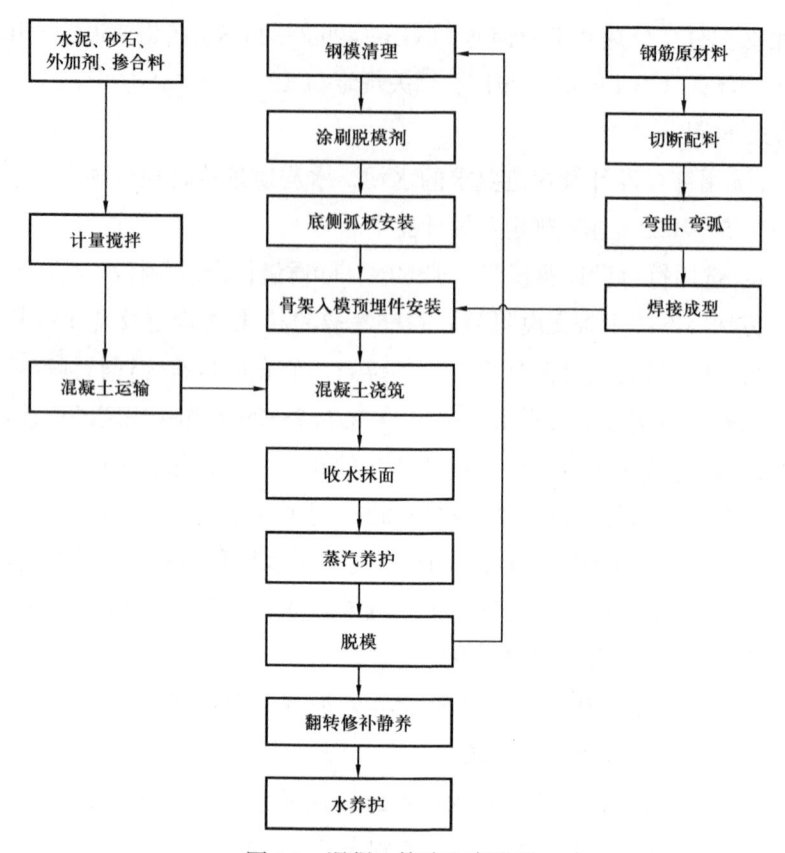

图 2.1 混凝土管片生产流程

（3）钢筋加工：

① 配料单编制：钢筋加工前，依据图纸、结合钢筋来料长度和所需长度进行编制配料单；钢筋的下料长度应考虑钢筋弯曲时的弯曲伸长量。

② 钢筋除锈去污：钢筋的表面应洁净，不得有锈皮、鳞落、油漆等污垢；有损伤和锈蚀严重的应剔除不用。

（4）钢筋下料：

① 下料前认真核对钢筋规格、级别及加工数量，无误后按配料单下料。

② 主筋切断采用全自动切断线，下料人员需准确输入尺寸，前几根料需核对尺寸，尺寸检测合格后方可规模下料，并在下料过程中进行抽检。

（5）钢筋弯制：

① 钢筋的弯制应采用钢筋弯曲机或弯箍机在工作平台上进行。

② 钢筋弯制和弯钩均应符合设计及规范要求。

③ 主筋弯弧作业时，调整好弯曲弧度、底筋弯弧与弧度板内侧靠比、面筋弯弧与弧度板外侧靠比。钢筋进入弯弧机时应保持平稳、匀速，防止平面翘曲。成型的钢筋如果弧度、精度不符合要求，必须无条件返工处理。

④ 底筋角头弯曲时，必须调整好弯曲角度，及时用标准角头架比对，确保弯折角度及高度符合要求。

钢筋加工允许偏差应符合表 2.1 要求。

表 2.1 加工钢筋的允许误差表

项目	允许误差 /mm	项目	允许误差 /mm
受力钢筋长度	±10	箍筋的外廓尺寸	±5
弯起钢筋弯折位置	±10	螺旋筋内净尺寸	±3

（6）钢筋摆放：成品钢筋骨架按照要求分类摆放在标有型号长度的料架上，不得混乱摆放，确保后续焊接使用人员正确拿料使用。

（7）钢筋骨架焊接：

① 钢筋骨架严格按设计要求配料、布置在特制的钢筋焊接靠模上进行焊接成型，确保钢筋笼的组装精度。

② 主筋焊接过程中先焊牢端部有定位板一端的上下主筋，再摆正另一端钢筋进行焊接，然后从中间位置分别向两端依次将主筋与箍筋、附加筋进行焊接。

③ 焊接过程中合理调整焊接电流，避免出现咬肉、焊伤现象。焊接中出现的气孔、夹渣及焊丝残留等现象应及时清理。

钢筋骨架具体允许偏差应符合设计及规范要求，详见表 2.2。

表 2.2 钢筋骨架制作、安装允许偏差和检验方法

序号	项目		允许偏差 /mm	检验方法	检查数量
1	钢筋骨架	长、宽、高	+5，-10	钢卷尺量	按日生产量的 3% 进行抽检，每日抽检≥3 件，且每件检验 4 点
2	主筋	间距	±5		
		保护层厚度	+5，-3		
3	箍筋间距		±10		
4	分布筋间距		±5		

（8）混凝土拌和：

① 水泥：应选用品质稳定的普通硅酸盐水泥或者硅酸盐水泥，不宜使用早强水泥，碱含量不应超过水泥重的 0.6%，如需掺外加剂，外加剂应选用品质稳定且能明显提高混凝土耐久性的产品，外加剂与水泥及矿物掺合料之间应具有良好的相容性，外加剂的匀质性应符合现行国家标准《混凝土外加剂》（GB 8076）的相关规定。

② 细骨料：应选用级配合理、质地坚固、吸水率低、空隙率小的洁净中粗河沙，也可选用专门机组生产的人工砂，不得使用海砂。

③ 粗骨料：应选用粒形痕好、质地坚固、细胀系数小的洁净碎石，采用二级或多级

细配骨料混配而成。

④拌和用水：采用饮用水，不得采用海水。

（9）钢模检测。钢筋混凝土管片精度是由钢模加工精度和合拢精度、混凝土振捣后的精度等3个方面决定的。因此钢模在正式投入管片制作前必须经过4阶段检测：加工装配精度检测、运输到厂钢模定位后的精度复测、试生产后的钢模精度同实物精度对比检测及管片3环水平拼装精度的综合检测。各项检测指标均在标准的允许精度内，经现场工程师批准，方可投入正常生产。

（10）钢模清理。

模具内的任何杂物都将影响到管片质量及合模精度，组模前必须认真清理模具，把混凝土残积物全部清除。

模具清理必须在不损伤钢模的原则下进行彻底清理，不准用锤敲和凿子等钝器（清理工具主要是钢丝球、平口铲）。清理时先清理侧模与端模接触的四个边角和端侧模与底板的接触面，再清理模具内腔及端侧板上口处，内腔清理时尤其注意止水槽下槽口、预埋弧板底部及注浆管、芯棒管胶圈周边的清理。

2.3.1.3.3 劳动组织

作业班组配置的作业人员见表2.3。

表2.3 管片生产人员配备表

序号	名称	工种	人数
1	钢筋加工	钢筋工	11
2	钢筋骨架成型	电焊工	16
3	管片厂区驳运	司机	2
4	开、合模及模板清理	模板工	8
5	钢筋骨架就位	钢筋工	4
6	预埋件安装	安装工	4
7	起重运输	行车工	2
8	浇筑成型	混凝土工	2
9	收水抹面	收水工	6
10	拔销打油	拔销工	2
11	管片翻转水养堆放	起重工	18
12	管片外形修补	泥工	6
13	混凝土搅拌	机操工	5
14	锅炉	司炉工	1

续表

序号	名称	工种	人数
15	电路维修	电工	2
16	设备维修	机修工	3
17	勤杂工	辅助工	7
18	合计		99

2.3.1.3.4 材料要求

（1）选用优质的、适合管片生产的水泥、矿物掺合料、粗骨料、细骨料、外加剂等各种原材料。

（2）加强材料检查验收，严格把好材料质量关。对于材料供应商提供的材料生产厂家有关资质证明、合格证或质保书等进行审核，是否符合相关标准规范；对材料的外观、品种、规格、标志、外形尺寸、损坏情况等进行直观检查，均取得认可后允许进厂。

（3）对进厂材料，按照相应的产品标准规定的检样方法、检测项目、检测指标，进行复检，复检结果符合标准规范和设计要求，报监理审核同意后，方可使用，不得使用未进行进厂检验或者检验不合格的材料。

（4）重视材料的标识，以防错用或使用不合格的材料。原材料标识状态以分类堆放挂牌做材料信息和检验状态标识，标明材料名称、规格型号、进厂数量、进厂日期、检验日期、检验结果等信息，以"待检/已检合格"分别表示不同状态。

（5）粉煤灰进场时，按照现行国家标准《用于水泥和混凝土中的粉煤灰》（GB/T 1596）、《水泥取样方法》（GB/T 12573）相关规定抽取样品做质量检验，其质量必须符合有关标准规定。按粉煤灰同生产厂家、同种类、同等级、同编号（批号）分批验收，以500t为一验收批，不足上述量者，应按验收批进行验收，按照规范要求数量，现场见证取样。如检测样结果不符合要求或检测结果未及时上报，则不允许使用进场材料。

（6）钢筋进场时，按照现行国家标准《钢筋混凝土用钢 第1部分：热轧光圆钢筋》（GB 1499.1—2017）、《钢筋混凝土用钢 第2部分：热轧带肋钢筋》（GB 1499.2—2018）等的规定抽取试件做力学性能检验，其质量必须符合有关标准规定。按同一批量、同一规格、同一炉号、同一出场日期、同一交货状态的钢筋，每批重量≤60t为一检验批，进行现场见证取样，当不足60t也为一个检验批，进行现场见证取样。超出60t的部分，每增加40t（或不足40t的余数），增加一个拉伸试验试样和一个弯曲试验试样。允许同一牌号、同一冶炼方法、同一浇筑方法的不同炉罐号组成混合批，但炉罐号含碳量之差≤0.02%、含锰量之差≤0.15%、混合批的数量≤60t。如检测样结果不符合要求或检测结果未及时上报，则不允许使用进场材料。

（7）硅灰进场时，按照现行国家标准《高强高性能混凝土用矿物外加剂》（GB/T

18736）、《水泥取样方法》（GB/T 12573）相关规定抽取样品做质量检验，其质量必须符合有关标准规定。按硅灰同生产厂家、同种类、同等级、同编号（批号）分批验收，以 30t 为一验收批，不足上述量者，应按一验收批进行验收，按照规范要求数量，现场见证取样。如检测样结果不符合要求或检测结果未及时上报，则不允许使用进场材料。

（8）细骨料（砂）进场时，按照现行国家标准《普通混凝土用砂、石质量及检验方法标准》（JGJ 52—2006）相关规定抽取样品做质量检验，其质量必须符合有关标准规定。按细骨料的同产地同规格分批验收，以 400m³ 或者 600t 为一验收批，不足上述量者，应按一验收批进行验收，当细骨料的质量比较稳定、进料量又较大时，可以 1000t 为一验收批，按照规范要求数量，现场见证取样。如检测样结果不符合要求或检测结果未及时上报，则不允许使用进场材料。

（9）水泥进场时，按照现行国家标准《通用硅酸盐水泥》（GB 175—2023）、《水泥取样方法》（GB/T 12573）相关规定抽取样品做质量检验，其质量必须符合有关标准规定。按水泥同生产厂家、同品种、同强度等级、同编号（批号）分批验收，以 500t 为一验收批，不足上述量者，应按验收批进行验收，按照规范要求数量，现场见证取样。如检测样结果不符合要求或检测结果未及时上报，则不允许使用进场材料。

（10）粗骨料（碎石）进场时，按照现行国家标准《普通混凝土用砂、石质量及检验方法标准》（JGJ 52—2006）相关规定抽取样品做质量检验，其质量必须符合有关标准规定。按粗骨料的同产地同规格分批验收，以 400m³ 或者 600t 为一验收批，不足上述量者，应按一验收批进行验收，当粗骨料的质量比较稳定、进料量又较大时，可以 1000t 为一验收批，按照规范要求数量，现场见证取样。如检测样结果不符合要求或检测结果未及时上报，则不允许使用进场材料。

（11）减水剂进场时，按照现行国家标准《混凝土外加剂》（GB 8076）相关规定抽取样品做质量检验，其质量必须符合有关标准规定。按减水剂同生产厂家、同品种、同编号（批号）分批验收，以 50t 为一验收批，不足上述量者，应按一验收批进行验收，按照规范要求数量，现场见证取样。如检测样结果不符合要求或检测结果未及时上报，则不允许使用进场材料。

（12）水泥基灌浆材料进场时，按照现行国家标准《水泥基灌浆材料应用技术规范》（GB 50448—2015）、《水泥取样方法》（GB/T 12573）相关规定抽取样品做质量检验，其质量必须符合有关标准规定。按灌浆料 200t 为一个检验批，不足 200t 应按一个检验批计，每一个检验批应为一个取样单位，按照规范要求数量，现场见证取样。如检测样结果不符合要求或检测结果未及时上报，则不允许使用进场材料。

2.3.1.3.5　设备机具配置

设备机具配置见表 2.4。

表 2.4 设备机具配置

序号	设备名称	规格型号	单位	数量	备注
1	搅拌站（楼）设备	HZS120	套	1	
2	CBE 流水线	1500/1200 型	套	1	
3	管片钢模	7600×400×1500mm	套	6	
4	装载机	855N	台	1	
5	钢筋笼胎膜架	1500 管片型	套	1	
6	数控钢筋调直切断机	SKGT6-14	台	2	
7	钢筋切断机	GQ65B	台	2	
8	五机头数控弯箍机	ZWW-16	台	1	
9	智能钢筋剪切线	CJDX-1	套	1	
10	弯弧机	WH-32Y	台	2	
11	弯箍机	W-20B2	台	2	
12	弯曲机	W-22A	台	1	
13	数控弯曲机	GJZD6-65	台	2	
14	弯弧机	GWH50CG	台	1	
15	钢筋弯曲机（左）	W-32BS	台	1	
16	钢筋弯曲机（右）	W-33BS	台	1	
17	智能钢筋弯箍机器人	WG12D-4	台	1	
18	弹簧机		台	2	
19	抗渗试验台		台	1	
20	抗弯试验台		套	1	
21	三环拼装台		套	1	
22	CO_2 保护焊机	NB-350WI	台	12	
23	牵引车	QYCD35-WX1G	辆	3	
24	拖车	TCP350	辆	5	
25	螺杆式空压机	AS9001AC	台	1	
26	冷干机	HAD-15HTF	台	1	
27	叉车	CPCD70	台	1	
28	翻片机		台	2	
29	供、配电站	800kV·A/630kV·A	套	1	

续表

序号	设备名称	规格型号	单位	数量	备注
30	双燃料蒸汽锅炉	WNS3-1.5-Y\Q	台	1	
31	两点脱模吊具		只	1	
32	单点垂直吊具		只	4	
33	门式起重机	MH10T-35m-4.5m	台	2	
34	门式起重机	MH10T-35m-3.5m	台	3	
35	门式起重机	MH10T-28m-3.5m	台	1	
36	双梁桥式起重机	QD10T-22.5m	台	4	
37	双梁桥式起重机	QD10T-32.5m	台	1	
38	单梁桥式起重机	LD5T-22.5m	台	2	
39	单梁桥式起重机	LD5T-32.5m	台	3	

2.3.1.4 质量控制要点

2.3.1.4.1 钢筋笼质量控制

（1）钢筋笼成品控制。钢筋笼出钢筋车间需经过现场质检员检测合格后方可进入流水线车间，允许偏差和检验方法见表2.5。严禁随意叉送未经检测的钢筋笼。

表2.5 钢筋骨架制作、安装允许偏差和检验方法

序号	项目		允许偏差/mm	检验方法	检查数量
1	钢筋骨架	长、宽、高	+5，-10	钢卷尺量	按日生产量的3%进行抽检，每日抽检≥3件，且每件检验4点
2	主筋	间距	±5		
		保护层厚度	+5，-3		
3	箍筋间距		±10		
4	分布筋间距		±5		

（2）钢筋笼安装。

① 管片钢筋的保护层垫块应采用高强度塑料垫块。骨架垫块应位置准确、布设均匀，所形成的保护层厚度符合设计要求。

② 下笼时需扶牢钢筋笼，钢筋笼入模时自模板上方垂直放下，过程中钢筋骨架不得与模具及预埋弧板发生碰撞或摩擦。钢筋骨架入模后，检查侧模、端模及底部保护层的厚度，调整好钢筋笼位置，钢筋骨架不得碰撞钢模，不得接触底侧弧板锚固钢筋。

③ 按设计要求安装各类预埋件（芯棒、注浆管），确保预埋件就位准确，固定牢固，

以防在振动时移位。

④ 经质检员检查合格（检查钢筋品种、规格、尺寸、长度、钢筋的位置和数量、间距、保护层等项目），进行隐蔽工程验收并做好相关记录后进入混凝土浇捣作业。

2.3.1.4.2　混凝土质量控制

（1）定期对搅拌站计量系统进行校准，并做好记录，以保证计量装置的准确性。

（2）开盘前，拌合站按照试验室提供的施工配合比数据录入配料系统。

（3）纤维混凝土采用强制式搅拌机搅拌，先将纤维和粗细骨料投入搅拌机干拌≥60s，然后再加水泥、矿物掺合料、水和外加剂搅拌120s。混凝土搅拌要充分、均匀，现场测试混凝土坍落度满足设计要求。

（4）混凝土得到生产部门的申请后，测定砂石含水量，换算施工配合比，填写配料单，经审核无误后，送交混凝土生产负责人。

（5）搅拌站接到配料单后，应按配料单上规定的配料用量及规格，指定专人负责配合比输入。

（6）拌和站材料计量误差满足以下要求：胶凝材料≤2%；砂、碎石≤3%；外加剂、水≤1%。

（7）每工作班均应对混凝土各组成材料的计量误差进行核查。

（8）混凝土拌合物性能应在浇捣地点按照要求方法和频次进行。

（9）砂石含水率测试：现场每日开工前应测一次，如遇降雨或其他原因引起湿度变化，应随时进行检测，并及时调整施工配合比。

（10）如发现外加剂、矿物掺合料使用效果异常，现场应进行检查和调整配合比，并及时要求施工单位物资部门与厂家联系解决。

（11）严格控制混凝土的质量，混凝土施工配合比不得随意改动。在生产过程中由于材料性能有变化时，为了满足生产需要，配合比砂率、外加剂掺量根据设计配合比允许稍做调整，砂率调整不超过±2%，外加剂掺量调整不超过其用量的20%。

2.3.1.4.3　模具质量控制

钢筋混凝土管片精度是以钢模加工装配和振捣后的精度作保证，因此管片钢模时应按以下程序进行验收：进场验收、浇捣前的快速检验和钢模定期检验，采取先进、可靠的检测技术进行钢模精度检验。管片模板允许偏差见表2.6。

（1）进场前验收。

钢模的检验依据为模板图、钢模加工厂家提供的钢模出厂合格证书及相关检测资料。

钢模的检查内容和方法如下。

① 钢模宽度：使用内径千分尺在钢模两端及中心上下测定钢模的内径尺寸。

② 厚度尺寸：使用游标卡尺测定钢模侧板两端及中心部厚度。

③ 合拢钢模模板调整端板侧板目视端板侧板的角度、拼缝密贴。

④ 钢模端、侧板孔位检查（目视测定）：将模板合拢后，插入所有的芯棒、销子等，确认是否贯通、抽拔顺畅。

⑤ 整体目测检查（目视测定）：检查钢模的整体功能、构造、所有部件、外观以及机械装置等进行仔细检查，用目视确认钢模结构坚固，检查附件或配件是否齐全、有无缺陷。

⑥ 钢模运抵现场之前，全数检验，不符合质量标准不得用于生产管片。

进场检验后，施工单位应将选用钢模的设计图纸、操作说明、精度指标、检验测定方法、钢模的档案等资料报监理工程师审核并备案。得到监理工程师批准同意后，才用于管片的试生产和正式生产。

（2）生产过程中的快速验收。

① 用专用的测量工具对钢模中心宽度和能显示钢模正确合拢的项目进行测试。

② 若超过误差尺寸，则重新整模，直至符合钢模合拢精度要求。

（3）定期维修检查。

① 在常规情况下，每套钢模每制作100环管片作为一个检验周期。如有特殊情况，缩短其检查周期或作针对性检查，复验合格后继续进行管片制作。

② 钢模的检查内容包括有无作业引起的误差，以及混凝土接触面有无损伤及凹凸。

③ 任意抽取不同套钢模生产的3环管片，水平整环拼装成环精度作为钢模是否合格的最后手段，只有经过试验生产3环水平拼装检测合格后，认定钢模精度合格，用于生产管片。

表2.6 管片模板允许偏差表

序号	项目	允许偏差/mm	检验方法	检验数量/（点/片）
1	宽度	±0.4	内径千分尺	6
2	弧、弦长	±0.4	专用卡尺、检验样板	4
3	边模夹角	≤0.2	靠尺、塞尺	4
4	对角线	±0.8	钢卷尺、刻度放大镜	2
5	内腔高度	±1.0	高度尺	6

2.3.1.4.4 关键工序质量控制

（1）预埋弧板安装。预埋弧板安装须与模具贴合、定位准确。为保证与模具的贴合不漏浆，弧板与底侧模板接触面周圈粘贴薄双面胶进行固定，同时上侧放置钢筋笼，采用支架压住钢板，保证钢板处不漏浆。为保证预埋弧板的定位准确，在模具上将弧板的4个角位置用角钢焊接固定，生产时将弧板4个角放置到角内即可。

（2）钢筋笼下笼。

① 钢筋骨架垫块位置准确、布设均匀，所形成的保护层厚度符合设计要求。底侧保

护层垫块大块钢筋笼安装18个，小块钢筋笼安装6个，最终保证钢筋笼放置稳定，保护层符合要求。

② 钢筋骨架入模后，检查侧模、端模及底部保护层的厚度，按保护层要求（主筋保护层厚度50mm）调整好钢筋笼位置。

③ 下笼时需扶牢钢筋笼，钢筋笼入模时自模板上方垂直放下，过程中钢筋骨架不得与模具及底侧弧板锚固钢筋发生碰撞或摩擦。

（3）预埋件安装。

① 钢筋骨架安装完成后，还需进行螺栓孔芯棒及注浆管安装，配套地进行相应的螺旋筋及凸榫处钢筋安装。

② 螺栓孔套管按照型号、位置分类正确安装，并上好两端的密封圈。芯棒安装到位后必须安装好固定装置，确保振捣时不偏位不漏浆。

③ 注浆孔预埋件安装时必须旋紧，并与钢模内弧面径向垂直。当发现脱模管片注浆孔存在漏浆现象时，需及时更换橡胶底座。

④ 螺旋筋及凸榫处钢筋安装时采用焊接的方式固定到主筋或构造筋上，避免产生活动，最终确保不与钢模和预埋弧板接触。

（4）隐蔽工程检查工位。检查工位必须由质检人员对先前工序作业质量进行检查确认，主要检查项目如下。

① 检查预埋件数量及位置是否达标，预埋件及弯管螺栓安装是否紧固，钢筋保护层厚度是否达到设计要求等项目。

② 检查模具脱模剂涂抹是否均匀，检查钢筋骨架、预埋件是否受到污染等。

③ 同时还应检查模具合模后的各尺寸参数是否符合设计要求，各模具侧模、端模螺栓是否锁紧、合模后有无缝隙。

各项检查均合格后方可准许进入混凝土浇筑和振捣工位，对检查不合格的项目安排相关人员进行调整，直至检查合格。

（5）浇筑振捣工位。

① 混凝土浇捣时应在模具中间积料后开始开启中间气动阀门，然后边下料边开启两侧气动阀门，确保底侧弧板不空振松动，控制好下料速度，防止混凝土溢出钢模外。

② 气动振捣时，必须保证混凝土振动密实，严禁少振、过振，标准块（A）、邻接块（B）、封顶块（K）振捣时间均为10min。

③ 振捣要求：当混凝土出现下列现象时说明混凝土已密实了。

a. 混凝土表面停止沉落或者沉落不显著；

b. 混凝土表面气泡不再显著发生；

c. 混凝土表面呈水平，并有灰浆出现。

d. 混凝土已将模板边角部位填满充实并没有灰浆出现。

④ 振捣过程中检查各连接螺栓、螺栓底座及注浆孔；发现任何一部分松动都立即停止，紧固后再启动。

（6）收面工位。

① 管片浇筑完成出振捣室后第一个模位先将盖板面和口上的混凝土清理干净后再开盖。

② 成型管片外弧面混凝土表面达到初凝开始收水。收水必须使管片外表面压实抹光且保证外弧面的平整和顺。

③ 收水过程中，为保证管片边口处密实，收水工需用铁板压管片的边口处。

④ 钢模内侧面和端面螺孔芯棒既要便于脱模又要防止套管偏移，芯棒抽出时间应根据天气、温度、混凝土结硬程度的情况而定。正常情况下在振捣室后第4个工位拔出芯棒；冬季天气寒冷，混凝土凝固时间慢，定在第5个模位。

⑤ 当芯棒拔出后，须将芯棒洗刷干净并涂上机油，放在钢模上指定的地方备用，不得混乱堆放。

⑥ 收水分为两次，第一次收水在管片出振捣室后，用大尺进行收面，收面后，表面压实，多余的混凝土要刮掉，进入静停区后进行二次收面，本次收面不准向混凝土表面洒水，收面结束后要保证表面平滑，不准出现波纹、沟壑，在管片进蒸养窑前一个工位覆盖塑料薄膜，避免失水龟裂，最后合上盖板。

管片当班收水完毕后，须清理钢模边角的混凝土，并将管片覆盖好薄膜，由于冬季外界气温较低，静养房外面的管片再加盖一层薄膜。

钢模边棱应均匀涂刷柴油或废机油，保证模具不锈蚀，方便下次清模。

2.3.1.4.5 管片养护质量控制

（1）管片的蒸汽养护。

① 混凝土早期采用蒸汽养护，蒸汽养护过程又分升温、恒温、降温3个阶段（表2.7）。升温、恒温和降温在密闭的蒸养室中进行。

表2.7 养护阶段控制表

项目	要求
升温速度	≤15℃/h
最高温度	≤60℃
降温速度	≤15℃/h

② 管片混凝土振捣、蒸汽养护、管片翻转修整区将均匀布置在封闭式的室内车间，可以有效地防止车间有穿堂风通过，从而确保管片生产环境的相对稳定性，减少管片因温度、湿度变化太快而出现表面微裂纹。

③ 采用自动化生产线，管片蒸养在养护窑内进行，养护系统是由热源、温度传感器、

温度控制器组成，温度通过传感器给控制系统，由中央控制系统发出指令控制蒸汽阀门来达到控制温度的目的，避免由于普通仪表精度低，手动开关阀门不准确，依靠人工测温温度控制误差大的缺点，保证盾构管片的高质量要求。

④ 管片的蒸汽养护时间和温度需根据管片生产时的脱模强度状况进行调节，当管片脱模强度较低时，需延长蒸养时间，增加蒸养温度（最高温控制在60℃内）；当脱模强度过高时，可以减少蒸养时间，降低蒸养温度，确保管片后期强度足够。

（2）管片的水养护以及自然养护。

① 管片出模后，放置在管片脱模区进行降温修补。

② 待管片整体温度与环境温度差≤20℃后，吊装入池进行水养，水养时间≥7d。养护时，将确保管片全部浸没在水中，并且定期测量水的pH值应满足弱碱性，如果没有达到规定值，加入一定的$Ca(OH)_2$，确保养护水的pH值满足要求。

③ 管片水养后倒运至堆场再进行自然养护21d，期间确保管片混凝土表面保持湿润。

2.3.1.4.6 管片的脱模、吊运质量控制

（1）脱模使用两点夹具，管片强度达到27MPa（设计强度的45%）以上方可脱模。

（2）脱模起吊要稳，吊具要居中放置，吊具和钢丝绳必须垂直，起吊时吊具操作人员同步作为司索指挥行车工进行起吊，开合模人员及吊具操作人员扶稳管片直至管片脱出模具，然后再分散站开，远离起吊点。

（3）两点夹具脱模时需放置在翻转架上进行翻转，翻转完成后将管片放置到修补区等待检验，盖日期、型号、钢模号章，将螺栓孔处胶圈取下收集好，待修补完成后及管片温度达到要求后入池水养。

2.3.1.4.7 管片拼装检验

管片生产前及生产过程中需进行水平拼装检验，任意抽取不同套钢模生产的3环管片，水平整环拼装成环精度作为检验钢模是否合格的最后手段，只有经过试生产3环水平拼装检测合格后，认定钢模精度合格，方可用于生产管片。根据《盾构法隧道施工与验收规范》（GB 50446—2017）规定，每生产200环管片抽取任意3环做水平拼装检验。允许偏差和检验要求见表2.8。

表2.8 整环管片拼装检验尺寸允许偏差和检验要求

项目	允许偏差	检验要求
环缝间隙	≤1mm	插片、每环测6点
纵缝间隙	≤2mm	插片、每缝测2点
成环后内径	±2mm	不放衬垫、每环测4条
成环后外径	+6/0mm	不放衬垫、每环测4条
螺栓孔不同轴度	≤1mm	每个

2.3.1.4.8 管片渗漏检验

每生产 50 环管片抽查 1 块进行检漏试验，试验标准为：0.8MPa 水压力维持 2h，渗水深度不超过 50mm。连续 3 次检漏试验均合格，则改为每生产 100 环抽查 1 块；再连续 3 次合格，则改为最终检测频率每 200 环抽查 1 块进行检测。如出现 1 次不达标，则恢复 50 环抽查 1 块的最初检测频率；若此频率下出现不达标，则双倍复检；若再不达标，必须逐块检测。相关参数见表 2.9。

表 2.9 混凝土管片抗渗水压升级表

序号	分级水压	累计施加水压 /MPa	持荷时间 /min
1	0.2	0.2	10
2	0.2	0.4	10
3	0.2	0.6	10
4	0.2	0.8	120

2.3.1.4.9 管片抗弯检验

管片的抗弯性能试验用以测定裂缝荷载和破坏荷载值，并在荷重下对管片的难度和水平位移进行测试。在管片正式生产后进行检验，检验频率为 1 次 /1000 环。相关参数见表 2.10。

表 2.10 管片抗弯性能分级加压表

序号	分级荷载 /kN	累计外加荷载 /kN	荷载持续时间 /min
1	72	72	5
2	72	144	5
3	72	216	5
4	72	288	5
5	36	324	5
6	18	342	5
7	18	360	30

2.3.1.4.10 成品管片检验

（1）外观质量。

管片预制完成后，进行外观质量、尺寸偏差检查。成品外观检验每块管片都要进行，管片表面应光洁平整，无蜂窝、露筋、无裂纹、缺角。轻微缺陷进行修饰，止水带附近不允许有缺陷，灌浆孔完整，无水泥浆等杂物。

管片外观质量缺陷处理：对 A 缺陷（贯穿裂缝，内、外表面露筋，孔洞，注浆管被混凝土堵住，混凝土疏松、夹渣）等所有检查点必须全部合格，A 类项目不允许修补，直接报废处理；对 B 缺陷（拼接面裂缝，非贯穿性裂缝，麻面、粘皮、蜂窝，缺棱掉角、飞边）等质量缺陷，每项的超差点不超过检查点的 20% 为该项合格。

B 类项目缺陷都应及时按技术处理方案进行修补处理，重新检查验收。

管片成品外观质量标准及检验方法见表 2.11。

表 2.11 管片成品外观质量标准及检验方法

序号	检验项目		项目类别	质量要求及允许偏差 / mm	检验方法	量具分值 / mm
1	外观质量	贯穿裂缝	A	不允许	用 20 倍读数放大镜测量，精确至 0.01mm	0.01
2		拼接面裂缝	B	拼接面方向长度不超过密封槽，且宽度 <0.20mm	用 20 倍读数放大镜测量，精确至 0.01mm	0.01
3		非贯穿性裂缝	B	内表面不允许，外表面裂缝宽度不超过 0.20mm	用 20 倍读数放大镜测量，精确至 0.01mm	0.01
4		内、外表面露筋	A	不允许	观察	
5		孔洞	A	不允许	观察、测量孔洞深度	
6		麻面、粘皮、蜂窝	B	表面麻面、粘皮总面积≤表面积的 5%。允许修补	用钢卷尺（或钢直尺）测量，精确至 1mm	≤1
7		疏松、夹渣	B	不允许	观察	
8		环、纵向螺栓孔	B	畅通、内圆面平整	目测，用螺栓穿孔进行试验	
9		缺棱掉角、飞边	B	不应有，允许修补	观察	

（2）管片尺寸检验标准要求见表 2.12。

表 2.12 单块管片成品质量标准

序号	内容	允许误差	检验要求	执行标准
1	宽度	±0.5mm	每块测 3 点	设计图纸
2	弧、弦长	±1mm	每块测 3 点	
3	厚度	+3/-1mm	每块测 3 点	
4	螺栓孔位及孔径	±1mm	每个	
5	内半径	±1mm	每块测 3 点	
6	外半径	+2/0mm	每块测 3 点	

续表

序号	内容	允许误差	检验要求	执行标准
7	端面平整度	±0.5mm	每个端面	设计图纸
8	每延米平整度	±0.2mm	每个端面	
9	预留孔洞（中心位置）	±10mm	每个	
10	预留孔洞（尺寸）	±10/0mm	每个	
11	预埋件（中心位置）	±3mm	每个	

2.3.1.4.11 混凝土管片修补

管片在生产过程中由于各种因素引起的管片气泡、破损和裂纹、裂缝等是管片缺陷的主要形式。

（1）管片缺陷判定。混凝土管片外观质量缺陷等级分类见表2.13。

表 2.13 管片缺陷等级分类

名称	现象	缺陷等级
露筋	管片内钢筋未被混凝土包裹而外露	严重缺陷
蜂窝	混凝土表面缺少水泥砂浆而形成石子外露	严重缺陷
孔洞	混凝土内孔穴深度和长度均超过保护层厚度	严重缺陷
	混凝土内孔穴深度和长度均未超过保护层厚度	一般缺陷
夹渣	混凝土内夹有杂物且深度达到或超过保护层厚度	严重缺陷
	混凝土内夹有少量杂物且深度＜保护层厚度	一般缺陷
疏松	混凝土局部不密实	严重缺陷
裂缝	从管片混凝土表面延伸至内部且超过设计给出的宽度或深度的裂缝	严重缺陷
	其他少量不影响管片结构性能或使用功能的裂缝	一般缺陷
外形缺陷	外弧面混凝土破损到密封槽位置	严重缺陷
	存在少量不影响结构性能或使用功能的棱角磕碰、翘曲不平或飞边突肋等	一般缺陷
外表缺陷	密封槽及平面转角部位的混凝土有剥落破损	一般缺陷
	其他部位的混凝土表面有少量麻面、掉皮、起砂、存在少量气泡等	一般缺陷
预埋部位缺陷	管片预埋件松动	严重缺陷
	预埋位置存在少量麻面、掉皮或掉角	一般缺陷

（2）管片修补要求。

①一般缺陷修补。

由管片厂按审定的方案进行修补，施工单位复检，监理单位复查，确认修补合格后方可转入下一道工序。

管片修补应分多次进行，以满足管片无明显气泡、边角无缺损的外观质量要求。

a. 车间内修补：对于管片侧面存在的少量气泡，可在管片拆模时即进行首次修补；待管片成侧立状态后，再次对管片的边角部位进行检查，查看是否存在脱模、拆模过程中导致的缺棱掉角等外观质量问题，应待管片修整完毕后进入水养护池进行水养护。

b. 堆场堆放修补：待管片满足水养龄期后，管片出水养护池并堆放至堆场时需再次对管片进行检查修补，将管片驳运过程中导致的一些缺棱掉角全部修整完善。

c. 管片出厂修补：管片出厂时，需再次对管片进行细致的出厂检查，对存在的一些缺陷可作最后一次修补，确保管片零缺陷。

② 严重缺陷技术处理。对于存在严重缺陷的管片，直接以报废处理，直接喷涂报废标识，集中堆放在废品区域。

③ 管片修补应采用强度及色差符合要求的专用修补料，例如胶结剂、水泥（其中包括速凝水泥、黑白水泥）、黄砂（包括粗砂、细砂）等。

2.3.1.4.12 管片常见质量通病及防治

管片常见质量通病、影响因素、防治措施见表2.14。

表 2.14 管片常见质量通病、影响因素、防治措施一览表

内容	影响因素	防治措施
混凝土表面蜂窝、麻面和气泡	混凝土振捣	通过长期的观察和试验，总结出一些能使混凝土振捣达到最佳效果的振捣控制参数，如振捣时间等
	混凝土配合比控制	1）定期检查搅拌计量装置，保证搅拌计量准确； 2）根据不同季节不同的气候条件，相应及时更换和调整混凝土配合比
缺角掉边	蒸养起吊强度	混凝土管片达到规定的强度后才进行脱模起吊
	隔离剂涂刷	隔离剂涂刷时做到均匀，尤其注意模板沟槽内，防止漏刷
	驳运堆放	管片在吊运的过程中，采用垫木等柔性物质对管片进行保护，防止管片与管片之间发生碰撞。管片与管片之间间距规定如下：排与排之间应≥20cm，片与片之间应≥10cm
浅表微裂纹	收水抹面	浇筑成型后的管片，在进窑前需进行二次抹面，防止出现收水裂纹，收水完成后及时覆盖薄膜
	养护	1）严格按蒸养制度控制温度； 2）管片脱模后，需根据外界环境情况做出养护选择，在夏季环境温度较高的情况下，在温差范围内需尽快入池。冬季外界环境温度较低时，需将车间封闭，保证车间温度，防止穿堂风，待温度降到范围内时再进行入池。防止管片降温太快出现温差裂纹或失水太快出现干缩裂纹
焊接咬肉、脱焊	焊接电流	对每台焊机进行试验，确立最佳的焊接电流
	焊接速度	规定焊接速度，同时在焊接过程中落实好"三检制度"

2.3.1.5 HSE检查控制要点

2.3.1.5.1 机械作业安全

（1）各种机械操作人员和车辆驾驶员，必须经过培训并考试取得操作合格证；不准将机械设备交给无本机操作证的人员操作，对机械操作人员要建立档案，专人管理。

（2）操作人员按照本机说明书规定，严格执行工作前的检查制度和工作后的检查保养制度，工作中注意观察。

（3）施工现场实施机械安全管理及安装验收制度，机械安装要按照规定的安全技术标准进行检测。

（4）作业前对机械设备进行详细检查和能力鉴定，严禁机械设备带病作业、超荷载作业。机械作业时，驾驶室内不得超员。

（5）施工过程中严格执行国家颁布的《建筑机械使用安全技术规程》，严禁违章指挥、违章操作。各种专用机械必须有可靠的安全防护装置，由使用者专门负责。

（6）定期组织机电设备、车辆安全大检查，对检查中查出的安全问题，按照"四不放过"❶的原则进行调查处理，制定防范措施，防止机械事故的发生。

2.3.1.5.2 管片吊装安全

（1）管片吊运是管片生产中安全事故易发的一道工序。管片吊运施工前，施工单位应编制安全操作技术措施报监理审查，并对相关施工人员进行安全技术交底，操作场地设置醒目安全标志，无关人员严禁进入。

（2）吊运机械操作人员，必须取得质量技术监督部门下发的特种设备操作证方可操作吊车。操作人员不仅要熟悉安全操作规程，还必须掌握机械的性能、结构、原理和用途。必须严格按《安全技术操作规定》和随机出厂的有关《安全规定》使用吊运机械。

（3）经司机全面检查，确认起重机已具备安全可靠使用条件，并做好保养作业和检查记录，方可作业。

（4）司机操作时要集中精力，注意信号和作业场区，避免发生过卷或碰撞。

（5）定期检查：使用单位负责人、技术人员、机械工程师、司机和维修人员共同参加，每年必须对起重机进行一次全面的检查。

2.3.1.5.3 安全环保要求

（1）施工单位应根据工程施工特点，制定有针对性的噪声污染控制措施、大气污染控制措施、水污染控制措施，并根据实际情况和环保要求，制定固体废弃物处理方案，城市生态、水土的保护方案，通过监理部、项目部审核批准后实施。

（2）自建管片厂时，施工单位应对施工场地进行详细测量，编制出详细的场地布置图，合理布置施工场地。施工场地生产、办公设施布置在征地红线以内，尽量不破坏原有

---

❶ "四不放过"指事故原因未查清不放过、责任人员未处理不放过、整改措施未落实不放过、有关人员未受到教育不放过。

的植被，保护自然环境，并且按图布置的施工场地围挡及临时设施要考虑到同周围环境协调。

（3）自建管片厂时，施工场地应采用硬式围挡，施工区的材料堆放、材料加工、出渣及出料口等场地均设置围挡封闭。施工现场以外的公用场地禁止堆放材料、工具、建筑垃圾等。建筑垃圾及时清理，运至指定地点。现场应及时清理垃圾，运至指定地点进行掩埋或焚烧处理，生活区设置化粪设备，生活污水和大小便经化粪设备处理后才能排入污水管道。

（4）自建管片厂时，施工场地及道路进行硬化及绿化，并适时洒水，做到不泥泞、不扬尘。土、石、砂、水泥等材料运输和堆放进行遮盖，减少对空气、环境的污染。

（5）遇有四级风以上天气不得进行土方运转以及其他可能产生扬尘污染的施工。

（6）优先选用电动机械，尽量减少内燃机械对空气的污染。

（7）在管片预制开工前完成工地排水和废水处理设施的建设，保证工地排水和废水处理设施在整个施工过程的有效性，做到现场无积水，排水不外溢、不堵塞，水质达标。

（8）施工单位应根据施工地区排水网的走向和过载能力，选择合适的排口位置和排放方式。

（9）现场存放油料的库房，必须进行防渗漏处理。储存和使用都要采取措施，防止跑、冒、滴、漏，污染土壤水体。

（10）在工作场地内设置沉淀池，对施工废水进行沉淀净化，并用于洒水降尘。

（11）食堂设置简易有效的隔油池，加强管理，专人负责定期掏油，防止污染。

2.3.2 管片存储堆放

2.3.2.1 工序介绍

盾构隧道管片是盾构施工的主要装配构件，起到为盾构隧道承担抵抗土层压力、地下水压力及一些特殊荷载的作用。在管片存储过程中，必须加强管片生产各环节的过程控制，以保证盾构隧道线型和质量达到设计与规范要求。

2.3.2.2 存储方法

管片采用自然露天堆放，具体为侧面立放，不超过3层。

（1）存放前要求。管片蒸汽养护结束后，脱模至车间静养区降温至自然温度修补后，进入水池进行7d水养护，池水为碱性环境（pH值范围为9~11）。

（2）管片存放方法。

① 管片脱模后运至堆放场继续养护存放，管片堆放场地应坚实平整，排水流畅，支垫稳固可靠。

② 管片按吊运、安装顺序和型号分别堆码，堆垛间留有运输通道并满足吊车的吊距要求。

③ 管片堆垛整齐划一，无倾斜感，印戳和型号清楚易见。

④ 管片搁置在柔性垫条上，管片与管片之间有柔性垫条相隔，垫条摆放的位置均匀，厚度一致。

⑤ 管片采用侧面立放，高度≤3层，柔性支撑采用120mm×120mm×1700mm的松木条，层间用垫木垫平、垫实，上下层垫木应在一条垂线上。

⑥ 管片在自然存放期间要喷水，保证管片混凝土表面保持湿润。

2.3.2.3 作业管理统一规定

2.3.2.3.1 存放前要求

详见2.3.2.2存储方法（1）存放前要求。

2.3.2.3.2 管片存放方法

详见2.3.2.2存储方法（2）管片存放方法。

2.3.2.3.3 质量保证措施

管片按堆放方法的不同，存在竖直堆放和朝天放置两种不同的堆放方式。

（1）管片竖直堆放质量保证措施。

① 管片竖立堆放时，方木需摆放顺直，控制好摆放间距和数量。

② 方木摆放时大块管片下面摆放3排方木，方木摆放在对应的螺栓孔方位，小块管片下面摆放2排方木，对应在螺栓孔20～30cm位置。

③ 竖立放置时做好型号区分，每堆堆场堆放一种埋深类型，每排堆放一种型号，方便后期发运及清点。

④ 竖立放置时堆放3层。

⑤ 管片摆放时，需横平竖直，竖直方向确保上层管片压在下层管片上，切勿摆放在下层管片缝隙上，不能单靠方木支撑上层管片重量，摆放时前后螺栓孔须在一条直线上，过于倾斜的及时调整。管片堆场堆放时前后管片之间必须卡放防撞方木。

（2）管片朝天堆放质量保证措施。管片朝天堆放时，上下方木需摆放在同一直线上，确保受力均匀，最底层管片下方采用20cm×20cm大方木进行铺垫，上侧采用10cm×10cm的小方木进行隔垫。整环管片摆放整齐。

2.3.2.4 质量控制要点

（1）管片自然养护需满足21d要求。

（2）管片侧面立放时，层间需用垫木垫平、垫实，上下层垫木应在一条垂线上。

（3）管片自然养护期间，需保证管片混凝土表面保持湿润。

（4）竖立放置时每排堆放同一种型号的管片，方便后期发运及清点。

2.3.2.5 HSE 检查控制要点

2.3.2.5.1 吊装安全管理

（1）管片吊运施工前，施工单位应编制安全操作技术措施报监理审查，并对相关施工人员进行安全技术交底，操作场地设置醒目安全标志，无关人员严禁进入。

（2）操作司机必须经培训考试取得技术质量监督部门颁发的特种设备操作许可证方具有操作资格，工作过程中严格听从起重工的指挥。

（3）首次吊装前，吊运钢丝绳、夹具、销轴等工具使用之前必须检查，若不符合使用要求，应及时修复或调换。

（4）吊车司机工作时，只听专门人员指挥（并且只能有 1 人指挥），但是无论什么人发出停车信号时均应停车，查明情况再开车。

2.3.2.5.2 安全环保要求

（1）定期进行环境检查，及时处理违章事宜，主动联系环保机构汇报环保工作，做到文明施工。

（2）对于施工中废弃的零碎配件、边角料、水泥袋、包装箱等及时收集清理并搞好现场卫生，以保护自然环境与景观不受破坏。

（3）施工便道经常性地进行洒水，保证晴天不扬尘。拌和站运转时有粉尘发生，设防尘设备；工作人员配备防尘口罩等必要的劳保防护用品。

（4）现场建筑材料要堆放整齐，做到横成排、竖成行。散体材料要砌池围堆放，材料要设栏杆堆放，块料要赶堆交错叠放，叠放高度不得超过规范要求。

2.3.3 管片运输

2.3.3.1 工序介绍

盾构管片是盾构施工的主要装配构件，起到为盾构隧道承担抵抗土层压力、地下水压力及一些特殊荷载的作用。在管片运输过程中，必须加强各环节的过程控制，以确保管片质量满足设计及规范要求。

2.3.3.2 运输方法

管片由厂区采用平板拖车运往施工现场。

2.3.3.3 作业管理统一规定

2.3.3.3.1 管片运输准备

（1）管片出厂指标：抗压强度、抗渗等级合格，外观质量合格（管片无缺角、掉边，无麻面、露筋），注浆管完好，标识醒目，配筋类型正确。

（2）出厂前检质检员最终检查和确认管片外观质量，如外部有轻微破损，应做修补处理，如有较严重毁损不能修补则确认报废，隔离堆放，填写《不合格品处理单》备案。

（3）管片混凝土强度指标：管片强度达到设计强度才能出厂。

（4）装车和运输过程中应避免管片的表面、边缘和角部损坏，必要时采取一定措施。

2.3.3.3.2 管片运输

（1）送货计划按施工单位通知要求，安排运输管片的数量和类型。

（2）管片装车不得超载，装车形式为内弧面向上，管片与车辆底板之间必须用截面≥120mm×120mm、长度为1m的松木敲击垫实，并用钢筋焊接限位卡使垫木稳固。

（3）管片由厂区采用平板拖车运往施工现场，管片吊装上车和卸货堆码施工现场，需摆放平稳，内弧面向上，堆码要求如下：

① 堆放必须平稳、整齐，运输时平稳、无倾倒，管片间不得相互碰撞，各堆管片之间必须有足够的安全距离400mm；

② 吊放第一片时，外弧顶面垫上，两侧垫方木，必须敲击塞紧；

③ 吊放第二片时，层间垫方木（截面150mm×150mm，长度1200mm），每层管片之间使用垫木，各层垫木位于同一直线并相交于管片圆心；

④ 管片装车时为双排并列装车，控制堆码两排管片间距≥200mm，各堆管片之间离≥450mm。

（4）运输车到达施工现场交货时，由负责交货的质检员对管片进行最后一次外观检查，确认管片在运输中是否有损坏。有轻微破损的管片在施工现场进行修补，如管片破损严重则运回厂内修补或作废弃处理，与施工单位验收人员办签字移交。

2.3.3.3.3 质量保证措施

（1）管片运输时采用内弧面朝上、水平放置的方式。放置高度不超过4层，确保运输时行车稳定，具体每车运输数量需根据当地路政等交通部门要求进行确定。

（2）管片装运完成后，由安全员与司机对管片装货情况进行检查，存在隐患的及时要求装货人员进行纠正，检查完成后紧绑绷带，确保运输稳定。

（3）管片装车时由经过培训的专人进行挂钩，装车时轻装轻放。

（4）配备能满足盾构施工需要的管片运输车辆，运输车辆拖板上用20cm×20cm的方木进行定位锚固，确保行走过程中稳定。

（5）运输中受损的管片，应有专人负责采取废弃、修补等措施，经现场监理验收合格方可使用，否则作报废处理。

（6）盾构施工过程中如有管片破损，管片厂需派专人负责进行修补指导等措施。

2.3.3.4 质量控制要点

（1）在管片搬运过程中，叉车必须加用柔性垫块，确保管片不破损。

（2）管片搁置在柔性垫条上，管片与管片之间由柔性垫条相隔，垫条摆放的位置均匀，厚度一致。

（3）管片装车完成后，要对管片装货情况进行检查，检查完成后紧绑绷带，确保运输稳定，确保管片在运输过程中不会因磕碰而破损。

2.3.3.5 HSE 检查控制要点

（1）管片装车需有经过培训合格并取得证书的吊装指挥人员进行指挥吊装。

（2）运输过程中运输司机严格按照经交通管理部门审批的路线行驶。

（3）运输车辆转弯、上下坡时要减速行驶，避免因车速过快导致管片倾斜、滑落。

（4）管片出厂前，需对车辆情况进行检查，对装运货物进行检查，检查货物是否装运平稳，绷带是否紧固到位。

（5）在运输过程中遵守交通安全法规，保护产品和人身安全。

（6）加强宣传教育，统一思想，使全体职工认识到文明施工是企业的形象，是队伍素质的反映，是安全生产的保证，以提高员工文明施工和加强现场管理的自觉性。

（7）结合工程实际情况，落实文明施工现场责任区，制定相关规章制度，确保文明施工现场管理有章可循，做到事事有人管，处处有人负责。

（8）场地出口设洗车槽，并设专人对所有出场地的车辆进行冲洗，严禁遗洒。运渣车辆的渣土应低于槽梆 10cm 并用苫布等覆盖，严防落土掉渣污染道路，影响环境。

（9）工程车辆的行驶路线和时间要严格遵守交管部门的要求，禁止超载、超高、超速行驶，对工地周围的道路派专人清扫，保持周边环境的整洁。

3 盾构掘进

3.1 管理依据

（1）《特种设备安全监察条例》国务院令第549号；

（2）中华人民共和国住房和城乡建设部《危险性较大的分部分项工程安全管理规定》（住房和城乡建设部令第37号）；

（3）住房城乡建设部办公厅关于实施《危险性较大的分部分项工程安全管理规定》有关问题的通知（建办质〔2018〕31号）；

（4）《江苏省房屋建筑和市政基础设施工程危险性较大的分部分项工程安全管理实施细则》（住房和城乡建设厅〔2019〕378号）；

（5）《起重机械安全规程 第1部分：总则》（GB 6067.1—2010）；

（6）《起重机手势信号》（GB/T 5082—2019）；

（7）《起重机钢丝绳保养、维护、检验和报废》（GB/T 5972—2016）；

（8）《重要用途钢丝绳》（GB 8918—2006）；

（9）《履带式起重机》（GB/T 14560—2016）；

（10）《建筑施工起重吊装工程安全技术规范》（JGJ 276—2012）；

（11）《建筑机械使用安全技术规程》（JGJ 33—2012）；

（12）《履带起重机安全操作规程》（DL/T 5248—2010）；

（13）《石油化工大型设备吊装工程施工技术规程》（SH/T 3515—2017）；

（14）成层土地基极限承载力理论（提出者为迈耶霍夫和汉纳）。

3.2 管理原则

（1）严格执行施工过程中涉及的相关标准、规范和规程。

（2）遵守、执行招标文件各条款的具体要求，确保实现业主要求的工期、质量、安全、环境保护、文明施工和职工健康等各方面的工程目标。

（3）在认真、全面理解设计文件的基础上，结合工程情况，使施工方案可靠、经济合理。

（4）充分研究现场施工环境，妥善处理施工组织与周边接口问题，周密安排交通疏导和施工机械，使施工对周边环境的影响最小化。

（5）确保技术方案针对性强、操作性强；施工方案经济合理。根据工程地质、周边环境及工期要求等条件选择最具实用性的施工方案和机具设备。

（6）施工前充分调查了解工程周边环境情况，紧密结合环境保护进行施工。施工中认真做好文明施工，减少空气、噪声污染。

3.3 管理内容

盾构掘进作为盾构的关键性工程，具有技术复杂、危险性大、施工周期长、涉及学科多等特点。为实现全过程监督、全工序确认，有效指导施工标准化管理，编写人员依据现行国家标准规范、设计图纸，以国内某盾构穿越工程为例，整理并总结了盾构机参数、盾构机吊组装、泥水处理、管片拼装、同步注浆、带压进仓换刀等关键工序的控制参数及管理要求，编制完成了盾构掘进关键工序统一规定。

3.3.1 盾构机吊装与组装

3.3.1.1 工序介绍

根据厂家提供拆机计划及运输组织情况，主机不分块，刀盘、前盾、中盾无需焊接安装的特点，到场后直接翻身下井。拖车部分地面组装调试完成后分3个阶段吊装下井。

3.3.1.2 施工工法

盾构机刀盘、前盾、中盾、盾尾、管片拼装机、设备桥及11节拖车到场，主机刀盘、前盾、中盾到场采用两台吊车（400t履带吊、350t汽车吊）双机配合抬吊直接翻身吊装下井；盾尾焊接完盾尾刷，割除支撑吊装下井，地面拖车管线组装调试完成，按吊装顺序依次吊装下井。

3.3.1.3 作业统一规定

3.3.1.3.1 作业准备

（1）根据盾构机主要结构参数表，单件最重为前盾+主驱动，总计为251t。因此，本次吊、组装设备选型以此作为控制条件。结合现场情况，拟采用XGC400t履带吊作为主吊，AC300t汽车吊作为副吊配合翻身。

（2）熟悉盾构机图纸和相关资料。

（3）详细向施工班组进行吊装技术和安全教育交底。

（4）编报专项施工方案，组织专家进行论证。

3.3.1.3.2 工艺流程

工艺流程如图 3.1 所示。

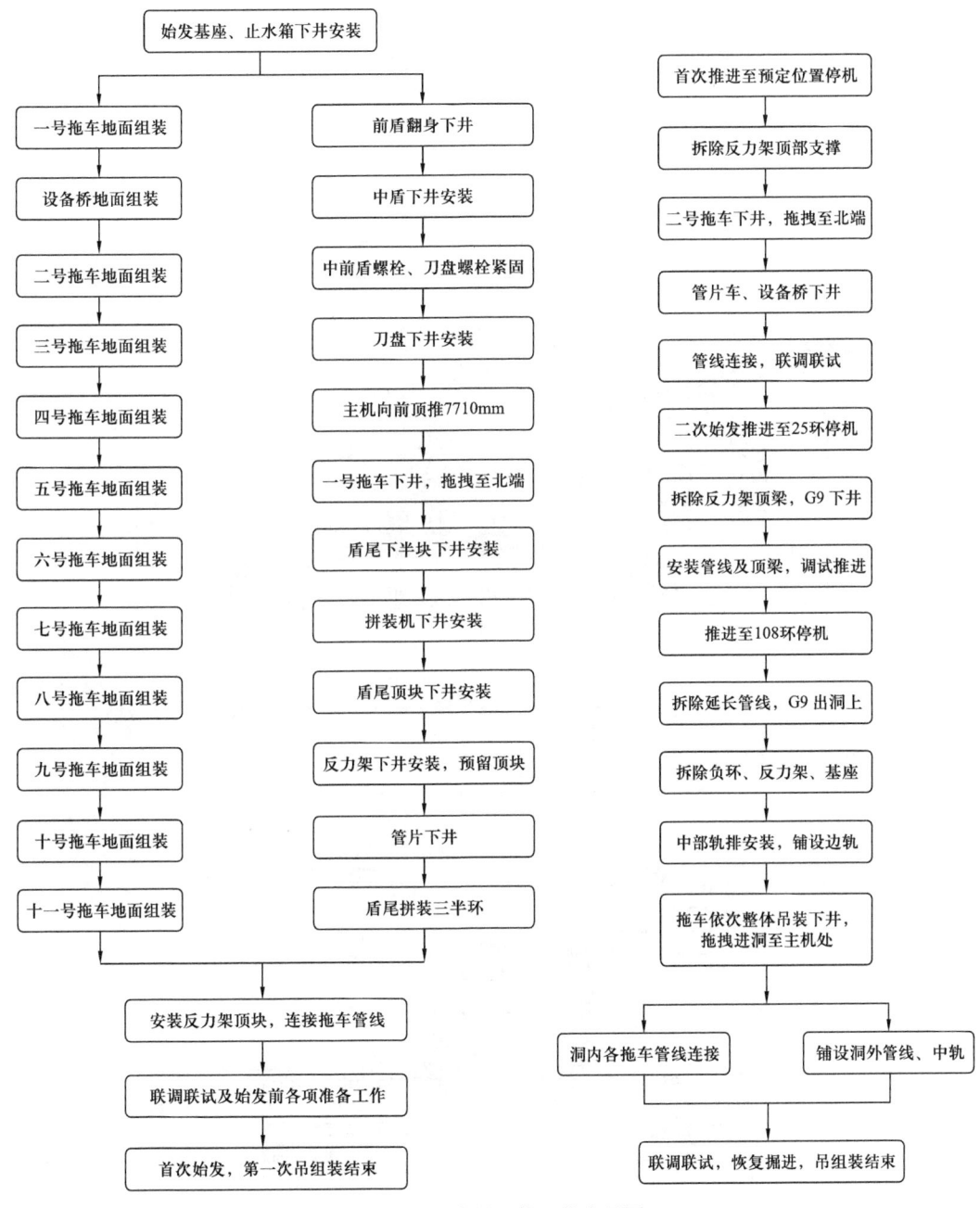

```
始发基座、止水箱下井安装
    ├── 一号拖车地面组装
    │   设备桥地面组装
    │   二号拖车地面组装
    │   三号拖车地面组装
    │   四号拖车地面组装
    │   五号拖车地面组装
    │   六号拖车地面组装
    │   七号拖车地面组装
    │   八号拖车地面组装
    │   九号拖车地面组装
    │   十号拖车地面组装
    │   十一号拖车地面组装
    └── 前盾翻身下井
        中盾下井安装
        中前盾螺栓、刀盘螺栓紧固
        刀盘下井安装
        主机向前顶推7710mm
        一号拖车下井，拖拽至北端
        盾尾下半块下井安装
        拼装机下井安装
        盾尾顶块下井安装
        反力架下井安装，预留顶块
        管片下井
        盾尾拼装三半环
            ↓
安装反力架顶块，连接拖车管线
联调联试及始发前各项准备工作
首次始发，第一次吊组装结束

首次推进至预定位置停机
拆除反力架顶部支撑
二号拖车下井，拖拽至北端
管片车、设备桥下井
管线连接，联调联试
二次始发推进至25环停机
拆除反力架顶梁，G9下井
安装管线及顶梁，调试推进
推进至108环停机
拆除延长管线，G9出洞上
拆除负环、反力架、基座
中部轨排安装，铺设边轨
拖车依次整体吊装下井，拖拽进洞至主机处
    ├── 洞内各拖车管线连接
    └── 铺设洞外管线、中轨
联调联试，恢复掘进，吊组装结束
```

图 3.1 盾构吊组装工艺流程图

3.3.1.3.3 施工要求

（1）盾构机吊装设备选型。根据盾构机主要结构参数表，单件最重为前盾+主驱动，总计为251t。因此，本次吊、组装设备选型以此作为控制条件。结合现场情况，拟采用

- 117 -

XGC400t 履带吊作为主吊，AC300t 汽车吊作为副吊配合翻身。

① 400t 履带吊。长 10.755m，宽 8.7m，主臂长 36m，自重 586t（其中超起配重 230t），超起配重半径，外形尺寸如图 3.2 和图 3.3 所示。其起重性能参数见表 3.1。

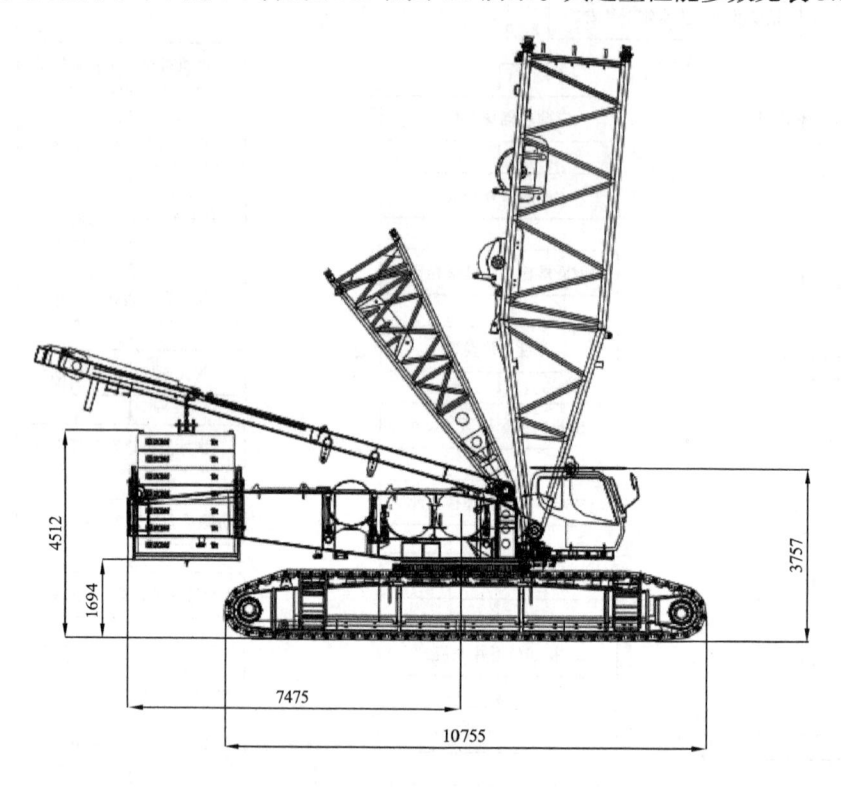

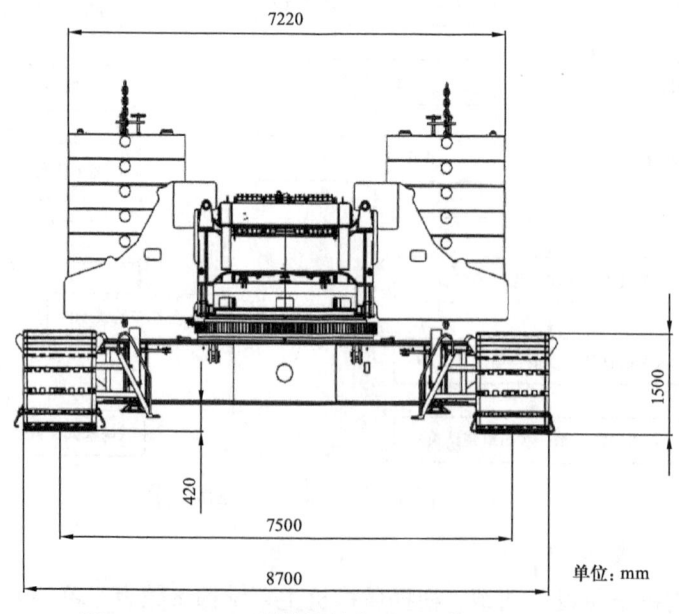

图 3.2 XGC400t 履带吊基本型工况外形图

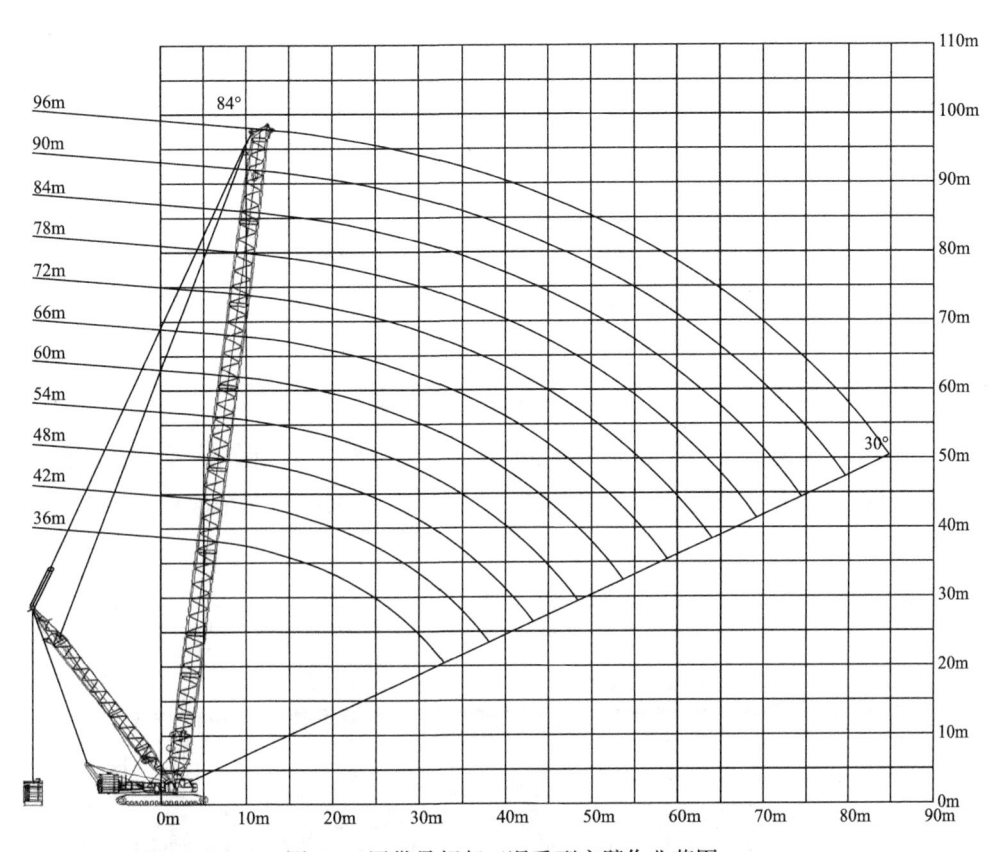

图 3.3　履带吊超起工况重型主臂作业范围

表 3.1　XGC400t 履带吊超起工况重型主臂起重性能表

幅度 /m	不同臂长下的最大起重量 /t					
	36m	42m	48m	54m	60m	66m
7	400.0					
8	400.0	384.0				
9	395.0	379.0	357.0	328.2		
10	390.0	373.0	356.0	326.7	294.7	261.7
12	381.0	362.0	348.0	323.8	292.2	261.7
14	367.5	353.0	338.0	320.8	289.7	261.7
16	322.2	321.3	320.4	317.8	287.3	260.3
18	286.5	285.6	284.8	284.4	283.5	258.3
20	256.7	256.3	256.0	255.4	254.7	253.5
22	230.6	230.5	230.2	229.6	229.0	228.3

续表

幅度 /m	不同臂长下的最大起重量 /t					
	36m	42m	48m	54m	60m	66m
24	206.5	206.3	206.1	205.7	205.3	204.7
26	186.7	186.5	186.3	185.8	185.4	184.8
28	170.2	169.9	169.7	169.2	168.7	168.1
30	156.1	155.8	155.6	155.1	154.6	154.0

注：110t 转台平衡重 +20t 车身平衡重 +230t 超起平衡重，超起平衡重半径 11～15m。

② AC300t 汽车吊。长 16.84m，宽 8.5m（支腿完全打开），吊车自重 172t（包含 100t 配重）。AC300t 汽车吊基本型工况外形如图 3.4 所示，AC300t 汽车吊起重性能表（100t 配重）见表 3.2。

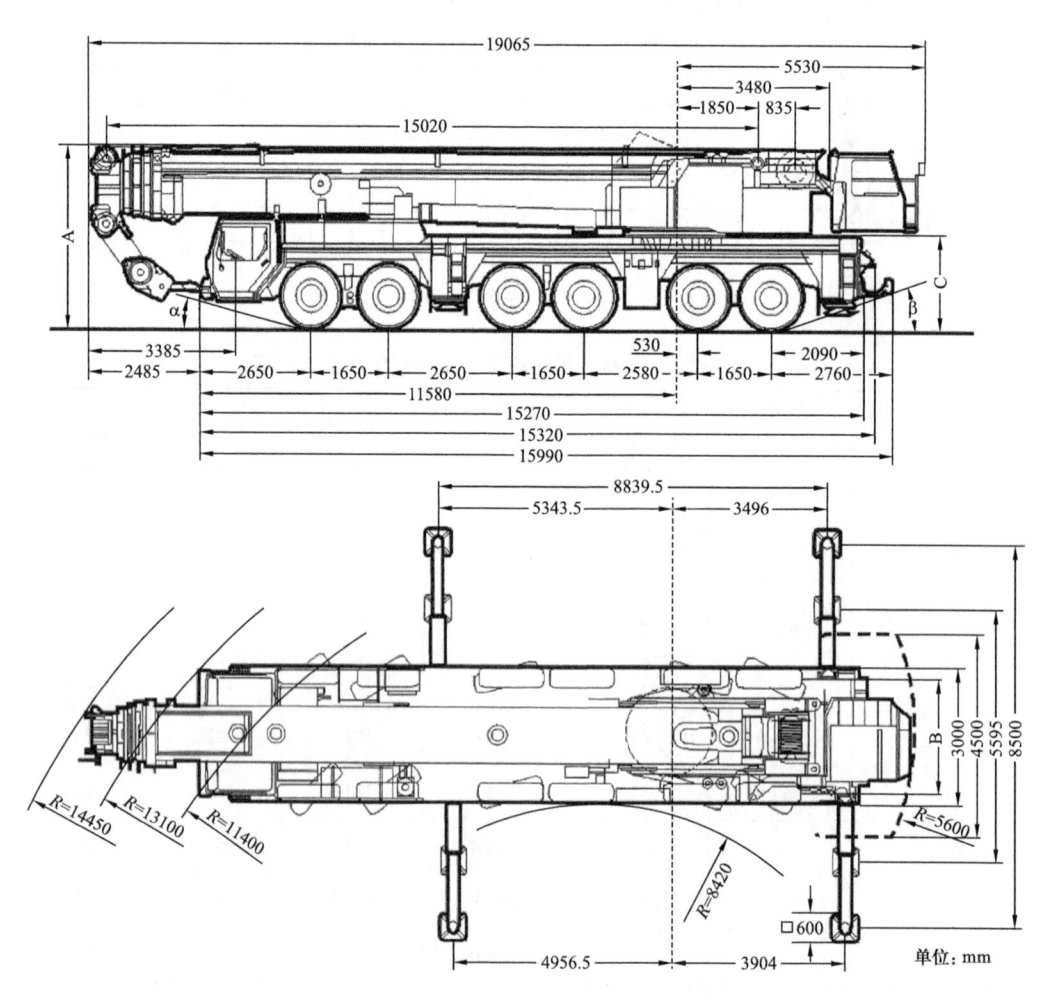

图 3.4　AC300t 汽车吊基本型工况外形图

表 3.2 AC300t 汽车吊起重性能表（100t 配重）

出载半径/m	不同主起落架下的最大起重量/t											
	14.7m	14.7m	19.7m	24.6m	29.7m	34.5m	39.6m	44.5m	49.4m	54.3m	59.0m
3	300.0	195.0	160.0	—	—	—	—	—	—	—	—
4	205.0	180.0	160.0	140.0	—	—	—	—	—	—	—
4	181.0	166.0	160.0	140.0	110.0	—	—	—	—	—	—
5	160.0	155.0	154.0	140.0	110.0	—	—	—	—	—	—
5	147.0	144.0	143.0	140.0	110.0	—	—	—	—	—	—
6	126.0	126.0	125.0	126.0	102.0	83.0	—	—	—	—	—
7	112.0	112.0	111.0	111.0	94.5	83.0	70.0	—	—	—	—
8	101.0	101.0	99.5	100.0	87.0	77.5	66.5	58.0	—	—	—
9	91.5	91.5	90.0	90.5	80.5	72.0	63.5	56.5	45.0	—	—
10	83.5	83.5	82.0	82.5	74.5	68.5	60.0	54.5	45.0	36.0	—
12	—	—	69.0	69.5	64.5	62.0	54.0	49.5	44.0	35.5	28.0
14	—	—	59.5	60.0	56.0	56.5	48.5	44.5	40.0	34.0	28.0
16	—	—	46.5	51.5	49.5	51.0	43.5	39.5	36.5	32.5	26.8
18	—	—	—	44.5	43.5	46.0	39.0	35.5	33.0	30.5	25.5
20	—	—	—	38.5	38.0	41.0	35.0	32.0	30.5	28.6	24.2
22	—	—	—	—	33.5	36.5	31.5	29.3	28.0	26.5	22.9
24	—	—	—	—	29.2	32.0	29.1	26.8	25.8	24.5	21.5
26	—	—	—	—	21.8	28.4	26.8	24.7	23.8	22.6	20.2
28	—	—	—	—	—	25.4	24.4	22.9	22.0	20.9	18.9
30	—	—	—	—	—	22.1	21.9	21.2	20.4	19.4	17.7
32	—	—	—	—	—	—	19.7	19.8	18.9	18.1	16.5
34	—	—	—	—	—	—	17.9	17.9	17.6	17.0	15.5
36	—	—	—	—	—	—	—	16.2	16.4	16.0	14.5
38	—	—	—	—	—	—	—	14.7	15.2	15.1	13.7
40	—	—	—	—	—	—	—	12.0	13.8	14.3	12.8
42	—	—	—	—	—	—	—	—	12.6	13.2	12.1
44	—	—	—	—	—	—	—	—	11.4	12.1	11.4
46	—	—	—	—	—	—	—	—	—	11.1	10.8

续表

出载半径 /m	不同主起落架下的最大起重量 /t									
	14.7m	14.7m	19.7m	24.6m	29.7m	34.5m	39.6m	44.5m	49.4m	54.3m	59.0m
48	—	—	—	—	—	—	—	—	—	10.2	10.3
50	—	—	—	—	—	—	—	—	—	7.5	9.5
52	—	—	—	—	—	—	—	—	—	—	8.7
54	—	—	—	—	—	—	—	—	—	—	7.0

（2）吊耳选用验算。该工程所用盾构机主机部分除盾尾外，其余都未分块。其中刀盘重约160t，直径7.95m；前盾（含主驱动，不含人仓）重约251t，直径7.89m。在直径差别不大的情况下，意味着在翻身工况下，应以满足前盾（含主驱动）翻身需求作为选用吊车的依据。就位时，前盾（含主驱动）就位半径为18m，刀盘就位半径约为15.5m，因此，还是以前盾（含主驱动）就位工况需求作为选用吊车的依据。

① 前盾（含主驱动）翻身工况分析。如图3.5至图3.7所示，前盾（含主驱动）采用XGC400t履带吊作为主吊，AC300t汽车吊作为副吊配合翻身。

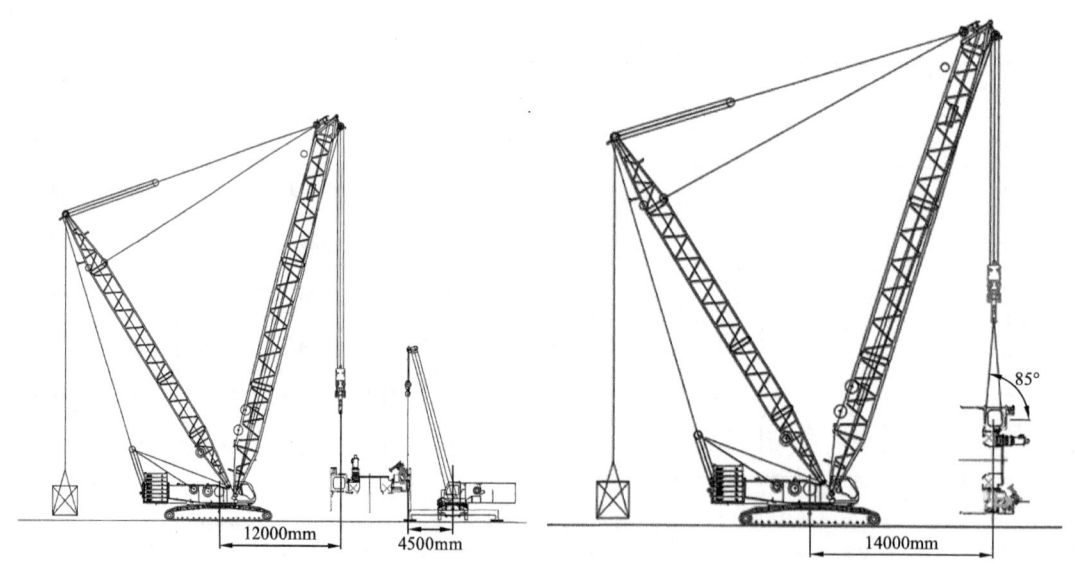

图3.5 前盾（含主驱动）翻身工况模拟　　图3.6 前盾（含主驱动）翻身完成模拟

a. 主吊复核。如图3.5至图3.7所示，双机抬吊时，400t履带吊采用超起模式，工作半径12m，AC300t汽车吊工作半径4.5m。此时，400t履带吊选用300t吊钩，吊钩+索具重量11t，抬吊时的负荷为136.5t（承担前盾一半重量及吊钩索具重量）。翻身过程中，考虑副吊吊装半径不变，主吊起钩同时增大吊装半径，过程中考虑平行于竖井行走约4.6m，直至最后翻身完成时，过程中主吊吊装半径控制为14m以内，负荷为262t（前盾251t+吊钩吊索具11t）。此时，主吊额定起重能力为367.5t，负载率为71.2%＜80%，满足翻身过程中双机抬吊负载率≤80%的要求。在进行其他翻身过程中也应当遵循此原则，且应做好吊装区域警戒工作，防止交叉作业。吊装作业应统一指挥，吊机操作及指挥应由有经验的持证专业人员实施，开始起吊时应先将重物吊离地面200～300mm试吊，检查吊机稳定性和制动装置的可靠性，确认无误方可继续起吊。

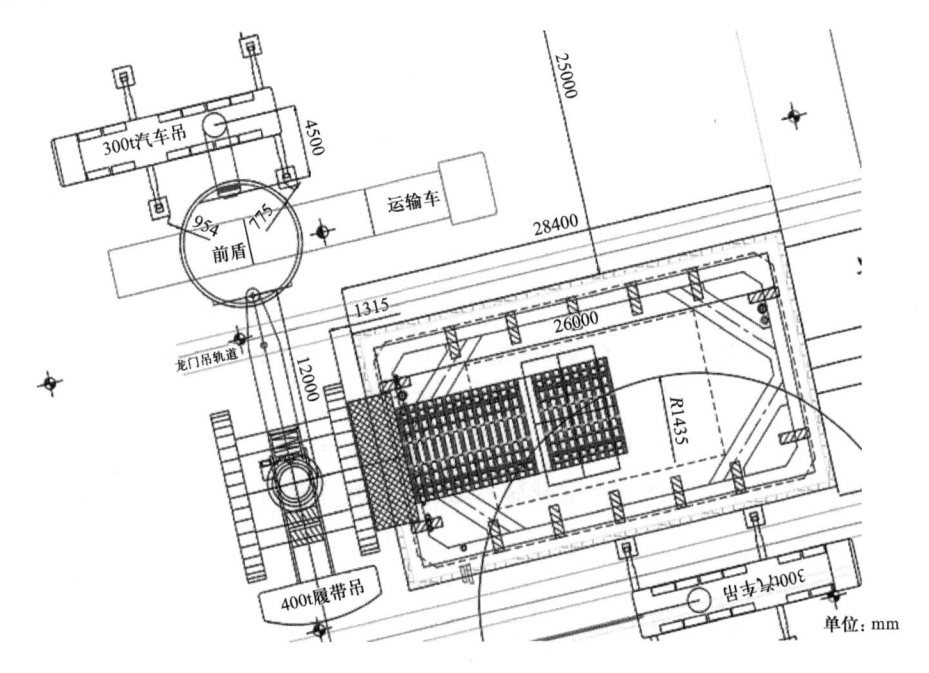

图3.7 前盾（含主驱动）翻身完成模拟

b.副吊复核。如图3.5至图3.7所示，双机抬吊时，300t汽车吊工作半径为4.5m，臂长为14.7m，采用160t吊钩，吊钩+索具重量为2t，抬吊时负荷最大为127.5t（平吊时）。此时，吊车额定负载为160t，负载率为79.69%（<80%），满足翻身过程中双机抬吊负载率≤80%的要求。如图3.7所示，抬吊时，汽车吊支腿距前盾最近距离为70cm，安全距离足够。

综上所述，选用的主副吊均能满足翻身工况要求。

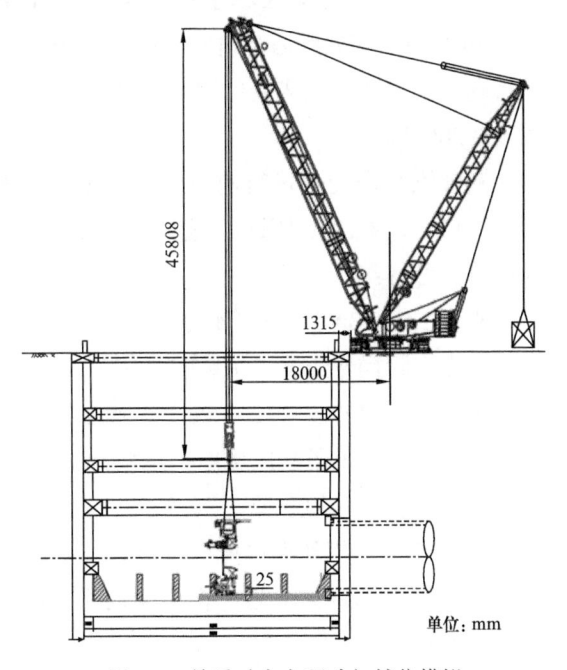

② 前盾（含主驱动）就位工况。

前盾（含主驱动）就位情况如图3.8所示。前盾（含主驱动）就位吊装半径为18m，400t履带吊负载为262t（前盾251t+

图3.8 前盾（含主驱动）就位模拟

吊钩吊索具 11t）。此时，主吊额定起重能力为 286.5t，负载率为 91.45%，满足要求。

因此，选用 XGC400t 履带吊作为主吊，AC300t 汽车吊作为副吊完全满足本次盾构吊装需求。

（3）地基承载力验算。

① 履带吊行走吊装区域验算。

400t 履带吊吊装前盾就位时，负载最大，为 G_1=262t。此时，履带吊自重为 G_2=586t（其中含 230t 超起配重）。单边履带长度 L=10.755m，宽度 B=1.2m。履带吊吊装区域为竖井南端头，端头加固采用外包 0.8m 厚塑性混凝土地下连续墙 + 三轴搅拌桩 + 旋喷桩填充措施。封闭地下连续墙内用 ϕ850mm@600mm 三轴搅拌桩加固，搅拌桩加固区纵向长度为 18m，加固宽度为 13.6m；单根桩长 28.6m。端头路面硬化厚度为 30cm，双层配筋，采用 C30 混凝土浇筑。作业时，地表铺设 4 块规格为 2500mm×6000mm×40mm 的钢板，使得地表受力均匀，4 块钢板总重量 G_3=18.84t。端头加固设计强度为 1MPa。

履带下部钢板总长为 12m，宽度为 2.5m；扩散角度按 45°考虑，则履带吊到桩顶的扩散面积为 S=（12+0.3×2）×（2.5+0.3×2）×2=78.12m²。

考虑到吊装过程中吊车回转对地载荷不均匀，取均布载荷 K=1.5 倍。故此工况下要求地基承载力为：

$P=K（G_1+G_2+G_3）g/S$=1.5×（262+586+18.84）×10/78.12=167kPa=0.167MPa＜1MPa。

因此，端头地基承载力满足履带吊作业要求。

② 汽车吊工作区域验算。

300t 汽车吊站位区域主要在竖井西南侧，该位置采用 600mm 砖渣压实，再摊铺 300mm 水稳压实处理后浇筑施工路面 C30 混凝土硬化，300mm 厚，配钢筋 ϕ14 双层布置，进行路面硬化前，压实处理后浇筑钢筋混凝土路面。该区域经地基处理后，经测定地基承载力＞200kPa。

300t 汽车吊配合进行前盾（含主驱动）翻身时，负荷最大，G_4=127.5t；汽车吊自重为 G_5=172t（含 100t 配重），选择采用 2.5m×4m 的单块钢板共 4 块，其总重为 12.56t，代入计算，可得：

S=（2.5+0.3×2）×（4+0.3×2）×2=28.52m²。

根据实际操作经验，吊装时吊装侧支腿受力约为整体的 70%，则有：

P=0.7×（127.5+172+6.28）×10/28.52=76kPa＜100kPa。

因此，汽车吊吊装区域地基承载力也能满足要求。

（4）吊装锁具的选择。

① 主机吊装钢丝绳选择与校核。

主机最重部分为前盾（含主驱动），因此，吊机吊索具选用以此工况作为选择依据，如图 3.9 所示。

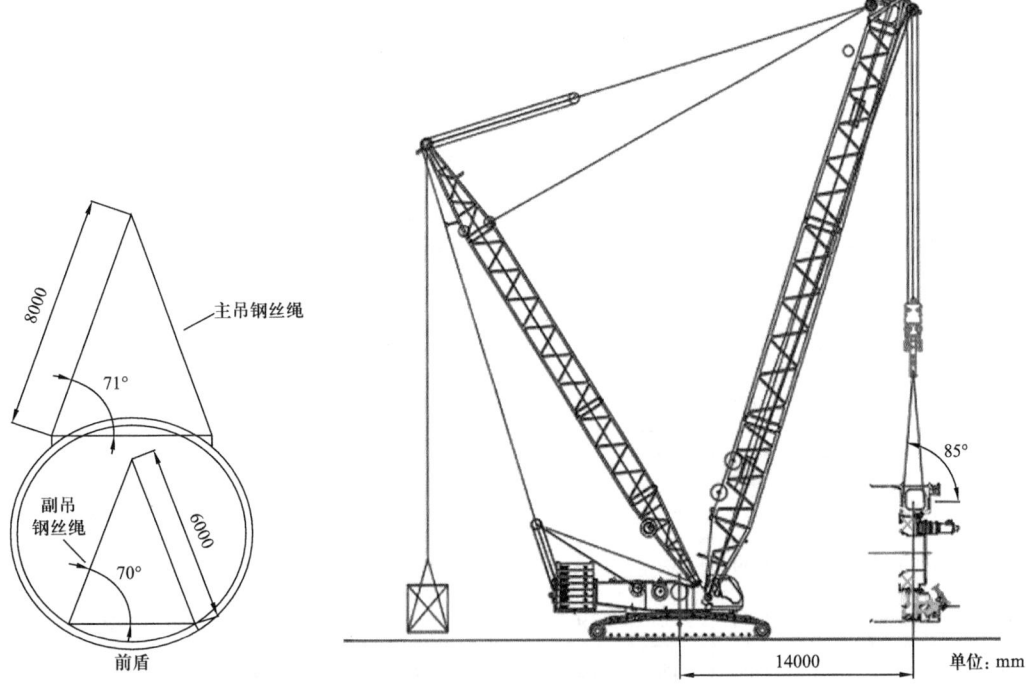

图 3.9　前盾吊装钢丝绳夹角模拟图

a. 主吊钢丝绳选择。

主吊采用 4 根 8m 长主绳，吊装时，前后钢丝绳夹角 α_1=85°，左右侧钢丝绳夹角 α_2=71°，经受力分析，考虑不均衡系数（k_1=1.03）及动载系数（k_2=1.05），则有

$$P_1 = k_1 k_2 G / 4\sin\alpha_1 \sin\alpha_2$$

式中，G 为前盾（含主驱动及吊具自重），为 2620kN；P_1 为钢丝绳承受的拉力。

代入计算，则有 P_1=753kN。

考虑一定的安全系数（k=6），则有 $P_{破断拉力} \geq kP_1$=4518kN。

查表，直径为 ϕ94mm，型号为 6×37+FC（公称抗拉强度为 1870MPa）钢丝绳满足要求。各型钢丝绳破断拉力见表 3.3。

表 3.3　各型钢丝绳破断拉力表

钢丝绳公称直径/mm	参考重量密度/kg/100m		钢丝绳公称抗拉强度 /MPa									
			1570		1670		1770		1870		1960	
			钢丝绳最小破断拉力 /kN								
	纤维芯钢丝绳	钢芯钢丝绳	纤维芯钢丝绳	钢芯钢丝绳	纤维芯钢丝绳	钢芯钢丝绳	纤维芯钢丝绳	钢芯钢丝绳	纤维芯钢丝绳	钢芯钢丝绳	纤维芯钢丝绳	钢芯钢丝绳
60	1300	1430	1600	1730	1700	1840	1800	1950	1910	2060	2000	2160
62	1390	1530	1710	1850	1820	1960	1930	2080	2030	2200	2130	2310

续表

钢丝绳公称直径/mm	参考重量密度/kg/100m		钢丝绳公称抗拉强度/MPa								
			1570		1670		1770		1870		1960
			钢丝绳最小破断拉力/kN								
	纤维芯钢丝绳	钢芯钢丝绳	纤维芯钢丝绳	钢芯钢丝绳	纤维芯钢丝绳	钢芯钢丝绳	纤维芯钢丝绳	钢芯钢丝绳	纤维芯钢丝绳	钢芯钢丝绳	纤维芯钢丝绳	钢芯钢丝绳
64	1480	1630	1820	1970	1940	2090	2050	2220	2170	2340	2270	2460
66	1570	1730	1940	2090	2060	2230	2180	2360	2310	2490	2420	2610
68	1670	1840	2050	2220	2190	2360	2320	2500	2450	2650	2560	2770
70	1770	1950	2180	2350	2320	2500	2450	2650	2590	2800	2720	2940
72	1870	2060	2300	2490	2450	2650	2600	2810	2740	2970	2880	3110
74	1980	2180	2430	2630	2590	2800	2740	2970	2900	3130	3040	3280
76	2090	2300	2570	2770	2730	2950	2890	3130	3060	3310	3200	3460
78	2200	2420	2700	2920	2880	3110	3050	3300	3220	3480	3370	3650
80	2310	2550	2840	3070	3020	3270	3120	3470	3390	3660	3550	3840
82	2430	2680	2990	3230	3180	3440	3370	3640	3560	3850	3730	4030
84	2550	2810	3140	3390	3330	3610	3530	3820	3730	4040	3910	4230
86	2670	2940	3290	3550	3500	3780	3700	4010	3910	4230	4100	4440
88	2800	3080	3440	3720	3660	3960	3880	4190	4100	4430	4300	4640
90	2920	3220	3600	3890	3830	4140	4060	4390	4290	4630	4490	4860
92	3060	3370	3760	4070	4000	4330	4240	4580	4480	4840	4690	5080
94	3190	3520	3930	4240	4180	4520	4430	4790	4680	5060	4900	5300
96	3330	3670	4090	4430	4360	4710	4620	4990	4880	5270	5110	5530
98	3470	3820	4270	4610	4540	4910	4810	5200	5080	5500	5330	5760
100	3610	3980	4440	4800	4730	5110	5010	5420	5290	5720	5550	6000
102	3760	4140	4620	5000	4920	5320	5210	5640	5510	5950	5770	6240
104	3900	4300	4810	5200	5110	5530	5420	5860	5720	6190	6000	6490
106	4060	4470	4990	5400	5310	5740	5630	6090	5950	6430	6230	6740
108	4210	4640	5180	5600	5510	5960	5840	6320	6170	6670	6470	7000
110	4370	4820	5380	5810	5720	6180	6060	6550	6400	6920	6710	7260

b. 副吊钢丝绳选择。

如图所示，副吊钢丝绳采用 2 根 6m 钢丝绳，吊装夹角 α_3=70°，最大负载 G=1275kN，则有

$$P_2 = k_1 k_2 G / 2\sin\alpha_3$$

解得 P_2=733.7kN；考虑一定安全因素（k=6），则 $P_{破断拉力} \geq kP_2$=4403kN。

查钢丝绳参数表，直径为 ϕ92mm，6×37+FC（公称抗拉强度为 1870MPa）钢丝绳满足要求。

② 拖车吊装钢丝绳选择。

拖车吊装钢丝绳俯视图如图 3.10 所示。

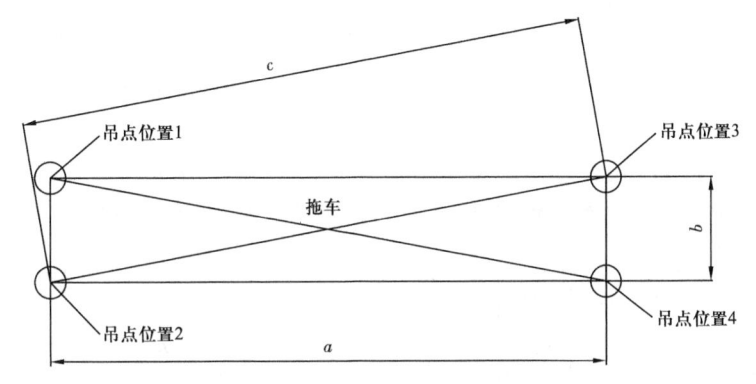

图 3.10 拖车吊装钢丝绳俯视图

吊点 1、4（2、3）处钢丝绳侧视图如图 3.11 所示。

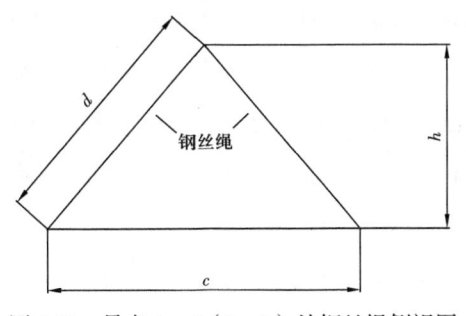

图 3.11 吊点 1、4（2、3）处钢丝绳侧视图

其中，a 为拖车前后吊点距离，b 为拖车左右吊点距离，c 为钢丝绳俯视投影长度，d 为钢丝绳长度，h 为吊钩到吊耳平面的高度。假设拖车重量为 G，P 为钢丝绳拉力，根据受力分析，则有

$$Gg/4P = h/d$$

$$h^2 = d^2 - c^2/4$$

$$c^2 = a^2 + b^2$$

联立则有

$$P=Ggd/4\left[d^2-(a^2+b^2)/4\right]^{1/2}$$

查表可知，拖车最重为一号拖车，G_1=56t；设备桥次之，$G_{设备桥}$=43t；吊索具均按照2t考虑；钢丝绳长度d=12m；一号拖车a_1=7.4m，b_1=2.53m；设备桥$a_{设}$=10.77m，$b_{设}$=1.957m。则有P_1=148.1kN，$P_{设}$=120.8kN。因此，以一号拖车吊装钢丝绳工况为选型依据，则$P_{1破断}$≥$6P_1$=888.6kN。查表，直径为ϕ38mm，6×37+FC（公称抗拉强度为1870MPa）钢丝绳满足要求。各型钢丝绳破断拉力见表3.4。

表3.4 各型钢丝绳破断拉力表

钢丝绳公称直径/mm	允许偏差/%	钢丝绳参考重量密度/kg/100m			钢丝绳公称抗拉强度/MPa									
					1570		1670		1770		1870		1960	
					钢丝绳最小破断拉力/kN									
		天然纤维芯钢丝绳	合成纤维芯钢丝绳	钢芯钢丝绳	纤维芯钢丝绳	钢芯钢丝绳	纤维芯钢丝绳	钢芯钢丝绳	纤维芯钢丝绳	钢芯钢丝绳	纤维芯钢丝绳	钢芯钢丝绳	纤维芯钢丝绳	钢芯钢丝绳
12	+50	54.7	53.4	60.2	74.6	80.5	79.4	85.6	84.1	90.7	88.9	95.9	93.1	100
13		64.2	62.7	70.6	87.6	94.5	93.1	100	98.7	106	104	113	109	118
14		74.5	72.7	81.9	102	110	108	117	114	124	121	130	127	137
16		97.3	95	107	133	143	141	152	150	161	158	170	166	179
18		123	120	135	168	181	179	193	189	204	200	216	210	226
20		152	148	167	207	224	220	238	234	252	247	265	259	279
22		184	180	202	251	271	267	288	283	305	299	322	313	338
24		219	214	241	298	322	317	342	336	363	355	383	373	402
26		257	251	283	350	378	373	402	395	426	417	450	437	472
28		298	291	328	406	438	432	466	458	494	484	522	507	547
30		342	334	376	466	503	496	535	526	567	555	599	582	628
32		389	380	428	531	572	564	609	598	645	632	682	662	715
34		439	429	483	599	646	637	687	675	728	713	770	748	807
36		492	481	542	671	724	714	770	757	817	800	863	838	904
38		549	536	604	748	807	796	858	843	910	891	961	934	1010
40		608	594	659	829	894	882	951	935	1010	987	1070	1030	1120
42		670	654	737	914	986	972	1050	1030	1110	1090	1170	1140	1230

续表

钢丝绳公称直径/mm	允许偏差/%	钢丝绳参考重量密度/kg/100m			钢丝绳公称抗拉强度/MPa									
					1570		1670		1770		1870		1960	
					钢丝绳最小破断拉力/kN									
		天然纤维芯钢丝绳	合成纤维芯钢丝绳	钢芯钢丝绳	纤维芯钢丝绳	钢芯钢丝绳	纤维芯钢丝绳	钢芯钢丝绳	纤维芯钢丝绳	钢芯钢丝绳	纤维芯钢丝绳	钢芯钢丝绳	纤维芯钢丝绳	钢芯钢丝绳
44	+50	736	718	809	1000	1080	1070	1150	1130	1220	1190	1290	1250	1350
46		804	785	884	1100	1180	1170	1260	1240	1330	1310	1410	1370	1480
48		876	855	963	1190	1290	1270	1370	1350	1450	1420	1530	1490	1610
50		950	928	1040	1300	1400	1380	1490	1460	1580	1540	1560	1620	1740
52		1030	1000	1130	1400	1510	1490	1610	1580	1700	1670	1800	1750	1890
54		1110	1080	1220	1510	1630	0.161	1730	1700	1840	1800	1940	1890	2030

③ 卸扣选用（表3.5）。

表3.5 卸扣参数

产品型号	额定载荷/t	W/mm	D/mm	d/mm	E/mm	P/mm	S/mm	O/mm	L（BW型）/mm	自重（BW型）/kg
T-BW2-3/8	2	17	12	9.5	23	9.5	36.5	26	52.5	0.13
T-BW2.5-7/16	2.5	19	14	11	27	11	43	29.5	62	0.21
T-BW3.25-1/2	3.25	20.5	16	13	30	13	48	33	70.5	0.3
T-BW5-5/8	5	27	20	16	38	17.5	60.5	43	88	0.64
T-BW7-3/4	7	32	22	19	46	20.5	71.5	51	102.5	1.09
T-BW9.5-7/8	9.5	36.5	27	22.5	53	24.5	84	58	121	1.7
T-BW12.5-1	12.5	43	30	25.5	60.5	27	95	68.5	139	2.5
T-BW15-1 1/8	15	46	33	29.5	68.5	32	108	74	154	3.79
T-BW18-1 1/4	18	51.5	36	33	76	35	119	82.5	170.5	4.89
T-BW21-1 3/8	21	57	39	36	84	38	133.5	92	186.5	7.04
T-BW30-1 1/2	30	60.5	42	39	92	41	146	98.5	201	8.35
T-BW40-1 3/4	40	73	52	47	106.5	57	178	127	244	13.72
T-BW50-2	50	82.5	60	53	122	61	197	146	275	20.33
T-BW80-2 1/2	80	105	72	69	144.5	79.5	267	184	346	40.92

a. 吊装卸扣选择。

（a）主驱动＋前盾组合体重251t，卸车及吊装时用4个85t卸扣，溜尾翻身时，用2个85t卸扣；

（b）刀盘整体重160t，吊装下井时主吊采用2个120t卸扣，溜尾吊装采用2个85t卸扣；

（c）中盾重为160t，卸车、下井时采用4个55t卸扣，用2个55T卸扣配合溜尾竖立；

（d）一号拖车最重为55t，吊装下井时用4个21t卸扣；

（e）拼装机为34t，吊装下井时用4个55t、2个35t卸扣；

（f）上、下盾尾最重为30t，主吊采用4个21t卸扣，调整用2个17.5t卸扣；

（g）其他拼装小件时用10～21t卸扣。

b. 主要部件卸扣尺寸校核。

（a）前盾（含主驱动）吊耳（图3.12）。要求卸扣K=S+D/2−钢丝绳直径≥160mm，W≥100mm，D≤130mm，其中S、D、W均为图中卸扣尺寸标识。前盾卸扣S=310mm，D=76mm，W=110mm，钢丝绳直径为94mm，代入可知，K=254≥160mm，W=110≥100mm，D=76≤130mm。因此，尺寸满足使用要求。

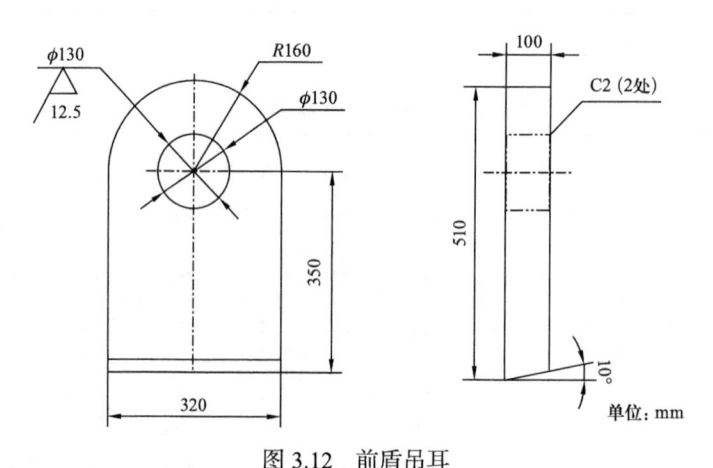

图3.12 前盾吊耳

（b）刀盘吊耳。刀盘吊耳尺寸如图3.13所示，要求卸扣K=S+D/2−钢丝绳直径≥138mm，W≥90mm，其中S、D、W均为图中卸扣尺寸标识。前盾卸扣S=365mm，

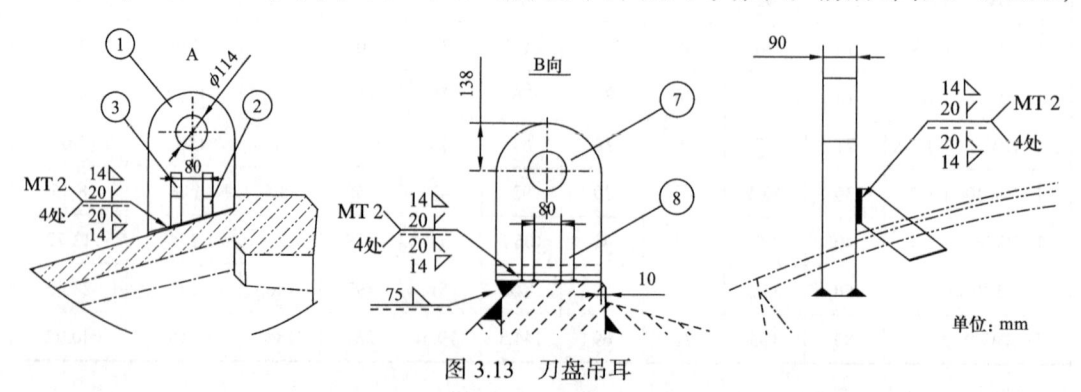

图3.13 刀盘吊耳

D=85mm，W=130mm，钢丝绳直径为94mm，代入可知，K=313.5≥138mm，W=130≥90mm，D=85≤114mm。因此，尺寸满足使用要求。

（c）中盾吊耳。中盾吊耳尺寸如图3.14所示，要求卸扣K=S+D/2-钢丝绳直径≥160mm，W≥80mm，其中S、D、W均为图中卸扣尺寸标识。前盾卸扣S=240mm，D=57mm，W=85mm，钢丝绳直径为94mm，代入可知，K=174.5≥138mm，W=85≥80mm，D=57≤130mm。因此，尺寸满足使用要求。

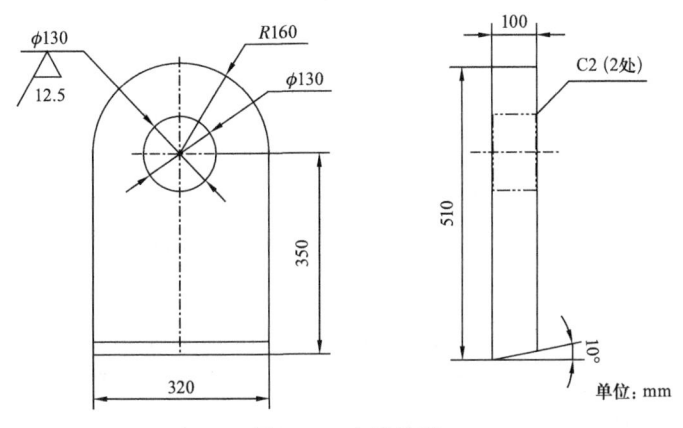

图3.14 中盾吊耳

④ 盾构前盾＋主驱动组合吊装下竖井底部时走绳余量验算，主驱动就位时吊机走绳单股长度如图3.15所示。

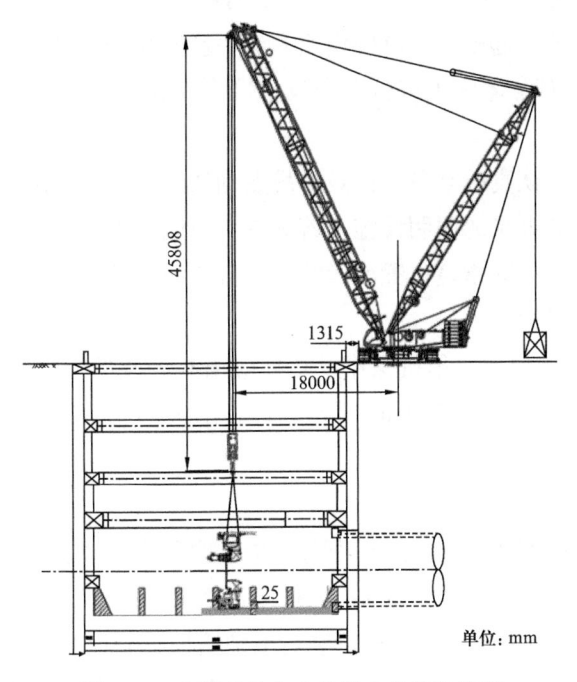

图3.15 主驱动就位时吊机走绳单股长度

XGC400t 吊车单个主卷扬容绳量为 800m，两个卷扬，前后布置在上车上；吊装刀盘时根据刀盘重量计划穿绕 6 轮 13 股绳，吊装前盾到达托架时，单股绳长 L 约为 45.81m。

则剩余走绳长度 = 走绳全长 − 放出走绳长度 = 走绳全长 − 动定滑轮的最大距离 × 倍率 − 走绳在动定滑车上的绕行长度 − 导向滑轮与定滑轮间距 − 吊臂长度 = 800−L×11−（3.14159×0.7/2×5+1.8+36）×1=800−547.21=252.79m。

单个卷扬最小圈数 = 剩余走绳长度 / 卷扬周长 = 252.79/（3.14159×0.7）= 114.9 圈＞3 圈，满足吊装所需安全要求。

（5）履带吊试吊试验。

① 空载试验。在极限位置内，做吊钩升降动作，检查限位器是否灵敏可靠，起升机构各运动部件是否灵活，钢丝绳在卷筒上的排列情况；机体向左、右回转 360°；前进、后退行驶各 15m。确认合格后方可进行下一步试验。

② 静载试吊。在起吊较重物件时，应将重物吊离地面 20cm 左右，静止约 10min，重物与地面距离应保持不变。

③ 动负荷试验。在起吊较重物件时，应将重物吊离地面 300～500mm，做以下动作：吊钩起落各 3 次。制动时检查吊钩是否有溜钩现象，验证制动时整机的稳定性。

（6）吊装安全措施、工作井围护结构及地表的沉降监测。

① 吊车进场时，应执行进场验收制度，对吊车各项安全装置进行检查，确保安全有效，特种设备必须经检验合格后方能投入使用。同时，对特种作业人员持证情况进行检查，确保人员持证作业。针对上述情况，还应及时向监理进行设备报验及人员报验。

② 由专人负责指挥，起吊时，坑内作业人员要躲避在安全处，停止施工。

③ 起吊作业前，对全体施工进行安全技术培训和技术交底，起吊时，司机要认真操作，精力集中。

④ 盾构机起吊前，认真检查各部锁具、吊点确认无误，方可吊装，司机认真操作。

⑤ 夜间施工必须有充足的照明设施，若遇有六级以上大风等天气时，停止施工。

⑥ 吊车必须严格按方案指定位置准确站位，且与周边环境保持安全净距。

⑦ 绳扣必须完好无损。

⑧ 吊装作业应统一指挥，吊机操作及指挥应由有经验的持证专业人员实施，开始起吊时应先将重物吊离地面 200～300mm 试吊，检查吊机稳定性、制动装置的可靠性，确认无误方可继续起吊。

（7）吊装监测。

① 监测目的。通过在盾构吊装过程中对围护结构的监测，达到以下目的：

掌握各个吊装过程中盾构井端头围护结构变化情况；

通过对监测数据的分析，判断盾构吊装对围护结构影响程度及基坑的安全度。

② 监测的组织及信息反馈。为确保施工监测的及时、准确，我们将成立施工监测小

组，由项目总工程师担任组长，负责全面监测工作以及数据的分析、信息反馈，由项目机电总工任副组长，负责监测与吊装作业的协调工作。委外监测，全面负责监测工作的实施及数据采集，及时将监测信息反馈给总工程师、监理工程师和业主。

③监测的工作内容及控制标准。监测内容主要包括地连墙顶水平位移、地表沉降两个监测项目。采用精密水准仪和测斜仪进行监测，派驻专门的监测小组现场作业，按照随时吊装随时监测的原则，及时获取变化的第一手数据，以便指导吊装进程和吊装的速度。吊装前2d在吊车停机附近，及竖井围护结构每5m，布设一个监测点，确保通视，并取得初始值，初始值测量3次，取平均值。吊装过程中，吊装前测量一次，试吊过程测量一次，吊装后测量一次，施工中根据现场情况进行加测，测量结束后现场计算，数据及时上报，指导施工。监测内容及控制标准见表3.6。监测仪器见表3.7。

表3.6 监测内容及控制标准表

序号	监测对象	监测项目	控制标准 累计值	变形速率/mm/次
1	盾构井结构墙	墙顶水平位移	30mm	2~3
2	吊装平台沉降点	地表沉降	15mm	2
3	斜支撑	支撑轴力	12000~17000kN	

表3.7 监测仪器

序号	设备名称	规格型号	企业编号	合格证编号	检定单位名称	检定日期
1	全站仪	TS15				
2	自动安平水准仪	DS05				
3	钢卷尺	0~50m				
4	钢卷尺	0~7.5m				
5	侧斜仪					

（8）始发基座安装。

盾构机始发基座分前后两部分，分别在地面组装完毕后，再吊入井下进行安装。为了保证始发基座的平整性，下基座前应对基面进行测量，必要时部分位置垫高。

始发基座安装在盾构井底板上，安装时依据盾构机设计姿态对始发基座进行精确定位，施工盾构井底板时，按照测量放样的基线在盾构井设置预埋件。在安装过程中基座同预埋件直接采用七字板进行加固，安装位置按照测量放样的基线，吊入井下就位焊接，并设置支撑加固，准确定位后将始发基座与底板预埋钢板焊接连接；始发基座底部要垫平稳，避免扭曲；盾构机盾体组装时，在始发基座的轨道上涂抹润滑油以减小盾构机始发推进时的阻力；始发掘进时，基座两侧加方木楔块固定负环管片。

隧道始发段盾构机水平进洞始发，当刀盘接近洞门时，始发基座与洞门钢环之间的空隙必须延伸焊接临时导轨，保证盾构机顺利进入洞门。

（9）盾尾调圆焊接。

① 搭建工作平台。在盾尾内外搭建脚手架，注意焊缝的位置不要影响以后的焊接。

② 盾尾整体调圆。由于组装的误差，需要对盾尾进行整体调圆。在盾体与盾尾不在同一平面的地方焊接 L 形钢板，方法就是在盾尾突出的地方用液压油缸把钢楔子往里顶一点，把突出的地方顶进去，直到使整个盾尾的圆度正好与前中盾体一样。自下而上边调整边断焊，始终保持盾尾外表面与前中盾体外表面在同一平行面上。

（10）第二阶段吊装。

① 二号拖车及设备桥下井。

按照计划，当刀盘进入塑性地下连续墙 50cm 时，停机，开始进行第二阶段吊装工作。此时，由于主机尚处于加固区内，泥水仓顶部压力可以维持较小值。此时，拆除顶部各构柱，拆除反力架顶部，开始下放二号拖车。此阶段，应保证保压空气供应，同时视情况做好停机前刀盘仓内泥浆指标控制。

如图 3.16 所示，在不考虑尾部进入反力架的情况下，两侧尚有 30cm 以上的余量，因而二号拖车下方空间很充足。考虑二号拖车水平下放，同时管片吊机应固定在二号拖车吊机轨道上一同下井。下井过程中，由于一号拖车轮对位置限制，二号拖车仍应将吊机梁置于反力架内，整体直接下放，因此，下放实际位置应如图 3.17 所示。

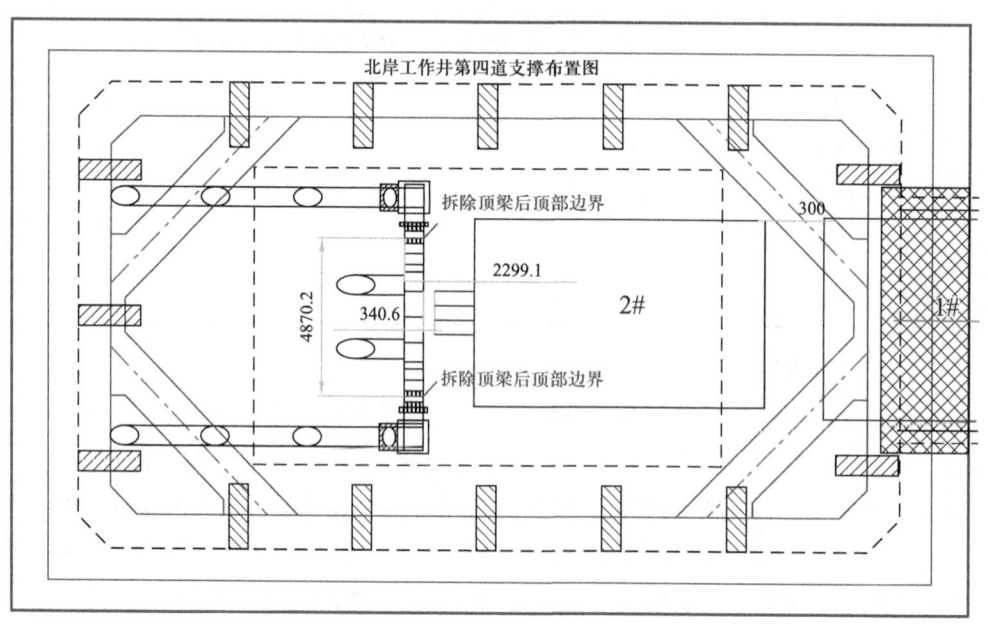

图 3.16　二号拖车下井平面模拟情况

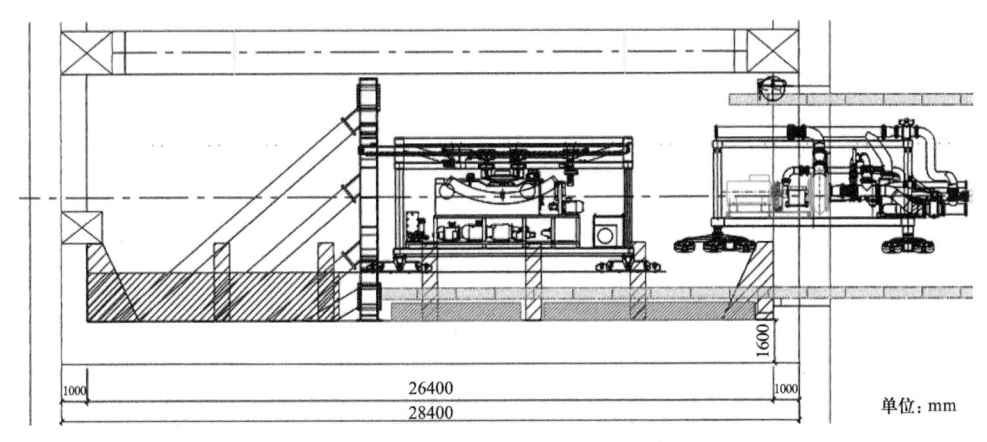

图 3.17 二号拖车实际下放位置示意图

二号拖车下井完毕后，拖拽至竖井最北端，开始下放设备桥。如图 3.18 至图 3.19 所示，设备桥前后约有 25cm 左右的空间，可垂直下井。

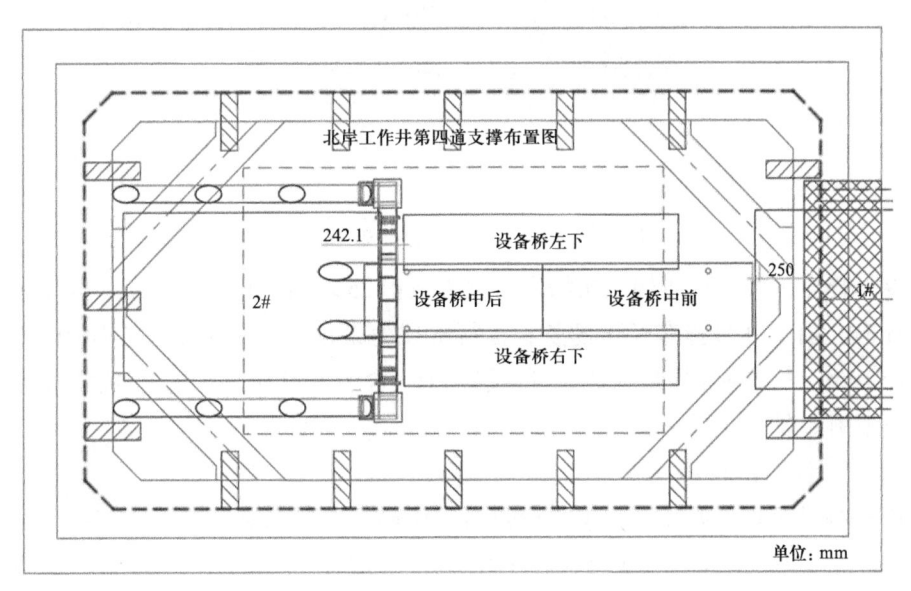

图 3.18 设备桥下井平面模拟图

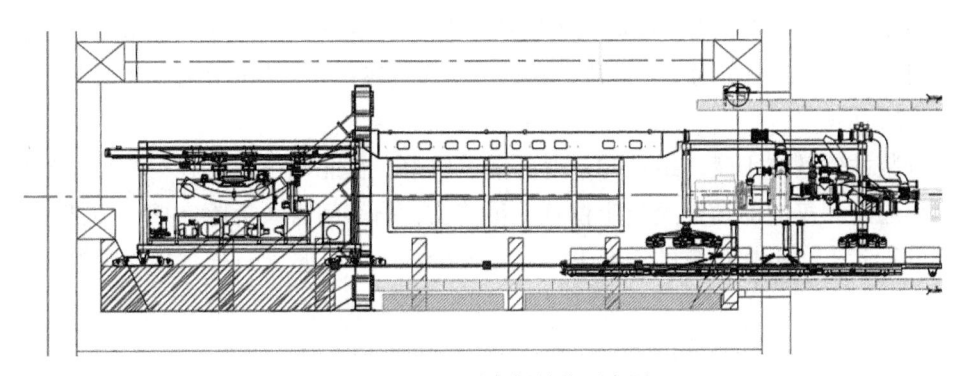

图 3.19 设备桥就位示意图

此阶段，拖车均为竖井西侧吊装下井，设备桥及二号拖车需使用吊车进行一次倒运。吊装站位如图 3.20 所示，吊装半径均为 14m，二号拖车重量 50t，使用 AC300t 汽车吊吊装，负载为 52t（含 2t 吊钩、吊具重量），负载率为 86.67%；设备桥重量 41t，使用 AC300t 汽车吊进行吊装，负载为 43t（含 2t 吊钩、吊具重量），负载率为 71.67%。

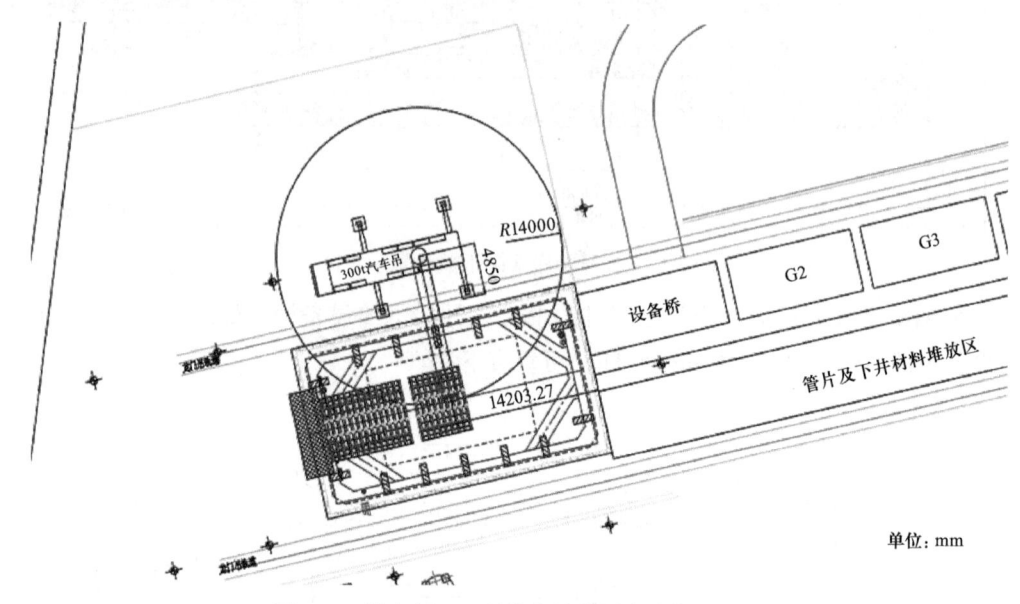

图 3.20　设备桥、二号拖车吊装吊车站位平面图

② 9 号拖车下井。待盾构二次始发，掘进至正 25 环后，拟进行停机，准备下放九号拖车。此时，由于九号拖车长度超长，需拆除反力架顶梁。吊车站位亦如图 3.20 所示。吊装半径 14m，九号拖车重量 29t，负载为 31t（含 2t 吊钩吊具重量），负载率为 51.7%。其平面模拟图如图 3.21 所示。

（11）第三阶段吊装。

待盾构掘进至正 108 环后，拟进行停机，做最后一次吊装。此时，需将九号拖车拖拽出洞，拆除反力架顶梁，在下井位置吊装上井。接着，进行负环、反力架、始发基座拆除，接着安装轨排及井下拖车轨道。待轨道安装完成后，开始拖车吊装下井工作。此时由于竖井内无其他阻挡物，下井空间较为富裕。采用 AC300t 汽车吊进行吊装，三号拖车在竖井西侧进行吊装，站位同第二阶段，在这里不作赘述，其余各拖车在竖井北侧进行吊装，如图 3.22 所示。

拖车吊装站位基本不变，组装时，地面铺设轨道，在北侧吊装过程中，吊车站位不变，各拖车通过叉车向前顶推至指定位置，吊装前，拖车间管线拆除完成，顶部和钢丝绳干涉部分拆除，在不超负载的情况下，尽量减少拆除工作量。具体各拖车吊装工况见表 3.8。

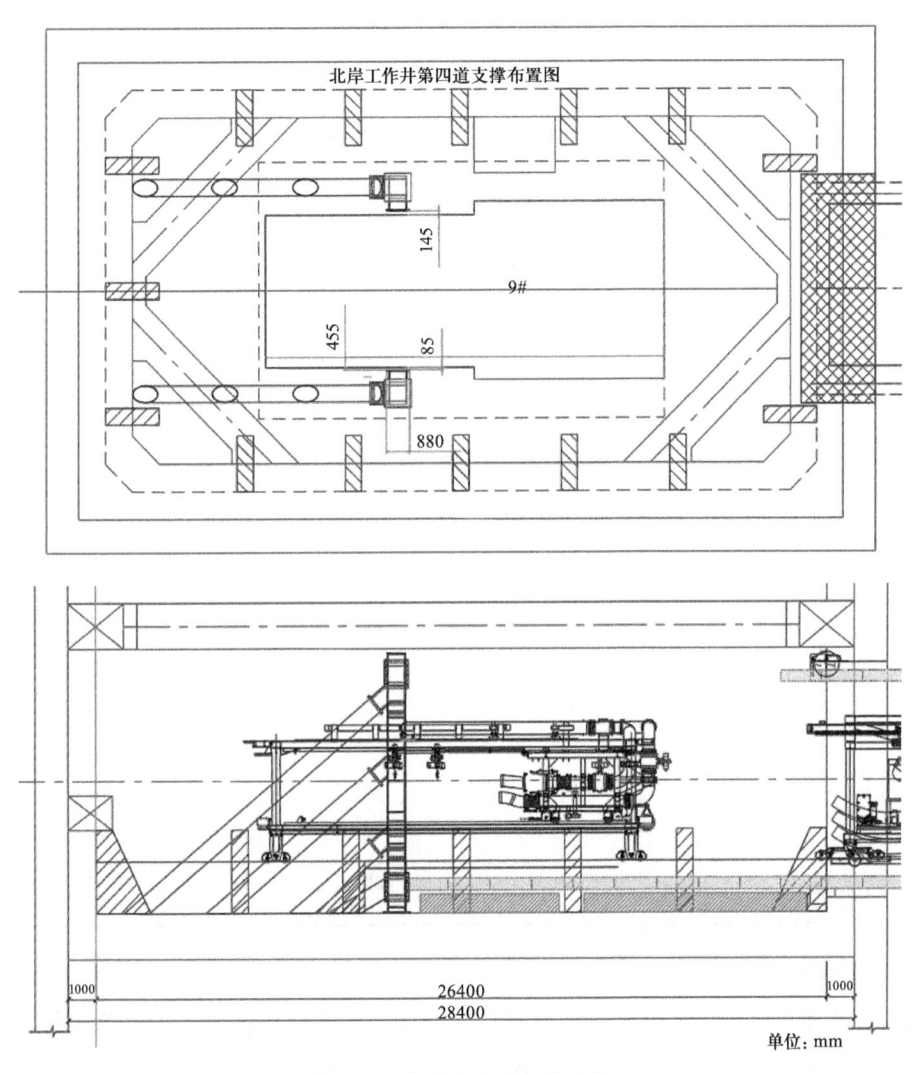

图 3.21　九号拖车就位示意图

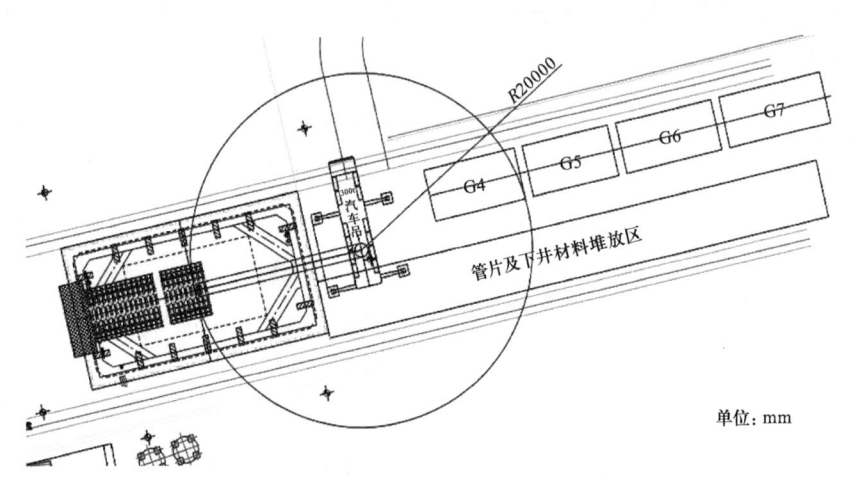

图 3.22　四号至十一号拖车吊装吊车站位平面图

表 3.8 各拖车吊装工况一览表

序号	设备名称	吊物重量/t	吊索具重量/t	吊装负荷/t	选用吊车	吊装半径/m	额定吊装负荷/t	吊车负载率/%	备注
1	三号拖车	40	2	42	AC300t	14	60	70.00	竖井西侧吊装
2	四号拖车	32	2	34	AC300t	20	41	82.93	竖井北侧吊装
3	五号拖车	35	2	37	AC300t	20	41	90.24	竖井北侧吊装
4	六号拖车	30	2	32	AC300t	20	41	78.05	竖井北侧吊装
5	七号拖车	25	2	27	AC300t	20	41	65.85	竖井北侧吊装
6	八号拖车	30	2	32	AC300t	20	41	78.05	竖井北侧吊装
7	九号拖车	29	2	31	AC300t	20	41	75.61	竖井北侧吊装
8	十号拖车	32	2	34	AC300t	20	41	82.93	竖井北侧吊装
9	十一号拖车	22	2	24	AC300t	20	41	58.54	竖井北侧吊装

3.3.1.3.4 劳动组织

为保证组装质量和组装进度，需要配备足够的技术人员和技术工人，为确保人员和设备的安全，盾构组装过程中，只安排白班进行大件设备的吊装作业，夜班只进行相关配套设备的拼装、安装作业，其人员配备总计为 70 人（不含领导小组及应急管理人员）。施工人员配置见表 3.9。

表 3.9 施工人员配置表

序号	工种		人数	职责	备注
1	吊装单位	履带吊司机	1	吊车操作	吊装单位配置
2		汽车吊司机	1	吊车操作	吊装单位配置
3		起重机械指挥	3	吊装信号指挥（其中现场协调管理）司索安装、拆卸	吊装单位配置
4		小计	5		
5		厂家服务人员	8	盾构机组装技术指导	含盾构司机

续表

序号	工种	人数	职责	备注
6	施工单位	装机总指挥	1	任务分工、现场协调	施工单位
7		装机技术负责人	1	技术组织及指导	施工单位
8		盾构技术员	4	盾构机组装技术指导（机械2个、液压1个、电气1个）	施工单位
9		机械工	8	盾构机各部件对位、组装、螺栓连接	施工单位
10		液压工	2	液压系统管路连接	施工单位
11		电焊工	6	盾构机组装焊接	施工单位
12		电工班长	1	指导组装	施工单位
13		电工	6	盾构机电气设备组装	施工单位
14		门吊司机	2	后配套拖车部件吊装	施工单位
15		门吊信号工	2	门吊指挥	施工单位
16		叉车司机	2	材料倒运	施工单位
17		普工	14	辅助组装盾构机	施工单位
18		带班队长	4	技术、施工及现场协调管理	施工单位
19		监测	2	监测吊装过程地表沉降	施工单位
20		安全员	2	安全监督	施工单位
21		小计	57		
22		总计	70		

3.3.1.3.5 材料要求

盾构机组装所用原材料（设备配件）种类、规格及质量应符合盾构机设计要求。进场时应验证产品质量证明文件，并现场抽样检验，合格后方可使用。

3.3.1.3.6 设备机具配置

（1）盾构组装所需设备清单（表3.10）。

表3.10 盾构机组装使用大型起重设备明细表

序号	名称	规格型号	单位	数量	备注
1	400吨履带吊	XGC400t	台	1	主吊
2	300吨汽车吊	AC300t	台	1	配合主吊车
3	35吨龙门吊	35/10t	台	1	小件及拖车组装

（2）组装所需工具（表3.11）。

表3.11 盾构机组装使用工具明细表

序号	名称	规格型号	单位	数量	备注
1	手拉倒链	10t	台	4	
2	手拉倒链	5t	台	4	
3	手拉倒链	3t 单链条	台	4	
4	手拉倒链	2t 单链条	台	4	
5	手拉倒链	1t 单链条	台	2	
6	手扳倒链	3t 单链条	台	2	
7	手扳倒链	2t 单链条	台	2	
8	安全带	2m	副	15	
9	机械千斤顶	50t	台	4	
10	机械千斤顶	32t	台	4	
11	机械千斤顶	10t	台	2	
12	机械千斤顶	5t	台	2	
13	液压千斤顶	50t	台	2	
14	液压千斤顶	25t	台	4	
15	分离式液压千斤顶	200t	台	1	两个油缸，一台泵站
16	气割工具	100	套	6	
17	气割工具	300	套	2	
18	烤枪		把	3	
19	气刨枪		把	2	
20	风动扳手	世达01131	把	2+1	配36～55mm 重型套筒，65mm 重型加长套筒
21	风动扳手	世达02142	把	2	配16～36mm 套筒
22	风动扳手	世达02133	把	2	配10～34mm 套筒
23	扭矩扳手	1in（25.4mm），3000N·m	把	2	
24	开口扳手	5～32mm	套	4	
25	开口扳手	36～55mm	把	各4	
26	梅花扳手	5～32mm	套	4	
27	梅花扳手	36～55mm	把	各4	
28	内六角	公制	套	4	

续表

序号	名称	规格型号	单位	数量	备注
29	内六角	12mm、14mm、17mm、19mm	把	各2	
30	内六角	英制	套	4	
31	美工刀	25mm 刀片	把	10	
32	美工刀片	25mm 刀片	张	50	
33	电工工具	标配	套	4	
34	敲击开口扳手	36~65mm	把	各1	
35	活动扳手	250mm、300mm、375mm	把	各2	
36	外卡卡簧钳	直6in、9in	把	各2	
37	内卡卡簧钳	直6in、9in	把	各2	
38	链钳	12in、15in	把	各2+2	
39	管钳	300mm、450mm、900mm	把	各2	
40	撬杠	1m	根	4	
41	撬杠	1.2m	根	4	
42	铁锤	16bl	把	2	
43	铁锤	10bl	把	1+1	
44	铁锤	5bl	把	2	
45	铜锤	5bl	把	2	
46	扁铲	300mm	把	3	
47	风枪	嘴长40mm、20mm	把	各2	
48	角磨机	100mm	台	5	
49	角磨机	125mm	台	3	
50	大力钳	圆口，10in	把	2	
51	台虎钳	8in	把	1	
52	棘轮扳手套装	世达09526	把	2	
53	管钳	10in，14in，24in	把	各2	
54	什锦锉		套	1	
55	锉刀	圆、半圆、方锉	把	各2	
56	钢锯		把	2	
57	丝锥	8~36mm，42mm	套	各1	
58	丝锥	G3/8in，G1/2in，G1in	套	各1	

续表

序号	名称	规格型号	单位	数量	备注
59	手电钻	14mm	把	2	
60	铝合金双侧人字梯	10步	具	2	
61	伸缩直梯	12m	具	2	
62	移动插座卷线盘	2.5mm^2；30m，50m	个	各2	
63	卷尺	5m	把	4	
64	直角尺	300mm	把	2	
65	钢直尺	1000mm	把	2	
66	水平尺		把	2	
67	红外测温仪		把	2	
68	强光手电		把	2	
69	角磨机	SIM-100B，SIM-125	把	各2	
70	角磨机	SIM230B	把	2	
71	撬棍		根	8	
72	全站仪		台	1	
73	风速仪		台	1	现场二号门处配备

3.3.1.4 质量控制要点

（1）起重吊装。

① 施工前组织有关人员熟悉图纸、方案以及对作业人员进行技术交底。

② 构件在吊装过程中，吊点应按规定不得随意改动。

③ 构件在吊装过程中，应把构件扶稳后，吊车才能旋转和移动。

④ 构件在吊装过程中，严禁碰撞其他构件，以免损坏盾构机。

⑤ 机械机具使用前应重新检查其机械性能，确保符合使用要求。

⑥ 各件构件的吊装方法均为双机抬吊，因此根据实际情况，采用4点起吊（每台吊车2点）。选用的4条钢丝绳长度必须一致，严禁长短不一，以免起吊后造成构件扭曲变形。钢丝绳长度应与构件的夹角为70°，大大减少了构件的压应力。

⑦ 各构件起吊后应呈水平。

⑧ 各构件移动时应小心移动，速度应缓慢，以免损坏盾构机。

⑨ 防止盾构基座结构破坏，基座必须经过专业工程师的设计验算、钢结构尺寸检查、焊点质量检查。

⑩ 盾构组装过程中的电气方面应该严格按照电气装置安装工程及验收规范执行，按照国家标准进行各部分及相关部件的安装工作。

（2）焊接质量。

① 盾尾上下块焊接时，应利用把合块进行定位，并使用螺栓进行紧固。

② 焊接时就近搭铁，并注意对油缸杆等位置进行防护，防止密封烧坏。

③ 所有的焊工都必须持有有效的焊工证，严格按照焊接工艺施焊。

④ 焊条须在预热箱中预热至350℃进行烘干。

⑤ 严禁坡口之外的母材表面引弧和实验电流，并应防止电弧擦伤母材。

⑥ 点焊焊缝至少要40～50mm长，不能使用过小面积的点焊，必须保证焊缝在正式焊接过程中不致开裂。

⑦ 若是双面焊，必须内外或者左右交替焊接。

⑧ 施焊过程中应保证起弧和收弧处的质量，收弧时应将弧坑填满。

⑨ 多层焊的层间接头应错开。在已经焊好一层的焊缝上继续焊接第二层前，必须在前一层焊缝上清除焊渣，并将焊缝打磨干净，检查焊缝有无裂缝、孔洞、熔化不足或点焊焊缝开裂等缺陷，不得在上面直接焊接。如果这类不允许的缺陷发生若干次，必须中断焊接并清除焊缝，重新施焊。

⑩ 除工艺或检查要求需分次焊接外，每条焊缝宜一次连续焊完。当因故中断焊接时，应根据工艺要求采取保温缓冷等防止产生裂纹的措施，再次焊接前应检查焊层表面，确认无裂纹后，方可按原工艺要求继续施焊。

⑪ 顶部的几层必须从下面一层材料的边上开始焊起，以使最顶部的一层焊接能够覆盖整个焊缝的中央区域。

⑫ 为减少焊接应力，焊接前对工件先预热至80℃，焊接过程应连续进行，不宜中断。焊缝焊接完毕后，在空气中自然冷却至常温，然后方可拆除定位销和螺栓。

3.3.1.5 HSE 控制要点

（1）机械。

① 严禁无证人员上岗进行机械操作。

② 机械操作人员严格按照操作规程运作机器，不得违章操作。

③ 机械操作司机对机械的各个传动部分、操作控制部分经常检查，发现异常情况必须马上报告设备部门及有关人员维修，严禁行车带病工作。

④ 在机械运作范围内严禁非机械操作人员滞留。

⑤ 机械设备在施工现场停放时，选择安全的停放地点，专人看管。

⑥ 定期组织机电设备、车辆安全大检查。

（2）起重作业。

① 吊运机械使用前对钢丝绳、卡具、倒链等进行检查验收，符合要求时才使用。

② 起重挂钩工必须掌握统一规定信号、手势的表达，做到正确、规范和清楚，作业时必须鸣哨。

③ 起重挂钩工必须在上班前严格检查吊运使用的钢丝绳、索具、卸扣，发现不符合安全使用规定的索具、卸扣立即更换。

④ 起重挂钩工必须严格执行"十不吊"并遵守"吊物下严禁站人"制度。各种起重机械起吊前，进行试吊。

⑤ 吊运散件必须用索具及箱体，吊运检查安全可靠后，方可进行吊运工作。

⑥ 起吊重物时，吊具捆扎牢固，以防滑脱。

⑦ 夜间施工有充足的照明，遇到暴雨、大风、地面下沉等情况时停止吊运。

（3）组装作业。

① 加强用电管理，所有用电施工由专职电工执行。

② 安装反力架及焊接注浆壳等高空作业必须系安全带。

③ 轨道架设必须牢固，确保台车过站时设备的安全。

④ 按操作规程要求对盾构机各个系统进行检查，严禁违章检验、违章操作。

⑤ 加强盾构机及台车组装时的消防工作。杜绝因电焊、氧气焊、电气等原因引起的火灾。盾构机组装期间对灭火器材进行检查，对失效及功能损坏的进行更换。

⑥ 每节台车两侧各设一灭火器，盾构队人员分工负责。

3.3.2 盾构分体始发

3.3.2.1 工序介绍

盾构始发：盾构机从进场组装调试开始，待洞门破除完成后通过负环管片的拼装和借助反力架的推进，穿过洞门密封进行始发掘进，直至管片与土体之间的摩擦力足以提供盾构掘进的反力，达到拆除负环管片及反力架的条件为止，此段施工为盾构始发。

盾构分体始发：在盾构机整体始发空间不足的情况下，先将主机或部分台车下到井内的始发方式。

3.3.2.2 施工工法

始发工作井施工期间同步进行盾构始发端头加固及降水井施工，分体始发首先安装盾构始发基座、洞门密封装置及反力架，为了保证泥水盾构正常掘进首先将第一节拖车吊入竖井进行始发调试，其他拖车在地面进行布置并完成调试。盾构调试完成后盾构达到始发条件，进行洞门破除，开始始发。

3.3.2.3 作业管理统一规定

3.3.2.3.1 作业准备

（1）端头加固质量检测。洞门破除前，采用水平探孔对端头土体加固情况进行检测，在确保土体稳定条件下方可进行破除洞门。若土体加固效果达不到设计要求，必须采用注浆的方式进行补充加固,可以从地面垂直钻孔或洞门内水平钻孔进行注浆加固。

(2)始发降水。针对始发前端可能存在的透水通道,始发前盾构机调试完成后对始发井进行降水作业,根据降水井平面布置图测放井位,地下水位降至设计要求水位。盾构机进入洞门密封装置后,完成洞门封堵后,对降水井进行封堵密实。

(3)洞门凿除。

洞门范围内水平探孔取芯无明显渗漏水情况开始进行洞门凿除,分区分块自上而下分层凿除,每层先凿除混凝土层,再割除外侧钢筋。洞门墙体破除1/2后,盾构始发条件验收合格后,继续破除洞门。

始发条件验收主要内容:

① 各项方案已编制并审批,并完成交底;
② 加固体强度、渗透系数测试满足设计要求;
③ 洞门、控制点已经三方复测并满足施工设计要求;
④ 反力架、始发基座结构已通过验算并固定牢固;
⑤ 盾构机及配套设备到位并通过验收;
⑥ 各项物资、材料(包括应急物资)已到位并已通过质量检测;
⑦ 地表和建筑物、管线监测点已布置并取得初始值。

(4)地面相关配套设施安装调试。盾构分体始发前完成渣土、管片等运输系统、搅拌站注浆系统、电瓶车充电系统、隧道通风系统、通信系统等的调试。

(5)始发基座安装。

始发基座在地面组装完毕后,再吊入井下进行安装。为了保证始发基座的平整性,安装基座前应对基面进行测量,必要时部分位置垫高。始发基座安装在始发井底板上,安装时依据盾构机设计姿态对始发基座进行精确定位。

隧道始发段盾构机水平进洞始发,当刀盘接近洞门时,始发基座与洞门钢环之间的空隙延伸焊接临时导轨,保证盾构机顺利进入洞门。

始发基座断面如图3.23所示。

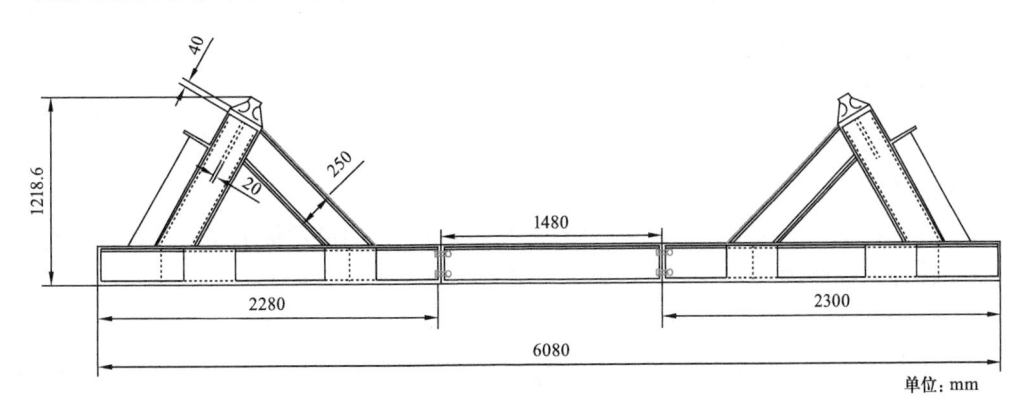

图3.23 始发基座断面图

始发基座竖井中布置如图3.25所示。

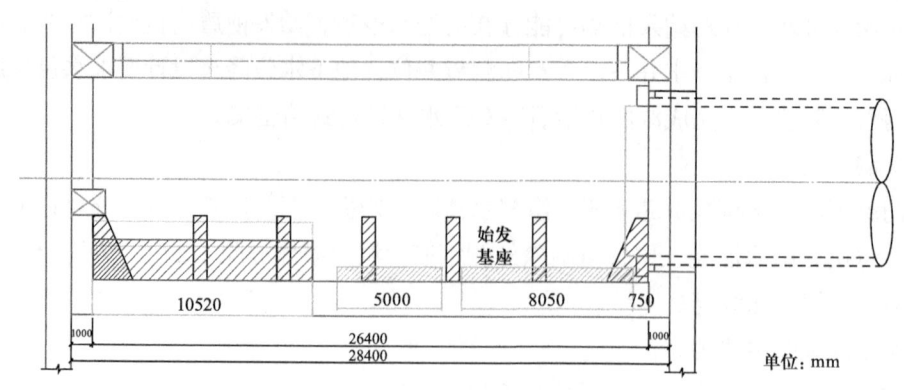

图3.24 始发基座竖井中布置图

（6）反力架安装。

根据结构设计图纸，在反力架及支撑安装前，在竖井底板施工时预埋钢板，预埋钢板与底板连接牢固。反力架支撑采用水平支撑加斜撑的加固方式，以保证支撑提供的反力满足盾构推进要求，且支撑有足够的稳定性。盾构主机与后配套连接之前，开始进行反力架的安装，盾构第一节拖车下井安装后再进行顶部横梁安装。反力架组装流程如下：

① 测量定位：校核预埋件，确定立柱安装位置中心点，做好标记。

② 反力架安装：底梁与立柱在地面进行预组装，吊装到位后，垂直度满足要求。

③ 反力架焊接：就位完成后，由两名焊工同时对两个立柱同预埋钢板进行焊接。

④ 斜撑安装：焊接时，先将四周满焊加固后，门吊逐步下钩卸力，观察反力架稳定性，如无任何倾倒迹象，则可摘除钢丝绳，开始安装斜撑。

⑤ 斜撑安装完成后，复核整个反力架的安装位置、垂直度等，符合要求即可进行焊接加固。

（7）洞门密封装置安装。洞门临时密封装置，止水箱分四节安装，分节采用螺栓连接，止水箱由加劲板1、加劲板2、圆环板1、圆环板2、封板1、双道翻板及双道帘布橡胶构成，翻板与圆环板采用销轴进行连接。在始发时，采用双道密封装置，两道密封装置间距为480mm，保证止水效果。

（8）负环管片安装。

① 在负环管片安装前，在盾尾钢刷之间涂抹盾尾油脂，油脂涂抹要均匀、密实，确保盾尾密封效果。

② 在负10环管片与反力架贴紧后应将两者间的间隙用薄钢板填实，并且钢板与反力架焊接，确保不会脱落。

③ 负环管片环、纵缝要贴传力衬垫，在进洞门的前1环（0环）开始安装三元乙丙密封垫及氯丁海绵橡胶，与洞门密封止水箱对应的管片纵缝采用氯丁海绵橡胶将环、纵缝封堵，避免环、纵缝漏浆（漏油脂）。

④ 在负环管片两侧增加辅助支撑，增加管片整体稳定，防止管片上浮及扭转变形，避免负环管片脱离盾尾后失圆过大影响拼装。

⑤ 拼装负 1 环管片（洞门处整环管片）时，在盾尾焊接钢板提供管片拼装所需反力，解决负 2 环半环管片无法提供负 1 环上半部分支撑反力问题。在管片油缸一侧焊接钢板，保证顶部拼装的管片在未成环前不下落。钢板焊接必须保证在同一平面上，以保证管片拼装时均匀受力，保证拼装质量。待管片成环拼装完成后，割除 L 形钢板，开始盾构推进。

3.3.2.3.2　工艺流程

分体始发流程如图 3.25 所示。

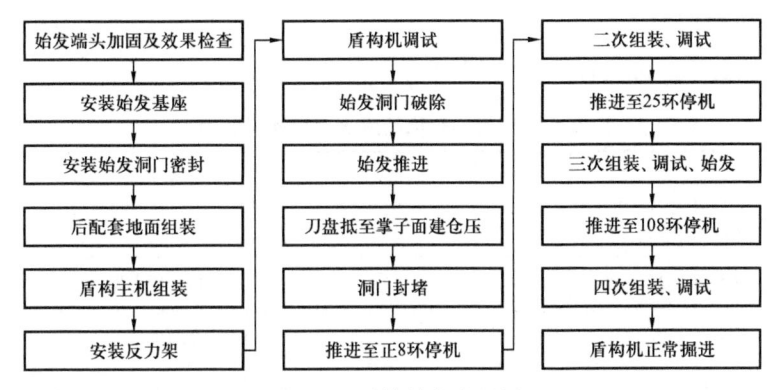

图 3.25　盾构始发流程图

泥水盾构掘进施工工序流程如图 3.26 所示。

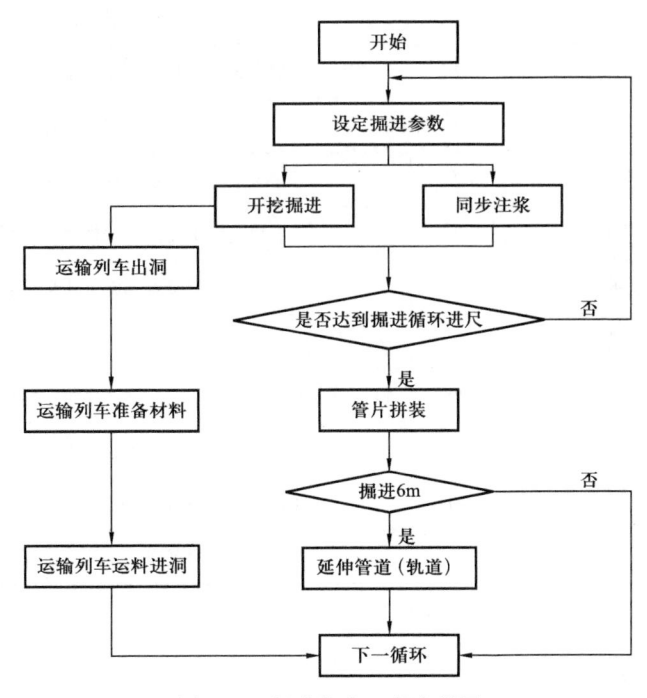

图 3.26　掘进作业工序流程图

3.3.2.3.3 施工要求

（1）始发期间加密竖井及掘进前端监测，确保地面沉降、竖井应力、隧道轴线等偏差较大，确保施工安全。

（2）加强设备、仪表监控，及时应对突发事件，定期进行设备维护保养。

（3）始发前完成盾构始发条件验收方可开始盾构始发。

（4）掘进期间产生的弃渣等废料进行环保处理。

（5）施工期间，收集数据，积累经验，为下一步正常快速的掘进施工提供参考依据和信息。

3.3.2.3.4 劳动组织

盾构分体始发人员配备详见表3.12。

表3.12 盾构分体始发人员配备统计表

序号	岗位	人数	备注
1	项目经理	1	
2	技术负责人	1	编制专项方案
3	副经理	1	组织管理现场施工
4	安全负责人	1	制定和落实安全技术方案，监督检查施工
5	施工技术负责人	1	负责现场技术工作
6	机电总工	1	负责设备供应
7	技术主管	2	负责施工质量检测及质量保证措施的实施
8	试验主管	2	负责各项试验及检测工作
9	物资部长	2	负责材料供应
10	测量主管	2	负责施工测量、放样及桩位平面复核
11	现场技术员	2	负责现场施工质量控制
12	安全员	2	负责现场安全管理
13	盾构机组人员	40	包括盾构机长、盾构司机、管片拼装、同步注浆、电瓶车司机等
14	井下辅助人员	20	轨道延伸、电工、焊工、物资运输等
15	地面辅助人员	40	门吊司机、管片贴付、叉车司机、泥浆制备
16	测量人员	3	地面沉降、隧道轴线等测量

注：具体施工人员组织安排根据现场情况调整。

3.3.2.3.5 材料要求

盾构分体始发材料配备详见表3.13。

表 3.13 主要材料计划表

序号	材料名称	规格型号	单位	备注
1	管片	1.5m	环	始发期间
2	洞门临时密封装置		套	螺栓（120-M20）折叶压板120套，帘布橡胶一套
3	管片螺栓		环	环缝连接螺栓16套/环；纵缝连接螺栓12套/环
4	三元乙丙橡胶密封垫		套	内、外侧密封垫为一套
5	丁腈软木橡胶衬垫		环	环缝2mm，纵缝1.5mm
6	水泥		t	依据进度陆续进场
7	细砂		m³	依据进度陆续进场
8	粉煤灰		t	依据进度陆续进场
9	膨润土		t	依据进度陆续进场
10	始发基座		个	盾构始发基座
11	走道板	1.5m×0.63m	套	盾构隧道人员通行
12	钢轨	43kg/m	m	盾构隧道物资运输
13	电缆	120mm²	m	盾构隧道动力线缆
14	轨枕		根	盾构隧道物资运输
15	反力架		套	盾构始发用，提供反力
16	通风管	ϕ2000mm	m	隧道通风
17	道岔	单开	个	轨道变线
18	水管	ϕ200mm	m	盾构隧道进出水

3.3.2.3.6 设备机具配置

盾构分体始发设备配备详见表3.14和表3.15。

表 3.14 盾构分体始发主要机械、设备配备统计表

序号	机械名称	规格	数量
1	盾构机	中铁996	1
2	进浆泵站	500kW、630kW	5
3	排浆泵站	630kW、800kW	9
4	冷却塔	150m³/h	1
5	管片修补台架	6m高	2

续表

序号	机械名称	规格	数量
6	锂电池机车	35t	9
7	管片车	20t	14
8	砂浆车	12m³	7
9	储浆罐	20m³	1
10	砂浆拌合站	HZS75	1
11	人车	18	2
12	发电机	800kW	1
13	气体检测仪	XAM7000	3
14	管道增压泵	75kW	2
15	管道增压泵	15kW	7
16	泥浆分离系统	2000m³/h	1
17	离心机	CS30-4T	3
18	空压机	20m³	1
19	抽砂泵	NSQ100-18-1	1
20	调制浆系统	套	1
21	皮带输送机	B1000×35m	1
22	渣浆泵	100LZ-A-490×72	5
23	装载机	FL956H	2
24	长杆泥浆泵	15kW-150-9	6
25	门式起重机	MG35/15	1
26	挖机	SK200	1
27	叉车	3t	1
28	叉车	16t	1
29	通风机	2×150kW	1
30	电梯	TKJ1000/1.6-JX	2
31	履带吊	400t	1
32	汽车吊	300t	1

续表

序号	机械名称	规格	数量
33	桥式起重机	LD10-19	2
34	制冷设备		2
35	管片模具	7.6m×6.8m×1.5m	6
36	自动焊管机		1
37	冷弯机		4
38	直流电焊机	ZX7-500J	20
39	二保焊机	KRII350	6
40	等离子切割机	11kW	1
41	充电桩	150kW	5
42	超声波检测仪		1
43	盾构机	中铁996	1
44	进浆泵站	500kW、630kW	5
45	排浆泵站	630kW、800kW	9
46	冷却塔	150m³/h	1

表3.15 盾构分体始发主要实验、监测、测量仪器配备统计表

序号	机械名称	规格	数量
1	水准仪	DS3	6
2	经纬仪	DJ2	3
3	钢卷尺	7.5m	8
4	钢卷尺	30m	4
5	游标卡尺	0~150mm	1
6	泥浆三件套	ANY-1	1
7	砂浆稠度仪	SC-145	1

3.3.2.4 质量控制要点

（1）端头加固。

① 采用三轴搅拌桩进行始发端头加固，加固要严格控制加固深度，保证加固深度距隧道顶、底边缘外3m。

② 三轴搅拌桩施工过程要严格控制桩体垂直度，保证桩与桩之间的有效搭接长度，防止桩体间存在缝隙。

③ 施工前核查施工范围内的管线情况，并在施工前采取相应措施。

④ 始发端头加固施工严格控制施工参数，对加固过程中的水灰比、下降速度及提升速度等数据进行记录。

⑤ 三轴搅拌桩：检测桩数应≥总桩数的2%。端头加固完成后通过对所取芯样的检测，判断所加固土体质量，检查标准及方法见表3.16。

表3.16 加固土体质量检查表

序号	检查项目	标准	检查方法
1	加固土体强度	≥1.0MPa	在洞内加固范围内，钻孔取芯检查
2	加固体渗透性	$k \leq 1 \times 10^{-7}$cm/s	利用取芯钻孔进行渗水量检测

（2）始发降水。

① 针对始发前端可能存在的透水通道，始发前盾构机调试完成后对始发井进行降水作业，地下水位降至设计要求水位，一般降至隧道底部以下1m。

② 降水过程中必须进行降水情况记录，详细填写"降水井井点降水记录表"。

（3）洞门凿除。

① 在洞门凿除钢筋混凝土前，在洞门范围内钻探孔观察始发端头止水效果，探孔布置及孔深可根据现场实际情况进行调整，当探孔出水量的总和<1m³/d，孔洞内无泥砂流出等异常现象发生时，在确保土体稳定条件下方可进行破除洞门。

② 若土体加固效果达不到设计要求，必须采用注浆的方式进行补充加固，可以从地面垂直钻孔或洞门内水平钻孔进行注浆加固。

③ 洞门墙体破除1/2后，盾构始发条件验收合格后，方可继续破除。

始发条件验收主要内容：

a. 各项方案已编制并审批，并完成交底；

b. 加固体强度、渗透系数测试满足设计要求；

c. 洞门、控制点已经三方复测并满足施工设计要求；

d. 反力架、始发基座结构已通过验算并固定牢固；

e. 盾构机及配套设备到位并通过验收；

f. 各项物资、材料（包括应急物资）已到位并已通过质量检测；

g. 地表和建筑物/管线监测点已布置并取得初始值。

④ 在洞门破除后，应及时始发掘进，防止洞门壁后土体暴露时间过长，引起土体不稳定坍塌。

⑤ 在凿除洞门的过程中，尽可能减小振动，避免沿着连续墙出现涌泥砂现象，且所

有的混凝土块、钢筋以及工字形钢接头都必须取出，防止混凝土块、钢筋以及工字形钢接头与刀具缠绕损坏刀具。

⑥ 洞门凿除前，在洞门止水装置上部搭设模板平台，防止混凝土块掉落损伤帘布橡胶。

（4）始发基座安装。

① 始发前基座定位时，盾构机轴线与隧道设计轴线基本保持平行，盾构中线可比设计轴线适当抬高。

② 盾体组装时，在始发基座的轨道上涂抹润滑油以减小盾构机始发推进时的阻力。

③ 始发掘进时，基座两侧加方木或钢楔块固定负环管片。

④ 盾构需以一定的坡度始发，以克服盾构机自重可能产生的"磕头"现象，机头侧托架标高需高于设计标高 20~30mm，盾构机托架安装时应根据盾构机计划姿态进行设置，垂直于洞门方向进行摆放，托架由型钢加工而成，现场拼装。

⑤ 盾构机水平进洞始发过程中，当刀盘接近洞门时，始发基座与洞门钢环之间的空隙必须延伸焊接临时导轨，保证盾构机顺利进入洞门。

（5）反力架安装。

① 反力架安装前，复核预埋件位置，确定反力架立柱位置中心点，安装过程中保证反力架垂直度及稳定性。

② 安装反力架时，反力架左右偏差控制在 ±10mm 之内，高程偏差控制在 ±5mm 之内，上下偏差控制在 ±10mm 之内。始发基座水平轴线的垂直方向与反力架的夹角＜±2‰，盾构姿态与设计轴线竖直趋势偏差＜2‰，水平趋势偏差＜±2‰。

③ 反力架安装完成后，复核整个反力架的安装位置、垂直度等，符合要求即可进行焊接加固。

（6）双道密封装置。为保证盾构进入加固体尽快建压，防止外界泥砂涌入主体结构，在始发时，采用双道密封装置，间距为 480mm，当盾构刀盘进入第二道密封装置后，通过注脂孔，向两道密封装置间的空腔注满油脂，保证密封装置的密闭性，提高止水效果。

（7）负环管片安装。

① 在进行始发台、反力架和首环负环管片的定位时，要严格控制始发、反力架和负环的安装精度，确保盾构始发姿态与设计线路基本重合。

② 负 10 环管片定位时，管片的后端面应与线路中线垂直。负环管片轴线与线路的切线重合。

③ 在负环管片安装前，在盾尾钢刷之间涂抹盾尾油脂，油脂涂抹要均匀、密实，确保盾尾密封效果。

④ 在负 10 环管片与反力架贴紧后应将两者间的间隙用薄钢板填实，并且钢板与反力

架焊接，确保不会脱落，保证反力传递面积。

⑤ 负环管片环、纵缝要贴传力衬垫，在进洞门的前1环（0环）开始安装三元乙丙密封垫及氯丁海绵橡胶，与洞门密封止水箱对应的管片纵缝采用氯丁海绵橡胶将环、纵缝封堵，避免环、纵缝漏浆（漏油脂）。

⑥ 在负环管片两侧增加辅助支撑，增加管片整体稳定，防止管片上浮及扭转变形，避免负环管片脱离盾尾后失圆过大影响拼装。

⑦ 拼装负1环管片（洞门处整环管片）时，在盾尾焊接钢板提供管片拼装所需反力，解决负2环半环管片无法提供负1环上半部分支撑反力问题。在管片油缸一侧焊接钢板，保证顶部拼装的管片在未成环前不下落。钢板焊接必须保证在同一平面上，以保证管片拼装时均匀受力，保证拼装质量。待管片成环拼装完成后，割除L形钢板，开始盾构推进。

⑧ 负环管片拼装及拆除过程中，应轻拿轻放，采取保护措施，避免磕碰。拆除完成后组织相关参建单位进行质量评估，满足要求后进行重复利用。

（8）盾构机始发掘进。

① 盾构机空推前，在前盾和中盾处应各设置两处防扭块，防止前移过程中发生盾体扭转。

② 盾构机刀盘位于导轨上，空推过程中，禁止转动刀盘，防止刀具刮到导轨，导致导轨倾覆，盾构姿态发生变化。

③ 盾构推进过程中，安排专人盯控导轨状态，发现异常及时停止推进，采取加固导轨措施。

④ 导轨安装完成后在导轨表面涂刷润滑剂，减小阻力，防止导轨阻力过大，导轨发生位移。

⑤ 洞门封堵由专职质检员进行全过程监督，同时安排专人对洞口封堵做跟踪检查，确保洞口封堵完好。

⑥ 盾构拼装完成后，进行系统和整机调试并经监理工程师验收，认可后方可掘进施工。

⑦ 盾构始发期间，每环掘进完成后全站仪重新后视，调整全站仪及盾构VMT激光靶等数据。

⑧ 在负环管片拼装前，在盾尾底部焊接钢管，钢管错开推进油缸顶推范围，为保证管片圆度，留出足够的盾尾间隙，同时保护下部盾尾密封刷不会被负环管片挤压变形失效，防止盾尾间隙过大或过小，导致管片失圆产生管片失稳。

⑨ 管片安装完成，推至反力架，管片与始发基座之间采用钢楔子进行加固，管片外采用辅助支撑进行加固。

⑩ 现场密封垫的安装必须制定专项的作业指导书，在施工过程中必须严格执行。

⑪ 在管片拼装前检查密封材料，若存在弹性密封垫损坏或遇水膨胀橡胶止水条预膨

胀现象，必须重新更换弹性密封垫。

⑫ 管片拼装时严格紧固环纵向螺栓。

⑬ 每环拼装完成后进行轴线测量，及时纠偏，减小隧道轴线的偏差和纠偏力度（一次纠偏不超过 4mm/m），避免因盾构推进产生过大的横向分力而导致管片破损和错台。

⑭ 在盾构掘进中根据不同土质和覆土厚度，结合监测信息，合理调整注浆质量，并按推力、推进速度和进排泥量的相互关系，合理控制掘进速度。

⑮ 要求施工单位制定详细的注浆施工设计和工艺流程及注浆质量控制程序，严格按要求实施注浆、检查、记录，分析注浆速度与掘进速度的关系，评价注浆效果，反馈指导后续注浆。

⑯ 盾构机分体始发须经多次停机，停机前采用高黏度泥浆置换刀盘仓普通泥浆，在掌子面形成泥膜，防止掌子面发生坍塌等风险。

3.3.2.5 HSE 检查控制要点

（1）严格审查端头加固质量，包括加固体长度、加固深度以及抽芯检测情况，若不满足设计要求，则重新进行端头加固，检测合格后可开始盾构始发。

（2）严格控制始发基座、反力架和负环的安装精度，确保盾构始发姿态与设计线路在误差允许范围内。

（3）整机进洞前，应重点关注盾构机推力、扭矩变化，确保掘进总推力控制在反力架承受能力以内，同时确保在此推力下刀具切入地层所产生的扭矩＜始发台提供的反扭矩。

（4）加强施工过程的监测控制，及时分析测量结果，发现异常及时组织施工单位处理。

（5）根据地层条件，组织施工单位预先选取合适的盾构停机位置，对盾构停机位置加强监测。

（6）盾构机在拼装完成后，加强调试工作检查，如刀盘转速、推进油缸推进速度、拼装机的工作情况，以及同步注浆等系统的调试。

（7）盾构始发设备、物资吊运较多，现场应落实吊运的设备、确定吊运吨位的匹配性，组织施工单位制定相应的安全技术措施和操作规程，并对施工人员进行安全技术交底。

（8）检查电瓶车运行情况，包括电瓶车司机资质、安全操作规程执行情况、运行情况记录、警戒鸣笛情况、电瓶车物资装运防护措施落实情况等。

（9）检查现场临时用电情况，重点检查事项如下：

① 每班至少配备一个电工负责本班的配电作业，持证上岗，其他无证人员不得进行配电作业；

② 开关箱应由末级分配电箱配电。开关箱内应一机一闸一保护，每台机具设备应有自己的开关箱；

③ 检查施工单位是否定期组织进行现场用电线路检查，及时完成问题整改。

（10）严格设备管理，不定期抽查施工单位设备维护保养记录及设备安全运行情况，确保设备各种保险、限位、制动、防护等安全装置齐全可靠。

（11）检查现场作业人员是否按照规定要求正确佩戴劳保用品。

（12）检查现场消防用品配备情况，如物资品类、数量、安全使用期限、放置位置，确保消防物资应急需求。

（13）严格检查物资库房管理，针对现场适用密封油脂、气瓶及其他危险品仓储情况进行定期专项检查。

（14）严格落实管片进场检查制度，确保进场管片质量，同时加强管片止水条贴付等作业检查，确保管片自身的防水性。

3.3.3 盾构掘进姿态及方向管理

3.3.3.1 工序介绍

由于地层土质、隧道曲线和坡度变化以及操作等因素的影响，盾构推进不可能完全按照设计的隧道轴线前进，而会产生一定的偏差。当这种偏差超过一定界限时就会使隧道衬砌侵限、盾尾间隙变小使管片局部受力恶化，并造成地层损失增大而使地表沉降加大，因此盾构施工中必须采取有效技术措施控制掘进姿态及方向，及时有效纠正掘进偏差。

3.3.3.2 施工工艺

（1）采用自动导向系统和人工测量辅助进行盾构姿态监测。

泥水盾构配备了 VMT 导向系统。系统由导向、自动定位、掘进程序软件和显示器等组成，能够全天候在盾构主控室动态显示盾构机当前位置与隧道设计轴线的偏差以及趋势。据此调整控制盾构掘进方向，使其始终保持在允许的偏差范围内。VMT 导向系统的组成示意图如图 3.27 所示。

随着盾构推进，导向系统后视基准点需要前移，必须通过人工测量来进行精确定位，为保证推进方向的准确可靠性，需定期进行人工测量，一般为每周两次，以校核自动导向系统的测量数据并复核盾构的位置、姿态，确保盾构掘进方向的正确。

（2）采用分区操作盾构推进油缸控制盾构掘进方向。

根据线路条件所做的分段轴线拟合控制计划、导向系统反映的盾构姿态信息，结合隧道地层情况，通过分区操作盾构的推进油缸来控制掘进方向。

在上坡段掘进时，适当加大盾构下部油缸的推力；在下坡段掘进时，适当加大上部油缸的推力；在左转弯曲线段掘进时，适当加大右侧油缸推力；在右转弯曲线掘进时，适当加大左侧油缸的推力；在直线平坡段掘进时，应尽量使所有油缸的推力保持一致。

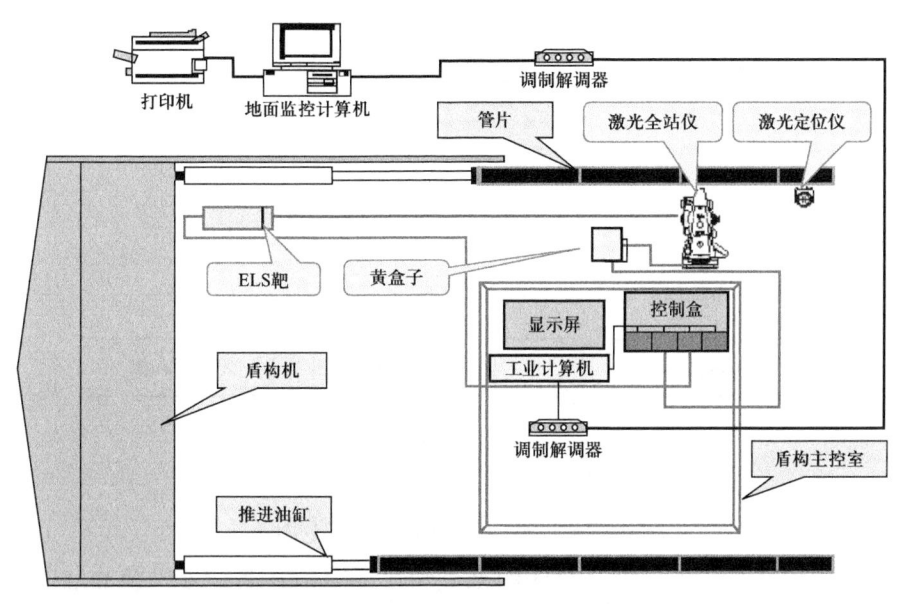

图 3.27　隧道自动导向系统示意图

（3）通过管片选型控制盾构掘进方向。明确管片拼装点位应在准确测量盾尾间隙和油缸伸长量，并兼顾盾构调向的前提下确定。具体做法是在保证不出现管片通缝的条件下，将楔形量较大的管片尽量拼装在盾尾间隙较大、油缸伸长量较小及曲线的外侧，起到调整盾构间隙、辅助盾构调向、保证盾构掘进顺畅的目的。

3.3.3.3　作业管理统一规定

3.3.3.3.1　作业准备

接收并核实隧道路线的基准点（三角点、水准点）及隧道路线的中心点、主要控制点（曲线的始点、终点、交点）等基本测量桩。

对接收的各基准点、路线中心点及主要控制点作核校测量。

做好测量的各种准备，在盾构推进过程中必须时刻监测盾构所处位置（三维坐标）、姿态（倾角），并与计划路线时刻对比，出现偏差立刻纠正。

3.3.3.3.2　工艺流程

在实际施工中，由于地质突变等原因，盾构推进方向可能会偏离设计轴线并达到管理警戒值；在稳定地层中掘进，因地层提供的滚动阻力小，可能会产生盾体滚动偏差；在线路变坡段或急弯段掘进，有可能产生较大的偏差。因此应及时调整盾构姿态，纠正偏差。盾构姿态控制工艺流程如图 3.28 所示。

（1）姿态调整。

参照上述控制掘进方向的方法分区操作推进油缸来调整盾构姿态，纠正偏差，将盾构的方向控制调整到符合要求的范围内，同时通过管片选型及调整注浆压力的施工措施进行辅助调整，保证盾构姿态控制在允许范围内。

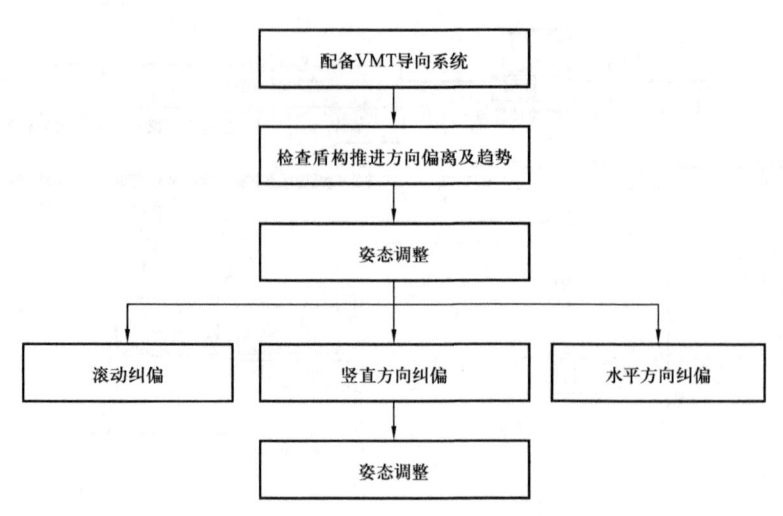

```
        ┌─────────────────┐
        │ 配备VMT导向系统  │
        └────────┬────────┘
                 ↓
      ┌───────────────────────┐
      │ 检查盾构推进方向偏离及趋势 │
      └──────────┬────────────┘
                 ↓
           ┌──────────┐
           │ 姿态调整  │
           └─────┬────┘
        ┌────────┼────────┐
        ↓        ↓        ↓
    ┌───────┐┌─────────┐┌─────────┐
    │滚动纠偏││竖直方向纠偏││水平方向纠偏│
    └───┬───┘└────┬────┘└────┬────┘
        └─────────┼──────────┘
                  ↓
            ┌──────────┐
            │ 姿态调整  │
            └──────────┘
```

图 3.28　盾构姿态控制工艺流程图

通过调整推进油缸的几个分组区的推进油压的差值，并结合绞接油缸的调整，使盾构机形成向着轴线方向的趋势，使盾构机 3 个关键节（切口、绞接、盾尾）尽量保持在轴线附近。以隧道轴线为目标，根据自动测量系统显示的轴线偏差和偏差趋势把偏差控制在设计范围内，同时在掘进过程中进行盾构姿态调整，确保管片不破损及错台量较小。

（2）滚动纠偏。

当滚动超限时，盾构会自动报警，此时应采用盾构刀盘反转的方法纠正滚动偏差。允许滚动偏差≤1.5°，当超过 1.5°时，盾构报警，提示操纵者必须切换刀盘旋转方向，进行反转纠偏。

管片拼装完成后，通过将油缸依次卸力的方式减小滚动偏差。在管片拼装过程中，优先拼装管片旋转一侧的管片，通过管片自重产生的逆向阻力，抑制滚动角增大。同时通过对管片进行标识，测量每环掘进完成后的纠偏值，找出滚动纠偏规律，尽快完成滚动纠偏。

滚动纠偏可从以下几方面入手：

① 改变刀盘旋转方向；

② 改变管片拼装左右交叉先后顺序；

③ 调整两腰推进油缸轴线，使其与盾构机轴线不平行；

④ 当旋转量较大时，可在切口环和支撑环内单边加压重。

（3）竖直方向纠偏。

控制盾构方向的主要因素是千斤顶的单侧推力，当盾构出现下俯时，可加大下侧千斤顶的推力；当盾构出现上仰时，可适当加大上侧千斤顶的推力来进行纠偏。

通过管片拼装调整千斤顶油缸行程差，辅助进行竖直方向纠偏，即将管片楔形量大的位置放在油缸伸长量较大的位置。

（4）水平方向纠偏。

与竖直方向纠偏的原理一样，左偏时应加大左侧千斤顶的推进压力，右偏时则应加大右侧千斤顶的推进压力。

通过管片拼装调整千斤顶油缸行程差，辅助进行水平方向纠偏，即将管片楔形量大的位置放在油缸伸长量较长的位置。

实践发现，如果水平纠偏，最好先把垂直姿态稳住，再水平纠偏，也就是说要一个方向纠偏完成，再对另一个方向进行纠偏。而实际的情况多是水平、垂直同时出现的，同时进行纠偏效果不是很好，有时候会出现推进压差不够的情况。另外最容易出现的问题就是脱顶，如果一侧脱顶严重的话，将有可能把管片拉开，这对防水盒下一环的拼装都会产生不利的影响。

3.3.3.3.3 施工要求

（1）控制盾体趋势。盾构在掘进过程中，要想控制盾体趋势，可以从两个方面入手。一是监测盾构姿态。采用自动导向测量系统（VMT），具有自动引导和定位、掘进控制、参数显示等功能，可以掌握盾构位置和设计轴线之间的偏差，以及未来偏差的发展趋势。该系统的应用，可以用来调整盾构的前进方向，将运行偏差控制在允许范围内。随着施工前进，该系统的后视基准点不断移动，要求定期进行人工测量，用来校核系统测量数据的准确性，复核盾构的位置和姿态。二是预测盾构的掘进趋势。通过分析每环渣样，准确判断地层变化，从而及时调整掘进参数。

（2）控制俯仰角值。掘进坡度和盾构机俯仰角之间具有密切关联，例如设计坡度为36.78‰，俯仰角 α 一般设置为 2.1°。而在实际施工中，还要考虑到盾构自重因素，为了避免盾构栽头，会适当增加俯仰角，以保证顺利掘进。此外，现场环境不断变化，盾构的掘进姿态容易改变，需要及时纠偏。

（3）控制掘进方向。对盾构的掘进方向进行控制，主要依靠设定的控制程序，并结合现场环境，如果盾构处于上坡段，则增大下部油缸的推力；如果处于下坡段，则增大上部油缸的推力；如果位于左转曲线段，则增大右侧油缸的推力；如果位于右转曲线段，则增大左侧油缸的推力。若位于均匀土质中，则保证各个油缸的推力大小一致。

（4）方向控制及纠偏注意事项。在切换刀盘转动方向时，应保留适当的时间间隔，推进油缸油压的调整不宜过快、过大，切换速度过快可能造成管片受力状态突变，而使管片损坏。

根据掌子面地层情况应及时调整掘进参数，调整掘进方向时应设置警戒值与限制值。达到警戒值时就应该实行纠偏程序。

蛇行的修正应以长距离慢慢修正为原则，如修正得过急，蛇行反而更加明显。在直线推进的情况下，应选取盾构当前所在位置点与设计线上远方的一点作一直线，然后再以这条线为新的基准进行线形管理。在曲线推进的情况下，应使用使盾构当前所在位置点与远方点的连线同设计曲线相切。

正确进行管片选型，确保拼装质量与精度，以使管片端面尽可能与计划的掘进方向垂直。

严格控制纠偏力度，防止盾构发生卡壳现象。

盾构始发到达时方向控制极其重要，应按照始发、到达掘进的有关技术要求，做好测量定位工作。

3.3.3.3.4 劳动组织

抽调专人成立监控量测组，在施工单位项目经理的领导下开展监测工作，监测组由具有丰富施工经验、监测经验、数据分析能力的技术人员担任监测组负责人。建立以监测组负责人为组长的领导小组，下设监测组技术负责人、监测组现场负责人、监测小组长等，现场作业组由专人负责具体实施管理。监控量测组人员配备见表3.17。

表3.17 监控量测组人员配备表

序号	岗位	技术职称	资质	专业
1	监测负责人	工程师	测量员	工程测量相关
2	监测技术负责人	工程师	测量员	工程测量相关
3	监测现场负责人	测量员	测量员	工程测量相关
4	测量员	测量员	测量员	工程测量相关
5	主控室负责人	工程师		
6	主控室操作员			

3.3.3.3.5 机具设备配置

为保证监测数据充分有效，根据所监测工程的特殊要求，准备必要的仪器和设备，保证满足各监测项目精度要求和现场监测工作需要。一般规定每个隧道施工区间段配备。机具设备配置见表3.18。

表3.18 机具设备配置表

类型	单位	数量	备注
J2级经纬仪	台	2	
S3水准仪	台	3	
全站仪	台	1	

3.3.3.4 质量控制要点

（1）在掘进中，及时掌握盾构的方向和位置，严格对盾构进行姿态控制，保证隧道轴线同设计轴线的偏差量＜规定的要求。

（2）盾构掘进中，测量在每环拼装后进行，做到勤测勤纠，避免误差积累，对轴线一次纠偏量≤4mm/m。

（3）在盾构施工中由于受曲线的影响，需要选择合适的管片，来调整盾构姿态，以保证盾构沿着设计线路中线方向推进。

（4）定期人工测量盾构姿态，发现问题及时纠正。

（5）隧道衬砌每环都要测量盾尾间隙，及时纠偏，以保证隧道轴线的准确性。

3.3.3.3.5　HSE检查控制要点

（1）在盾构机掘进过程中应设安全巡视员，负责盾构姿态控制和方向管理的安全管理，严格按照规范对盾构掘进姿态和方向进行控制，确保掘进安全施工。

（2）在控制盾构掘进方向的过程中，当采用注浆方式时应严格观察浆液的流向，如可能污染环境时，应采取必要的工程措施。

（3）严格审查盾构掘进液压缸和绞接液压机的行程差，及时进行调整，确保盾构掘进姿态在可控范围内。

（4）盾构机贯通后，应及时拉紧帘幕橡胶板钢丝绳，使帘幕橡胶板包紧盾构机前体，确保洞门密封，防止洞口处涌水涌砂，同时防止同步注浆砂浆流失对环境造成污染。

（5）对于盾构机掘进姿态控制，通过分析盾构机运行数据的特点，采用基于深度学习的混合模型，实现盾构机掘进过程中后续姿态变化的智能预测。根据姿态预测数据，辅助盾构司机预先调整控制参数，从而有效避免盾构失准问题的发生。

（6）隧道施工中可能会穿越多种地层，每一种土层的土质特性和物理参数指标都不尽相同，不同土层的地质参数必然会影响盾构姿态的变化，应针对特定地质条件和作业条件下可能遇到的风险，在施工前应该仔细研究并切实采取防止意外的技术措施，预先制定应急救援预案和落实发生紧急情况时的对策和措施，准备好应急备用设备。

3.3.4　泥水处理及渣土弃运

3.3.4.1　工序介绍

针对盾构隧道掘进产生的弃渣，可通过特殊的工艺流程，使得一部分泥浆通过振动筛筛分进入"迷宫式"沉淀池进行重新制浆，能够循环利用，剩余渣土采用"不落地"方式进行外运，并回填矿坑，最终形成耕地，使整个泥浆处理过程绿色环保，提升经济效益。

3.3.4.2　作业管理统一规定

3.3.4.2.1　施工工艺

（1）泥水处理系统。

泥浆处理工艺流程如图3.29所示。

```
排浆泵
  ↓
筛分处理
  ↓
离心机 ← 循环池
  ↓      ↓
沉淀池  调整池
         ↓
        进浆泵
```

图3.29 泥浆处理工艺流程

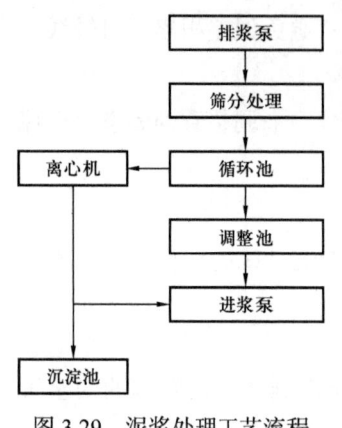

结合盾构机进排浆流量的要求，为满足流量与固体去除能力要求，同时减少对现有设备的改动，最大程度节约改造成本，通过对分离设备进行部分修复及小范围改动，以满足项目要求。

根据盾构穿越地层分析，泥水分离系统一级配置DN250旋流器组，分离粒度d50为74μm～2mm；二级配置DN100旋流器组，分离粒度d50为20μm～74μm，可有效分离固相颗粒，进行脱水筛分处理。

由于颗粒极细，一级配置DN250旋流器组，分离粒度d50为74μm；二级配置DN100旋流器组，分离粒度20μm，可将部分粉质黏土细颗粒旋流出来，二级旋流底流直接外排。

（2）制浆系统。

为确保盾构掘进时泥浆的携渣功能及掌子面的稳定，泥浆需要达到一定的物理性能，制浆设备负责制备好新浆，以备在需要时调配使用。

在盾构机正常掘进阶段时，由于地层差异性较大，盾构机在不同地层掘进时，回井泥浆指标会有所不同，制浆设备的制浆能力能满足盾构机在不同地层段的补浆需求。

① 制浆原理。膨润土制浆采用剪切泵和搅拌器联合的制浆方式，使膨润土得到快速充分的水化，使浆液达到最好的性能指标。

② 设备特点。经过事实证明，剪切泵加文丘里喷嘴组合能为高分子聚合物或黏土的迅速水合提供高度的剪切，使聚合物用量减少15%以上，膨润土用量减少30%以上，并且改善了泥饼质量及孔底损失，降低了浆液剪切比速率，提高了凝胶强度。该系统具有制浆速度快、浆液搅拌均匀等特点。每个循环的泥浆制备好后，输送到储浆罐里面，以供备用。剪切泵既可以泥浆制备时用，也可以用作制备好之后的泥浆输送。

③ 制浆工艺流程。在开始制浆前确认剪切泵吸口阀、泵出口阀、混合漏斗入料阀打开，输浆阀、放浆阀关闭。开启供水管路水阀，启动清水泵，向制浆池中加水。加水约5min后开启剪切泵及搅拌器，同时人工向混合漏斗投放定量膨润土（膨润土加入量由制浆要求的密度决定，事先计算好）。继续加水，当水加至制浆系统设定液位面时，关闭供水管路水阀，清水泵，停止加水。通过混合漏斗、剪切泵及搅拌器组成的剪切及水合作用系统，实现快速制浆。制浆完成后，关闭搅拌器，关闭泵出口阀，开启输浆阀，通过输浆支路输浆，输浆完毕关闭剪切泵。本周期结束，进入下一循环。

（3）调浆系统。

① 盾构机始发阶段。在盾构机掘进前，预先通过制浆系统将配好的泥浆泵送到回浆池，静置15～20h，经过充分钠化处理。由移动式搅拌器充分搅拌均匀后用P1泵送入井下，由于初期需要的新制泥浆量很大，所以需要在储浆池和调浆池全部盛满泥浆后开始往

井下泵送，如果一次制备的泥浆量不够，可以使系统暂时停止，重新配制新泥浆后继续进行泵送，直到泥浆能够充满盾构掌子面、所有管路及ZX-2000泥水分离设备等整个循环各环节为止。此时泥浆即可实现正常的循环。

② 盾构机正常掘进阶段。盾构机在砾石层、粉细砂层正常掘进时，排出的污浆经过泥水分离设备一级处理，净化后的泥浆输出。如果泥水分离设备对泥浆的处理效果能完全满足盾构机的使用要求，则泥浆直接进入沉淀池。

当盾构机在粉土、黏土层掘进时，二级系统不足以将泥浆密度降至合理范围内，部分泥浆进入沉淀池，通过沉淀使泥浆中的细微颗粒沉淀后再进入调浆池。另外，在盾构机重新进入其他地层掘进时，沉淀里的泥浆还可以作为好的泥浆重新进入调浆池进行调配。

③ 盾构机停止掘进阶段。在泥水分离设备运行过程中，如果设备有故障出现，可以通过阀门切换，将进入泥水分离设备的污浆部分或全部短接进入沉淀池，此时进入沉淀池的泥浆完全靠沉降法分离。

整个系统根据不同的地质情况及泥浆处理系统处理后的泥浆指标，可以进行灵活的分配、循环和调整，并根据需要进行其他的操作。

由于地质情况的差别，盾构机推进时对泥浆的要求区别比较大，所以要根据实际情况由泥浆工程师对泥浆进行分析后再进行调整。

本系统设置有以下管路，供运行时根据实际需要选择相应的管路进行泥浆调整作业：

a. 清水管路：可以将清水泵送到制浆池和回浆池；可以为泥浆密度调整提供清水供应。

b. 剪切泵管路：在制浆过程中将膨化池加入清水之后直接向剪切泵管路加料斗中加入制浆剂，用以制备新浆。

c. 浓缩泵管路：将回浆池泥浆泵入离心机进行离心处理，处理后泥浆进行回用。

实际使用中可以在回浆池里对泥浆进行快速调整，以应对紧急情况。

（4）离心处理系统。

离心机主要用途在于当地层中极细颗粒较多，分离设备无法分离导致浆液密度超标的情况。浆液主要来源为沉淀池。其工作原理是将处理的悬浮液置于增加的"离心力"作用场下，这样就增加了悬浮液体中固相物料的沉降速度。转鼓产生高离心力，在转鼓内形成一个清液池。游离液体和较细固体流向离心机较大的一端，液相物料通过溢流堰排出。较大的固相物料则沉降在转鼓壁上，形成一层泥饼层，由螺旋推出。

3.3.4.2.2 工艺流程

（1）环保型泥水处理总体思路如下。

① 选择环保型泥浆材料和高品质泥浆配比，使泥浆分离后的渣土零污染。

② 摒弃传统的废浆处理概念，采用全机械化处理理念，使泥浆全循环利用，达到零

③ 在原有泥水分离系统的设备配置基础上引进离心机，增加泥水处理的过程与环节，在保证盾构高速掘进的基础上，使泥浆多级处理的搭配更合理。

④ 改进原有的泥浆池设计理念，合理设置泥浆池的分类布局，采用一用一备的新模式，在不中断盾构快速掘进的基础上，更有效地进行泥浆处理。

⑤ 使离心机处理作为一道独立的、必要的泥浆处理工序，能够全天候24h不停地作业，使离心机不再是可有可无的备用辅助设备。

（2）泥浆处理工艺流程及技术要求。

① 泥水平衡建立。

泥水盾构施工前，配制一定密度、黏度，足够量的泥水供盾构循环使用。在盾构始发前，在泥浆槽里要制备施工所需的浆液。

盾构在始发洞口时建立泥水平衡，要求洞门有较好止水条件，即防止建立泥水平衡时大量泥水涌入井内，保证泥水仓的水压平衡与稳定，要求洞门临时密封装置的密封效果好。洞门临时密封装置由于受到不均等的洞口建筑空隙的影响，能承受泥水压力较低，在不影响泥水系统正常输送平衡条件下，将泥水仓压力控制在不超过盾构机中部高度的水压，随着推进距离增长，洞门段进行同步注浆和补充注浆后，逐步增加泥水压力，达到正常的泥水平衡控制。

根据隧道长度，设置有5台500kW进浆泵，其中地面上设置1台，隧道内设置4台；配备10台630kW排浆泵，其中盾构拖车上设置1台，隧道内设置9台，可满足隧道施工使用需求。

泥浆循环系统环流控制面板预留主进排泥浆泵电气接口6进（包括P1.1泵）11排（包括P2.1泵）。

② 泥水输送。

泥水管路：盾构进浆管道选用ϕ400mm的钢管，排浆管道选用ϕ350mm的钢管。

泥浆循环模式：根据泥水盾构掘进需要，泥水循环工作模式主要分为旁通模式、掘进模式、逆冲洗模式、停机保压模式、维修保压模式和管路延伸模式等。

③ 泥水分离。泥水由P2.1泵从洞内泵送到泥水处理系统，先经过预分筛，分离掉>2mm的颗粒，进入一级旋流器，分离掉74μm~2mm的颗粒，进入二级旋流器，分离掉20~74μm的颗粒，再进入沉淀池。泥浆经初步沉淀后进入调整池，经过调整池将泥浆的密度、黏度等指标调整到合理的范围后，再由输送泵泵送到盾构机泥水仓循环利用。若沉淀池中的泥浆密度或黏度严重超过工作泥浆的正常指标，则将沉淀池中的废弃泥浆通过离心机系统分离掉<20μm的颗粒，经处理后产生的清水可以排进调整池循环利用，多余的清水则可以通过出渣池泵送至弃渣船。泥水处理系统工艺流程如图3.30所示。

④ 泥浆配和比。主要通过泥浆密度、黏度等控制泥浆质量。泥浆配比为（kg/m³）膨润土：水 =1：7。根据现场试验，泥浆性能配置见表3.19。

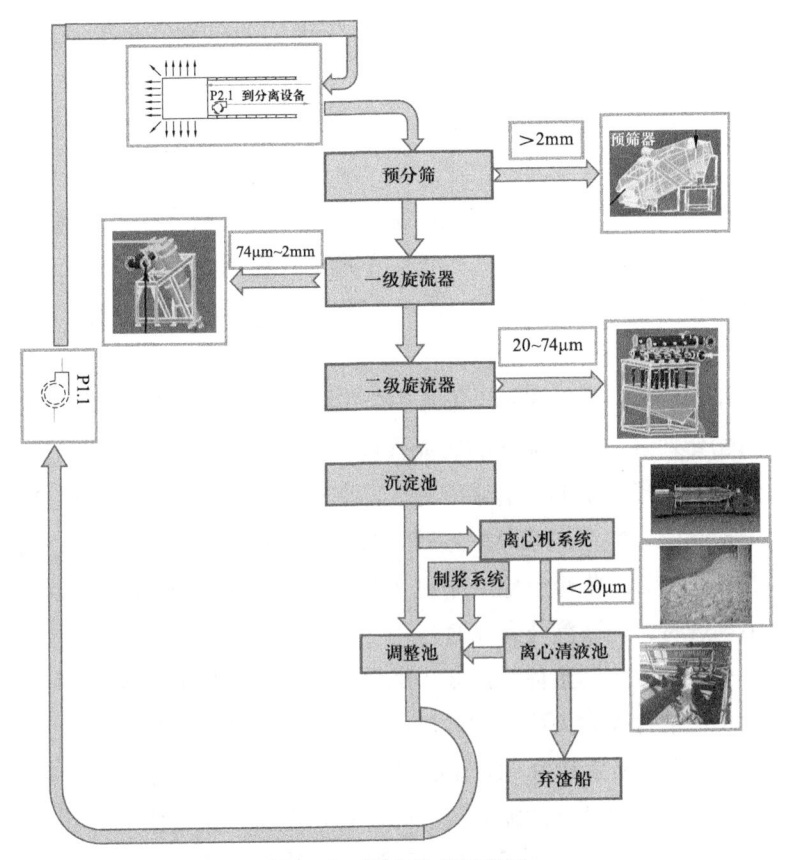

图 3.30 泥水处理流程图

表 3.19 泥浆性能配置表

里程	地层	泥浆性能					
		密度 /（g/cm³）	漏斗黏度 /s	析水量 /%	含砂量 /%	pH 值	胶体率 /%
K0+014-K0+176	始发段	1.05~1.15	20~25	5	3	8.1	≥96
K0+176-K4+014	粉土	1.05~1.15	20~22	5	3	8.1	≥96
	黏土、粉质黏土	1.05~1.15	17~20	5	3	8.1	≥96
	粉细砂	1.10~1.15	20~25	5	3	8.1	≥96
K4+014-K6+014	粉土	1.05~1.10	20~22	5	3	8.1	≥96
	粉细砂	1.15~1.20	20~25	5	3	8.1	≥96
K6+014-K8+014	粉细砂	1.15~1.20	22~25	5	3	8.1	≥96
K8+014-K10+226	粉土	1.05~1.10	17~22	5	3	8.1	≥96
	粉细砂	1.15~1.25	22~25	5	3	8.1	≥96
下穿（构）建筑物	下穿段	1.05~1.15	20~25	5	3	8.1	≥96

⑤ 泥水指标管理。根据不同的土体，泥水管理的要求和方法也不同。根据需要调节密度、黏度等参数，使其成为一种可塑流体，泥水平衡盾构使用泥水的目的也就是用泥水来保证开挖面稳定，在防止塌方的同时，将切削下来的泥膜形成泥水并被输送到地面。

a. 密度。泥水的密度是一个主要控制指标。掘进中进泥密度不宜过高或过低，过高将影响泥水的输送能力，降低掘进速度；过低则不利于开挖面的稳定。

泥水密度的范围应在 1.05～1.25g/cm³。下限为 1.05g/cm³，上限根据施工的特殊要求而定。

b. 黏度（漏斗黏度）。泥水的黏度是另一个主要控制指标。从土颗粒的悬浮性要求及泥水处理系统的配套来讲，要求泥水的胶凝强度（静切力）适中；从流动性考虑，黏度不宜过高。考虑到泥水处理系统的自造浆能力，随着推进环数的增加，黏度会下降。同时根据不同地层的物理性能参数对泥浆黏度进行调整，在粉质黏土及黏土地层中掘进时，泥浆漏斗黏度宜采用 17～20s；在粉土地层中掘进时，泥浆漏斗黏度宜采用 20～22s；在粉细砂或细砂地层中掘进时，泥浆漏斗黏度宜采用 20～25s。

c. 含砂率。透水系数大的土体，泥浆中的砂粒对土体孔隙有堵塞作用，故泥膜形成与泥浆中砂的粒径及含量有很大关系。含砂量可用筛分装置测定，也可用砂量仪代测。

d. 析水量和 pH 值。析水量和 pH 值是泥水管理中的一项综合指标，它们在更大程度上与泥水的黏度有关，悬浮性好的泥浆就意味着析水量小，反之就大。

泥水的析水量须<5%，pH 值须>7（呈碱性），降低含砂量、提高泥浆的黏度、在析浆槽中添加纯碱，是保证析水量合格的主要手段。

在砂性土中掘进时，由于工作泥浆不断地被劣化，就需要不断地调整泥水的各项参数，通过添加膨润土将泥浆调整至最优。

停机保压期间，在中盾注入高浓度泥浆或特殊泥浆，防止地表沉降超标，同时防止盾体被周围土层抱死，通过同步注浆设备将高黏度泥浆注入刀盘仓，防止刀盘前方塌方，高黏度泥浆漏斗黏度≥300s，注入刀盘仓后，刀盘仓泥浆漏斗黏度≥40s。

根据刀具磨损及实际施工工况，需要带压进仓时，进仓前，在中盾注入高浓度泥浆或特殊泥浆，防止地表沉降超标，同时防止盾体被周围土层抱死，通过同步注浆设备将高黏度泥浆注入刀盘仓，刀盘仓泥浆漏斗黏度>40s 后进行保压 12h，使刀盘前方形成良好泥膜，减小进仓期间补气量，保证进仓期间安全。

（3）弃渣外运工艺流程及技术要求。

河运弃渣的方法：在盾构存渣场地预留渣浆液池，预留清液管道和浆液管道，用分离后的清液与渣土稀释成 1∶4 的比例从而达到清液重复利用的效果，渣浆泵将水渣混合物通过预留管道运输到停靠在临时码头的运输船上，运输船按批准的航线航行到事先设置的临时码头，将稀释后的渣土通过管道运输到指定的弃浆点，浆液经过三级沉淀池沉淀，沉淀过后的水经过检测达到排放标准后外排。

① 出渣点管道弃浆流程（图3.31）：利用高压水枪将渣土稀释，通过管道（中间加接力泵）运至江边趸船；运输船舶在趸船边装满水渣混合物后，初步沉淀后将上清液使用泥浆泵抽回至现场沉淀池进一步沉淀，将打浆用水循环利用。

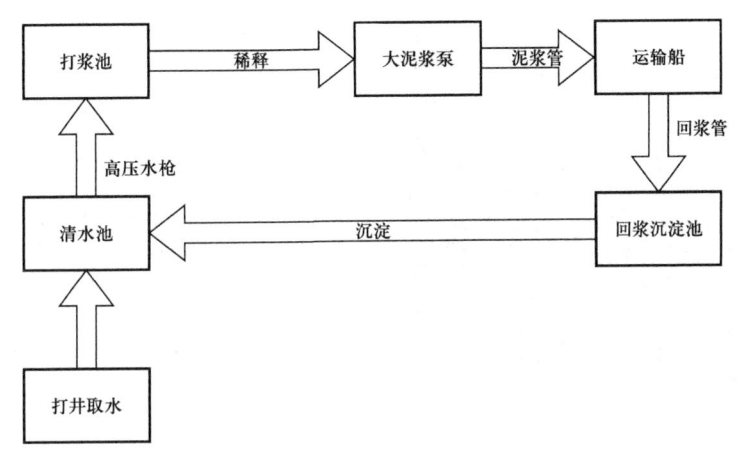

图3.31 出渣点管道弃浆流程图

② 弃渣点弃浆流程：运输船内泥渣经吹泥船上的高压水枪破碎稀释后由砂泵吸入吹泥管内，经弃浆管道送入弃置区，如图3.32所示。

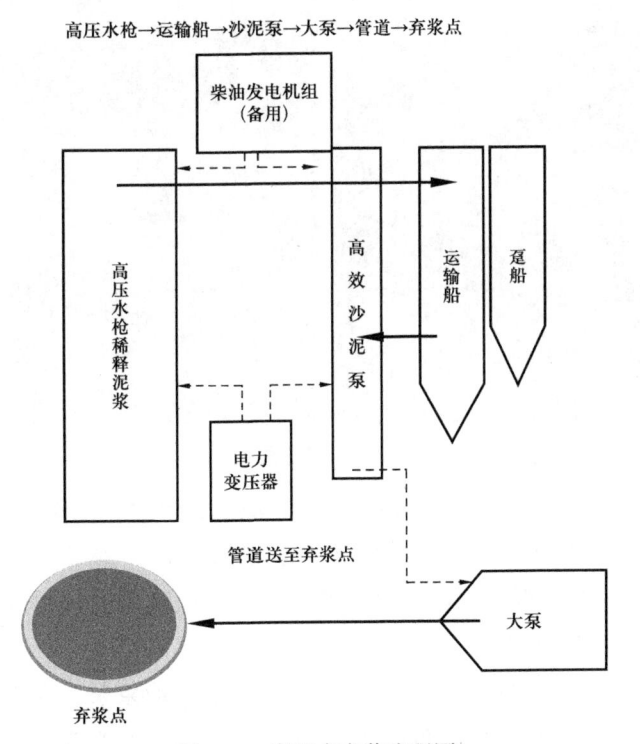

图3.32 弃渣点弃浆流程图

③ 弃渣管路。通过前期对周边环境的调研，应用管路进行弃渣的运输。结合以往类似工程的相关经验并考虑弃浆沿线的实际情况，选择 DN350 直径管路用于弃浆与取水。

为保证管路内水流畅通，保证管路内泥浆线速度≥4m/s，在满管运行条件下，可保证泥浆流量 $Q=1/4\pi d^2 \times 4 = 1/4 \times 3.14 \times 0.32 \times 4 \times 3600 = 1017.36 \text{m}^3/\text{h}$。

考虑到施工实际情况很难达到该极限情况，综合考虑施工及经济因素后认为，1根 DN350 直径管路能够满足盾构施工弃浆的需要。取水同样采用 1 根 DN350 直径管路。

综合以上信息，敷设 3 根 DN350 管路（1根弃浆，1根取回水，1根备用）。弃渣管路如图 3.33 所示。

④ 土场泥浆抽排。利用高压水枪将渣土稀释，通过管道（中间加接力泵）运至江边趸船。

图 3.33 弃渣管路图

类似工程盾构土进入渣土池后用高压水枪稀释成 1∶4 比例后，通过大泵抽排到管道。土场泥浆抽排如图 3.34 所示。

图 3.34 土场泥浆抽排图

⑤ 运输船运渣土。运输船舶在趸船边装满水渣混合物后，先移动边上固定沉淀 6~8h 后，再回到趸船位置将水抽回后，然后鸣笛解缆离开趸船。

运输船经批准的航道抵达吹泥船时，减速慢行，从吹泥船右后侧傍靠，然后带缆固定。运输船运渣土如图 3.35 所示。

⑥ 吹泥卸土施工。运输船傍靠完毕后，将吹泥船上泥浆泵、高压水枪及配套防水电源线路吊入运输船内，在机械设备布置完毕且确认安全运行的状况下，正式通电作业。成套机械设备运行后，运输船内泥料经高压水枪破碎稀释后由吹泥船上的砂泵吸入吹泥管

内，经输砂管道送入弃置区。用高压水枪对渣土进行稀释后用小泵抽到大泵后通过管道运输。吹泥卸土施工如图 3.36 所示。

图 3.35 运输船运渣土图

图 3.36 吹泥卸土施工图

3.3.4.2.3 施工要求

泥水平衡建立、泥水输送、泥水分离、泥浆配合比、泥水指标管理的相关施工要求详见 3.3.4.2.2 工艺流程。

3.3.4.2.4 劳动组织

根据该工程及以往类似工程经验，弃渣外运工程一般由分包队伍施工，分包队伍人员配备见表 3.20。

表 3.20 弃渣外运分包队伍人员配备

部门/班组	人数	部门/班组	人数
项目经理	1	综合办公室	2
项目总工	1	安全环保部	4
生产经理	1	打浆组	4

续表

部门/班组	人数	部门/班组	人数
工程技术部	1	巡检组	2
质量管理部	1	趸船组	6
机电物资部	2	运输组	10
财务计量部	2	吹泥卸土组	4

3.3.4.2.5 材料要求

泥浆处理所需要的材料为建立"迷宫式"沉淀池所需要的钢筋、水泥、砂子、钢结构等材料，建立筛分系统基础需要的钢筋、水泥、砂子、钢结构等材料以及泥浆运输所需要的管材。由于本部分工程属于临时性工程，完工后均需要拆除，故满足工程建设年限使用要求即可。

3.3.4.2.6 设备机具配置

该工程中配备6台大泵、5艘运输船、1艘吹泥船、1艘加油船、2台发电机、1台挖掘机、1台汽车式起重机等。设备机具配置见表3.21。

表3.21 设备机具配置

名称、型号、规格	数量	检修情况
运输船1000t	5艘	完好
趸船	1艘	完好
吹泥船	1艘	完好
加油船	1艘	完好
发电机	2台	完好
挖掘机（CAT240）	1台	完好
汽车式起重机	1台	完好

3.4.4.3 HSE保证措施

（1）弃渣外运施工现场安全管理措施。

健全施工现场安全管理制度，加强对现场施工人员的安全教育。积极与当地公安部门联系协商，在工地建立一个现场治安管理机构，项目部配备专职保卫人员进行现场治安管理，做好施工工地治安保卫工作。

做好务工人员的登记工作，务工人员必须提供有效身份证件及务工担保人，不允许出现偷窃、打架斗殴等违法乱纪的事情发生。

现场设专职门卫1名，对进入工地的每一位人员进行登记，不允许闲杂人员进入施工区及生活区。

项目部管理人员及施工队长佩戴胸卡出入项目部，保证项目部有一个安静舒适的工作环境及项目部人员的人身财产安全。

（2）安全生产的技术组织措施。

① 施工避让及紧急措施。

所有施工船舶必须具有《船舶国籍证书》《船舶所有权证书》《船舶检验证书》《船舶载重线证书》《船舶安全检查记录簿》等。均应按港航部门有关规定，持有关技术文件和资料，到船舶登记机关进行登记。

各类施工船舶应在说明书及船舶证书规定的风力、浪高、流速、雾度等气象要求条件下航行或作业，做到有序施工，在预先规定的区域内作业。当遇视线不清或雾天航行施工时，严格执行"雾中航行规则"，并采取各种适合当时情况的方式协助避让。

船舶在进入航行过程中，应了解该区域水下地质及有无障碍物、易爆物等情况，必要时进行探测或采取相应的安全防范措施。并根据施工区域风浪、潮汐、水文等资料，制定落实施工安全措施并报项目部批准。

施工船舶在施工作业时，驾驶员要加强瞭望，谨慎操作，遇有来船时主动用高频电话、声号、灯号与对方取得联系，让对方采取正确的避让措施，确保航行安全。

施工现场配置施工指挥交通船和紧急救生船。紧急救生船实行24h值班，对施工区域内进行安全检查、巡逻，随时检查、监督所有施工船、水上施工队的机械设备、人员安全生产情况，将安全工作贯穿于施工生产全过程中，坚决将安全事故的苗头消灭在萌芽之中。

施工船舶及施工区域设置必需的信号、灯号、声号；挖泥船、浮管的锚均设置锚漂并涂以反光漆，夜间按规定设标志灯。灯光颜色、闪光及照射距离按航行规定执行。

施工船舶若发生事故、故障或因其他原因停工，要迅速向监理工程师报告。如果影响施工总进度计划时，将采取措施按总进度计划完成施工任务。

施工船舶进场后将向监理工程师提交施工现场人员组织机构、船舶机械名称、规格、性能、数量、使用计划等文件。

船舶机械进入或撤出施工现场报告甲方代表，得到甲方代表的许可后进行。

定期对船舶机械进行检修，如有损坏立即修理。

② 雾季施工措施。

在雾季来临之前，施工船舶须根据本船情况及周围环境、条件制定雾季安全措施，并组织有关人员进行业务学习。

施工船应保证助航仪器、灯光、声号等有关设备处于良好状态，工地要对施工船进行雾季安全检查。

施工船舶应严格执行有关雾航的规定，按规定采取施放雾号等措施。

③ 防风、防台、防汛措施。

项目防台防汛领导小组，与当地气象部门达成协议，要求气象部门每天将当地天气、气象情况以传真形式通知项目经理部,并组织专人进行收集并每天将当天及下一天的气象情况通知各部门负责人,并注意收听、收看气象和水情预报。与当地港务监督部门取得联系,统一部署、组织现场的防台防汛措施。

施工期所有机动船24h有驾驶人员值班,听到台风预报立即向安全领导小组组长(项目经理)报告,全体职工有组织地投入防台工作。

为确保船舶安全,台风季节前,船上应组织全体船员进行有关业务学习,检查各种设备,从思想上组织上认真做好防台准备工作。

认真执行交通部《船舶防台技术操作规则》及当地关于防台的有关规定。

一旦气象部门确定台风影响航行,立即上报业主及总包,协调盾构进度,启用预备方案,将弃土堆放到临时弃场,并做好围挡工作。

汛期施工船舶必须加强设备和仪器检修,保证航行、通信、排水设备及仪器状态良好。汛期船上备足汛期施工所需辅助设备(如锚、锚缆等)和救生设施,做好汛期施工及安全工作。

严格执行《施工船舶防抗热带气旋管理规定》,施工船舶根据自身特点及现场条件,做好防台计划,方案报项目部,项目部充分研究并与相关单位商妥后,统一做出部署。

在防台风期间,施工船必须保证动力、机械设备处于良好状态,通信畅通。

④ 防火、防滑及劳动保护措施。

所有施工船舶必须配备足够的消防救生设施,并保证处于良好状态。船仓等容易着火部位严禁烟火,船上所有电器要绝缘良好,易燃易爆物品应在指定地点储存保管。

所有现场施工人员皆穿工作服、劳保鞋,配戴安全帽。特种作业人员配戴专门防护用品,如电焊工要配戴护目镜、面罩及长筒电焊手套等。现场人员及机械操作人员严禁酒后上岗。严禁在机械回转范围内逗留。水上作业人员必须身穿救生衣,严禁在施工区域内游泳,并有专人监护。

现场通过学习、检查、演习等多种手段使全体施工人员树立起高度的防火、防滑等安全意识,熟悉有关规定和应急措施。

施工船明火作业必须严格执行有关规定及操作规程,向有关部门申报,得到批准后方可动明火,并且现场派专人监护,不可有半点大意。作业完毕要认真清除火种、火源、防止存有火险隐患。

机仓、泵仓、配电房、物料间等地严禁吸烟,禁烟区要有醒目警示标志,一旦发现吸烟者要严肃处理。

甲板、人行道等地须保持清洁,遇有油污、滑物时,应及时清除或采取防滑措施。

⑤ 安全用电技术措施。

所有参加施工的人员必须遵守《安全技术操作规程》,不准无证进行电工作业。

配电线路、机电设备必须按照确定的位置、走向布设,禁止临时乱拉乱接,禁止将电源线直接绑在钢管等金属物上。

不准在高、低压线路下方施工，堆放构件、架具、材料、杂物或搭设临时设施。

线路的安全距离必须满足规范要求，达不到安全距离时，必须增设屏障、遮栏或保护网等防护措施，并悬挂醒目的警告标志牌。

电源干线的起止杆、中转杆和丁字杆都应设拉线。拉线上端2m处要设绝缘瓷珠，与地面的夹角以45°为宜。

各种电动机械设备，必须规定保护接零或作保护接地（接地电阻4Ω），禁止同一电网的设备接零、接地混用。

保护零线不得装设开关或熔断器，并使用五芯电缆线。

开关箱必须加设门锁并按规定位置架设，进、出线应从开关箱的下方穿行，并采取防雨、防尘措施。箱内的电器必须装设漏电保护开关，并实行"一机一闸"挂牌制。箱内的电器必须可靠完好，不得使用破损、不合格的电器，机电操作人员因故离开岗位时必须拉闸断电，并锁好开关箱。

照明线路的架设必须满足规范的要求，特殊场所应按规定使用的安全电压，禁止照明线、动力线混合使用，主要施工区、大型机械在夜间应装设醒目的红色信号灯。

该工程配专业电工两名，负责现场的所有用电设备的电源装拆，并负责保护所有设备的电线及开关箱。电工作业应严格执行《施工现场临时用电安全技术规范》，非专业电工严禁装拆电线。

实行分级配电，配电箱应高于总隔离开关和分路隔离开关，设总漏电保护器，每台设备配一开关箱，内装漏电保护器。配电箱、开关箱应能防水并加锁，容量＞5kW的动力电路采用自动开关，＜5kW的用手动开关。

电气设备一律采取保护接零防触电措施，并重复接地。

地面用电设备干线原则上采用架空线路，电杆用木杆，高度保证离地4m以上，沿地面敷设的导线应采取槽钢或钢管作保护，电工应经常检查线路情况，发现问题及时纠正。

及时更换破损电线和失灵的漏电保护器，若发现漏电，则设备马上停止使用并请专业人员检修，水中作业人员及浇筑混凝土的人员统一穿防水胶鞋操作。

发现断电情况由电工负责接通电源。

室内配电线采用绝缘导线，过墙时穿管保护，室外路灯和临时采用防水式灯具。

雨季施工时，电工应加强检查，并对电气设备操作人员加强教育。

⑥ 电气防火措施。

健全现场防火组织，落实消防设备，制定防火制度，做好防火宣传教育。在易燃、易爆、火灾危险区，挂设防火宣传标志和安全色标。

电气设备应按《建筑电气工程施工质量验收规范》（GB 50303—2015）相关要求进行安装，定期对电气设备、开关、线路和照明灯具等进行检查。凡不符合安全要求的，要及时维修或更换。

电动机械应注意防潮、防尘、防腐，严禁超负荷运行。对长期没有运行的电动机械在启动前应测量其绝缘电阻。合闸后，如果不运转，应立即切断电源，排除故障。

不准使用电炉、电热器具。木工棚、木工房、易燃易爆场所严禁烟火。

照明设备应安装保险丝或自动开关装置，与可燃物之间应保持适当的距离。灯泡上不准用布或纸包裹。

照明线的安装高度、架设方法应符合规范要求。在有爆炸危险的场所，必须选用防爆灯具，并应符合防爆要求。

高压碘钨灯等照明设备的整流器，不应装在可燃建筑上。卤钨灯使用的导线，应采用绝缘的耐热线。

开关箱、配电箱内禁止存放易燃易爆物及杂物。

焊接作业人员应严格遵守《建筑安装工人安全技术操作规程》。焊接作业场所应符合要求，与可燃物要保持距离。

消防器材应按规定配置。消防泵、消防给水管道、消防水箱和消火栓等设施，不得任意改装或挪作他用。

现场配备足够的灭火器，考虑消防用水，经常检查消防水龙头的畅通情况。

电气设备发生火灾，应首先切断电源，定期检查电气设备运行状况，严禁带"病"运转。

（3）环境保护措施。

① 排水及垃圾处理。

在吹泥卸土施工期间始终保持工地良好的排水状态，根据实际地形特点修建三级沉淀池自然沉淀，及时对沉淀池内沉淀的淤泥进行清理。

工地上生活垃圾集中堆放在垃圾筒内，由专人收集后，运输到环保部门指定地点，创造良好的生活环境。

施工中的临时排水要求能最大限度地减少水土流失及对水文状态的改变。

矿坑溢水应防止乱流乱淌，严禁直接排入内河，影响内河水浊度和农田的土壤环境。

经国家环保部门对经过三级沉淀的溢水跟踪检测达标后，再予排放，并将方案报当地环保部门批准。三级沉淀的溢水跟踪检测如图3.37所示。

② 施工废气控制。

禁止在施工现场焚烧有毒、有害和有恶臭气味的物质，应将其运至环保部门指定地点进行处理。

施工船舶尽可能使用耗油低、排气小的大型船舶以减少废气排放。

③ 施工噪声与振动控制。

施工机械采取必要的减噪声措施，如隔音罩等。

在安排生产时，做到规划合理，宿舍区及办公区尽量远离噪声。

加强对机械设备的维修保养，避免因设备性能差而导致机械的噪声增大。

图 3.37　三级沉淀的溢水跟踪检测

④ 施工环境卫生管理。

建立现场各区域的卫生责任人制度，责任人名单上墙。定期搞好环境卫生，清理垃圾，施药除"四害"，保持现场清洁、无臭味。

施工现场坚持工完料清，建筑及生活垃圾必须集中堆放、集中袋装、及时清运，并运往指定地点弃置。不用的料具和机械设备应及时清退出场，保持场内整洁。

在施工现场附近设冲洗槽，车辆加盖，保证离开施工现场的车辆不带泥上路。

装运建筑材料、建筑垃圾的车辆，应采取有效措施，保证不污染道路和环境，并按指定线路行走。

施工期间，当大风天气来临时，每天安排两台长软管易移动水泵不间断地进行洒水润湿，尽量减少砂粒飞扬，最大限度地降低飞砂对空气的污染。

宿舍应随时保持清洁、干爽、整洁有序。

工地食堂要有卫生许可证，食堂工作人员须有健康证，食堂生、熟食操作应分开，熟食应设置防蝇罩，禁止使用非食用塑料袋作食容器。

⑤ 完工后的环境保护。

严格按指定的地点堆放、填埋施工沿线的弃渣及剩余失效的灰砂、混凝土等，避免流失，污染环境。

施工过程中尽量减少对植被的破坏，施工完成后对开挖所破坏的植被按水土保持设计要求尽快恢复原状，防止造成新的水土流失。

做好施工现场的清理工作，及时拆除所有工棚；对各工地居住区的污水沟、粪便及垃圾池进行消毒灭菌清除，用净土填埋、压实，种植植被。

（4）文明施工。

该工程处于城区附近，又临长江，因此文明施工尤为重要。科学、合理地组织施工，使施工现场保持良好的施工环境和施工秩序，在施工中体现本项目的综合管理水平及良好的精神面貌。

尊重民风民俗，与当地政府群众搞好关系，保证顺利施工。

抓好现场容貌管理，划定责任区域，明确施工设备停放场地，施工机械设备停放整齐，排泥管等周转性材料分类堆放整齐。

加强施工现场道路维护，保持畅通。

遵守国家或地方颁发的各项环保法规、条例，对合同规定的施工征地界外的生态环境，必须维持原状，严禁在附近乱砍滥伐。

施工期内生产、生活废污水流入专设水池内，不得乱流，做到卫生区内无污物、污水。

保持施工区、生活区的环境卫生，各类生产、生活垃圾及时清理并将其运至指定地点堆埋处理。

主动接受环保水部门对施工活动的监督，防止对自然环境和社会环境产生不应有的破坏。

3.3.5 管片拼装

3.3.5.1 工序介绍

盾构隧道施工管片采取错缝拼装，即前后环管片的纵缝错开拼装，用此法建造的隧道整体性好。管片拼装采取自下而上的原则，由下部开始，先装底部标准块（或邻接块），再对称安装标准块和邻接块，最后安装封顶块，封顶块安装时，先径向搭接 2/3，径向推上，然后纵向插入。

3.3.5.2 施工工法

管片拼装采取前后环管片的纵缝错开拼装，错开 1/3～1/2 块管片弧长。

3.3.5.3 作业管理统一规定

3.3.5.3.1 施工准备

（1）管片质量检查。所有用于隧道主体的管片经过质检工程师检查验收合格后方可吊装下井，凡存在缺角、止水材料粘贴不合格、蜂窝、麻面、裂缝、破损等缺陷的混凝土管片一律不吊运下井，并要对不合格管片做好记录。

（2）管片选型、下井和运输组织。管片下井作业人员按照井下值班工程师的型号要求进行管片下井作业，下井和运输组织过程中要注意对管片本身以及粘贴的防水材料的保护。

（3）管片吊机卸车、倒运管片。管片通过水平运输设备运送到安装区域后通过卸载机进行卸车，卸车时再次对管片的型号、本身外观及防水材料粘贴质量进行检查，同时根据安装的点位合理放置各片管片。

（4）管片安装区的清理。管片安装前要对安装区域进行清理，盾壳内的积水、污泥要完全清除干净。

（5）管片就位及安装前的检查。盾构掘进完成后要将安装的管片就位并清理干净，同时检查运至作业面的管片是否和工程师下达的本环管片指令类型相同；管片是否有破损、掉角、脱边以及裂缝；止水条、衬垫和自粘性橡胶薄板等是否有起鼓、隆起、断裂、破损和脱落等现象，止水条是否部分已失效；管片连接螺栓、垫圈、螺栓孔密封垫圈及吊装孔封堵塞等数量是否齐全，质量是否完好；安装工具（风动扳手、梅花扳手、手锤）是否齐全，风管及高压风等状况是否良好。

（6）管片拼装点位的确定。该工程管片采用错缝拼装，以K形管片与时针位置对照确定拼装点位，拼装点位选择以不出现拼装通缝兼顾考虑盾尾间隙及盾构调向。

3.3.5.3.2 工艺流程

场内管片吊运下井前，应在地面对防水密封材料粘贴效果进行验收。由施工单位全数检查，监理单位抽查。施工单位检查验收后，填写验收记录，报监理验收。管片在下井前，除粘贴好管片接缝防水密封条外，还需粘贴传力缓冲衬垫，并备齐管片接缝的连接件和配件、防水密封圈等，随管片同时运至拼装作业区。

（1）管片选型。管片选型以满足隧洞线型为前提，重点考虑管片安装后盾尾间隙要满足下一掘进循环限值，确保有足够的盾尾间隙，以防盾尾直接接触管片。

（2）管片安装。

管片选型确定后，管片拼装的好坏直接关系到隧道的外观和防水效果。一般情况下，管片拼装采取自下而上的原则，具体的拼装顺序由封顶块的位置确定，整个工序由盾构司机、举重臂操作工和拼装工等3种专业岗位工种配合完成。

衬砌环管片为双面楔形，楔形量为36mm。衬砌环由1个封顶块（K），2个邻接块（B1、B2）和3个标准块（A1、A2、A3）组成，混凝土强度等级C60、P12，采用错缝拼装方式。衬砌环的连接包括16个环缝连接螺栓（M30）和12个纵缝连接螺栓（M30）。管片安装流程如图3.38所示。

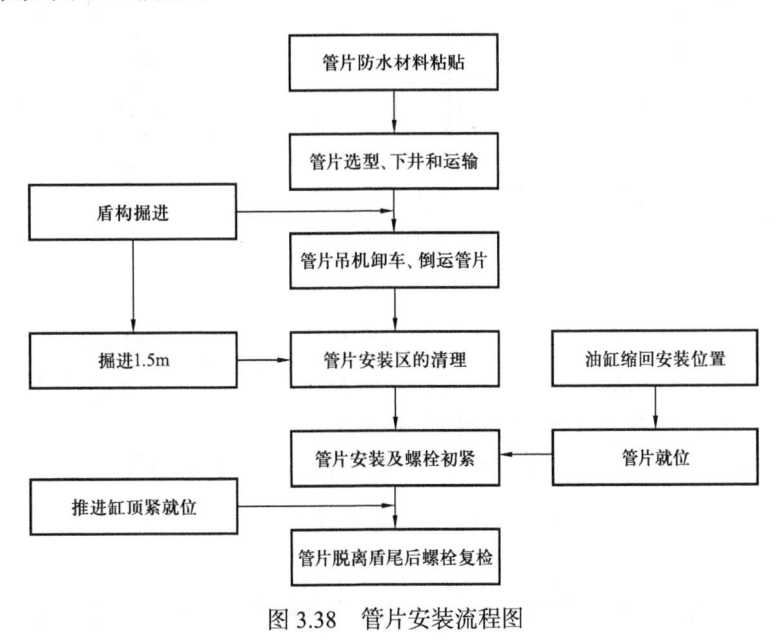

图3.38 管片安装流程图

图 3.39 管片拼装成型示意图

管片安装时先收回最下方管片分块区域内的推进油缸；管片安装司机操作真空吸盘抬起管片缓缓就位，在就位过程中随时按安装指挥人员的指示进行调整；管片就位后螺栓安装人员及时连接纵向螺栓并紧固，推进油缸伸长顶紧刚刚拼装就位的最下方一块管片后方可进行下一块管片的拼装；接下来按照拼装第一块管片的程序及要求由下到上左右对称拼装剩余管片；K 形管片安装时，先径向搭接 2/3，再径向插入，边调整位置边缓慢纵向顶推；整环管片全部安装完后，用风动扳手紧固所有螺栓；上紧所有注浆孔封堵塞。完成上述工作后，盾构即可进入下一环的掘进。管片拼装成型示意图如图 3.39 所示。

（3）管片脱离盾尾后的二次复紧。盾构掘进时，在上一个循环管片脱出盾尾后，及时用风动扳手对所有管片环纵向螺栓进行复紧，确保所有螺栓绝对紧固，保证管片拼装质量。

（4）管片安装允许误差见表 3.22。

表 3.22 管片拼装、施工允许误差表

项目	允许偏差
环向缝间隙	≤2mm
纵向缝间隙	≤2mm±2/0mm（其中 2 为传力衬垫）
螺栓孔不同轴度	≤1mm
隧道轴线平面位置	±50mm
隧道轴线高程	±50mm
成环隧道的脱团度误差	≤0.2%D（D 为外直径）

3.3.5.3.3 施工要求

（1）管片质量检查。所有用于隧道主体的管片经过质检工程师检查验收合格后方可吊装下井，凡存在缺角、止水材料粘贴不合格、蜂窝、麻面、裂缝、破损等缺陷的混凝土管片一律不吊运下井，并要对不合格管片做好记录。

（2）管片选型、下井和运输组织。管片下井作业人员按照井下值班工程师的型号要求进行管片下井作业，下井和运输组织过程中要注意对管片本身以及粘贴的防水材料的保护。

（3）管片吊机卸车、倒运管片。管片通过水平运输设备运送到安装区域后通过安装在

0号拖车上的卸载机进行卸车，卸车时再次对管片的型号、本身外观及防水材料粘贴质量进行检查，同时根据安装的点位合理放置各片管片。

（4）管片安装区的清理。管片安装前要对安装区域进行清理，盾壳内的积水、污泥要完全清除干净。

（5）管片就位及安装前的检查。盾构掘进完成后要将安装的管片就位并清理干净，同时检查运至作业面的管片是否和工程师下达的本环管片指令类型相同；管片是否有破损、掉角、脱边以及裂缝；止水条、衬垫和自粘性橡胶薄板等是否有起鼓、隆起、断裂、破损和脱落等现象，止水条是否部分已失效；管片连接螺栓、垫圈、螺栓孔密封垫圈及吊装孔封堵塞等数量是否齐全，质量是否完好；安装工具（风动扳手、梅花扳手、手锤）是否齐全，风管及高压风等状况是否良好。

3.3.5.3.4 劳动组织

劳动人员安排见表3.23。

表3.23 劳动人员安排

序号	工种	人数	备注
1	主管	1	
2	技术人员	4	
3	盾构机长	2	
4	盾构司机	5	
5	盾构副司机	1	
6	电焊工	7	
7	机修工	11	
8	信号工	3	
9	电工	7	
10	装载机驾驶员	2	
11	叉车司机	6	
12	电瓶车司机	1	

3.3.5.3.5 材料要求

（1）管片。混凝土管片应进行尺寸检验，单块成型管片的尺寸允许偏差和检验要求见表3.24。

（2）三元乙丙弹性橡胶垫。三元乙丙弹性橡胶垫检测项目和指标见表3.25。

（3）遇水膨胀橡胶。遇水膨胀橡胶检测项目和指标见表3.26。

表 3.24 管片的尺寸允许偏差和检验要求

项目		允许偏差	检验要求
宽度		±0.5mm	每块测 3 点
弧、弦长		±1mm	每块测 3 点
厚度		+2/−1mm	每块测 3 点
螺栓孔位及孔径		±1mm	每个
内半径		±1mm	每块测 3 点
外半径		+2/0mm	每块测 3 点
端面平整度		±0.5mm	每个端面
每延米平整度		±0.2mm	每个端面
预留孔洞	中心位置	±10mm	每个
	尺寸	+10/0mm	每个
预埋件中心位置		±3mm	每个

表 3.25 三元乙丙弹性橡胶垫检测项目和指标

检测项目		指标
邵氏硬度 /HA		65±10
拉伸强度 /MPa		≥10
拉断伸长率 /%		≥330
压缩永久变形	70℃ ×24h, 25%	≤25
热空气老化 70℃ ×96h	硬度变化 / 度	≤6
	拉伸强度降低率 /%	≤15
	拉断伸长率降低率 /%	≤25
防霉等级		不低于二级

表 3.26 遇水膨胀橡胶检测项目和指标

检测项目	指标
邵氏硬度 /HA	45±10
拉伸强度 /MPa	≥3
拉断伸长率 /%	≥350
体积膨胀率 /%	≥400

续表

检测项目		指标
反复浸水试验	拉伸强度 /MPa	≥2
	拉断伸长率 /%	≥250
	体积膨胀率 /%	≥300
低温弯折（-20℃ ×2h）		无裂纹

（4）单组分氯丁—酚醛粘接剂。单组分氯丁—酚醛粘接剂检测项目和指标见表3.27。

表 3.27 单组分氯丁—酚醛粘接剂检测项目和指标

项目		指标
氧指数（不燃物）		37（或阻燃性；离火 2s 自熄）
粘接面剪切强度 /MPa	橡胶与不锈钢	≥4.0
	橡胶与水泥	≥0.27
	橡胶与橡胶	≥0.3

（5）丁腈软木橡胶。丁腈软木橡胶检测项目和指标见表3.28。

表 3.28 丁腈软木橡胶检测项目和指标

项目	指标
产品厚度 /mm	环缝 2（4），纵缝 1.5
压缩后厚度 /mm	1（2）
邵氏硬度 /HA	70±5
拉伸强度 /MPa	≥1.5
拉断伸长率 /%	≥45
恒定形变下的压缩可恢复性 /%	≥80
恒定形变下的压缩力 /MPa	≤8

（6）氯丁海绵橡胶材料。氯丁海绵橡胶材料检测项目和指标见表3.29。

表 3.29 氯丁海绵橡胶材料检测项目和指标

项目	指标
密度 /（g/cm^3）	0.5±0.1
邵氏硬度 /HA	25±5
拉伸强度 /MPa	≥2.0
扯断伸长率 /%	≥200

（7）防水密封圈、密封条外观质量要求。

① 密封胶涂抹用量不宜过多，会造成贴合不牢鼓起的问题，也不宜过少，过早地风干会失去黏合性，导致止水条粘不住。涂抹还要做到均匀、全面、迅速，不浪费密封胶、不污染场地。

② 安装止水条，首先保证角度与管片凹槽一致，再用木锤敲紧止水条，杜绝鼓起、超长与缺口等危害管片粘贴质量的现象。

③ 安装传力衬垫及海绵橡胶，精确对准注浆孔、整齐切割海绵条，绝不允许出现脱胶、翘边、歪斜等情况。

④ 安装橡胶薄板，薄板虽小但万万不可缺少，每一个步骤都是保障管片粘贴质量的重要环节。

3.3.5.3.6　设备机具配置

管片拼装机为中心回转式，驱动功率75kW，具有6个自由度，回转角度为±200°，回转速度为0～1.5r/min，安装速度为30min/环，并可实现微调。所有动作可遥控，便于拼装司机观察和操作，预留手动操作手柄。管片拼装机侧向挤压力15t/m，在断电后可将管片放回原处。管片拼装机轴向油缸行程2000mm，举升油缸行程为1368mm，能够满足洞内更换两道盾尾刷行程要求。

管片拼装机的旋转和移动等功能采用比例控制，可实现管片的精确定位。管片拼装机各动作参数（如提升缸能力、轴向动作缸能力、驱动单元能力等）及抓持机构形式满足该工程管片要求。管片拼装机设计有多层工作平台，满足安装管片螺栓的要求。

管片拼装机的动作利用无线遥控器控制，操作方便，性能可靠，同时具备有线接口。遥控器上有紧急制动按钮，当按下紧急制动按钮时，管片拼装机立即停止运动；复位遥控器紧急制动按钮时，只能通过主控室启动开关对其重新启动。

旋转动作采用两套独立的限位系统，任一系统给出限制信号，相应动作即刻停止，从而在双重保护模式下确保系统安全可靠运行。

管片拼装机主要由托梁、移动架、回转架、抓持机构（机械式）和其他辅助设备等部件组成，如图3.40所示。

3.3.5.4　质量控制要点

（1）严格按规范和设计要求正确安装管片防水材料。粘接剂、软木橡胶、弹性密封垫和橡胶腻子胶具备合格的证明材料，经监理工程师检验通过后方可实施。粘接剂涂刷均匀饱满，弹性密封垫和橡胶衬垫粘贴平整牢固，腻子片嵌贴严密稳固，位置准确，没有起鼓、超长和缺口现象；螺栓衬垫严密，没有裂隙，使用前检查，发现损坏立即更换，不使用；嵌缝之前将槽内清理干净，无杂质碎屑，嵌缝材料的种类、规格和质量符合设计和规范要求，并通过监理检验后方可实施，所用机械设备状况良好。

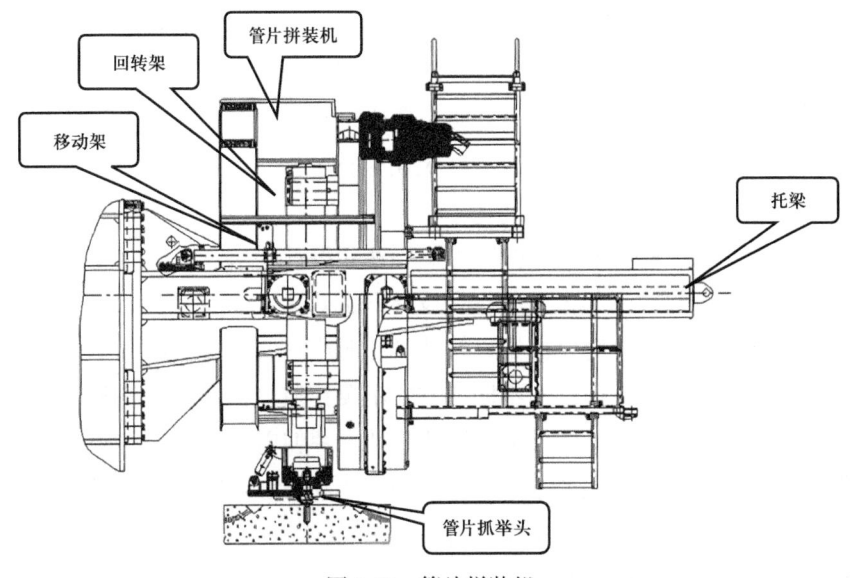

图 3.40　管片拼装机

（2）加强管片运输过程保护。运输前制定切实可行的方案和各种预备工作，采用专用运输车运输，确保管片在运输和吊运途中不受损或毁坏。管片在生产厂的堆放高度不超过 3 层，管片在施工现场的堆放高度不超过 3 层，最高不超过 1.5m，管片在运输途中的堆放高度不超过 2 层。

（3）正确选择管片的安装位置。作业前根据实际情况制定下一步作业指导书，对管片检查，管片按一定顺序进行编号，防止选错。做好管片安装位置的选择，合理拟合设计线路并与盾构机当前姿态相符。

规范管片安装操作：拼装时先安装底部的块位，然后自下而上左右交叉安装，每环相邻管片均布摆匀并控制环面平整度和封口尺寸，最后插入封顶管片。

（4）严格进行管片螺栓复紧。连接螺栓初步拧紧，脱出盾尾后复紧。当盾构掘进至每环管片拼装前，对相邻已成环的 3 环范围内管片螺栓进行全面检查并复紧。隧道贯通后，进行第 3 次复紧。

（5）合理选取同步注浆参数，确保管片受力均匀并尽早获得稳定：注浆前进行配合比实验，选出最佳配合比，并根据不同地质情况，适时调整配合比；严格控制浆液的搅拌质量，搅拌均匀，时间充分，同步注浆速度与掘进速度相匹配；提高盾构推进质量，防止管片移位、错台；注意调整盾尾间隙，控制推进油缸的伸缩和同步注浆压力，拼装精度控制在设计要求之内，防止管片移位、错台。

3.3.5.5　HSE 检查控制要点

（1）管片接头必须拧紧，为避免管片旋转过程中拼装头单独承受管片重量，应将 4 条压板均匀地接触管片，避免管片拼装过程中螺栓头被拔出。

（2）管片拼装过程中，第一块管片的位置尤为重要，它决定了本环其他管片的位置及拼缝的宽窄。管片高于相邻块，将会导致块的位置不够；低于相邻块，将会导致纵缝过大，防水性降低。同时，第一块应平整，防止形成喇叭口。

（3）举重臂拼装端头必须拧紧到位，并定期检查磨损情况，对内丝口损坏的管片必须采取可靠的措施方可使用。

（4）拧紧螺栓应确保螺栓紧固，拧紧力矩要达到设计要求。

（5）同一环内各管片的相邻位置应符合设计图纸要求，不可互换。每环管片上有管片类型标记、环类型标记、纵缝对接标记，拼装管片时应认真查看这些标记，保证管片拼装正确；管片迎千斤顶面和背千斤顶面不同，方向不要错装。操作手在拼装管片时看到管片中心管片标识字符应是正确的，如果是倒置的，则管片朝向错误。

（6）管片K块拼装方法为先纵向搭接，然后拼装器径向推顶到预定位置再纵向插入。K块及相邻面止水条，在拼装面应涂润滑剂。

（7）拼装时注意小心轻放，避免损坏管片和止水条。

（8）对掘进过程中出现的管片裂缝和其他破损，要及时观察记录并提醒盾构机操作手注意，并要选择合适时间对管片进行修补。

（9）每次根据需要拼装管片的位置，回缩相应位置的部分千斤顶，如果千斤顶过多地回缩，是十分危险的，前面土体的支撑压力会使得盾构机后移，轻则导致盾构机姿态变样，重则引起安全事故。

（10）封顶块安装如遇阻碍，应缓慢抽出后进行调整，严禁强行插入和上下大幅度调整，以免损坏或松动止水条。

（11）管片拼装必须落实专人负责指挥，盾构机司机必须按照指挥人员的指令操作，严禁擅自转动拼装机，以免发生伤亡事故。

（12）管片安装进行时，非操作人员不得进入管片安装区域，管片安装人员也不得站立在管片安装机上，管片安装机操作司机在操作过程中随时关注管片安装区域内人员情况。

（13）工作过程中不得使用管片安装机进行非管片安装的拉、推、顶操作，避免损坏设备。

（14）管片安装过程中操作人员使用的工具在使用完后应立即放到稳妥的位置，避免工具从高处摔下损坏推进油缸等设备。

（15）举重臂旋转时，严禁施工人员进入举重臂活动半径内，拼装工在管片全部定位后，方可作业。

（16）拼装管片时，拼装工必须站在安全可靠的位置，严禁将手脚放在环缝和千斤顶的顶部，以防受到意外的伤害。

（17）举重臂必须在管片固定就位后，方可复位，封顶拼装就位未完毕时，人员严禁进入封顶块下方。

（18）举重臂旋转时，盾构司机必须看清旋转半径内的人员，并鸣号警示。

3.3.6 同步注浆

3.3.6.1 工序介绍

同步注浆与盾构掘进同时进行，通过同步注浆系统及盾尾的注浆管，在盾构向前推进管片背后空隙形成的同时进行。同步注浆在管片背后空隙形成的极短的时间内将其充填密实，从而使周围地层获得及时的支撑，可有效地防止地层的坍陷，控制地表的沉降。

3.3.6.2 施工工法

（1）同步注浆方法与工艺。

同步注浆与盾构掘进同时进行，通过同步注浆系统及盾尾的内置注浆管，在盾构向前推进盾尾空隙形成的同时进行同步注浆。

整套系统由程序自动控制注入量和注浆压力，注浆时，砂浆的流量和压力受到严格的监控，以防过大的压力造成地面隆起。浆液可根据盾构机推进速度均匀注入，为了能够适应不同的注浆量和压力要求，注浆量和压力可以在控制操作触摸屏上进行人工调整。

（2）注浆效果检查。

① 注浆效果检查主要采用分析法，即根据 P（注浆压力）-Q（注浆量）-t（时间）曲线，结合掘进速度及衬砌、地表与周围建筑物变形量测结果进行综合分析判断。

② 必要时采用无损探测法进行效果检查。

③ 成立专业注浆作业组，由富有经验的注浆工程师负责现场注浆技术和管理工作。

④ 根据洞内管片衬砌变形和地面及周围建筑物变形监测结果，及时进行信息反馈，修正注浆参数和施工工艺，发现情况及时解决。

⑤ 做好注浆设备的维修保养，注浆材料供应，定时对注浆管路及设备进行清洗，保证注浆作业顺利连续不中断进行。

⑥ 环形间隙充填不够、结构与地层变形不能得到有效控制或变形危及地面建（构）筑物安全，或存在地下水渗漏区段时，在必要时通过注浆孔对管片背后进行补充注浆，采用双液浆。

3.3.6.3 作业统一规定

3.3.6.3.1 施工准备

材料准备：砂要求采用细度模量 1.6～2.3 的细砂，不允许夹杂有 5mm 以上的豆石或杂物，需要时需对砂子进行过筛处理；水泥、膨润土不能有结块现象。

3.3.6.3.2 工艺流程（图 3.41）

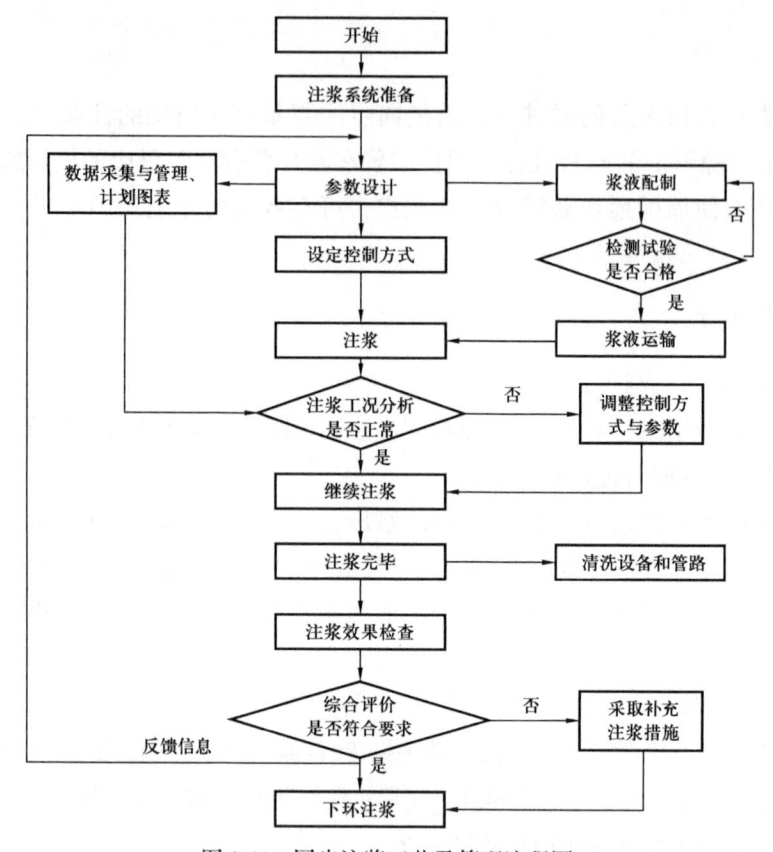

图 3.41 同步注浆工艺及管理流程图

3.3.6.3.3 施工要求

（1）注浆材料。采用水泥砂浆作为同步注浆材料，该浆材具有结石率高、结石体强度高、耐久性好和能防止地下水浸析的特点。水泥采用 P·O42.5 普通硅酸盐水泥，以提高注浆结石体的耐腐蚀性，使管片处在耐腐蚀注浆结石体的包裹内，减弱地下水对管片混凝土的腐蚀。

（2）浆液配比及主要物理力学指标。在施工中，根据地层条件、地下水情况及周边条件等，通过现场试验优化确定最合理的配合比。例如：地下水十分丰富，为保证同步注浆浆液有效凝结，采用的同步注浆浆液必须具有水下抗水分散性，根据试验结果，拟定同步注浆浆液的配合比（表 3.30），同步注浆浆液主要物理力学性能应满足下列指标。

表 3.30 同步注浆配比表

类别	水泥	粉煤灰	膨润土	砂	微膨胀剂	絮凝剂	水	水玻璃
质量/kg	220	402	80	658	15	12	500	12

① 胶凝时间。一般为 5～10h，根据地层条件和掘进速度，通过现场试验加入促凝剂及变更配比来调整胶凝时间；根据运输时间合理调整同步注浆浆液胶凝时间。按照运输

距离，同步注浆浆液共分为 5h（0～1km）、6h（2～4km）、7h（5～7km）、8h（8～10km）4 大类，通过调整施工配合比调整砂浆凝结时间，控制同步注浆效果。对于强透水地层和需要注浆提供较高的早期强度的地段，可通过现场试验进一步调整配比和加入早强剂，进一步缩短胶凝时间，获得早期强度，保证良好的注浆效果。

② 砂浆调制要求：

固结体强度：24h 屈服强度≥0.2MPa，28d 抗压强度≥1.0MPa；

密度：1.9g/cm³；

浆液稠度：9～13cm；

浆液稳定性：倾析率（静置沉淀后上浮水体积与总体积之比）<5%。

施工配比将根据实际情况实时调整。

（3）同步注浆主要技术参数。

① 注浆压力。为保证达到对环向空隙的有效充填，同时又能确保管片结构不因注浆产生变形和损坏，盾构注浆管路设计共 6 根，分别为与盾构上部、中部、下部，注浆压力取值为：高于同位泥水压力 20～50kPa（0.2～0.5bar）。为保证注浆连续性，在盾构掘进前 5min 至盾构掘进结束前 5min 进行注浆，每路注浆管均预留备用注浆管，防止注浆管堵塞后造成注浆不连续。同时由于浆液因重力向下流动原因，上路注浆速率＞中路注浆速率＞下路注浆速率。

② 注浆量。注浆量取环形间隙理论体积的倍数，理论注浆量为：$1.5\pi(7.952^2-7.62^2)/4 = 6.409m^3$（盾构外径 $\phi7.952m$，管片外径 $\phi7.62m$）。始发阶段的注浆量按理论空隙的 130%～180%，正常掘进同步注浆量按照理论注浆量的 150%～220% 控制。

③ 注浆速度。同步注浆速度应与掘进速度相匹配，按盾构完成一环 1.5m 掘进的时间内完成当环注浆量来确定其平均注浆速度。

④ 注浆结束标准。采用注浆压力和注浆量双指标控制标准，即当注浆压力达到设定值［掘进面水土压力 20～50kPa（0.2～0.5bar）］，注浆量达到设计值的 80% 以上时，即可认为达到了质量要求。同时根据地表监测情况对注浆进行优化，防止因注浆地表出现隆起或沉降过大情况。

（4）二次注浆。

推进过程中，根据地面监测情况，可采取壁后二次注浆进行补压浆，压浆量的控制根据监控量测数据调整。二次补压浆浆液配比见表 3.31。

表 3.31 二次注浆浆液配比

浆液类型	A 液（kg/kg）	B 液（L/L）
成分	水灰比（水∶水泥）	水玻璃∶水
比例	1∶1	1∶1

二次压浆是一道重要工序，施工中指派专人负责，对压入位置、压入量、压力值做好详细记录，并根据地层变形监测信息及时调整，确保压浆工序的施工质量。隧道内运输车以及地面上的拌浆系统在每次注浆完后进行清洗。由于盾构工作面的注浆管路清洗等原因将形成废浆，所以应利用土箱及时外运。

3.3.6.3.4 劳动组织

每个作业班组配置的作业人员见表3.32。

表3.32 同步注浆每个作业队人员配备表

序号	工种	人数	备注
1	技术主管	1	技术方案编制、交底编制
2	值班工程师	2	现场的技术管理和质量管理
3	电工	1	现场电器设备的维护和运行管理
4	搅拌站司机	2	负责现场搅拌站的设备操作
5	搅拌站料工	4	负责现场搅拌站物料的运送
6	普工	4	负责盾构掘进过程中对砂浆运输
7	合计	14	

3.3.6.3.5 材料要求

（1）原材料应符合设计要求，施工用砂石料、水应符合工程标准。搅拌的砂浆规格及质量应符合设计要求。进场时应验证产品质量证明文件，并现场抽样检验，合格后方可使用。严禁使用受潮、结块、变质的加固料。

（2）原材料运输时应封闭覆盖，存放应遮盖、防潮。浆液应按试验确定的配合比采用机械拌制，浆液应随拌随用，配置好的浆液不应离析，供浆应连续。

3.3.6.3.6 设备机具配置（表3.33）

表3.33 设备机具配置

序号	设备名称	规格型号	数量	备注
1	拌浆站	BZ-20L	1套	
2	注浆泵	BW-250	3台	
3	砂浆运输车		2个	

3.3.6.4 质量控制要点

（1）同步注浆严格按照方案要求执行，注浆按特殊过程控制程序进行控制，人员须培训后上岗；所用设备、计量器具等需经过鉴定；所用各种原材料报验检验合格后方可使用；施工过程施行连续监控，并形成记录。

（2）注浆前进行详细的浆材配比试验，选定合适的注浆材料及浆液配比，保证所选浆材配比、强度、耐久性等物理力学指标符合业主和设计要求。

（3）制定详细的注浆施工设计和工艺流程及注浆质量控制程序，严格按要求实施注浆、检查、记录、分析，及时做出 P-Q-t 曲线，分析注浆效果，反馈指导下次注浆，并及时报告业主和现场工程师。

（4）进行信息反馈，修正注浆参数设计和施工方法，发现情况及时解决。

（5）做好注浆设备的维修保养、注浆材料供应，保证注浆作业顺利连续不中断进行。

（6）盾尾漏浆：一般采取堵漏的方法，用棉纱和木楔进行封堵。

（7）掌子面漏浆：由于围岩稳定性差，造成盾壳与岩面间空隙过大或注浆压力过大，注浆时浆液会顺着盾壳外壁漏进掌子面，遇到这种情况，须利用泡沫注入系统，向盾壳与岩壁间注入一膨润土隔环，防止浆液流入掌子面，并控制注浆压力，使注浆压力低于土仓设定压力20kPa（0.2bar）。

（8）拌料时，水、膨润土、水泥、砂要按照正确的顺序进行投料。

（9）注浆设计压力是指注浆管孔口压力，而不是泵的工作压力。

（10）要保证注浆泵能正常工作，注浆管路畅通，压力显示系统准确无误。

（11）浆液要从管片的对称位置注入，防止产生偏压使管片发生错台或损坏。

（12）注浆过程中要密切关注管片的变形情况，若发现管片有破损、错台、上浮等现象应立即停止注浆。

（13）注浆过程中，若在不提高注浆压力而注浆量很大，或注浆量突然增大时应检查是否发生了泄漏或注入掌子面，若发生上述现象应停止注浆，妥善处理后再继续注入。

（14）注浆过程中若发生管路堵塞，应立即处理以防止管中浆液凝结。

（15）作业完毕后，搅拌机、运输罐、泵、注浆管路一定要及时清理干净，原则上每一工作班清理一次。

（16）在需要长时间停机时，必须以膨润土浆液（其配合比一般为水灰比0.8，水泥：膨润土=1：1）填充注浆管路。

（17）二次补强注浆每次结束要立即用水清洗注浆管。

（18）若遇有水涌出的孔位，则应调整双液浆的配比，缩短胶凝时间，达到迅速阻水的目的。

3.3.6.5 HSE检查控制要点

（1）建立严密的安全制度，实行安全生产目标控制管理，在布置施工任务的同时布置安全生产指标和要求，考核工作成绩的同时也考核安全指标的完成情况。

（2）对所有进场的员工，必须进行安全生产的三级的教育工作，坚持特种作业持证上岗的制度。

（3）严格制止违章指挥和违章作业，加强对安全生产检查和考评工作，凡发现安全隐患，必须及时整改。

（4）在施工前，必须进行书面的安全技术交底，做到交底内容明确，针对性和实用性要强，操作人员必须按交底要求和安全操用规程进行施工。将施工作业过程中各种安全风险及时辨别并分析。

（5）清洗管路时首先停止注浆，并释放管道及设备中的压力。

（6）在清洗和拆装管接头的过程中严禁管接头直接对准人，管道的残余压力有可能对人员造成伤害。

（7）由于浆液对人体有腐蚀，禁止用手直接接触浆液。

（8）注浆工具及管接头的摆放位置应稳妥，以免掉落而发生危险。使用高压清洗机清洗设备时应严格按照清洗机操作规程进行操作。

（9）施工中正确佩戴安全防护用品，配料人员佩戴橡胶手套、空气过滤面罩，拆装注浆头、管路人员应佩戴防护眼镜，防止浆液迸溅进入眼睛。

（10）施工现场材料应堆放整齐，施工垃圾统一堆放并及时处理。

（11）建立环境监控机制，定期检查施工场地范围各项环境指标。

3.3.7 盾构掘进带压进仓换刀

3.3.7.1 工序介绍

盾构掘进施工在深埋隧道情况下进行带压换刀，结合盾构机掘进情况，确定刀具更换方案，提前做好人员、设备、材料的准备，确定准确的时间和地点，对人仓进行加压，达到规定压力后，人员进仓带压换刀，换完刀具后出仓，再次进行调试。

3.3.7.2 施工工法

3.3.7.2.1 盾构机停机

根据盾构机现掘进情况、地质情况选择盾构停机位置并下发盾构停机指令单，盾构司机根据指令单的停机里程将盾构机停在相应位置，与计划停机里程相比较偏差不超过±0.05m，并将刀盘仓、气垫仓底部的渣土循环干净，泥浆管路循环干净。盾构土木值班人员必须使用高浓度泥浆将盾尾注浆管路里的砂浆全部置换。

3.3.7.2.2 建立泥膜

（1）根据停机位置地质和地表沉降情况确定高黏度泥浆配比、方量，高黏度泥浆配置完成后，通过注浆泵注入至开挖仓，同步对开挖仓内的浆液进行置换。

（2）高黏度泥浆置换完成后，应缓慢转动刀盘进行搅拌，正、反旋转刀盘各2~3圈，测量开挖仓内泥浆密度及黏度，然后静置泥浆并适当提高开挖仓压力使浆液均匀渗透掌子面，建立泥膜。达到保压时间后，根据要求降低开挖仓内泥浆高度。根据仓内压力、补气量、气垫仓内液位变化情况对泥膜质量进行初步判定。高黏度泥浆和高浓度泥浆工程部根据实际保压情况在指令单中调整。泥膜施工工艺流程如图3.42所示。

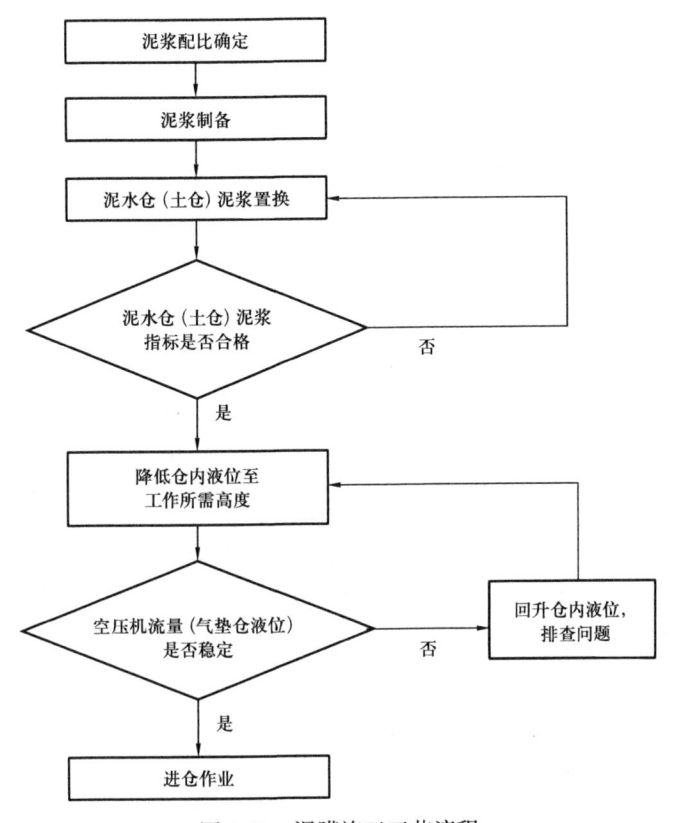

图 3.42 泥膜施工工艺流程

3.3.7.2.3 人仓加压

人仓包括主仓与副仓室，主仓用于人员进出，副仓室用于增加作业人员及进行设备、工具的转移，初次开仓应先试压 2h。

在进行作业前应制定完善的加压减压方案及详尽的应急措施。人仓的加压与减压必须由受专业培训的人仓操作员操作。进行加压减压前应对人仓进行外部设备功能检查（包括显示仪表、自动卸压器、密封件以及闸阀等）。

作业人员携带必要的检测设备经检查清点后进入主仓，关闭主仓外仓门及主仓与副仓间仓门。人仓操作员确认无误后开启记录仪，缓缓开启球阀接通主仓通风对主仓进行加压。应匀速加压，加压速率应以不对作业人员造成压力伤害为宜，实时与仓内人员保持联系，如发现有作业人员出现异常症状，应立即停止加压，采取应急减压操作程序，人员出仓后应由专职医生对其身体状况进行检查。

当主仓压力与气垫仓压力相同时，缓缓打开主仓与气垫仓的压力平衡阀门，对主仓进行压力补偿。确认压力平衡后小心开启主仓通往气垫（前盾内）仓门。作业人员进入工作室，操作员关闭记录仪。

3.3.7.2.4 副仓人员及设备工具进入主仓加压

人员设备进入副仓，关闭副仓外门。操作员开启记录仪，缓缓打开副仓球阀对副仓加压,当副仓压力与主仓压力相等时打开副仓与主仓间压力平衡阀,对副仓进行压力平衡,在副仓与主仓压力平衡后开启主仓与副仓仓门,人员设备进入主仓,需要运出的设备进入副仓,关闭主仓与副仓仓门,关闭主仓与副仓压力平衡阀门。确认无误后人仓操作员对副仓进行卸压,当副仓与外界气压相等时开启副仓与外界压力平衡阀,副仓与外界压力平衡后开启副仓外仓门。

3.3.7.2.5 减压步骤

根据作业压力高低和时间长短,减压过程中涉及的第一停留压力及减压速率、其他停留压力及停留时间应参考《空气潜水减压技术要求》(GB/T 12521—2008)。

作业人员进入主仓,关闭主仓与气垫仓闸门,关闭主仓与气垫仓压力平衡阀,确认无误后人仓操作员开启卸压阀对主仓进行卸压。开启主仓通风阀,对主仓进行通风降压,该过程要注意防止主仓压力再次上升。

当压力下降到规定压力等级后,关闭卸压阀,按规定进行一定时间的保压。重复以上步骤至少3次,直至主仓压力降至与外界压力相等后开启压力平衡阀,主仓压力与外界压力平衡后开启主仓外仓门,人员撤出后关闭仓门。人仓操作员关闭记录仪并填写相关记录。

卸压后要对进仓人员进行监控(出仓、2h、12h各一次)并进行记录,发现异常立即送医院进行救治。

3.3.7.2.6 开仓门

开仓门前应先打开仓室之间的平衡阀,待压力平衡后,开启仓门。拆卸、紧固螺栓应采取对称方式,开启过程中注意保护仓门密封。

3.3.7.2.7 掌子面稳定情况判定

仓门打开后,由检查人员对掌子面稳定情况、泥膜质量进行检查和评定,如有异常情况应关闭仓门,人员出仓后重新建立泥膜,直至泥膜合格,作业人员方能进仓作业。作业实施过程中,作业人员应实时对掌子面稳定情况进行监控。

3.3.7.2.8 进仓作业

带压开仓作业质量检查标准见表3.34。

表3.34 带压开仓作业质量检查标准表

序号	检查项目	判定依据	检查内容	是否符合标准 是(√)	是否符合标准 否(原因)	检查频次
1	停机里程	方案交底	与计划停机里程相比较偏差不超过±0.05m			首次开仓作业前检查
2	施工准备	技术交底	风、水、电的设备准备、开仓工具的准备、人员培训等			开仓作业前检查一次

续表

序号	检查项目	判定依据	检查内容	是否符合标准 是(√)	是否符合标准 否(原因)	检查频次
3	土仓压力	方案交底	开挖仓降液位后顶部压力波动≤10kPa（0.1bar）			进仓过程不间断监控
4	气密性试验	方案交底	检查地层的、设备的气密性			开仓作业前检查一次
5	气体检测		符合规范要求顶部压力≤360kPa（3.6bar） 一氧化碳≤10mg/L 二氧化碳≤50mg/L 甲烷≤1000mg/L 硫化氢≤10mg/L 氧气19%～22%			全过程不间断检查
6	地质描述	方案交底	进行准确的地质描述			开仓后每班检查一次，地质条件较差时每小时检查一次
7	换刀	技术交底	严格按照换刀交底执行			每把刀具更换前检查一次
8	螺栓紧固	技术交底	安装好后的刀具螺栓紧固程度			每把刀更换后检查一次，所有刀具更换完成后检查一次
9	气垫仓清理	技术交底	土仓内换刀工具、杂物以及刀盘，土仓隔板上附着的渣土清理			关仓前检查一次
10	关仓	技术交底	所有预留送气口、排气口、阀及仓门需关闭			关仓后检查一次

3.3.7.2.9 首仓

首仓人员进仓前，盾构主、副司机通过泥水环流系统与保压系统，将刀盘仓内的液位降低至工作液位，同时保障刀盘仓顶部气压符合技术交底的参数设定要求。待刀盘顶部压力、液位稳定后，经土木值班工程师确认安全后，通知操仓人员对进仓人员进行加压。进仓人员进入刀盘仓后，首先观察掌子面情况、刀盘仓是否有渗水处，并将检查情况反馈给土木值班工程师，待土木值班工程师确认安全后，首仓人员方可开始检查刀盘、更换刀具、冲洗泥饼等相关作业。如掌子面稳定性较差、渗水较多，在值班领导发出出仓的命令后，首仓人员必须立即撤离刀盘仓，关好仓门，返回人仓，做好出仓准备。出仓后，首仓人员必须将检查的情况汇报给值班领导，值班经理根据掌子面的情况、渗水情况等因素，确定是否继续进仓或另选择停机位置。

3.3.7.2.10　刀盘冲洗

刀盘在粉质黏土、黏土等地层里长期掘进会对其自身形成泥饼，待确定需要带压进仓对刀盘进行冲洗的情况下，进仓辅助人员需将高压清洗机安装在拼装机下方并接好水源，高压清洗机出水口与盾构中前盾隔板的水气通道必须使用高压水管连接。气垫仓内的高压水管由进仓人员负责安装。

刀盘冲洗应以撬棍、洛阳铲等坚硬物体为主，高压清洗机为辅的原则，此原则适用于刀盘堆积的泥饼较薄、较少的情况下。当刀盘泥饼堆积得较多、坚硬、厚实的情况下，进仓人员可以用高压清洗机为主，坚硬工具为辅的方式。但当清理区域的泥饼处于较少、较薄的时候，必须停止使用高压清洗机对刀盘进行冲刷，避免由于水压较高冲掉泥饼后对掌子面泥膜造成损坏。

进仓人员在冲洗泥饼过程中，必须在人仓门口处留有一人，当补气量较高通知出仓时，进仓人员必须立即停止作业，关好仓门减压出仓。

3.3.7.2.11　障碍物、杂物清理

进仓人员必须根据值班领导的指示将卡在盾构刀盘的障碍物或杂物清理出来。障碍物为混凝土、硬石等物品时，工作人员需使用风镐、洋镐、大锤、扁钎等工具。在清理工作开始前，进仓人员必须对障碍物进行拍照并将信息反馈给值班领导，以便值班领导做出正确、有效的处理方式，针对桩基侵入、孤石、掉落刀具等障碍物处理应提前制定处置方案。

3.3.7.2.12　刀具检查、更换

（1）刀具检查。刀盘清理完成后，检查刀具磨损情况，看看是否产生偏磨、偏磨量多少，对于切刀则看看合金钻头是否磨损。对所有的刀具螺栓都应检查，如有松动则必须重新紧固。检查人员应填写刀具检查记录表，并交底给作业人员。

（2）刀具更换。

刀具更换前，应将刀盘转动以便于刀具更换。换刀前应对刀具周边进行清理，利用工具和工装对刀具进行拆除。安装新刀具前，应对刀座进行检查和清洁，对螺栓进行检查紧固。

刀具更换标准为：可更换切刀磨损量超过 25mm、保直径切刀磨损量超过 15mm 或合金崩裂 2 个齿以上。刀具的更换步骤按表 3.35 进行。

3.3.7.2.13　作业效果判定

（1）由检查人员对刀具更换数量、位置、螺栓复紧情况进行复核。

（2）按照处置方案对障碍物处置情况进行复查。

3.3.7.2.14　关闭仓门

作业后对开挖仓及刀盘进行全面的检查，避免工具、材料等遗落在仓内。确认后关闭所有预留接口阀门至恢复掘进状态，人员出仓，关闭仓门。

表 3.35 刀具更换步骤

刀具名称	示意图	更换步骤
正面带压切刀	单位：mm	①松开螺栓 ②取出丝杆 ③取出切刀 ④清洁刀座 ⑤安装新切刀 ⑥固定切刀 ⑦复紧螺栓
带压边刮刀	单位：mm	①松开螺栓 ②取出丝杆 ③取出切刀 ④清洁刀座 ⑤安装新切刀 ⑥固定切刀 ⑦复紧螺栓

3.3.7.3 作业管理统一规定

3.3.7.3.1 作业准备

根据泥水盾构机掘进速度减小、刀盘扭矩增大、推力增大等参数变化情况，分析刀具是否磨损、刀盘是否结泥饼、掌子面是否有障碍物等情况，经讨论后确定是否有开仓必要；选择附近自稳性较好地层，确定带压进仓里程点，经泥浆置换、保压试验后满足作业需求条件。

根据掘进数据变化情况，确定进仓工作的主要内容和检查部件。

盾构机长根据以前检查刀盘刀具的情况提出刀具更换计划，作业人员根据计划准备作业所需的刀具、工具，并把进仓作业所需工具、预计所需更换的刀具等放入人仓。

在带压作业前，制定详细可靠的技术方案、技术交底、安全交底。要求每位进仓人员以及相关技术人员详细阅读技术交底和安全交底，并严格按照方案、交底内容执行。

及时填写有害气体监测记录表、加减压时刻记录表、人员进仓记录表等所有记录表并保存归档。

对地面沉降监测布点并完成数据收集准备工作。

依据盾构停机位置地质状况及边界条件，进行地质加固及涉及的建构（筑）物的防护工作。

根据地质情况及泥浆配比实验完成泥膜制作且密封效果完好，符合常规带压进仓作业需求。

盾尾刷油脂填充、盾尾后部管片注浆并验证封闭环止水密封效果，停机保压时观察气垫仓液位变化情况。

通过补气量对掌子面结构稳定情况进行初步判定，地层稳定性能满足带压作业时间要求。

完成盾构开挖仓、气垫仓内空气置换工作。

保证作业通道通畅。

3.3.7.3.2 工艺流程

常规带压进仓作业流程如图3.43所示。

3.3.7.3.3 施工要求

更换刀具标准，根据检查刀盘记录磨损刀号应备案并拍照留底（刀盘检查表自编）。更换刀具按以下标准执行。

（1）正面滚刀刀圈磨损量在20mm时需换刀。

（2）边缘滚刀刀圈磨损量在10mm时需换刀。

（3）中心滚刀刀圈磨损量在25mm时需换刀。

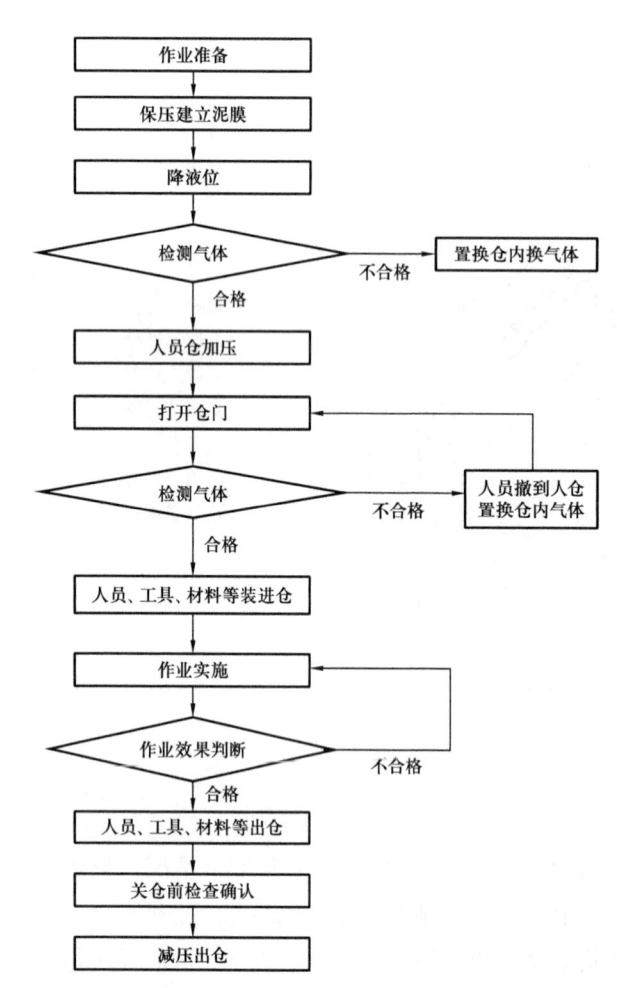

图3.43 常规带压进仓作业流程图

（4）边缘刮刀及齿刀出现较严重崩齿或刀具上的合金堆焊层磨损较严重时需更换。

常规带压进仓作业内容及要求见表3.36。

表3.36 常规带压进仓作业内容及要求

序号	作业环节	内容	要求
1	作业准备	履行人员、设备、材料、工程条件、后勤保障相关工作	确认相关准备工作已完成，作业过程中实时对地表沉降情况进行监测。建立泥膜，并对泥膜质量进行初步判定
2	置换气体	对仓内气体进行置换	对仓内气体成分进行检测，若CO、CO_2、CH_4、H_2S等有害气体含量超标，应继续进行通风置换直至合格
3	检查人员进仓	检查人员对刀具刀盘等异常情况进行检查	人员仓加压应由专业操仓人员按照国家标准进行操作。打开仓门后，由安全员对仓内气体进行检测，如检测不合格，应关闭仓门，检查人员出仓并置换仓内空气。检测合格后，由检查人员对刀盘、刀具磨损情况进行检查并记录，并对掌子面稳定情况、泥膜建立情况进行检查，如不符合进仓作业需求，应关闭门，检查人员出仓，并对泥膜进行重建。检查人员在压力环境下的作业时间应符合国家标准规定
4	检查人员出仓	人员出仓及交底	人员仓减压应由专业操仓人员操作。检查人员检查完成后，将自身携带的检查工具、设备、记录表带出仓外，由机电工程师对更换刀具的位置及数量对作业人员进行交底，由土木工程师及安全员将仓内作业注意事项向作业人员进行交底
5	作业人员、材料、工具进仓	作业人员、材料、工具进仓	作业人员应对材料、工具进行核对并转运至人员仓。作业人员应履行进仓签字确认程序。人员仓应由专业操仓人员按照国家标准进行操作
6	作业实施	根据方案、交底内容实施作业	作业人员按照方案、交底中明确的作业内容、流程、标准实施作业。作业过程中，实时关注掌子面稳定情况和有毒有害气体检测情况，若存在异常情况，应停止作业，立即出仓。作业人员在压力环境下的工作时间应符合国家标准规定
7	作业人员出仓	作业人员出仓	人员仓由专业操仓人员操作。作业人员应将所更换的旧刀具携带同步出仓。减压出仓期间，应将本仓工作完成情况及时向仓外人员进行反馈，以便提前安排下仓作业内容。作业人员出仓后，应做好与下仓人员的交接工作
8	作业效果判定	由检查人员按照方案和交底内容对工作效果进行判定	检查人员按照作业的目的和标准对换刀点位、螺栓紧固效果、障碍物处理等作业效果进行检查，如未达到作业预期效果应继续实施
9	清仓、关闭仓门	作业人员清仓并关闭仓门	作业人员进仓对仓内工具、工装、材料进行清点核对并携带出仓，同时按照交底要求关闭仓门，人员出仓后，做好恢复掘进准备

带压进仓项目及质量标准见表3.37。

表3.37 带压进仓项目及质量标准

序号	项目		质量标准	备注
1	土仓压力		压力≤0.36MPa	与掌子面水土压力平衡
2	有害气体含量	一氧化碳	≤10mg/L	
		二氧化碳	≤50mg/L	
		甲烷	≤1000mg/L	
		硫化氢	≤10mg/L	
		氧气	19%～22%	
3	地层情况观察		开仓后及时观察、描述掌子面地层情况，包括层理、节理、裂隙的结构状况、地下水情况、塌陷情况等，核对施工图地质情况，判断稳定性	
4	刀具检查		刀具的磨损量检测、外观检测，刀具螺栓检测，刀盘螺栓检查	

开挖仓内气体要求见表3.38。

表3.38 开挖仓内气体要求

序号	气体	含量/(%，按体积计算)
1	一氧化碳	≤0.0024
2	二氧化碳	≤0.5
3	甲烷	≤1
4	硫化氢	≤0.00066
5	氧气	19～22

入闸内的加压速度宜控制在0.05～0.10MPa/10min。

开挖仓内用于照明的灯具必须使用安全防爆类型，照明所使用的电压不能超过24V，输电线路必须使用密闭电缆，严禁使用绝缘不良的电线或裸体线输电。

空气压缩机的容量配备应满足维持工作面稳定的地层气体损失量和正常工作气体循环量，仓内气体压力波动值≤0.005MPa。

采用优质泥浆置换工作仓泥浆，在高于掘进时土仓泥水压力下制造泥膜，根据泥水、气体逸散速率判断泥膜保压性能，必要时采用浆气多次置换保证泥膜的厚度和强度。若供气量＜供气能力的10%时，开挖仓气压能在2h内无变化或不发生大的波动时，表明保压试验合格。在气压开仓过程中若供气量＞供气能力的50%，则应停止气压作业并重新采用浆气置换修补泥膜至保压试验合格。

做泥膜时，应保证仓内压力高于工作压力 0.02~0.05MPa（或 1.1~1.3 倍工作压力）。

3.3.7.3.4 劳动组织

由于带压进仓作业的特殊性，作业人员要求必须是经过培训的人员才可以进仓作业，人仓操作人员必须是具备高压氧仓操作资格的人，成立专门的领导指挥小组和应急处理小组，包括现场指挥协调人员、应急处理人员和专业的医生。

（1）带压操仓、进仓作业人员选拔应参照《海军潜水员体格检查标准》体检合格，符合进仓作业要求。患有中耳炎、感冒、心脏病、高血压、恐高症等疾病的人员严禁进仓。严格遵守工作纪律，严禁作业前后严禁剧烈运动和饮酒，并保证充足休息时间。每一批次进仓作业之前应由县级及以上医院进行常规体检合格。

（2）常规带压操仓、进仓作业人员应经过专业机构培训合格后方可进仓作业，人员仓操作人员应取得相应的资格证书，且熟知仓内作业流程和安全防护措施。操仓人员必须取得氧仓维护保养 R3 资格证书。

（3）电焊工、电工等特殊工种应持有效证件上岗，其他人员必须通过专业培训合格后才能上岗。

（4）作业人员进仓时必须严格按交底内容执行，熟悉刀盘结构及刀具位置、刀具更换工作程序，严格遵守减压程序。带压作业人员由设备部统计人员，并将人员进行编组，明确每仓组长。

（5）人员进仓作业，须实行进出签认制。

常规带压进仓作业岗位设置及要求见表 3.39。

表 3.39 常规带压进仓作业岗位设置及要求

序号	岗位	人数	工作内容
1	值班经理	1	项目班子成员担任，下达施工任务，监管施工过程、施工安全和工作完成情况，协调各业务部门工作
2	作业队长	1	对进仓作业进行安排，协调相关资源，保障作业过程安全，协助值班经理工作
3	土木工程师	1	确定高黏度泥浆配比，评估判定泥膜质量。对进仓期间的补气量变化进行监测，根据补气量的变化采取重建泥膜等处置措施
4	机电工程师	1	对刀具进行分析，依据刀具磨损量确定刀具更换位置和数量。对刀盘磨损情况进行检查，测量相关数据，提出刀盘修复方案并对作业效果进行判定
5	盾构司机	1	对盾构供水、供电、供气、通风、通信、照明系统、保压系统主要设备运转情况进行监控，完成进每仓间隔期间的保压工作以及进仓前的排浆、转动刀盘等工作。监控开挖仓内压力、液位变化，及时反馈异常情况并与地面联系
6	安全员	1	对仓内气体进行监测，监督并制止违规作业，并掌握人员急救技能
7	作业人员	3~4	在正确佩戴安全防护用品的前提下，按照技术交底培训内容实施作业，及时反馈掌子面异常变化情况

续表

序号	岗位	人数	工作内容
8	测量员	2	对地表沉降进行监测,对测量数据进行记录和反馈
9	物资人员	1	管理作业材料、应急物资、危险品等
10	值班电工	1	持证上岗,对盾构的供电、照明系统进行维保和监控,根据现场需求对用电设备进行安装及拆除
11	值班维修工	1	对盾构设备进行维修和保养,根据现场需要对设备进行安装和维修
12	电焊工	1	持证上岗,掌握相应技能
13	进仓辅助人员	5	保障隧道运输通道畅通,完成进仓前的刀具准备、氧气更换以及进仓物品的倒运
14	医生	1	带压作业期间具备潜水作业经验的医学顾问;职业病预防及救治;身体检查、医疗卫生等。跟踪进仓期间作业人员身体状况,对作业人员身体进行现场紧急医疗救助。作业人员出仓后,询问和初步检查其身体状况并告诫后续注意事项
15	人员仓操作人员	2	按照国家标准要求,依据进仓作业工作压力,严格控制带压作业时间、加压和减压时间

3.3.7.3.5 材料要求

常规带压进仓作业主要材料配置及要求详见表3.40。

表3.40 常规带压进仓作业主要材料配置及要求

序号	名称	规格	单位	数量	要求
1	刀具		把	若干	合格
2	拆装刀专用工装		套	2	合格
3	管路	风、水、气	m	若干	合格
4	活动扳手	250mm、400mm	把	2	合格
5	内六角扳手	19	根	4	合格
6	内六角扳手	4~20mm	套	2	合格
7	撬棒	长、短	根	2	性能良好
8	铁锤	1kg	把	2	合格
9	加力杆	1m	根	2	合格
10	套筒	55	个	2	合格
11	医用氧气		瓶	若干	合格
12	医用氧气管		套	3	合格

续表

序号	名称	规格	单位	数量	要求
13	呼吸面罩		套	4	合格
14	氧气减压阀		套	3	合格
15	医疗急救用品		套	2	满足急救要求
16	头灯		把	10	性能良好
17	手套		双	若干	合格
18	棉大衣		件	4	合格
19	毛巾		根	若干	合格
20	吊环		套	若干	合格
21	吊带	1t	根	4	合格

3.3.7.3.6 设备机具配置

（1）带压进仓前提前对人员仓进行加压、减压、保压试验，对保压系统工作状况进行检查。对人员仓内的管线、阀组、仪表、通信、照明、加热装置、吸氧装置、消防设施（喷淋系统、手持灭火器）、气体检测仪以及压力记录仪器等进行检查，确保人员仓满足厂家设计标准及安全要求。

（2）对应急发电机进行检查和试运转，确保网电和应急电源切换正常，同时做好油料储备。对空压机工作状况及气路系统涉及的管路、滤芯、阀组等进行检查。

（3）应配置医生及救护设备。

（4）带压进仓时将刀盘控制处于锁定状态，严禁转动刀盘，并有专人（盾构主司机）进行监管。

（5）进仓前后对所使用的工具种类、数量进行核对。

（6）气体检测仪应定期进行标定，且在有效期内。进仓人员应携带便携式气体检测仪，对仓内气体实时监测。

（7）盾构机在停机进仓前，盾构机设备负责人必须对盾构设备全面检查，检查各系统设备是否工作完好，对盾构对供水系统涉及的管路、滤芯、阀组等进行检查，应对通风机机况、隧道内通风管路进行检查。对进仓作业所需的辅助设备、工具和工装进行检查、核对。对垂直、水平运输设备如门吊、电瓶车等机况进行检查。对盾构供水、供电、供气、通风、消防、照明、保压等系统做全面检查，保证各系统工作正常。

（8）应配置安全帽、安全带、专用工作服及相应的专用劳保用品。

（9）所有仪器、仪表应定期进行标定，且在有效期内。

常规带压进仓作业主要设备配置及要求详见表3.41。

表 3.41　常规带压进仓作业主要设备配置及要求

序号	名称	规格	单位	数量	要求	来源
1	电动空压机	90kW	台	3	性能良好	盾构自带
2	内燃发电机	300kW	台	1	性能良好	盾构自带
3	高压清洗机	150bar❶	台	1	性能良好	新购
4	电焊机	400A、500A	台	2	直流电焊机和CO_2保护焊，焊性能良好	自有设备
5	污水泵	5.5kW	台	1	性能良好	自有设备
6	隔膜泵	50L	台	1	性能良好	盾构自带
7	储气罐	2m³	个	8	性能良好	盾构自带
8	开关箱		个	若干	根据一机一闸需要配置，性能完好	盾构自带
9	气动扳手	2300N·m	把	2	根据螺栓紧固参数进行配置	新购
10	套筒扳手	16～40mm	套	1	性能良好	新购
11	扳手	16～40mm	套	1	性能良好	新购
12	数码相机		台	1	根据要求配置	新购
13	对讲机		部	8	满足通信要求	新购
14	气体检测仪	便携式	台	2	能够检测易燃易爆、有毒有害气体	盾构自带新购
15	拉链葫芦	1t	个	4	性能良好	新购

3.3.7.4　质量控制要点

（1）建立健全安全质量责任制，进仓、检查刀盘及换刀减压作业、运输严格按规程操作。

（2）进行必要的岗前培训，对作业人员，上岗前针对进仓、检查刀盘及换刀、减压作业的特点进行安全教育，树立起安全作业的意识。

（3）项目实行24h领导现场值班制度。

（4）保证现场材料供应，确保作业过程的有效运转。

（5）值班工程师现场24h值班，并在值班过程中做好带压进仓作业的各种记录，第二天及时上报公司。

（6）带压作业过程中，加强各种检测仪表、空压机、气路电路的观测，如发现空压机故障，应立即启动另一台空压机；如发现停电，应立即启动内燃空压机；如发现管路漏气，应立即汇报并及时处理，以防意外情况发生，并将监测情况及时上报值班经理。

---

❶ 1bar=100kPa。

(7)每班作业时,电工应加强用电管理,确保工地施工安全。

(8)人仓、自动保压系统及减压仓由专人负责操作,同时做好各项记录。

(9)人员作业时应佩戴好个人防护用品,防止意外伤亡事故的发生。

3.3.7.5 HSE 检查控制要点

(1)盾构机带压开仓作业人员必须是经带压作业培训考核合格的人员,定期参加体检,身体健康。

(2)为了确保带压作业的安全可靠,需邀请专业人员到现场进行指导和协助,对带压进仓人员进行带压作业培训和安全教育。

(3)严格执行盾构机带压开仓作业申报程序,说明带压开仓作业目的、内容、人员和各项安全应急措施准备情况,经项目经理、总工和安全生产总监批准后,方可进行带压开仓作业。

(4)盾构机带压开仓作业人员禁止酒后作业、疲劳作业,精神状态良好。

(5)带压进仓人员持证上岗,除必须携带的工具、应急器材和监测仪器外,未经许可,不得擅自随身携带火种(火柴、打火机)和可能膨胀的饮品或食物带入气垫仓。

(6)带压作业前所有人员到现场熟悉作业环境,详细了解此次带压作业的目的和内容,明确作业步骤和流程,熟悉人仓和气垫仓内的结构以及各种开关、按钮、开关阀、压力表等的正常工作情况。

(7)在仓内进行作业时,分工要明确,1 名专业人员负责和外界通信并总体指挥所有仓内人员,2 名作业工人负责具体作业的实施,1 名技术人员负责作业人员和通信人员的信息沟通、资源供给、安全检测等。

(8)作业前首先进行人仓调试,由专业操仓人员、项目设备部技术负责人、维保班三方面到现场共同调试,逐项确认各项功能运行是否正常,并最终做出人仓能否使用的结论。

(9)人仓、自动保压系统及减压仓由 2 人负责,1 名人员负责操作,1 名人员监护,同时做好各项记录。

(10)人员进行带压作业必须实行签认制,由项目主要负责人和带压进仓人员共同签认,确保各项保证措施的充分、可靠。

3.3.8 盾构接收及拆机

3.3.8.1 工序介绍

盾构机宜采用干式接收。主要工作内容包括盾构到达前的复核测量、安装洞门圈密封设备及接收基座、洞门处理、盾构到达掘进、进入工作井、洞门环注浆封堵、盾构拆机吊出等。

3.3.8.2 施工工法

盾构接收施工工法主要在接收前地层加固部分，主要包括地下连续墙及超高压MJS工法。

3.3.8.3 作业管理统一规定

3.3.8.3.1 作业准备

在盾构机距离接收洞门侧墙100m时进入到达段掘进，盾构接收是隧道贯通的关键。因此，在接收段的推进中严格控制盾构机的水平、垂直偏差，并结合盾尾间隙尽量减小盾构掘进的轴线偏差。此时的掘进速度逐渐放慢，推力逐渐降低。盾构接收段的施工中做好以下几方面准备工作。

（1）增加测量和监测次数，不断校准盾构机掘进方向。同时盾构应在接收前100m、50m处分两次对盾构姿态进行人工复核测量，并根据复核结果进行姿态控制和调整。

（2）盾构机刀盘距离贯通里程<10m时，在掘进过程中，专人负责观测洞门的变化情况，始终保持与盾构机司机联系，及时调整掘进参数。

（3）在拼装的管片进入加固范围后，浆液改为快凝硬性浆液，提前在加固范围内将泥水封堵在加固区外。

（4）当最后一环管片拼装完成后，通过管片的二次注浆孔，再次注入双液浆进行封堵。注浆的过程中要密切关注洞门的情况，发现漏浆及时用棉纱封堵。

（5）调整好盾构接收时通过折叶压板卡环上的钢丝绳，使压板能够压紧帘布橡胶板，以防止盾构出洞时洞门泥土及浆液漏出。

（6）由于盾构到达时推力较小，导致洞门附近的管片环与环之间连接不够紧密，因此必须做好管片的螺栓紧固和复紧工作。

（7）盾构接收端头加固完成，提前进行端头地层降水。安装好盾构接收基座和托架，并提供出盾构机拆除时履带吊机、主机、后配套拖车及运输车辆的停放场地，地基承载力应满足吊装及盾构机部件摆放要求。

（8）根据设计要求进行端头加固，加固完成后应进行质量检查，检验合格后方可盾构接收掘进。

3.3.8.3.2 工艺流程

盾构机接收及拆机施工流程如图3.44所示。

3.3.8.3.3 施工要求

（1）盾构到达前的复核测量。

① 盾构机姿态人工复核测量。

在盾构贯通前距贯通面100m时进行包括联系测量的线路复测。要对洞内所有的测量控制点进行一次整体、系统的控制测量复核，对所有控制点的坐标进行精密、准确的平差计算。

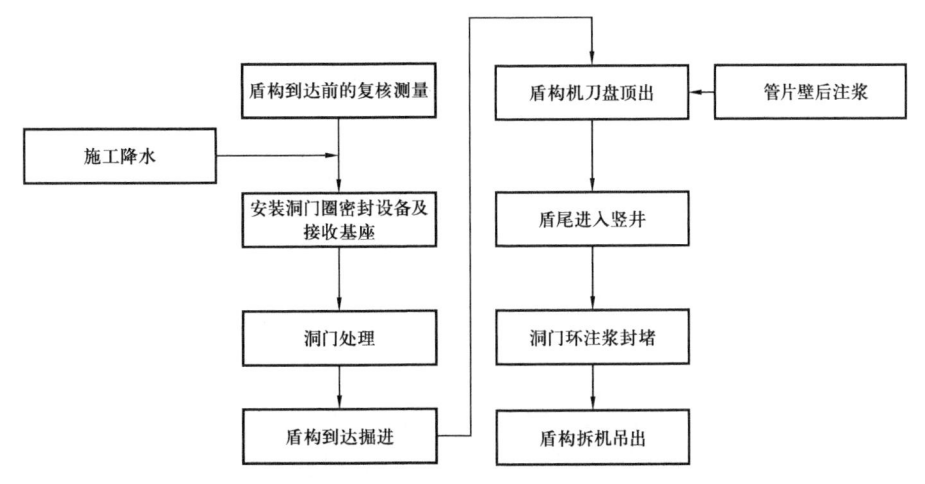

图 3.44 盾构机接收及拆机施工流程图

在 100m 和 50m 处对激光导向系统及盾构姿态进行人工复核测量。在盾构到达前的最后一次导向系统搬站时，充分利用在贯通前 100m 时线路复测的结果，用测量二等控制点的办法精确测量测站、后视点的坐标和高程（测量经纬仪和后视棱镜的坐标和高程），每一测量点的测量≥8 个测回。同时，在贯通前 50m 时，进一步加强管片姿态监测与控制。

② 到达洞门复核测量。为准确掌握到达洞门施工情况，在盾构贯通前 100m 之前对盾构到达洞门进行复核测量，测量项目包括洞门中心位置偏差、洞门全圆及半径等。必要时根据复核结果对洞门轮廓进行必要的处理。

③ 盾构姿态调整。根据盾构姿态测量和洞门复测结果，讨论制定盾构姿态调整方案，并逐渐将盾构姿态调整至预计的位置。确定盾构贯通姿态时，一般考虑盾构到达时施工进度较慢，盾构存在下沉的情况，贯通前 30m 可逐渐将盾构姿态抬高 20mm。

（2）接收基座安装。导轨长度为洞门深度，高度根据盾构刀盘边沿与洞门圈之间的空隙确定。为保证盾构能顺利推上导轨，导轨近洞门掌子面端适当低于刀盘 20mm。在洞门环上焊接 43kg/m 钢轨。导轨安装分两步进行：第一步，洞门围护桩凿除完成后，根据洞门深度准备好材料；第二步，预留钢筋割除前，根据刀盘实际位置准确定位导轨并进行安装、加固。

（3）洞门密封安装。为保证帘布橡胶板能紧贴盾壳或管片外弧面，需对压板进行改造。具体要求为：加工一套翻板，每块翻板上焊接有钢丝绳挂钩，通过挂钩用 ϕ20 钢丝绳将翻板拉紧，有效地将帘布橡胶板压在盾壳或管片外弧面上。

接收洞门密封具体如图 3.45 所示。

（4）端头降水及端头加固检测。

① 端头降水。盾构接收端头降水井设计方案及布置见表 3.42 及图 3.46，基坑开挖前进行降水试验，由专业降水设计单位进一步优化、调整降水设计。

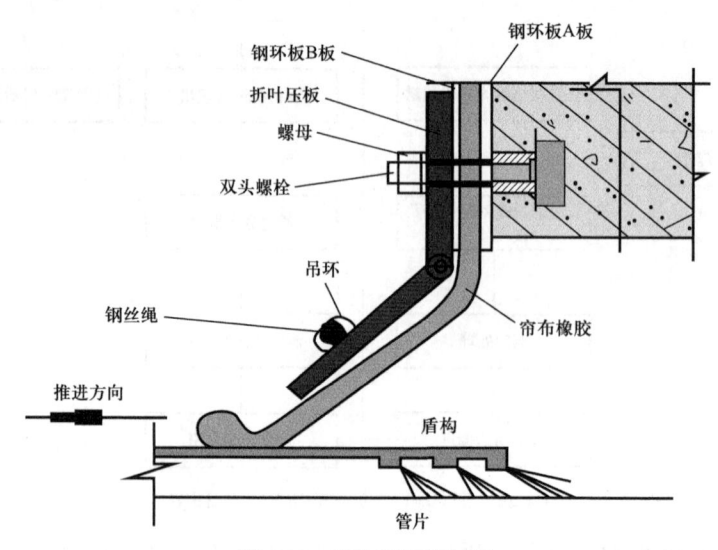

图 3.45 接收洞门密封图

表 3.42 盾构接收端头降水井设计方案

分区	降水井类型	井数	孔深/m	孔径/mm	井径/mm	备注
坑内	疏干井	4	36	650	325	
	减压备用兼观测井	2	60	650	325	
		2	60	650	325	
坑外	浅层水位观测兼应急备用井	8	36	650	325	
	深层水位观测兼应急备用井	8	70	650	325	

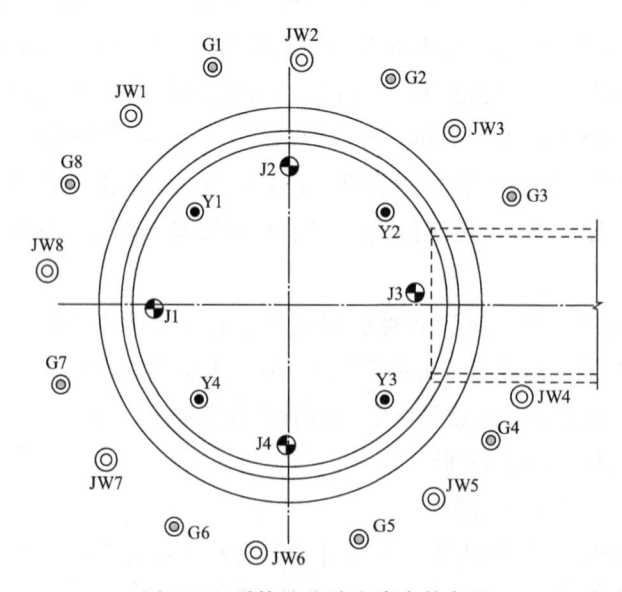

图 3.46 盾构接收端头降水井布置

② 端头加固效果检测。

盾构始发端头加固的土体应具有良好的均匀性、自立性、密封性。在盾构接收前对地层加固效果进行钻孔取芯检测，确保强加固区无侧限抗压强度≥1MPa，渗透系数 $k \leqslant 1.0 \times 10^{-7}$ cm/s。加固体采用垂直取芯，取芯根数≥3根。为保证盾构掘进安全，取芯位置位于盾构隧道界限外1m。

加固完成后通过对所取芯样的检测，判断所加固土体质量，检查标准及方法见表3.43。

表3.43 加固土体质量检查标准及方法

编号	检查项目	标准	检查方法	备注
1	强加固区土体强度	>1MPa	在隧道开挖线外侧2m施工≥3个钻孔取芯检查	取岩土芯进行抗压强度试验
2	加固体渗透性	$\leqslant 1.0 \times 10^{-7}$ cm/s	在洞门范围上下左右及中心各施工钻孔1个，检查其渗水量	钻孔要进入加固体≥50cm
3	加固体匀质性	加固体均匀	利用钻孔取芯进行检查	现场判定

③ 加固区水平钻孔。

在洞门凿除钢筋混凝土前，在洞门范围内钻9个探孔观察止水效果。探孔直径 ϕ5cm，孔深3m，各探孔出水量的总和<1m³/d，孔洞无泥砂流出等异常现象发生，在确保土体稳定后方可破除洞门。探孔布置如图3.47所示。

若土体加固效果达不到设计要求，必须采用注浆的方式进行补充加固，可以从地面垂直钻孔和洞门内水平钻孔进行注浆加固。

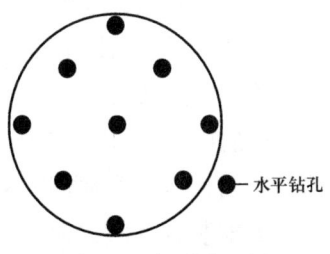

图3.47 探孔布置图

（5）到达掘进。

① 贯通前100环段掘进注意事项。

盾构贯通前100环的施工特别注意如下事项。

a. 提前在到达段地面、工作井侧墙及洞门埋设监测点。

b. 根据贯通前100环段地质条件及隧道埋深情况，确定该段隧道掘进施工参数：掌子面压力、每环注浆量、注浆压力、同步注浆配比。

c. 盾构进入贯通前50环时，建设单位、监理、施工单位、第三方监测等各方会同对工作井侧墙及地面等情况进行检查，并签认书面资料。检查项目包括硬化地面有无裂缝、工作井侧墙及其他结构有无变形、裂缝、隆陷等。

d. 盾构进入贯通前50环时，需派人24h在对工作井侧墙及洞门处进行观察，观察人员用电话与工地调度或主控室联系。

e. 盾构进入贯通前50环段时，需增加地面沉降和结构变形监测频次，每天监测2次以上。

② 距围护结构 20m 段的掘进。

盾构在贯通前的 20m 掘进时,在加强地面监测的同时需对工作井侧墙及洞门进行监测,监测频率为每天 2 次以上,并及时将监测结果反馈至掘进施工现场,对掘进参数进行调整。

另外,在贯通前 20m 时,根据最后一次导向系统搬站测量结果确定的盾构贯通姿态进行盾构姿态调整,确保盾构按预计的姿态顺利贯通。盾构掘进参数根据地面、工作井侧墙及洞门监测结果进行适当调整。

③ 距围护结构 5m 段的掘进。

a. 盾构进入距围护结构 5m 段时,此时盾构已进入加固土体区域内,为保证工作井侧墙的稳定,需逐渐降低掌子面压力、总推力和掘进速度、刀盘转动速度,控制注浆压力等。

b. 在距围护结构 1.5m 时,推进速度降低至 10mm/min 以下。

④ 盾构在围护结构范围内的掘进。

a. 盾构通过围护结构范围前,借助围护结构的封闭作用通过同步注浆管向盾尾后进行注浆,保证盾尾后部注浆饱满,形成封闭环,防止加固区外的水倒灌至工作井内。

b. 盾构进入围护结构范围掘进时,由专人在到达洞门前进行观察指挥并与盾构主控室保持不间断的联系,盾构掘进严格按照指令单进行控制。

c. 盾构在到达围护结构范围掘进时,遵循"低推力、低刀盘转速,减小扰动"的原则进行控制,确保盾构推进不对工作井墙造成影响。

d. 安装管片时,油缸推力设定为 50bar(1bar=100kPa)。管片螺栓必须分两次紧固,第一次在管片安装时,第二次在下一环掘进时复紧。

e. 在盾构到达围护结构时,将剩余钢筋沿洞门圈割断,需采用推进油缸将盾构推出洞门。

(6)洞门凿除。

在盾构贯通前最少一个月时开始,对接收洞门土体加固情况进行探孔、处理,盾构机到达地下连续墙后,进行渗水量测试,满足要求后凿除洞门。

洞门混凝土凿除为粉碎性凿除,采用人工高压风镐,施工时首先将基坑侧保护层破除,待所有的保护层破除完毕后,将第一道钢筋彻底割除。然后进行地下连续墙主体的凿除。保护层的凿除工作由上至下完成,钢筋的割除自下至上切割,切割要彻底,保证洞门直径足够盾构机通过。

对地下连续墙进行主体凿除分块进行,通过观察破除表面的渗漏水和洞口变形情况,确认安全后按照该顺序进行下一块地下连续墙的凿除,直至第二道钢筋完全露出。破除过程中,应加强观测和监测力度,一旦出现渗漏水现象,立即采取相应措施,并向相关负责人上报。根据实际情况,采取措施后,方可继续进行破除工作。整体完成破除后,逐块进行扩孔检查渗漏水情况,若无渗漏水现象方可进行混凝土的破除工作。

第二道钢筋的割除采用"由下而上、分部割除、分部喷混凝土"的方法，分为1、2、3、4共四个部分进行施工，每个部分第二层的钢筋割除后，使用喷射混凝土将洞门封闭，再进行下一部分的钢筋割除、喷射混凝土，依次完成洞门的全部封闭。接收洞门钢筋割除及喷射混凝土顺序如图3.48所示。

钢筋割除完后，检查无侵入盾构通过净空内的钢筋后，将井内清理干净。

（7）盾构到达。

① 洞口15环管片拉紧。由于盾构机到达时推力较小，导致洞门附近的管片环与环之间连接不够紧密。为保证接收端洞门管片的稳定，防止因刀盘反力不足引起管片环缝接触松弛、张开并造成漏水，需对盾构到达洞门口的前15环管片进行拉紧，即用4组16#槽钢将管片沿隧道纵向拉紧，管片拉紧装置如图3.49所示。

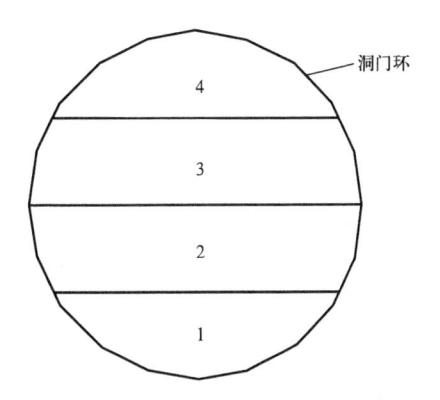

图 3.48　钢筋割除及喷射混凝土顺序图
第二层洞门钢筋割除及喷射混凝土
防护施工按照图中顺序进行

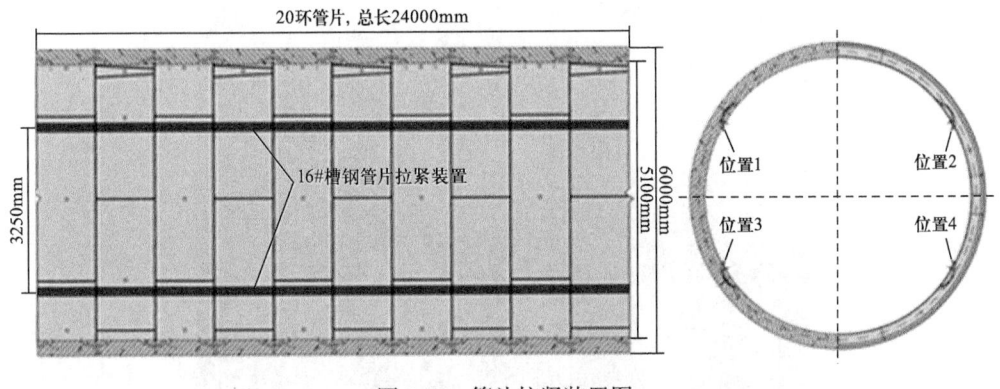

图 3.49　管片拉紧装置图

② 最后6环管片安装。

盾构将地下连续墙掘进完后，还需安装6环左右管片。该管片安装时，由于盾构前方没有了反推力，将可能造成管片与管片之间的环缝连接不紧密，容易漏水。同时，由于注浆也受洞门密封装置密封效果影响，易产生漏浆，从而导致管片下沉。因此最后管片安装时注意如下事项。

a. 安装管片时，伸油缸推力设定为50bar（1bar=100kPa）。管片螺栓必须进行两次紧固，一次在管片安装时，第二次在下一环掘进时。

b. 最后管片推进时，同步注浆配比采用水泥用量较大的配比。

③ 洞门封闭。

盾尾进入洞门圈后需注浆填充洞门圈，封闭洞门。在盾尾进入洞门圈后停止推进进行注浆。注浆过程中需密切关注洞门圈密封装置情况，出现漏浆先停止注浆及时进行处理，处理好后再进行注浆。

盾构主机进入南岸工作井后，采用双液浆对最后几环管片与地层及洞门的间隙进行填充，阻断地下水从管片后通过洞门间隙流出。

（8）盾构拆机。

① 隧道贯通后，即可进行拆卸工作。盾构解体方案：

a. 盾构机拆卸顺序与组装顺序一般相反，后装的先拆，先装的后拆；

b. 先拆下的电缆、油管、风管、水管、气管以及电气组件、液压组件等小型机具，吊出井口、清洗、检查并包装入库；

c. 根据南岸工作井外场地布置与设备配置情况，考虑安全、经济、高效的原则，主机吊出拆卸井采用400t履带吊和250t汽车吊配合吊出；

d. 后配套各拖车分节吊出盾构井，在地面场地拆解；

e. 拆前对整机各部、各系统包括机、电、液、风、水、气等管路、电路与组件要进行标识。

盾构吊出如图3.50所示。

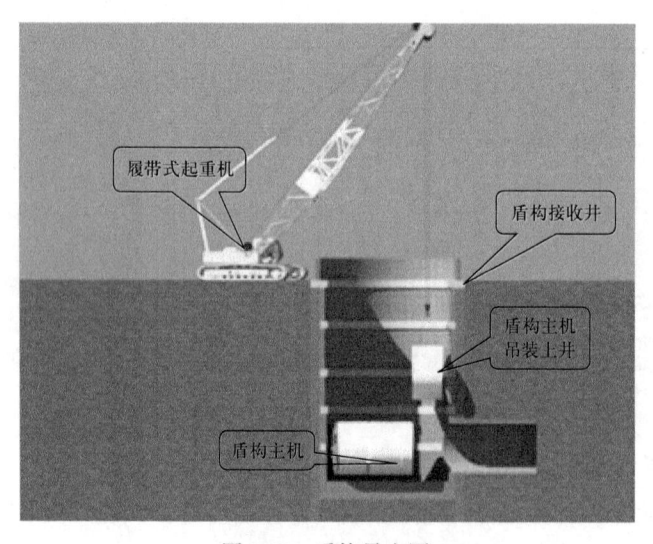

图3.50 盾构吊出图

② 拆卸原则：

a. 所有拆卸方案的制定均以厂商原始技术资料为依据；

b. 在不影响起吊、包装、运输和保证部件设备不致损坏变形的前提下，尽可能不要拆得太零散；

c. 拆卸方案与拆卸记录资料均需要妥善保存。

③ 拆卸顺序：

a. 隧道贯通后，清除刀盘前面泥浆与渣土，盾构机移位到达相应位置；

b. 断开盾构机风、水、电供应系统；

c.管线与小型组件拆除；

d.盾构主机吊出盾构井，在地面场地清洗、检修；

e.后配套各拖车分节吊出盾构井，在地面进行拆解；

f.零部件清理、喷漆、包装、储存。

④ 盾构机拆卸特别注意事项：

a.盾构贯通前需全面仔细复查，补全机、电、液各零件的标识；

b.除组装所用设备、机具以外，盾构机拆卸专用的拖车牵引连接装置准备完好；

c.检查各种管接头、堵头，短缺数量、规格补充加工；

d.盾构贯通前应进行主机、后配套及其辅助设备的带负荷性能测试，以全面鉴定各机构、设备的性能状态，为拆卸后及时维护、修理和制定配件计划提供依据。

3.3.8.3.4 劳动组织

盾构接收及拆机作业除项目经理、技术负责人等管理人员外，还需要多个作业班组配合，包括掘进班、泥水队伍、加工班、综合班等。人员配备见表3.44。

表3.44 人员配备表

序号	岗位	人数	备注
1	项目经理	1	
2	技术负责人	1	
3	副经理	1	
4	安全负责人	1	
5	施工技术负责人	1	
6	机电总工	1	
7	技术主管	1	
8	试验主管	1	
9	物资部长	1	
10	测量主管	1	
11	现场技术员	1	
12	安全员	2	
13	掘进队	40	分2班
14	吊装队伍	6	
15	供应班	15	
16	泥水队	12	
17	机修班	6	

续表

序号	岗位	人数	备注
18	加工班	7	
19	电工班	5	
20	综合班	7	
21	生产辅助人员	7	
22	总计	118	

3.3.8.3.5 材料要求

（1）盾构接收所需材料与盾构始发所需材料一致，主要包括管片、管片螺栓、临时密封装置、橡胶密封垫、水泥、细砂、粉煤灰、膨润土。

（2）周转材料包括接收基座、钢轨、轨枕、洞门密封等。

3.3.8.3.6 设备机具配置

除盾构掘进所使用的设备机具外，盾构接收和拆机还需要盾构部件吊装及转运机械。包括400t履带吊、250t汽车吊及专用转运汽车等。

3.3.8.4 质量控制要点

3.3.8.4.1 接收前测量

（1）在进行盾构接收前对盾构机姿态进行人工复核测量时，按照测量标准规范对线路复测及测量点的坐标和高程进行复核。留存测量结果，并根据测量结果及时调整盾构姿态。

（2）对接收洞门中心位置偏差、洞门全圆及半径等进行复核测量。留存测量结果，并根据测量结果对洞门进行必要的处理。

3.3.8.4.2 到达掘进质量控制

（1）贯通前20m，对盾构资料进行调整，确保按照预定姿态贯通。

（2）盾构在到达围护结构范围掘进时，遵循"低推力、低刀盘转速，减小扰动"的原则进行控制，确保盾构推进不对工作井墙造成影响。

（3）对盾构到达洞门口的前15环管片进行拉紧，确保接收端管片拼装质量。

（4）最后6环管片螺栓必须分两次紧固，第一次在管片安装时，第二次在下一环掘进时复紧。安装管片时，油缸推力设定为50bar（1bar=100kPa）。

3.3.8.5 HSE控制要点

（1）盾构接收基座是否焊接牢固，导轨近洞门端高度是否合适。

（2）洞门密封吊环是否焊接牢固，钢丝绳是否紧固连接，确保盾构出洞时帘布橡胶板压在盾壳上。

（3）接收端头加固完成后，盾构到达前按照加固土体质量检查表要求进行检查。

（4）在洞门凿除钢筋混凝土前，使用水平钻孔检验加固体止水效果，如孔洞发生泥砂流出等异常现象，需及时进行二次加固，确保无异常后再行破除洞门。

（5）盾构贯通前50环，各方会同检查接收井侧墙及地面等情况；加密监测，每天至少2次。

（6）盾构通过围护结构范围前，通过同步注浆管向盾尾后进行注浆，形成封闭环，防止加固区外的水倒灌至工作井内。盾构距围护结构5m时，控制好掘进参数。盾构距围护结构1.5m时，推进速度进一步降低至10mm/min以下。

（7）洞门凿除需在渗水量测试无问题后进行，采用人工高压风镐方式，保护层的凿除工作由上至下完成，钢筋的割除自下至上切割，边割除边喷混凝土。如有渗漏情况，立即按照预定方案进行处理。

（8）盾构主机进入接收井后，采用双液浆对最后几环管片与地层及洞门的间隙进行填充，阻断地下水从管片后通过洞门间隙流出。

（9）盾构拆机与盾构组装类似，需关注专项方案审批，拆解过程防护、吊装作业、高处作业、动火作业、临电和交叉作业等危险作业风险。

（10）拆解后废弃物应妥善处置，防止发生环境事件。

3.3.9 盾构下穿建构筑物

3.3.9.1 工序介绍

盾构施工过程中不可避免地会遇到穿越既有建、构筑物的情况，穿越过程中必须对既有建、构筑物采取一定的保护措施。

3.3.9.2 施工工法

下穿建构筑物施工工法，主要包括穿越前的经验与总结、盾构掘进下穿动态控制措施两部分，其中盾构掘进下穿分为下穿前的准备、下穿施工工序及洞内控制措施三部分。下穿工序及洞内控制措施主要包括泥浆配比的调整，洞内二次注浆、深孔注浆、克泥效泥浆、掘进速度、地面监测等工序的控制。

3.3.9.3 作业管理统一规定

3.3.9.3.1 作业准备

（1）技术准备及人员培训。穿越周边建构筑物施工启动前应按照确定的施工方案编制专项技术交底，并组织所有施工人员学习，此外除盾构施工人员外还应协调监控量测人员、第三方监测人员、相关单位配合人员、应急抢险人员提前到位，确保下穿施工期间施工人员及技术保障人员充足。

（2）穿越前停机检修盾构机。在盾构到达周边建构筑物前，进行一次盾构停机，计划停机1～2d，来进行刀具检查、盾构机及其配套设备维修保养、泥水处理系统检修等工作；确保在下穿周边建构筑物施工段内盾构机状态良好，避免中途停机。停机前对所有的作业人员进行技术交底，确保停机期间安全。

（3）泥水处理系统检修工作。

① 为保证下穿周边建构筑物期间泥水处理系统工况良好，避免由于泥水处理系统处理能力不够或中途出现故障影响盾构掘进进度，根据泥水处理系统状况，可能计划利用施工前停机检查更换刀具期间对泥水处理系统进行一次全面检修保养工作。主要工作内容包括一、二级旋流器、旋流泵检修，调整池搅拌臂恢复加固，筛板及振动筛拖梁检修、加固，泥水处理设备上所有管路检修确保疏通保养等。掘进过程对盾构掘进参数进行精细控制，每环掘进开始时，应逐步提升掘进速度，防止启动速度过大冲击扰动地层；正常掘进时，速度保持衡定，减少波动，保证泥水仓水压稳定和进、排浆管的畅通。对盾构推力扭矩、刀盘转速进行精细化控制，减少盾构掘进对地层的扰动。掘进过程中对泥浆密度、黏度进行调整，根据地层土地变化情况，调整泥浆密度、黏度等参数，保证开挖面土体稳定。掘进过程对出渣量进行严密的监控。根据出渣量的监控，对掘进地层扰动的大小及泥水分离效果进行推测。

② 盾构下穿施工采用优质泥浆循环，增加膨润土用量，提高泥浆黏度，保证掘进过程中泥浆的携渣能力，防止泥浆指标突变造成渣土堆积堵塞排浆管、排浆泵等。

③ 盾构下穿前对同步注浆配合比进行调整，使用抗水分散型浆液，减少地层中浆液损失。

④ 掘进过程中在中盾注入高黏度泥浆减少地层与盾构机的摩擦力，防止在盾构停止掘进期间发生卡盾现象，同时在刀盘仓内补充注入克泥效等特殊泥浆，填充盾体与土体间的空隙，减少盾构掘进带来的二次沉降。

⑤ 下穿风险源位置设置二次注浆及二次深孔注浆，填充同步注浆收缩产生的与地层之间的空隙，改变地层加固效果，增加管片与地层之间的整体性，防止管片发生旋转、偏移等不良现象。

⑥ 盾构下穿常熟锚地等障碍物较多的地区，采用超前地质雷达进行地质扫描，保证盾构掘进前方20m范围内无障碍物，盾构下穿长江航道及冲刷坑区域时，除了增加洞内加固措施，加强管片二次注浆及二次深孔注浆，防止管片发生上浮、旋等风险外，同时提高同步注浆浆液强度，防止船锚的冲击作用将同步注浆浆液震散，不能起到填充效果。

⑦ 下穿长江大堤盾构掘进，属于重大风险点，除了对盾构掘进参数、同步注浆、泥浆指标及二次注浆进行控制外，南北岸长江大堤位置设置第三方监测点位，对南北岸大堤进行专项监测。

a. 盾构下穿长江大堤段管片由6孔改为16孔注浆孔管片，下穿风险源位置设置二次注浆及二次深孔注浆，填充同步注浆收缩产生的与地层之间的空隙，改变地层加固效果，增加管片与地层之间的整体性，防止管片发生旋转、偏移等不良现象。

b.盾构准备穿越长江大堤之前，对大堤南北两侧进行袖阀管引孔，确定地表注浆位置，施工过程中一旦发现堤防沉降超标或变形速度过快等，立即启动跟踪注浆。盾构下穿前，选取长江大堤南北侧 1/3 的点位进行预注浆，补充地层间空隙，盾构下穿过程中根据沉降变化情况，采用跟踪注浆的形式对地表袖阀管进行加密注浆，保证下穿全过程长江大堤沉降控制在允许值范围内。待盾构通过后，连续一个月对长江大堤进行监测，监测频率按照 4 次 / 天的频率进行监测，若发现仍有沉降徐变的发生则对剩余袖阀管孔位进行补充注浆，待沉降数据稳定后封堵地表袖阀管孔位，恢复正常监测频率。

c.在长江大堤两侧布设监测点位，对盾构穿越前、中、后 3 个时段进行加密监测，根据监测数据对南北岸长江大堤进行地表补充注浆。

3.3.9.3.2　工艺流程

工艺流程如图 3.51 所示。

3.3.9.3.3　施工要求

（1）掘进参数控制。

根据水土压力分算的计算方法计算所得沿线的理论压力，以及试验段施工通过监测反应的最佳掘进参数总结的压力来指导现场施工。盾构机掘进采用零沉降工法掘进，掘进时的切口泥水压力应介于理论计算值上下限之间，并根据地表建构筑物的情况和地质条件适当调整，尽量减小切口泥水压力的波动。

在掘进过程中，在盾构开挖轮廓线与盾壳之间加注充填材料，材料中掺加克泥效、恒盾泥等，使盾构掘进平稳，地层扰动控制到最低。

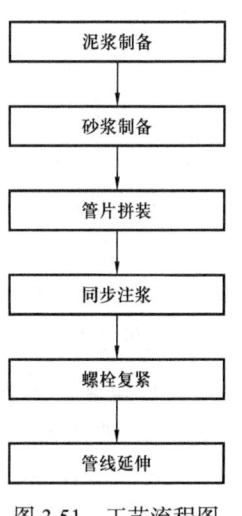

图 3.51　工艺流程图

为了尽量减小盾构穿越对建构筑物的影响，应尽可能地匀速完成下穿施工。因此，在正常的掘进条件下，盾构的掘进速度控制在 30～40mm/min。设定盾构掘进速度时，注意以下几点。

① 盾构启动时，盾构司机需检查千斤顶是否顶实，开始推进和结束推进之前速度不宜过快。每环掘进开始时，应逐步提高掘进速度，防止启动速度过大冲击扰动地层。

② 每环正常掘进过程中，掘进速度值应尽量保持恒定，减少波动，以保证泥水仓水压稳定和送、排泥管的畅通。在调整掘进速度时，应逐步调整，避免速度突变对地层造成冲击扰动和造成泥水仓水压摆动过大。

③ 推进速度的快慢必须满足每环掘进同步注浆量的要求，保证同步注浆系统始终处于良好工作状态。

④ 掘进速度选取时，必须注意与地质条件匹配，避免速度选择不合适对盾构机刀盘、

刀具造成非正常损坏和隧洞周边土体扰动过大。

为了确保盾构能够平稳、快速地下穿长江北岸大堤，确保盾构设备的施工安全，盾构在下穿长江北岸大堤期间的推力应控制在1800～2000t，刀盘扭矩控制在4500～5000kN·m以内。

为了尽量减小刀盘对地层的扰动，刀盘转速控制在0.8～1.2r/min。

（2）地面沉降控制。

① 每环的掘进过程中，严格控制泥水仓泥水压力，波动范围控制在±0.05bar（1bar=100kPa）以内，使泥水仓正面土体保持稳定状态，以减少对土体扰动的程度。

② 采取信息反馈的施工方法，沿隧道纵向轴线位置布设沉降观测点，在穿越长江北岸大堤区域布设横断面观测点。在盾构推进过程中进行跟踪沉降观测，并将所测沉降数据进行分析并及时反馈，为调整下阶段的施工参数提供依据。通过对实测数据与施工参数的收集和整理，形成一套较为完善的泥水平衡盾构施工智能数据库。

③ 加强同步注浆管理，及时充填盾尾建筑空隙，可采用同步注浆及二次补强注浆工艺，将沉降量控制在较小范围。可根据监控量测结果做跟踪注浆，当盾构穿越建筑物时，通过监控量测，必要时可采用地面注浆加固的措施来保护建筑物的稳定。

④ 统计泥水出渣量，比较地层损失量和同步注浆量，以指导同步注浆。

（3）泥水参数控制。

根据隧道埋深和地面监测情况及时调整泥水压力和泥浆密度、黏度等参数，使泥浆指标一直处于最优状态，在保证开挖面稳定的同时，能形成良好的泥膜。

① 密度。泥水的密度是一个主要控制指标。掘进中进泥密度不宜过高或过低，过高将影响泥水的输送能力，降低掘进速度；过低则不利于开挖面的稳定。泥水密度的范围应在 $1.05～1.12g/cm^3$。

② 黏度。泥水的黏度是另一个主要控制指标。从土颗粒的悬浮性要求及泥水处理系统的配套来讲，要求泥水的胶凝强度适中；从流动性考虑，黏度不宜过高。考虑到泥水处理系统的自造浆能力，随着在黏土层中推进环数的增加，黏度会上升，因此，泥水漏斗黏度的范围应保持在16～25s。

③ 含砂率。透水系数大的砂质地层，泥浆中的颗粒对砂层中的孔隙有堵塞作用，故泥膜的形成与泥浆中砂的粒径及含量有很大关系。含砂量可用筛分装置测定，也可用砂量仪代测。

④ 析水量和pH值。析水量和pH值是泥水管理中的一项综合指标，它们在更大程度上与泥水的黏度有关，悬浮性好的泥浆就意味着析水量小，反之就大。

泥水的析水量须<5%，pH值须>7（呈碱性）。降低含砂量、提高泥浆的黏度、在析浆槽中添加纯碱，是保证析水量合格的主要手段。

在砂性、砾砂性土中掘进时，由于工作泥浆不断地被劣化，应采用膨润土、制浆剂等添加剂不断地调整泥水的各项参数。

在盾构每环掘进完成，管片拼装期间，在刀盘仓注入高黏度泥浆进行保压，防止刀盘前方地表沉降。

3.3.9.3.4 劳动组织

盾构穿越施工劳动力配置见表 3.45。

表 3.45 盾构穿越施工劳动力配置表

序号	班组	岗位	人数	备注
1	施工管理人员（10人）	盾构机长	1	
2		盾构司机	4	
3		盾构技术主管	1	
4		掘进队长	2	
5		盾构土木值班	2	
6	井下作业人员（44人）	管片拼装工	8	
7		同步注浆	2	
8		值班电工	2	
9		值班修理工	2	
10		电焊工	2	
11		后配套管路延伸	10	
12		电瓶车司机	4	
13		井下信号工	2	
14		上、下管片	2	
15		巡道员	4	
16		二次注浆	6	
17	供应班（16人）	门吊司机	3	
18		信号工	2	
19		下管片	2	
20		拌合站（砂浆）	6	
21		防水	3	
22	泥水队（12人）	队长	2	
23		班长、副班长	2	
24		离心机	2	
25		制浆、抽浆	6	

续表

序号	班组	岗位	人数	备注
26	机修班 （6人）	队长	1	
27		班长	1	
28		机修	4	
29	加工班 （7人）	加工班长	1	
30		电焊工	6	
31	电工班 （5人）	班长	1	
32		电工	4	
33	综合班 （7人）	叉车司机	2	
34		洒水车司机	1	
35		普工	4	
36	生产管理辅助人员 （9人）	安全员	2	
37		管库员	2	
38		测量	3	
39		试验员	2	
40	总计		116	

3.3.9.3.5 材料要求

盾构下穿建构筑物所用材料主要包括同步注浆浆液，主要材料有水泥、粉煤灰、膨润土、细砂、微膨胀剂和絮凝剂等。还有盾构掘进所需管片，管片为C60钢筋混凝土结构。

3.3.9.3.6 设备机具配置

盾构下穿建构筑物所需要的主要机械设备见表3.46和表3.47。

表3.46 主要机械、设备配置表

序号	设备名称	规格型号	数量
1	盾构机	ZT996	1
2	进浆泵站	500kW、630kW	5
3	排浆泵站	630kW、800kW	9
4	冷却塔	150m³/h	1
5	管片修补台架	6m 高	2
6	锂电池机车	35t	9
7	管片车	20t	14

续表

序号	设备名称	规格型号	数量
8	砂浆车	12m³	7
9	储浆罐	20m³	1
10	砂浆拌合站	HZS75	1
11	人车	18	2
12	发电机	800kW	1
13	气体检测仪	XAM7000	3
14	管道增压泵	75kW	2
15	管道增压泵	15kW	7
16	泥浆分离系统	2000m³/h	1
17	离心机	CS30-4T	3
18	空压机	20m³	1
19	抽砂泵	NSQ100-18-1	1
20	调制浆系统	套	1
21	皮带输送机	B1000×35m	1
22	渣浆泵	100LZ-A-490×72	5
23	装载机	FL956H	2
24	长杆泥浆泵	15kW-150-9	6
25	门式起重机	MG35/15	1
26	挖机	SK200	1
27	叉车	3t	1
28	叉车	16t	1
29	通风机	2×150kW	1
30	电梯	TKJ1000/1.6-JX	2
31	履带吊	400t	1
32	汽车吊	300t	1
33	桥式起重机	LD10-19	2
34	制冷设备		2
35	管片模具	7.6m×6.8m×1.5m	6
36	自动焊管机		1

续表

序号	设备名称	规格型号	数量
37	冷弯机		4
38	直流电焊机	ZX7-500J	20
39	二保焊机	KRII350	6
40	等离子切割机	11kW	1
41	充电桩	150kW	5
42	超声波检测仪		1

表 3.47 主要实验、监测、测量仪器配备详表

序号	名 称	规格型号	单位	数量	备注
1	水准仪	DS3	台	6	±3mm
2	经纬仪	DJ2	台	3	2in
3	钢卷尺	7.5m	把	8	
4	钢卷尺	30m	把	4	
5	游标卡尺	0~150mm	把	1	
6	泥浆三件套	ANY-1	套	1	
7	砂浆稠度仪	SC-145	台	1	

3.3.9.4 质量控制要点

3.3.9.4.1 盾构推进、管片同步注浆质量保证措施

（1）加强盾构施工人员培训，提高盾构机司机的操作水平。

（2）加强施工测量，采取盾构自动测量先行，人工测量随时校核的措施，确保隧道线形正确，位置精度满足规范要求。

（3）在盾构机推进中根据不同土质和覆土厚度，结合地面监测信息，合理调整注浆质量，并按推力、推进速度和泥仓内的泥水压力的相互关系，合理控制推进速度，保证泥水压力和开挖面水土压力平衡。

（4）严格按照设计，施工规范组织掘进，提高盾构掘进质量。

（5）严格执行浆料及浆液配比。

（6）制定详细的注浆施工设计和工艺流程及注浆质量控制程序，严格按要求实施注浆、检查、记录、分析，及时做出 P（注浆压力）-Q（注浆量）-t（时间）曲线，分析注浆速度与掘进速度的关系，评价注浆效果，反馈指导下次注浆。制定详细的注浆作业指导

书，并进行详细的浆材配比试验，选定合适的注浆材料。

（7）成立专业注浆作业组，由富有经验的注浆工程师负责现场注浆技术和管理工作。

（8）根据洞内管片衬砌变形和地面变形监测结果，及时进行信息反馈，修正注浆参数设计和施工方法，发现情况及时解决。

（9）做好注浆设备的维修保养和注浆材料供应，定时对注浆管路及设备进行清洗，保证注浆作业顺利连续不中断进行。

（10）环形间隙充填不够、结构与地层变形不能得到有效控制或变形危及地面安全时，或存在地下水渗漏区段，在必要时通过二次注浆孔对管片背后进行补充注浆。

（11）提高信息化管理水平，及时反馈质量信息，分析处理，指导现场施工。

3.3.9.4.2 隧道轴线质量保证措施

（1）在掘进中及时掌握盾构机的方向和位置，严格对盾构机进行姿态控制，保证实际轴线同设计轴线的偏差量＜±50mm 的要求。

（2）盾构推进中，测量在每环拼装后进行，做到勤测勤纠，避免误差积累，对轴线一次纠偏量≤5mm。

（3）在盾构施工中由于受曲线的影响，需要选择合适的管片，来调整盾构姿态，以保证盾构沿着设计线路中线方向推进。

（4）定期人工测量盾构机姿态，发现问题及时纠正。

（5）隧道衬砌每循环都要测量盾尾间隙。及时纠偏，以保证隧道轴线的准确性。

（6）加强管片运输过程保护。运输前制定切实可行的方案和各种预备工作，采用专用运输车运输，确保管片在运输和吊运途中不受损或毁坏。

（7）正确选择管片的安装位置。作业前根据实际情况制定下一步作业指导书，对管片检查，管片按一定顺序进行编号，防止选错。做好管片安装位置的选择，合理拟合设计线路并与盾构机当前姿态相符。

（8）规范管片安装操作。拼装时先安装底部的块位，然后自下而上左右交叉安装，每环相邻管片均布摆匀并控制环面平整度和封口尺寸，最后插入封顶管片。

3.3.9.4.3 管片拼装质量保证措施

（1）严格进行管片螺栓复紧。连接螺栓逐步初步拧紧，脱出盾尾后复紧。当后续盾构掘进至每环管片拼装前，对相邻已成环的 3 环范围内管片螺栓进行全面检查并复紧。

（2）合理选取同步注浆参数，确保管片受力均匀并尽早获得稳定。注浆前进行配合比试验，选出最佳配合比，并根据不同地质情况，适时调整配合比；严格控制浆液的搅拌质量，搅拌均匀，时间充分，同步注浆速度与掘进速度相匹配；提高盾构推进质量，防止管片移位、错台；注意调整盾尾间隙，控制推进油缸的伸缩和同步注浆压力，拼装精度控制在设计要求之内，防止管片移位、错台。

3.3.9.4.4 施工程序与工艺流程

由于泥水平衡式盾构是通过调节气垫仓的压力来控制前方掌子面的泥水压力，依靠泥水压力来平衡盾构前方开挖面的水土压力，正是因为泥水盾构自身的这一特点可实现泥水压力的微调，保证前方开挖面的稳定，进而减小地面沉降。工程实施过程中通过精确建立压力平衡，减少掘进过程的压力波动可确保道路的安全。此外还将通过合理控制掘进参数达到平稳推进、谨慎纠偏来减少地层超挖，加强设备维修保养，杜绝异常或偶然停机等非正常因素影响带来的施工风险。

严格控制盾构掘进过程的出渣量，对掘进地层扰动大小及泥水分离效果进行推测，动态的观测本循环理论出渣量与统计出渣量的变化情况，通过对每环掘进分离的干渣量、同步注浆量进行统计并与理论掘进出土量进行对比，来判断每环掘进地层损失量是否过大、注浆回填量是否不足，以获得最佳的掘进模式，确保开挖面稳定。

通过 VMT 自动导向系统进行盾构机纠偏及掘进方向的控制，规定每环水平、垂直方向纠偏量，防止纠偏量过大造成地层扰动过大，导致地层沉降量加大、危及穿越建构筑物结构安全的现象发生。尽量做到快速掘进穿越，减少因沉降而造成对既有建构筑物的影响。加强工程实施过程的实时监测及应急处理。

3.3.9.5 HSE 检查控制要点

3.3.9.5.1 地面沉降超限安全保护措施

（1）掘进过程对盾构掘进参数进行精细控制，每环掘进开始时，应逐步提升掘进速度，防止启动速度过大冲击扰动地层。正常掘进时，速度保持衡定，减少波动，保证泥水仓水压稳定和进浆管、排浆管的畅通。对盾构推力扭矩、刀盘转速进行精细化控制，减少盾构掘进对地层的扰动。掘进过程中对泥浆密度、黏度进行调整，根据地层土地变化情况，调整泥浆密度、黏度等参数，保证开挖面土体稳定。掘进过程对出渣量进行严密的监控。根据出渣量的监控，对掘进地层扰动的大小及泥水分离效果进行推测。

（2）盾构下穿施工采用优质泥浆循环，增加膨润土用量，提高泥浆黏度，保证掘进过程中泥浆的携渣能力，防止泥浆指标突变造成渣土堆积堵塞排浆管、排浆泵等。

（3）盾构下穿前对同步注浆配合比进行调整，使用抗水分散型浆液，减少地层中浆液损失。

（4）掘进过程中在中盾注入高黏度泥浆减少地层与盾构机的摩擦力，防止在盾构停止掘进期间发生卡盾现象，同时在刀盘仓内补充注入特殊泥浆，填充盾体与土体间的空隙，减少盾构掘进带来的二次沉降。

（5）下穿风险源位置设置二次注浆及二次深孔注浆，填充同步注浆收缩产生的与地层之间的空隙，改变地层加固效果，增加管片与地层之间的整体性，防止管片发生旋转、偏移等不良现象。

3.3.9.5.2 施工要求

（1）掘进参数控制。

① 盾构机掘进时的切口泥水压力应介于理论计算值上下限之间，并根据地表建构筑物的情况和地质适当调整，尽量减小切口泥水压力的波动。

② 结合以往盾构施工经验和最新盾构技术，在掘进过程中，在盾构开挖轮廓线与盾壳之间加注充填材料，材料中掺加克泥效、恒盾泥等，使盾构掘进平稳，地层扰动控制到最低。

（2）掘进泥水压力设定。盾构穿越建构筑物区域地质、水文资料显示：隧道埋深为22～34m，考虑建构筑物结构影响计算，盾构机掘进时的泥水仓压力应介于理论计算值上下限之间，并根据地表建构筑物的情况和地质条件适当调整。根据计算，隧道断面顶部土压力加水压力为2.4～3.8bar。按照试验段总结的经验，以及结合现场实际情况，掌子面泥浆压力控制在2.5bar左右。为减小压力波动对掌子面土层的扰动，盾构机推进、反冲和旁通三状态切换时的泥水仓水压偏差值均控制在±0.05bar（1bar=100kPa）。

（3）掘进速度控制。

为了尽量减小盾构穿越对建构筑物的影响，应尽可能地匀速完成下穿施工。因此，在正常的掘进条件下，盾构的掘进速度控制在20～30mm/min。盾构掘进速度设定时，注意以下几点。

① 盾构启动时，盾构司机需检查千斤顶是否顶实，开始推进和结束推进之前速度不宜过快。每环掘进开始时，应逐步提高掘进速度，防止启动速度过大冲击扰动地层。

② 每环正常掘进过程中，掘进速度值应尽量保持恒定，减少波动，以保证泥水仓水压稳定和送泥管、排泥管的畅通。在调整掘进速度时，应逐步调整，避免速度突变对地层造成冲击扰动和造成泥水仓水压摆动过大。

③ 推进速度的快慢必须满足每环掘进同步注浆量的要求，保证同步注浆系统始终处于良好的工作状态。

④ 选取掘进速度时，必须注意与地质条件匹配，避免速度选择不合适对盾构机刀盘、刀具造成非正常损坏和隧洞周边土体扰动过大。

（4）推力扭矩控制。为了确保盾构能够平稳、快速地下穿周边建构筑物，确保盾构设备的施工安全，盾构在下穿建构筑物期间的推力、刀盘扭矩根据地层压力确定。

（5）刀盘转速。为了尽量减小刀盘对地层的扰动，刀盘转速控制在0.8～1.2r/min。

（6）地面的沉降控制。

每环的掘进过程中，严格控制泥水仓泥水压力，波动范围控制在±0.05bar以内，使泥水仓正面土体保持稳定状态，以减少对土体扰动的程度（1bar=100kPa）。

采取信息反馈的施工方法，沿隧道纵向轴线位置布设沉降观测点，在穿越长江北岸大堤区域布设横断面观测点。在盾构推进过程中进行跟踪沉降观测，并将所测沉降数据进行分析并及时反馈，为调整下阶段的施工参数提供依据，通过对实测数据与施工参数的收集和整理，形成一套较为完善的泥水平衡盾构施工智能数据库。

加强同步注浆管理，及时充填盾尾建筑空隙，可采用同步注浆及二次补强注浆工艺，将沉降量控制在较小的范围。可根据监控量测结果作跟踪注浆，当盾构穿越建筑物时，通过监控量测，必要时可采用地面注浆加固的措施来保护建筑物的稳定。

统计泥水出渣量，比较地层损失量和同步注浆量，以指导同步注浆。

（7）泥水参数及性能控制。

① 泥浆配和比。主要通过泥浆密度、黏度等控制泥浆质量。泥浆配比为（m³/kg）膨润土：水 =1：7（暂定），泥浆性能配置见表3.48。

表3.48 泥浆性能配置表

地层	泥浆性能					
	密度 /（g/cm³）	漏斗黏度 /s	析水量 /%	含砂量 /%	pH 值	胶体率 /%
始发段	1.05～1.15	20～25	5	3	8.1	≥96
粉土	1.05～1.15	20～22	5	3	8.1	≥96
黏土、粉质黏土	1.05～1.15	17～20	5	3	8.1	≥96
粉细砂	1.1～1.15	20～25	5	3	8.1	≥96
粉土	1.05～1.1	20～22	5	3	8.1	≥96
粉细砂	1.15～1.2	20～25	5	3	8.1	≥96
粉细砂	1.15～1.2	22～25	5	3	8.1	≥96
粉土	1.05～1.1	17～22	5	3	8.1	≥96
粉细砂	1.15～1.25	22～25	5	3	8.1	≥96
下穿段	1.05～1.15	20～25	5	3	8.1	≥96

② 泥水指标管理。

根据不同的土体，泥水管理的要求和方法也不同。根据需要调节密度、黏度等参数，使其成为一种可塑流体。泥水平衡盾构使用泥水的目的也就是用泥水来保证开挖面稳定，在防止塌方的同时，将切削下来的泥膜形成泥水并被输送到地面。根据隧道埋深和地面监测情况及时调整泥水压力和泥浆密度、黏度等参数，使泥浆指标一直处于最优状态，在保证开挖面稳定的同时，能形成良好的泥膜。

a. 密度。泥水的密度是一个主要控制指标。掘进中进泥密度不宜过高或过低，过高将影响泥水的输送能力，降低掘进速度；过低则不利于开挖面的稳定。泥水密度的范围应在 1.05～1.25g/cm³。

b. 黏度。泥水的黏度是另一个主要控制指标。从土颗粒的悬浮性要求及泥水处理系统的配套来讲，要求泥水的胶凝强度（静切力）适中；从流动性考虑，黏度不宜过高。考虑到泥水处理系统的自造浆能力，随着在卵石层中推进环数的增加，黏度会下降。因此，泥水漏斗黏度的范围应保持在 17~25s。

c. 含砂率。透水系数大的岩土体，泥浆中的砂粒对岩土体孔隙有堵塞作用，故泥膜形成与泥浆中砂的粒径及含量有很大关系。含砂量可用筛分装置测定，也可用砂量仪代测。

d. 析水量和 pH 值。析水量和 pH 值是泥水管理中的一项综合指标，它们在更大程度上与泥水的黏度有关，悬浮性好的泥浆就意味着析水量小，反之就大。泥水的析水量须＜5%，pH 值须＞7（呈碱性）。降低含砂量、提高泥浆的黏度、在析浆槽中添加纯碱，是保证析水量合格的主要手段。

（8）掘进过程的出土量管理。

① 泥水动态平衡。

进浆流量为 Q_1，出浆流量为 Q_2，进浆密度 ρ_1，出浆密度 ρ_2，掘进速度 v，盾构直径为 D，围岩密度 ρ_3，不同岩层原状土密度分别 ρ_{a3}，ρ_{b3}，ρ_{c3}，…，正常掘进动态平衡式为

$$Q_2\rho_2 - Q_1\rho_1 = \rho_3 v \pi \left(\frac{D}{2}\right)^2$$

式中，Q_1 为进浆流量，m³/h；Q_2 为出浆流量，m³/h；ρ_1 为进浆密度，kg/m³；ρ_2 为出浆密度，kg/m³；v 为掘进速度，mm/min；ρ_3 为围岩密度，kg/m³；D 为盾构外壳直径，m。

此计算式表示单位时间匀速掘进一定进尺，实际出渣量、理论出渣量与进出浆密度的匹配关系。

② 掘进出渣量计算及相关参数。

a. 出浆密度计算。

根据以上计算式可得出浆密度为

$$\rho_2 = \frac{\rho_3 v \pi \left(\frac{D}{2}\right)^2 + Q_1\rho_1}{Q_2}$$

根据以上计算结果与实际掘进中实测进出浆泥浆密度相符合。

而通常在不同地层当中，围岩密度可根据所占百分比取其平均值，不同岩层原状土百分比分别为 A，B，C，…，密度分别 ρ_{a3}，ρ_{b3}，ρ_{c3}，…，则 ρ_3 按下式计算

$$\rho_3 = \rho_{a3}A + \rho_{b3}B + \rho_{c3}C + \cdots$$

根据以上计算可以得出以下结论。

在流量一定的情况下，出浆密度是由进浆密度和掘进速度决定的，通过泥浆站调配合理密度的进浆，来保证泥浆具有良好的携渣能力，同时通过控制掘进速度来控制出浆密度，防止出浆堵管和降低对泥浆泵及相关设备的损耗。泥浆密度过大会导致泥浆流量降低，单位时间出渣量减少，影响掘进进度。

根据上式可以看出，进浆密度可以通过泥浆站制调浆系统调制，掘进速度一定时，增

加流量也会降低出浆密度,而增大流量会极大地增加泥浆泵负荷,尤其在密度较大的情况下,容易造成泥浆泵等重要泥水循环系统设备发生故障,所以一般情况流量都是根据泵的负载能力和泥浆泵配备设定的。

b. 出渣量计算。

泥水盾构掘进出渣是指在进出浆动态平衡保持掌子面平衡状态下,通过具有一定密度和良好携渣能力的进浆,进入泥水仓经刀盘转动搅拌形成密度较大的泥浆,将刀盘切削下来的围岩通过出浆管携带出仓实现掘进的过程。

通过上述定义可以将出渣理解为在进出浆流量一定的情况下,通过密度不同的泥浆来携带出渣实现掘进的过程。

出渣计算可表示如下

$$(Q_2\rho_2 - Q_1\rho_1)\frac{L}{v} = V\rho_3$$

则出渣量为

$$V = \frac{(Q_2\rho_2 - Q_1\rho_1)L}{\rho_3 v}$$

实际出渣量表示为

$$V_0 = \pi\left(\frac{D}{2}\right)^2 \frac{L}{v}$$

式中,V 为出渣量,m^3;V_0 为实际出渣量,m^3;L 为掘进长度,m。

通过实际出渣与理论出渣可判断是否存在超欠挖,实际出渣为单位时间掘进一定进尺的空间,而理论出渣是根据掘进速度及进出浆状态计算而得。

超挖情况:$V_0=V$,会导致地面沉降,隧道不稳定。

不超挖不欠挖情况:$V_0=V$,理想的掘进状态。

欠挖情况:$V_0=V$,会导致地面隆起。

c. 掘进时盾构司机、泥水场地管理人员、技术人员根据进排浆流量、密度与掘进速度关系和分离机渣土筛离情况对出渣情况进行判断,根据实际掘进长度计算理论出渣量,与离机筛离实际出渣量进行对比,对出渣量进行判断。严格控制掘进参数(进排浆流量、掘进速度、泥水压力)来对出渣量进行管理。

(9)纠偏及掘进方向控制。

由于盾构推进过程中不可能完全按照设计的隧道轴线前进,而会产生一定的偏差,当这种偏差超过一定限界时就会使隧道衬砌侵限、盾尾间隙变小使管片局部受力增大,并造成地层损失增大而使地表沉降加大。因此,盾构施工中必须采取有效技术措施控制掘进方向,及时有效纠正掘进偏差。具体盾构方向须从以下几个方面加以控制。

① 掘进方向控制。

a. 采用盾构机自带的 VMT 自动导向系统和人工辅助测量进行盾构姿态调整。

盾构机上安装了一套 VMT 导向系统。该系统配置了导向、自动定位、掘进程序软件和显示器等，能够全天候在盾构机主控室动态显示盾构机在掘进中的各种姿态，并将盾构机的线路和位置关系进行精确的测量和显示。操作人员可以及时根据导向系统提供的信息，快速、实时地对盾构的掘进方向及姿态进行调整，使其始终保持在允许的偏差范围内，保证盾构掘进方向的正确。

随着盾构推进导向系统后视基准点需要前移，必须通过人工测量来进行精确定位。为保证推进方向的准确可靠性，规定每 2d 进行一次人工测量，以校核自动导向系统的测量数据并复核盾构机的位置、姿态，确保盾构掘进方向的正确。

另外，按照测量三级复核制度要求，盾构每掘进 500m，由精测队来复测一次；每掘进 1000m，由公司级精测队来全面复测一次。VMT 自动导向系统进行盾构姿态监测如图 3.52 所示。

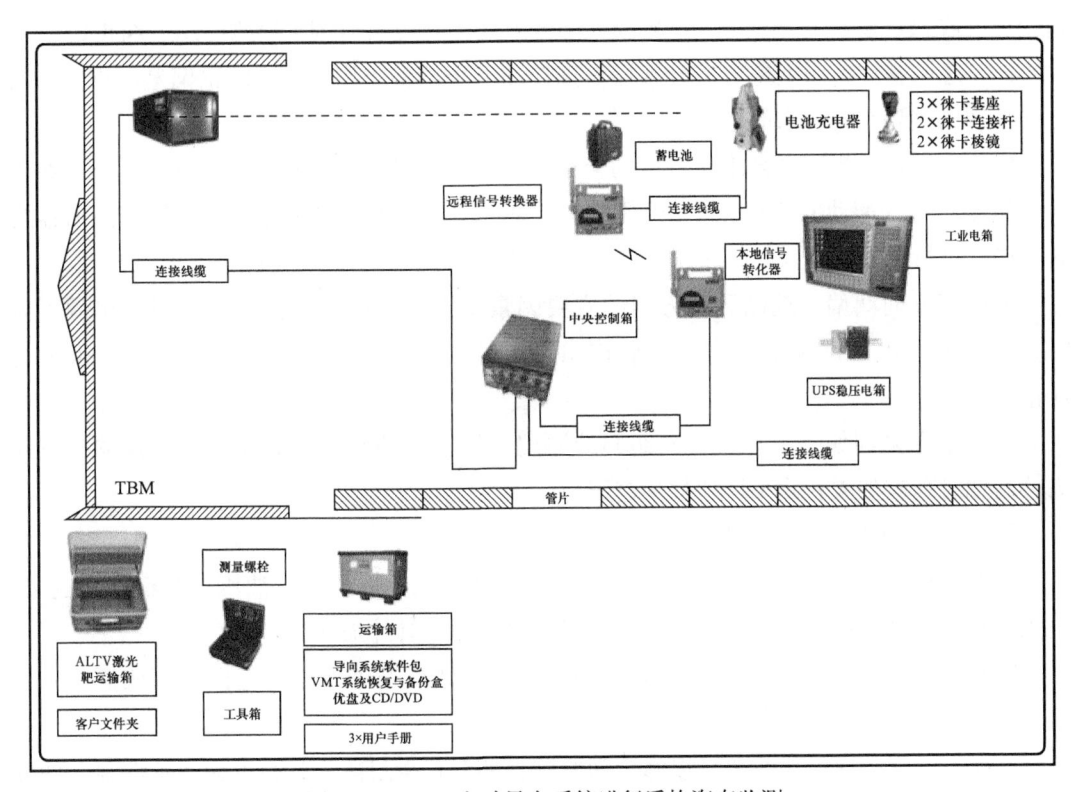

图 3.52　VMT 自动导向系统进行盾构姿态监测

b. 合理分区操作盾构机推进油缸控制盾构掘进方向。在上坡段掘进时，适当加大盾构机下部油缸的推力；在下坡段掘进时，则适当加大上部油缸的推力；在左转弯曲线段掘进时，则适当加大右侧油缸推力；在右转弯曲线掘进时，则适当加大左侧油缸的推力；在直线平坡段掘进时，则应尽量使所有油缸的推力保持平稳。

c.加强管片选型控制。明确管片拼装形式应在准确测量盾尾间隙和油缸伸长量,并兼顾盾构调向的前提下确定。具体做法是在保证不出现管片通缝的条件下,将楔形量较大的管片尽量拼装在盾尾间隙较大、油缸伸长量较小及曲线的外侧,起到调整盾构间隙、辅助盾构调向、保证盾构掘进顺畅的目的。

d.合理调整注浆压力。通过人为加大盾构偏移方向一侧的同步注浆压力和注浆量,辅助盾构进行纠偏调向。

e.设定偏差警戒值。事先确定偏差预警值,以便及时采取措施调整盾构机姿态、纠正偏差。根据周边建构筑物的结构要求,不均匀沉降斜率控制值为0.1‰,当监测数据反馈显示沉降达到70%允许值时应及时调整泥水压力和掘进参数,并及时进行二次注浆和二次深孔注浆作业。

② 姿态调整与纠偏原则。

在实际施工中,由于地质突变等原因,盾构推进方向可能会偏离设计轴线并达到管理警戒值。在稳定地层中掘进,因地层提供的滚动阻力小,可能会产生盾体滚动偏差;在线路变坡段或急弯段掘进,有可能产生较大的偏差。因此应及时调整盾构姿态、纠正偏差。

a.姿态调整。参照上述方法分区操作推进油缸来调整盾构姿态、纠正偏差,将盾构的方向控制调整到符合要求的范围内。

b.滚动纠偏。当滚动超限时,盾构会自动报警,此时应采用盾构刀盘反转的方法纠正滚动偏差。允许滚动偏差≤1.5°,当超过1.5°时,盾构报警,提示操纵者必须切换刀盘旋转方向,进行反转纠偏。

c.竖直方向纠偏。控制盾构方向的主要因素是千斤顶的单侧推力,当盾构出现下俯时,可加大下侧千斤顶的推力;当盾构出现上仰时,可加大上侧千斤顶的推力来进行纠偏。

d.水平方向纠偏。与竖直方向纠偏的原理一样,左偏时应加大左侧千斤顶的推进压力,右偏时则应加大右侧千斤顶的推进压力。

③ 方向控制及纠偏注意事项。

a.在切换刀盘转动方向时,应保留适当的时间间隔,推进油缸油压的调整不宜过快、过大,切换速度过快可能造成管片受力状态突变,而使管片损坏。

b.根据掌子面地层情况应及时调整掘进参数,调整掘进方向时应设置警戒值与限制值,达到警戒值时就应该实行纠偏程序。

c.蛇行的修正应以长距离慢慢修正为原则,如修正得过急,蛇行反而更加明显,纠偏力度过大,可能导致盾构机发生卡壳现象。

d.正确进行管片选型,确保拼装质量与精度,以使管片端面尽可能与计划的掘进方向垂直。

e.盾构方向控制极其重要,应按照掘进的有关技术要求,做好测量定位工作。

盾构下穿建构筑物期间应做到谨慎、合理纠偏,禁止强行纠偏,以"勤纠、少纠、适度"为原则，规定每环水平、垂直方向纠偏量应≤2mm，防止纠偏量过大造成地层扰动过大导致地层沉降量加大，危及道路结构安全的现象发生。

（10）下穿过程可能的意外停机。

充分考虑设备故障、刀具损坏及意外停机等不利因素，在盾构下穿重要建构筑物长江北岸大堤、舾装码头、长江南岸大堤区域掘进期间须做好意外停机及带压进仓措施。

如遇设备故障意外停机，须立即拌制新鲜的漏斗黏度 90s 以上的高黏度泥浆对刀盘仓内旧浆进行置换，每次置换方量≥50m³，保证刀盘仓内掘进泥浆全部置换，保证刀盘仓内的泥浆置换后的漏斗黏度≥40s。随会立即进行保压作业，保压时间控制在 3h 左右，使得前方掌子面形成稳定而良好的泥膜，停机期间须时刻保持开挖仓液位饱满，随时补浆并随时向气垫仓内补气，以保证泥水压力与前方水土压力的平衡。停机期间还需密切关注补气量的变化，如发现补气量增大，须立即向中、尾盾部位注入高黏度堵漏泥浆进行堵漏，必要时重新置换高黏度泥浆，以此保证前方掌子面的稳定，减小停机造成的地面沉降。

（11）盾构下穿过程洞内工程措施。

采取控制地层损失、控制沉降措施，主要通过洞内注浆加固措施予以实现，通过加强同步注浆管理，及时实施同步注浆，做到不注浆不掘进，掘进必注浆。选择填充性能较好的抗水分散性浆液充分回填壁后空隙减小地面沉降，此外重视二次注浆及周边二次加强深孔注浆的实施及时回填同步注浆浆液收缩或局部区域注入不实所产生的空隙。

① 同步注浆。

a. 同步注浆原理。同步注浆与盾构掘进同时进行，采用盾构机自带的 3 台双活塞注浆泵在盾尾分 6 路同时注浆。在盾构机向前推进，盾尾空隙形成的同时进行注浆作业，浆液在盾尾空隙形成的极短时间内将其填充密实，从而达到控制地层变形、稳定管片结构、控制盾构掘进方向、加强隧道结构自防水能力的目的。同步注浆原理如图 3.53 所示。

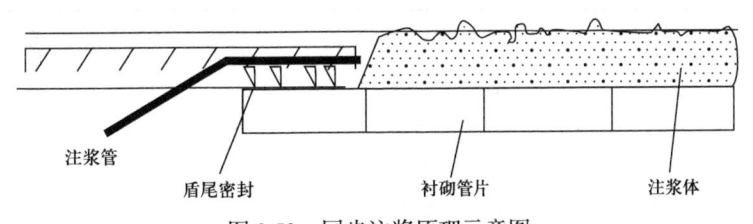

图 3.53 同步注浆原理示意图

b. 同步注浆作用。盾构掘进中的同步注浆是充填土体与管片圆环间的建筑间隙和减少后期变形的主要手段，也是盾构掘进施工中的一道重要工序。浆液压注做到及时、均匀、足量，确保其建筑空隙得以及时和足量的充填，将地表变形和管片偏移控制到最小，并防止管片接缝渗漏水。同步浆液可以迅速、均匀地填充到盾尾间隙的各个部位，使施工对土体扰动减少到最小。

c. 同步注浆配合比。同步注浆浆液选择水泥砂浆，主要材料有水泥、粉煤灰、膨润土、细砂、微膨胀剂和絮凝剂等。

d. 同步注浆的浆液主要性能指标如下。

胶凝时间：一般为5~10h，根据地层条件和掘进速度，通过现场试验加入促凝剂及变更配比来调整胶凝时间。根据运输时间合理调整同步注浆浆液胶凝时间，按照运输距离，同步注浆浆液共分为5h（0~1km）、6h（2~4km）、7h（5~7km）、8h（8~10km）4大类，通过调整施工配合比调整砂浆凝结时间，控制同步注浆效果。对于强透水地层和需要注浆提供较高的早期强度的地段，可通过现场试验进一步调整配比和加入早强剂，进一步缩短胶凝时间，获得早期强度，保证良好的注浆效果。

固结体强度：24h屈服强度≥0.2MPa；28d抗压强度≥1.0MPa。

泌水率：5%。

密度：1.9g/cm³。

稠度：11.5~13.5cm。

盾构每掘进一环的理论空隙为6.409m³（盾构外径ϕ7.95m；管片外径ϕ7.6m），每环的压浆量一般为理论空隙的150%~220%，即每推进一环同步注浆量为9.6~14.10m³/环。同步注浆采用注浆压力和注浆量双控。注浆压力应＞泥水仓压力0.1~0.2bar，即在盾构试掘进阶段，同步注浆压力应控制在高于同位泥水压力0.1~0.2bar并根据隧道埋深随泥水仓压力的变化而变化（1bar=100kPa）。

② 二次注浆。

在盾构下穿建构筑物的过程中，应根据地面监测信息，及时进行二次注浆作业，二次注浆压力应控制在0.5MPa以内，注浆量应根据地表监测信息和注浆压力来确定。二次注浆的浆液采用水泥水玻璃双液浆，具体采用的浆液配比应根据施工情况和地表沉降监测信息来选定。二次注浆的浆液配比见表3.49。

表3.49　二次注浆浆液配比

浆液类型	A液（kg/kg）	B液（L/L）
成分	水灰比（水：水泥）	水玻璃：水
比例	1:1	1:1

在盾构掘进过程中，主要采取以下两种注浆方式。

通过盾尾注浆管在掘进的同时进行注浆的同步注浆，注浆材料采用膨润土水泥砂浆；管片脱出盾尾后，通过管片上预留的注浆孔进行二次补强注浆，注浆材料采用水泥水玻璃双液浆。

同步注浆与盾构掘进同时进行，采用盾构机自带的注浆泵在盾尾分路同时注浆。施工过程中加强同步注浆控制，保证同步注浆量，充分填充管片壁后空隙。由于同步注浆浆液会产生收缩，同时防止同步注浆回填不密实，需要在过站施工过程中加强二次注浆措施进行补强。二次注浆施工应紧跟同步注浆施工，特别应加强拱部二次注浆施工。并在地面沉降监控反馈信息指导下有针对地实施。洞内通过同步注浆、二次注浆相结合的施工措施减小地层沉降值，从而保证道路结构安全。

二次深孔加强注浆通过管片上预留的注浆孔进行，待盾构掘进后，在距离盾尾8～9环的位置施做。二次深孔注浆如图3.54所示。

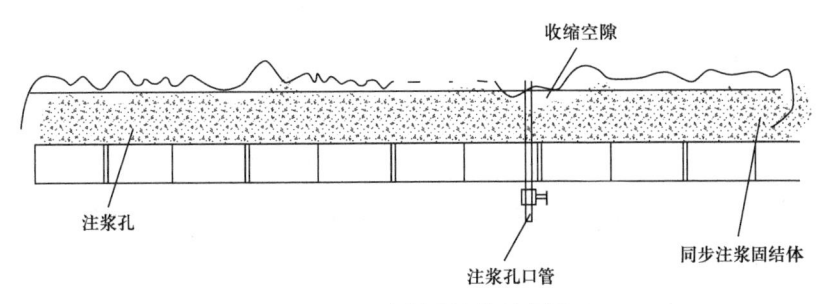

图3.54 二次深孔注浆示意图

（12）盾构机掘进安全保护措施。

初掘进是盾构机在调试通过后的第一次有负载的工作，所以必须特别小心。盾构机在拼装完成后，要进行完整的调试工作，如刀盘转速、推进油缸推进速度、拼装机工作情况的工作情况，以及同步注浆等系统的调试。

在盾构机的掘进前对设备应做如下项目的检查：

① 各部位安装的螺栓、螺母有无松动；

② 油、油脂、水、空气有无异常及泄漏，供油是否正常；

③ 电缆类的连接是否良好；

④ 管片拼装机上部的导向轮与旋转环的间隙是否良好（3～5mm）；

⑤ 油缸的顶杆有无伤痕，靴板及螺栓有无变形；

⑥ 前进方向上有无干扰物；

⑦ 泵的状态是否正常，运行状态下的油压是否正常；

⑧ 动作油箱的油面是否在规定范围内；

⑨ 过滤器的指示是否在绿色范围内；

⑩ 操作台开关类的动作是否正常；

⑪ 动力面板、控制面板内有无污垢，门是否确实关闭。

3.3.9.5.3 垂直运输安全保护措施

施工材料及管片的吊运必须落实吊运的设备，确定吊运吨位的匹配，对吊运的索具进行配置。制定相应的分项安全技术措施和操作规程，在吊运过程中进行监控。对起重设备的操作人员和指挥人员进行交底。

（1）行车司机必须经过培训、考核合格后方能上岗。

（2）做好对行车、起重指挥工的安全教育及安全交底工作。

（3）重点强调重物下严禁站人，并落实措施及管理工作，专职设备员定期检查并做好记录（每周检查）。

（4）对起重设备的索具、钢丝绳、卸扣、土箱、管片吊钩做到定期检查，安全使用各种安全装置，督促落实维修、整改工作。在吊装预制构件或其他施工材料时，吊环和索具的安全系数 $K \geqslant 8$。

（5）同步施工由于起重高度的限制，务必要注意起吊夹角和上下人员的安全，吊装预制构件时，必须固定牢靠后方可脱钩。

3.3.9.5.4　水平运输安全保护措施

（1）电瓶车司机必须经过培训，考试合格后方可上岗作业。

（2）做好对电瓶车司机的安全教育，并做好安全交底工作，防止电瓶车伤人，严格控制电瓶车速度。

（3）井下电瓶车司机兼职挂钩，同样必须经考核合格后持证上岗。

（4）严格执行电瓶车安全操作规程，加强对电瓶车"连接"部位检查制。

（5）督促电瓶车司机做好交接班及运行情况记录工作。

（6）电瓶车运行过程中严禁搭乘电瓶车，做好检查、监督工作。

（7）做好每日巡视检查工作，检查电瓶车运行速度、进入车架段限速及轨道端头限位装置安放情况。

（8）电瓶车的警铃和信号必须齐全，进入同步施工区域必须鸣（响）信号，警告施工人员；电瓶车上的运输材料必须堆放整齐并固定牢靠，以防在运输过程中滑移，撞击T形刚架和伤害施工人员；由于后配套拖车区域二侧间距较小，进入此区域严禁电瓶车司机的手、头超出机车外。

（9）施工安全区域的划分和信号规定。

（10）洞门处钉挂"限速""注意电瓶车"等警示标示，在距洞口 30～50m 范围安设阻车器装置。

3.3.9.5.5　施工用电安全技术保证措施

（1）施工现场配备电工数量应满足现场施工生产需要，每班至少配备 1 名电工负责本班的配电作业，持证上岗，其他无证人员不得进行配电作业。

（2）提前规划好一、二级配电箱的位置，布置好用电线路，确保现场电线路排布合理、有序。

（3）开关箱应由末级分配电箱配电。开关箱内应一机一闸一保护，每台机具设备应有自己的开关箱，严禁用一个开关直接控制两台及以上的用电设备。

（4）设备部和安质部定期对现场用电线路进行检查，发现隐患及时通知工区生产经理，安排人员进行整改，验收合格后，方能继续使用。

3.3.9.5.6　施工机械安全保证措施

（1）各种机械操作人员和车辆驾驶员，必须取得操作合格证，不准操作与证不相符的机械；不准将机械设备交给无操作证的人员操作，对机械操作人员要建立档案，专人管理。操作人员必须按照本机说明书规定，严格执行工作前的检查制度，在工作中随时注意观察以及工作后的检查保养制度。驾驶室或操作室应保持整洁，严禁存放易燃、易爆物品，严禁酒后操作机械，严禁机械带病运转或超负荷运转。用手柄起动的机械应注意手柄倒转伤人，向机械加油时要严禁烟火。

（2）机械设备在施工现场停放时，应选择安全的停放地点，夜间应有专人看管。

（3）定期组织机电设备、车辆的专项安全检查，对检查中查出的安全问题，按照"四不放过"的原则进行调查处理，制定防范措施，防止机械事故的发生。

（4）严格坚持定期保养制度，做好操作前和操作后设备的清洁润滑、紧固、调整和防腐工作。所有施工设备和机具在投入使用前均由机械技术人员组织进行检查、维修保养，各种保险、限位、制动、防护等安全装置齐全可靠，确保状况良好。严禁对运转中的机械设备进行维修、保养、调整等作业。

（5）大型和专用机械的操作人员必须经过培训并经考核取得合格证后持证上岗，严格按规程操作，杜绝违章作业。

（6）指挥施工机械的作业人员，必须站在可让人看见的安全地点，并应明确规定指挥联络信号。

（7）使用钢丝绳的机械，在运转中严禁用手套或其他物体接触钢丝绳，用钢丝绳拖、拉机械重物时，人员应远离钢丝绳。料索具要定期检修，发现缺陷及时调换。

（8）起重作业应严格按照《建筑机械使用安全技术规程》（JGJ 33—2012）和《建筑安装工人安全技术操作规程》规定的要求执行。起重机、混凝土泵送设备等的操作由专人持证进行，做到定机定人。起重机吊钩超高限位器、力矩限制器、吊钩保险、起重量指示器等齐全、灵敏、有效、灯光、喇叭（警铃）完好有效。各制动器、离合器动作灵敏可靠，各种仪表完好、显示准确。机械连接件紧固牢靠、润滑良好，油路系统的液压油箱油液充足无渗漏。钢丝绳规格、强度符合要求、正确使用，吊钩、吊环无裂纹、变形、破口和补焊，磨损不超标。起重机的作业场地平整、坚实。吊车有专人指挥。做到定机、定人、定指挥，指挥准确。操作人员、指挥人员及时、如实地做好班前例保记录和班后运转记录。起重机的工作臂范围内严禁站人。

3.3.9.5.7 起重吊装安全保证措施

（1）吊装设备必须报安质、物资部门，经检查验收合格后，才能投入使用。确保所有起吊设备处于良好状态下安全运转。

（2）起重吊装应使用统一联络信号，专人指挥，禁止违章操作。

（3）六级大风或大雨、大雾等恶劣天气严禁吊装。

（4）施工期间采用的吊斗吊运渣土、材料时，应严格遵守规定：吊斗必须垂直升降；吊斗与提升钢丝绳的连接，应通过钓头连接的方式，防止脱钓。

（5）吊斗在起吊或下降时，井下人员必须躲避到安全的地方，不准重叠施工。

（6）履带吊或绳索抓斗提升出土全程应有专人指挥，严禁违章操作。吊斗起吊离地0.5m后，采用牵引绳拉住吊斗使其稳定不晃动，吊装过程中，井内作业人员必须躲避的安全的地方，不得重叠施工，机械不得在吊斗下方行走，且吊斗在下放与提升过程中应保持距离混凝土撑至少2m距离，防止料斗碰撞支撑。

（7）钢丝绳和连接装置。

① 升降料具使用的钢丝绳，自悬挂之日起，必须每6个月试验一次；悬挂吊盘使用的钢丝绳，必须每12个月试验一次。

② 单绳缠绕式提升用的新钢丝绳，在悬挂时的安全系数应符合下列规定：专为提升物料时，安全系数为6.5；提升吊盘、水泵、安全梯、把岩机等时，安全系数为6。当钢丝绳选定后，应根据不同的安全系数核定允许载重量，并在使用现场挂牌标明。

③ 提升钢丝绳必须专人负责，每日检查一次，对易损坏、断丝、锈蚀较多的部位，应停车详细检查。断丝超出标准时，应立即更换新的钢丝绳。

④ 提升或制定钢丝绳直径减少到下列数值时，必须更换。提升和制动钢丝绳10%；罐道钢丝绳15%。

⑤ 钢丝绳有变黑、锈皮、点蚀麻坑等损伤时，必须更换。

⑥ 使用中的钢丝绳作定期试验时，如果安全系数＜下列数值时，必须立即更换。升降物料时，安全系数为5；悬挂吊盘时，安全系数为5。

3.3.9.5.8 高空作业安全保证措施

（1）所有进入施工现场的人员必须戴好安全帽，并按规定配戴劳动保护用具，如安全带等安全工具。

（2）作业人员不得穿拖鞋、高跟鞋、硬底易滑鞋进入施工现场。

（3）高于基准面2m以上必须搭设操作平台，平台作业面周边必须安装≥1.2m稳定坚固的防护栏杆。

（4）从事架子施工的人员，要取得特种作业操作证方能持证上岗。模板施工，高度超过2m的架子要由架子工去完成。

（5）作业用的料具应放置稳妥，小型工具应随时放入工具袋，上下传递工具时，严禁抛掷。

3.3.9.5.9 消防安全保证措施

（1）成立由项目经理为组长的防火安全工作检查小组，定期开展检查工作，并备有记录。做到"预防为主，防消结合"。

（2）在施工现场的各防火重点部位布置足够数量的灭火器，做到重点部位每20m²配备一只灭火器，一般部位每60m²配备一只灭火器。并确保灭火器完好。

（3）严格执行三级动用明火制度，重点部位防火采取有效的防范措施。

（4）氧气乙炔间及危险品仓库按规范搭建，并实行防火重点部位挂牌。

（5）施工现场严禁使用碘钨灯。非电工严禁擅自装接用电器具、拉设电线。宿舍、更衣室内严禁使用电炉、电炒锅等家用电器。禁止擅自使用非生产性电加热和煤炉等明火器具。

3.3.9.5.10 雨季施工保证措施

（1）雨季到来前要做好排水系统的综合考虑，对建成的排水设施必须进行清理和疏浚。在低洼地形的工程应在雨前安装正式的排水设施，保证水流畅通。

（2）进入雨季施工应备好必要的防潮、防雨、排涝器材，并做好人员组织工作。

（3）竖井内设置应急排水泵，遇大雨天气，启动应急排水泵。始发进洞后在隧道进口端（轨排架下方）10m设置拦水墙，防止雨水进入隧道。

（4）管片需铺盖雨布，防止设备受潮；井内设备根据使用功能铺盖雨布进行防雨。

3.3.9.5.11 安全监测监控措施

（1）制定专项监测方案，监控方案应包括监控目的、监测项目、监控报警值、监测方法及精度要求。监测点的布置、监测周期、工序管理和记录制度以及信息反馈系统等。

（2）监测点的布置应满足监控要求，从基坑边缘以外1～2倍开挖深度范围内的需要保护的物体均应作为监控对象。

（3）位移观测基准点数量应≥两点，且应设在影响范围以外。

（4）监测项目在基坑开挖前应测得初始值，且应≥两次。

（5）各项监测的时间间隔可根据施工进程确定。当变形超过有关标准或监测结果变化速率较大时，应加密观测次数。当有事故征兆时，应连续监测。

3.3.10 物料运输、通风及管线路布置

3.3.10.1 工序介绍

物料运输分为垂直运输和水平运输，隧道施工中垂直运输主要指管片、轨道、电瓶车等设备物资，经由龙门吊在竖井内进行垂直吊装的运输方式；水平运输是指通过电瓶车将管片、设备物资运送至隧道施工处的运输方式。

压入式通风是一种地下洞室的机械通风方式，它是利用设置在洞外的通风机械通过通风管道将新鲜空气送至工作面，以供给洞内足够的新鲜空气，污浊空气通过隧道流出，稀释、排除有害气体和降低粉尘浓度，从而达到改善劳动条件、保障作业人员身体健康的目的，也叫正压式通风。

管线路布置是指为保证盾构机正常掘进所需，根据盾构隧道的空间，合理布置各种管线，同时保证施工的安全性。

3.3.10.2 施工工法

3.3.10.2.1 垂直运输

在竖井吊装区域内,门吊设置警报器,吊装作业区域设置专职安全员,通过一台35t龙门吊对管片及其他设备材料吊运到竖井底部。

3.3.10.2.2 水平运输

盾构隧道施工水平运输采用43kg/m钢轨铺设单线,900mm轨距,在隧道内设置道岔,35t电瓶车牵引列车运输。单台盾构在正常掘进阶段采用两列编组,每列编组配置两辆砂浆车和两台管片车。岔道位置见表3.50。

表3.50 岔道位置表

序号	位置(距洞口长度)/km	岔道形式	备注
1	0	单开岔道+中央岔道+对开岔道	井口车场三轨,进洞变双轨
2	1.5	对开岔道2组	单轨变双轨
3	3	对开岔道2组	单轨变双轨
4	5	对开岔道2组	单轨变双轨
5	6.5	对开岔道2组	单轨变双轨
6	8	对开岔道2组	单轨变双轨
7	9.5	对开岔道2组	单轨变双轨

列车编组如图3.55所示。

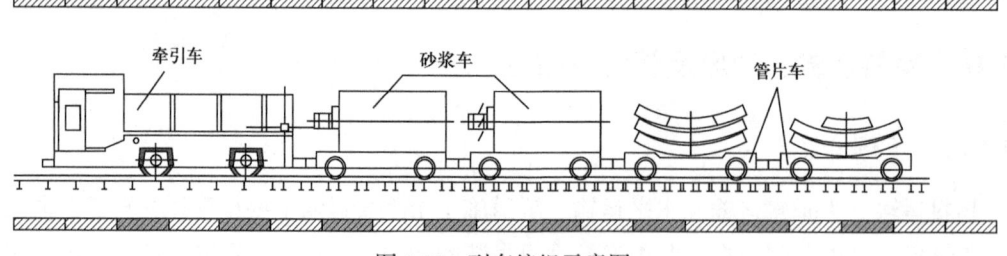

图3.55 列车编组示意图

3.3.10.2.3 通风

隧道内施工通风采用机械通风,利用设置在洞外的通风机械通过通风管道将新鲜空气送至工作面,通过加强通风稀释隧道内沼气浓度,防止形成沼气带,设备配置通风管道延伸至盾构机前端即人员操作区域,保证盾构机内通风量满足规范要求。

3.3.10.2.4 洞内管线路布置

(1)隧道照明、通信线路。在隧道左上方布置一个电缆横担,动力电缆布置在灯架下方,照明灯带固定在其下面。采用三相四线制,A、B、C相线采用35平方BV线,N及

PE线采用20平方BV线；分线箱每隔100m设置一个，位置同横担位置。应急照明灯每隔20m设置一盏，安装高度距走道面≥2m；方向指示灯每隔10m一个，安装在侧面，安装高度距走道板面≤1m。

（2）管路。

隧道右侧中下部布置进浆管路、排浆管路，左侧下部布置循环水管、污水管，高压电缆布置于隧道左侧中上部，通风管悬挂在隧道正上方。

进浆管采用ϕ400mm的耐磨钢管，排浆管采用ϕ350mm的耐磨钢管，每隔6m用一个支架固定；循环冷却水管采用2×ϕ200mm的镀锌钢管，污水管采用1根ϕ200mm的镀锌钢管，每隔6m用一个支架固定；风管采用ϕ2000mm拉链式帆布通风管，每隔4.5m用吊钩固定在管片顶部安装的细钢丝绳上。

隧道内管路布设如图3.56所示。

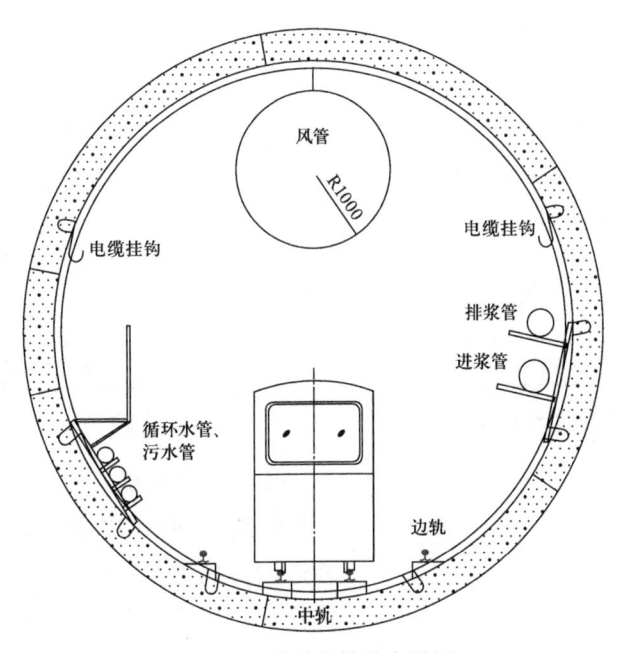

图3.56 隧道内管路布设图

（3）轨道线路。洞内涉及两种类型轨道，盾构机轨道布置于7#与9#油缸位置手孔螺栓位置，使用边轨枕作为支撑，布设43#轨道；电瓶车轨道位于隧道最低处，使用中轨轨枕支撑，布设43#轨道。

3.3.10.3 作业管理统一规定

3.3.10.3.1 作业准备

（1）熟悉施工图纸，做好各项技术交底。

（2）做好现场劳动力组织，准备好各种施工机械，并保证施工机械的完好率，使其满足施工要求。

（3）预备好施工使用的各项材料，使其满足施工要求。

3.3.10.3.2 工艺流程

（1）物料运输（图3.57）。运输编组到达拖车尾部后，管片通过拖车上的吊机将管片吊下，再通过管片吊机将管片运输至管片拼装机处。钢结构运输编组到达拖车尾部后，通过拖车上的吊机将钢结构在洞内进行拼装。砂浆通过拖车尾部的输送泵直接输送至拖车上的储浆罐进行存储。

（2）通风（图3.58）。

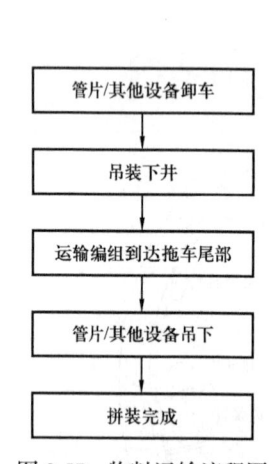

图 3.57 物料运输流程图

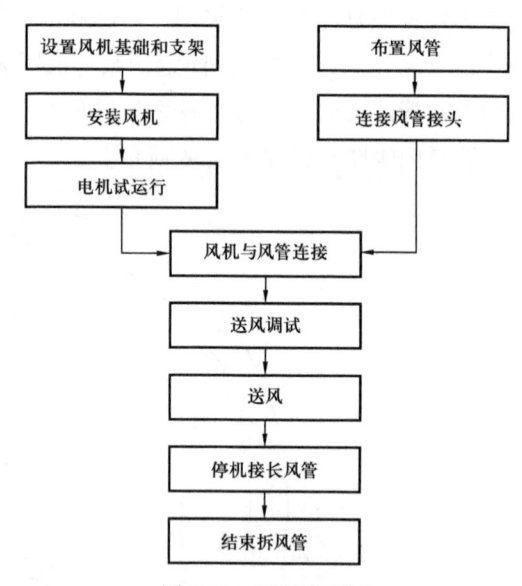

图 3.58 通风流程图

（3）管线路布置。

管路延伸：盾构机上的循环水管卷盘与之相连，每掘进 4.5m 或 7.5m 且推进及泥浆循环停止后，延伸一段 6m 长的循环水管，需延伸时关闭外循环水泵及就近的闸阀，卸除管路压力后安装循环水硬管，回收水管卷盘软管，连接管路抱箍。每 60m 设置一处阀门及一处冲洗水之路。循环水支架安装示意图如图 3.59 所示。

污水管无水管卷盘收纳，需在拖车尾部进行管路弯折存放，与循环水管路延伸错开一环进行延伸，关闭污水泵及阀门后回收复盘软管，安装延伸硬管，连接管路，每 60m 设置一处阀门。

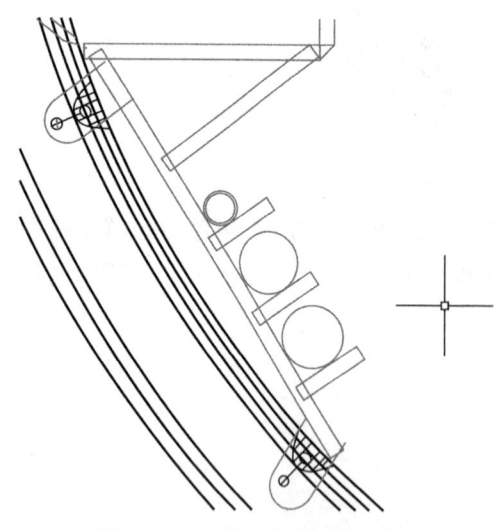

图 3.59 循环水支架安装示意图

泥浆管路延伸是指在盾构掘进完成、管路内渣土循环干净后，利用盾构机换管装置延伸泥浆管路。管路分为进浆及排浆，进浆为灰色管路，排浆为黄色管路，泥浆管路每掘进5环进行一次延伸，每延伸6次即45m安装一根带阀门的泥浆管，进排浆管路阀门错位放置，管路支架为后续焊接，贴合管路外径，底部使用角钢加固支撑。泥浆管支架安装示意图如图3.60所示。

线路延伸：盾构机高压电缆临时存放于电缆箱内，随盾构机掘进放出，掘进前放出下一环掘进所需的余量，直到电缆箱内电缆即将放尽，放尽前提前关注剩余量，做好临时停机准备；待停机准备完成，断开盾构机高压，启用盾构机自带发电机，更换使用新的延长电缆箱，通过高压快速接头进行高压电缆连接；连接完成后关闭发电机，切换供电模式，使用隧道内盾构机高压电缆供电，沿途的电缆悬挂于掘进方向左侧穿套有绝缘管的单电缆挂钩之上。

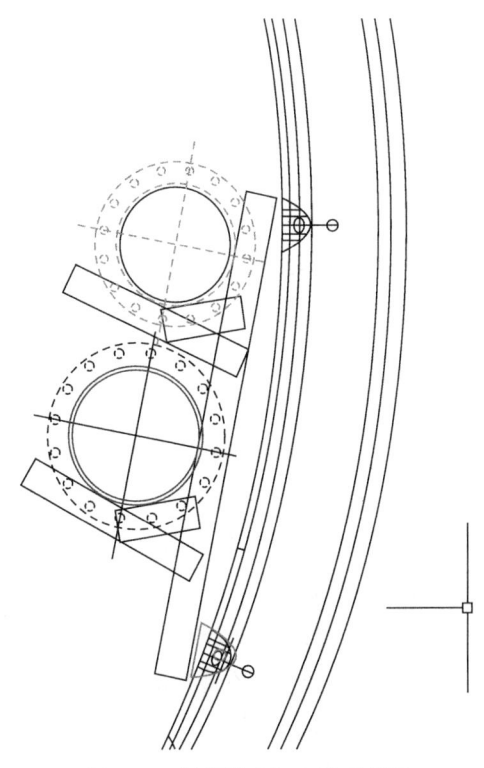

图3.60　泥浆管支架安装示意图

动力电缆为每6环安装一个横档，采用三相四线制，A、B、C相线采用35平方BV线，N及PE线采用20平方BV线；分线箱每隔100m设置一个，位置同横担位置。应急照明灯每隔20m设置一盏，方向指示灯每隔10m一个，安装在侧面。照明灯带布置于电缆横档下部，使用扎带沿途固定，延长时断开上级断路器，先布设延长线缆，布设完成后再接入分线箱。

通信光缆为整卷光纤，随盾构机掘进行走，逐步释放悬挂于掘进方向右侧双电缆挂钩上，利用扎带紧定，带整卷光纤释放完毕后加入一整卷新的光纤进行熔接，重复上述过程。

泵站高压电缆不随掘进同步进行，在中继泵站安装前，由电瓶车整卷拉入洞内，逐步挂至掘进方向右上双电缆挂钩上。

3.3.10.3.3　施工要求

（1）垂直运输设备吨位选择。

1环管片的质量 =2.6×1.5×（3.8×3.8-3.4×3.4）×3.1416=35.3t，一环管片分为2次吊装下井，质量为17.65t。

钢结构支架：约8t。

管材质量：6×（3×67.67+3×17.81）/1000=1.5t。

垂直吊装最重为17.65t，取安全系数1.2，故选择25t门式起重机即可满足使用要求。

（2）垂直运输设备参数选择。

盾构循环掘进工作时间为1500/40=37.5min，砂浆泵选择流量为30m³/h，输送一环砂浆的时间为9×60/30=18min。故门式起重机在砂浆的输送过程中吊完材料，完全不影响施工时间。门式起重机需吊2次管片，1次管材。

该工程最大垂直提升高度h=28m。

提升和下降速度：$v_{提升}$=10m/min，$v_{下降}$=15m/min。

提升时间T_1=28m÷10m/min×2 = 5.6min。

下降时间T_2=28m÷15m/min×3 = 5.6min。

门吊移动定位时间T_3=1min×2 = 2min。

列车定位及挂钩时间T_4=2min。

合计提升循环工作时间$T_总$=T_1+T_2+T_3+T_4 = 15.2min＜18min。

砂浆泵输送砂浆的时间＞门式起重机吊装一环所需的时间，故选用MG25/10门式起重机能满足施工要求。

（3）水平运输设备的选择。

① 管片车。1环管片的质量=2.6×1.5×（3.8×3.8-3.4×3.4）×3.1416=35.3t，根据管片图纸，选择2台管片车。参数4116mm×1500mm×520mm，预计自重5.0t，载重20t。

② 砂浆车。同步注浆量V = π/4×1.5（7.92²-7.6²）=5.85m³，实际的注浆量为理论建筑空隙的130%～150%，即7.6～8.77m³。选择1台9m³砂浆车，参数4945mm×1500mm×2306mm，自重5.8t，载重20t。

③ 平板车。平板车须满足运送6m长的ϕ350×3进排浆管、ϕ150×2冷却水管、ϕ150×1排污管等管道。选择1台平板车，参数6436mm×1500mm×526mm，预计自重5.0t，载重20t。

④ 电瓶车。

a. 材料计算。

管片质量：35.3t；

8m³砂浆质量：8×1.6=12.8t；

钢结构支架：约8t；

管材质量：6×（3×67.67+3×17.81）/1000=1.5t。

b. 一列车质量。

运输人员时质量：Q=2×2+2.9=6.9t；

运输材料时质量：Q=（2×5+35.3）+（1×5.8+12.8）+（2×5.0+8）+（1×5.0+1.5）=88.4t。

根据以上计算并考虑运输中不定因素的影响，取安全系数1.5，机车计算选型载荷质量按132t计算。

c. 机车能力计算及选用。

机车能力计算应满足机车黏着牵引力≥坡道阻力+列车综合运行阻力+加速惯性

力,即

$$G_1\mu \geqslant G_1(\mu_1+\mu_2+a/g)+G_2(\mu_1+\mu_2+a/g)$$

式中,G_1 为机车黏重;μ 为许用黏着系数,取 0.24;μ_1 为坡道阻力系数,取 0.03;μ_2 为列车运行阻力综合系数,现取 0.008;a 为列车平均加速度,按从 0~50Hz 的加速时间 45s,50Hz 时速 8km/h 计算,为 0.05m/s²;g 为重力加速度,取 9.8m/s²;G_2 为列车最大载重。

得

$$G_1 \geqslant G_2(\mu_1+\mu_2+a/g)/(\mu-\mu_1-\mu_2-a/g)$$

即

$$G_1 \geqslant 132\times(0.03+0.008+0.05/9.8)/(0.24-0.03-0.008-0.05/9.8)=28.9\text{t}$$

机车计算黏重为 28.9t。

35t 交直流变频机车主要技术参数见表 3.51。

表 3.51 交直流变频机车主要技术参数表

序号	参数		单位	规格
1	机车黏重		t	35
2	电动机功率		kW	110×2
3	主控制变频器功率		kW	220
4	轨距		mm	900
5	持续牵引力		kN	75.5
6	启动牵引力		kN	113.3
7	持续速度		km/h	8
8	最高速度		km/h	15
9	充电一次行驶里程		km/h	60~80
10	不同坡度下机车牵引重量(不包括机车)	1‰坡度	t	384
11		2‰坡度	t	235
12		3‰坡度	t	164
13		4‰坡度	t	122
14	电机车外形尺寸(长×宽×高)		mm×mm×mm	8020×1500×2300

35t 交直流变频机车黏重>28.9t,该工程隧道最大坡度为 3.678‰,<4‰。按照下表,在 4‰ 的坡度下,35t 交直流变频机车牵引重量能够达到 122t,>计算出的总牵引重量 106t,单台机车能够满足需要。因此,建议选用 35t 交直流变频机车。

d. 机车编组。

结合盾构施工工艺及盾构机设备结构特点，为便于高效组织物料吊装、运输及卸料，按照从前至后（掘进方向为前）将机车编组如下：管片车2台+砂浆车1台+电瓶车1台。钢结构预制件运输车2台，平板车1台和人员台车2台根据需要单独安排运输。钢结构预制件运输车、平板车与管片车都是一样的，在紧急情况可以直接用35t电瓶车一起牵引。机车编组如图3.61所示。

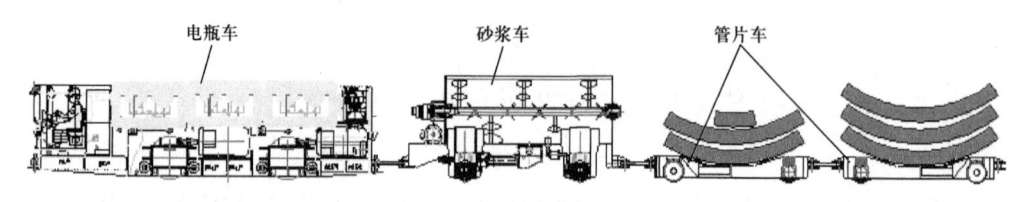

图3.61 机车编组示意图

（4）北岸工作井轨道布置。根据北岸工作井尺寸长×宽=26m×14m，为方便电瓶车能进入停车线1#轨和4#轨，采用标准单开道岔而不采用简易道岔，轨道布置如图3.62（a）所示。根据线路布置，北岸工作井长度为26m，1#轨和4#轨的停车线长度为11m左右。该方案具有电瓶车能进入停车线的优点，运输方便。工作井底运输线路布置示意图如图3.62（b）所示。

(a) 轨道布置

(b) 工作井底运输线路布置示意图

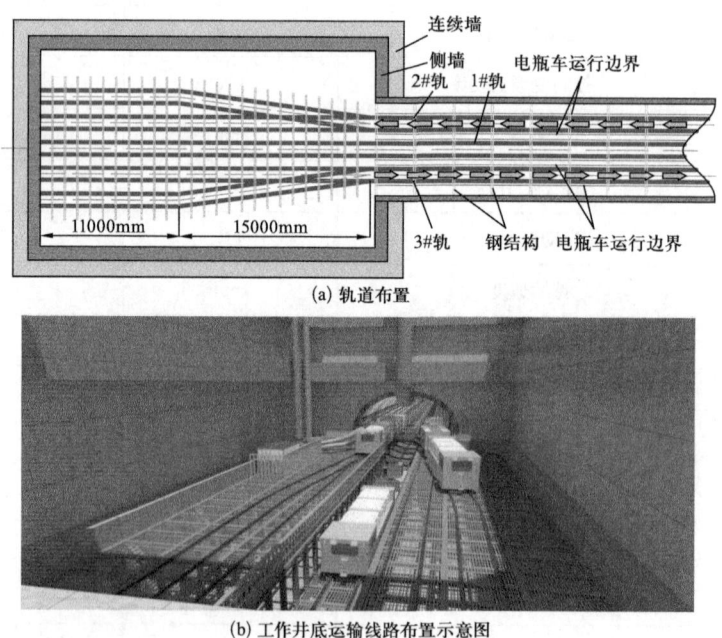

图3.62 北岸工作井

（5）盾构隧道内轨道布置。

① 车场长度计算。

根据施工列车编组要求，1编组列车由1台电瓶车、2台管片车、1台砂浆车、1台钢

— 242 —

结构预制件运输车组成，1台平板车和2台人员车单独运输。

根据前面设备选择知道，35t 交直流变频机车外型尺寸为 8020mm×1500mm×2300mm。

管片车参数：4116mm×1500mm×520mm。

砂浆车参数：4945mm×1500mm×2306mm。

平板车参数：6436mm×1500mm×526mm。

列车长度计算：L_0=8020+3×4116+1×4945=25.313m。机车制动距离与机车型号和牵引重量有关，暂取 20m 左右。

车场长度计算：L=25.313+20=45.313m。

考虑到一些不定因素，取车场长度为 55m。

② 轨道布置。

洞内采用 1 台 35t 电瓶车 +1 台砂浆车 +2 台管片车的编组在 2#、3# 轨道上运输管片和砂浆，钢结构和人车采用特制的电瓶车在 1# 轨道上运输，如图 3.62 所示。根据前面计算，车场长度为 55m，考虑北岸工作井和盾构机工作面两处调车方便，在北岸工作井和盾构机工作面端头处分别设置调车车场，采用渡线道岔连接。管片与钢结构同时运输效果如图 3.63 所示。

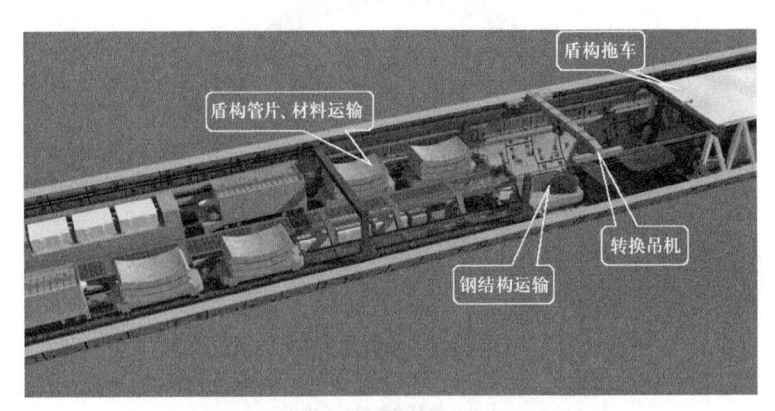

图 3.63 管片与钢结构同时运输效果图

中间设置渡线道岔主要是考虑施工中有一些不定状况，便于停放一些其他车辆而不影响运输，道岔数量是按车场道岔随盾构隧道掘进进度跟进，车场长度（含道岔长度）约 110m。如图 3.64 所示。

（6）通风设计条件和参数。

隧道施工通风应能提供隧道内各项作业所需的最小风量：每人应供应新鲜空气 $4m^3$/min。

隧道施工通风风速：隧道内最低风速应≥1.0m/s，最高风速应≤6m/s。沼气的扩散速度比空气大 1.6 倍，易透过裂隙、结构松散层溢（涌）出。当风速在 0.3m/s 时，甲烷会从发生点反流形成甲烷带。当风速为 0.5m/s 时，甲烷几乎不会发生反流，但也会形成甲烷带。当风速＞1m/s 时，甲烷散乱，则不会形成甲烷带，不会在拱顶上部聚积。因此在通风需风量计算过程中采取风速应≥0.5m/s，对拖车、管片拼装处等沼气可能产生积聚地段通过增设局部扇风机，达到最低风速应≥1m/s。

(a) 渡线道岔示意图

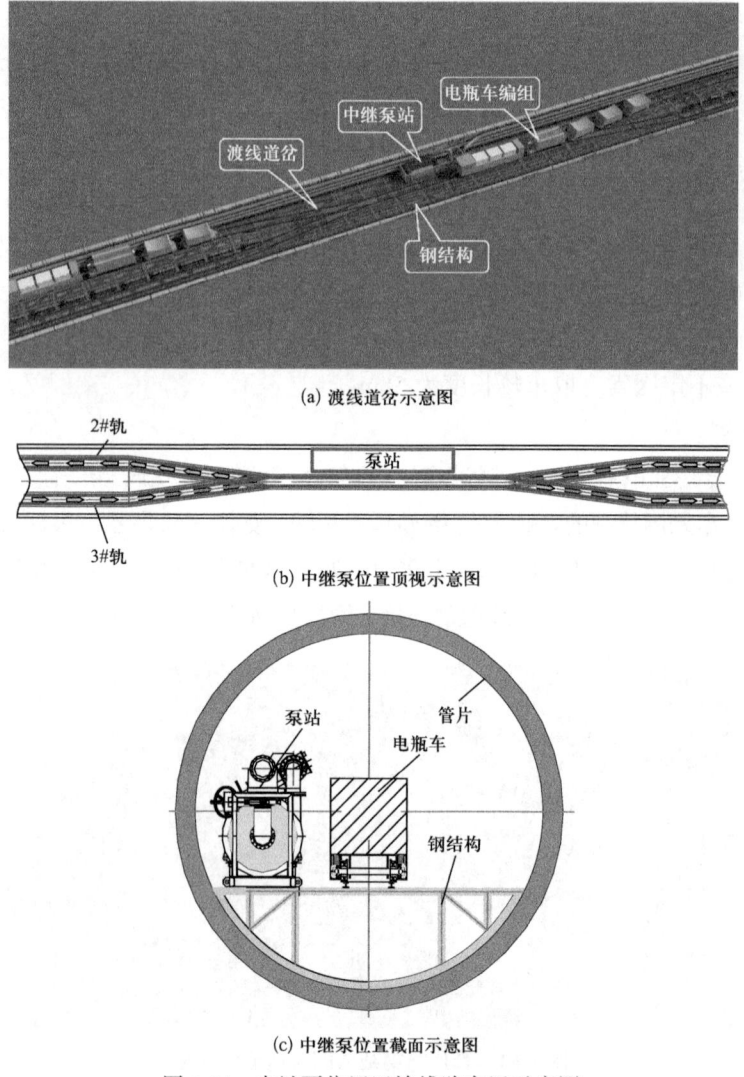

(b) 中继泵位置顶视示意图

(c) 中继泵位置截面示意图

图 3.64　中继泵位置运输线路布置示意图

（7）轨道延伸。

① 中轨延伸。

a. 中轨延伸概述。中轨作为电瓶车运输载体，为盾构机正常掘进所需物料提供保证，轨线的延伸质量密切影响运输效率，做好轨道布设、管理、养护是长距离盾构掘进的关键。

b. 中轨布设。中轨布置于隧道管片底部，使用长条形中轨轨枕，放置于管片上，中轨轨枕间隔 0.75m 一件，每环管片至少 2 件轨枕。如图 3.65 所示。

使用每根 6m 长的 43# 轨道连接各轨枕，平行的两条轨道中心距控制在 900mm±5mm。使用前挑选平且直的轨道用于轨线延伸。轨道接头间距应≤5mm，高低和左右错差应≤2mm。

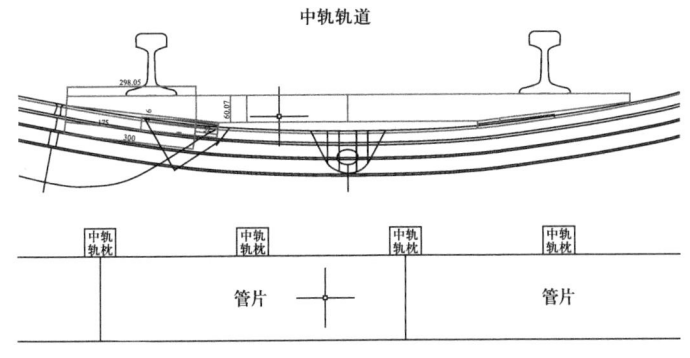

图 3.65 中轨布置示意图

轨道接头必须使用合格的道夹板，注意道夹板凹槽向轨道测，紧贴轨腰，带齐所有鱼尾螺栓，鱼尾螺栓方向交替安装。

如轨道接头处下方无中轨轨枕，则需增加一根轨枕塞入接头下方进行支撑。轨道与轨枕使用 4 颗螺栓及轨道压板固定紧固。

变坡时注意逐步垫高轨枕，轨道接头打磨平缓过度，接头处存在卷边的需切割打磨干净。

c. 中轨管理。中轨由盾构工区每日安排专人进行巡视，检查轨道夹板、压板螺栓是否紧固，对轨道接头悬空、轨道裂纹、轨枕位移等隐患进行排查。同时巡视轨面是否出现凹坑、咬边、接头卷边，接头上下、左右、前后间隙不符合要求的情况，并将巡视检测情况行程记录。

设备部安排工程师每周对上述巡视内容进行复检。

d. 中轨养护。根据巡视人员反馈的情况，由盾构工区协调人员对问题轨道进行处理，由设备部、HSE 部监督落实情况。

② 边轨延伸。

a. 边轨延伸概述。边轨主要作用是用于盾构机拖车行走，支撑盾构机重量，协助盾构机曲线掘进。边轨随盾构机拖车掘进循环进行，无需全线布置。

b. 边轨布设。

边轨使用循环边轨轨枕，每拆除一段拖车尾部边轨，用拖车尾部吊机吊运至电瓶车运输至安装区域，由物料吊机吊装至指定位置，焊接于 7# 与 9# 油缸位置手孔螺栓预埋件上，每环左右两侧各两个轨枕。由于掘进方向上手孔位置设置有一处焊接预埋件，每处轨枕需满焊于预埋件上，另一处轨枕则放置于管片上，利用支撑钢筋辊于中轨焊接在一起起到支撑作用。边轨布置示意图如图 3.66 所示。

边轨使用每根 6m 长的 43# 轨道连接各边轨轨枕，安装方式与中轨一致，保证轨间距 2900mm±5mm，轨道趋势与掘进趋势相符，左右高低一致，焊接轨枕与预埋件时必须满焊，不得漏焊、段焊。支撑钢筋棍必须支撑到中轨轨枕上，左右两边对称支撑，焊接点牢固。延长时必须有一环的掘进余量用于掘进。

c. 边轨管理。边轨由掘进队及盾构司机共同管理，盾构司机监督掘进队轨道延伸质量，掘进队负责边轨的循环延伸，控制延伸质量。盾构机长监督复查边轨延伸质量情况。

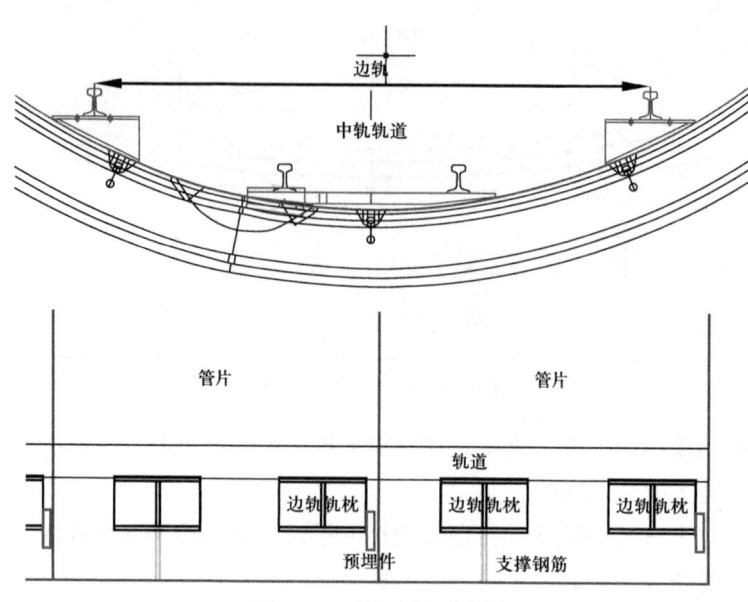

图 3.66　边轨布置示意图

（8）隧道施工阶段通风设计。

① 计算参数。

根据初步设计方案确定了风量计算的参数，见表 3.52。

表 3.52　施工阶段风量计算参数

序号	项目	单位	数量
1	隧道直径	m	6.8
2	最大独头通风长度	km	11
3	同时最多作业人数	人	30
4	每人供应新风量	m³/min	4
5	最低风速	m/s	0.5
6	风管百米漏风率	%	1
7	风管沿程阻力系数		0.02
8	盾构机功率	kW	2600
9	掘进速度	m/d	22.5～30

② 需风量计算。

施工通风所需风量按洞内同时工作的最多人数、洞内允许最小风速和瓦斯涌出量计算需风量分别计算，取其中最大值作为控制风量。

a. 按洞内同时作业最多人数计算。

$$Q_人 = q \cdot n$$

式中，q 为作业面每一作业人员的通风量，取 $4\text{m}^3/(\text{人}\cdot\text{min})$；$n$ 为作业面同时作业的最多人数。

经计算，开挖面需风量 $120\text{m}^3/\text{min}$。

b. 按洞内允许最小风速计算。

$$Q_\text{风}=S\cdot V$$

式中，S 为隧道最大开挖断面积，m^2；V 为洞内允许最小风速，m/s。

经计算，开挖面需风量 $1089\text{m}^3/\text{min}$。

c. 按沼气涌出量计算。

$$Q_\text{风}=\frac{100q_{\text{CH}_4}}{C_a-C_0}\cdot K$$

式中，q_{CH_4} 为工作面瓦斯涌出量，m^3/min；C_a 为工作面允许瓦斯浓度，取 0.5%；C_0 为送入工作面的风流中瓦斯的浓度；K 为沼气涌出不均衡系数，一般取 1.5~2。

经计算，开挖面需风量 $721\text{m}^3/\text{min}$。

计算结果见表 3.53。

表 3.53 需风量计算结果表

序号	项目	风量 /（m^3/min）
1	人员需风量	120
2	允许风速计算风量	1089
3	沼气涌出需风量	721

（9）风机及风管匹配。

通过计算得知，隧道施工时人员需风量、沼气涌出需风量均比允许风速需风量小，故通风设备按照允许风速来选择。通风设备一般先选择风管，后选择风机。有时需要再根据风机的选择结果，对所选风管进行适当的调整。

根据隧道直径和风管允许的经济风速要求，选择 1.7m 直径双吊环风管进行风机选型匹配，计算结果见表 3.54。当采用其他类型的风机时，可以根据表中的工况点对比其性能曲线，确定是否适合。图 3.67 为风机选型匹配结果，风机参数配置见表 3.54 和表 3.55。

表 3.54 风机风管选型匹配计算结果表

风机及风管选型	风管出口风量 / m^3/min	风机出口风量 / m^3/min	风压 /Pa	叶片角度 /（°）
4×AVH-R140 风机 （4×132kW），ϕ1.7m 风管	1125.9	2182.7	11083.1	52

表 3.55　风机风管配置表

设备名称	配置
4×AVH-R140 风机（4×132kW），ϕ1.7m 风管	风量范围 1500～4000m³/min，风压范围 1000～15000Pa
风管（直径 1.7m）	PVC 抗阻燃、防静电、双吊环

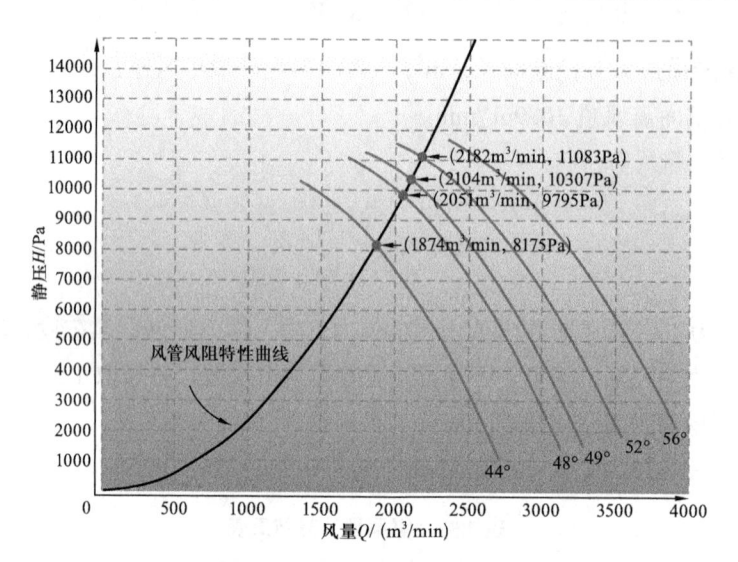

图 3.67　风机选型匹配曲线图

3.3.10.3.4　劳动组织

压入式通风根据现场实际情况进行风管、通风机的安装维护。通风班组由通风工、技术人员和风机司机组。通风工根据隧道内掘进、衬砌情况挂设风管、保护风管、更换风管。同时风机司机根据现场通风效果和工序控制风机的开停及通风量的大小，并保持与通风工的密切联系。

3.3.10.3.5　材料要求

垂直运输的材料有盾构机、管片、ϕ350 进排浆管、ϕ150 冷却水管、ϕ150 排污管、钢结构、油脂等。垂直运输过程中要选择满足吊装要求的吊装钢丝绳和卸扣，吊耳承载能力满足要求，水平运输过程工作井内安装轨道，用于运输管片、砂浆、钢结构及人员。通风需要选择合适的通风系统，选择通风条件的风管和风机。

3.3.10.3.6　设备机具配置

风机风管配置见表 3.56。

表 3.56　风机风管配置表

序号	设备名称	配置
1	4×AVH-R140 风机（4×132kW），ϕ2m 风管	风量范围 1500～4000m³/min，风压范围 1000～15000Pa
2	风管（直径 2m）	PVC 抗阻燃、防静电、双吊环

材料配备见表3.57。

表3.57 材料配备表

序号	材料名称	规格型号	单位	数量	使用部位
1	走道板	1.5m×0.63m	块	6810	盾构隧道
2	钢轨	43kg/m	m	20452	盾构隧道
3	电缆	120mm²	m	10226	盾构隧道
4	轨枕		根	6810	盾构隧道
5	进浆管	ϕ400	m	10226	
6	排浆管	ϕ350	m	10226	
7	通风管	ϕ2000mm	m	500	隧道通风
8	道岔	单开	个	7	轨道变线
9	水管	ϕ200mm	m	30678	盾构隧道

3.3.10.4 质量控制要点

（1）施工前组织有关人员进行熟悉图纸、方案以及对作业人员进行技术交底。

（2）构件在吊装过程中，吊点应按规定不得随意改动。

（3）构件在吊装过程中，应把构件扶稳后，吊车才能旋转和移动。

（4）构件在吊装过程中，严禁碰撞其他构件，以免损坏盾构机或其他材料。

（5）机械机具使用前应重新检查其机械性能，确保符合使用要求。

（6）各件构件的吊装方法均为双机抬吊，因此根据实际情况，采用4点起吊（每台吊车2点），选用的4条钢丝绳长度必须一致，严禁长短不一，以免起吊后造成构件扭曲变形。钢丝绳长度与构件的夹角应为70°，大大减少了构件的压应力。

（7）各构件起吊后应呈水平。

（8）各构件移动时应小心移动，速度应缓慢，以免损坏盾构机。

（9）防止盾构基座结构破坏，基座必须经过专业工程师的设计验算、检查钢结构尺寸、检查焊点质量。

（10）盾构组装过程中的电气方面应该严格按照电气装置安装工程及验收规范执行，按照国家标准进行电气上各部分及相关部件的安装工作。

（11）盾构机主要机电设备进行专项防爆设计，包括主变压器、变频柜、高压开关柜等，电缆采用矿用电缆设计，并配置沼气浓度自动监控系统，以便及时根据沼气浓度采取相应措施。

（12）开挖仓设置沼气抽排管路，掘进过程中遇到沼气地层时或进仓作业前，可对开挖仓内沼气进行抽排。

（13）加强通风，配备功率足够的风机，提高隧道内的通风量，并将通风直接引入到盾构机前部，并在局部增加小型轴流风机，确保关键部位通风无死角，降低沼气聚集的概率。

（14）盾构始发前，在隧道两岸周边地面钻孔对沼气进行提前抽排。

（15）建立健全沼气监测监控体系、综合安全监控体系并辅以人工检测，随时对隧道内沼气浓度进行检测。

（16）加强管片拼装质量和注浆质量，有效防止沼气通过管片深入隧道。

（17）盾尾安装一套沼气排放管路，适时开启排放设备快速将沼气排放至后方隧道，通过通风进行稀释。

（18）尽量避开沼气段进仓作业，但因特殊原因无法规避时可通过以下措施保证作业安全。

① 通过泥浆置换、保压在开挖面及周边一定范围内形成泥膜，防止外界有害气体进入仓内。

② 通过保压系统进行新鲜空气置换。

③ 进仓期间将便携式检测仪安装到人仓实时监测仓内气体含量，有害气体含量超标时人员立刻撤离。地面风机全天不间断通风。

（19）及时初期初衬，屏蔽辐射源。

（20）检查洞内外风机工作是否正常，有无异常声响。

（21）定期检查风机叶片固定螺栓有无疲劳裂纹和磨损。

（22）定期检查、润滑电机轴承。

（23）检查风筒吊机电机减速面的运行情况。

（24）根据掘进情况及时延伸和更换风管。

（25）检查风管有无破损现象，及时修补或更换。

（26）定期检查有害气体检查仪，每运输一次标定一次和每半年标定一次。

（27）起吊风筒后需要加装固定螺栓，防止坠落。

（28）空气吸收剂量率：测量仪器采用 BH3103B 便携式 X-γ 剂量率仪。监测布点：结合隧道施工实际情况，沿隧道施工开挖方向每 5m 设置 1 个监测点位，每个监测点首先巡测空气吸收剂量率，然后选取代表点进行测量，通常监测点位选在隧道断面中央。按照仪器的操作规程读取 10 个数据，计算平均值和标准偏差，将平均值作为该点位代表值。

（29）岩石放射性核素：测量仪器采用 HD-2002 型便携式微机 γ 能谱仪。监测布点：结合隧道施工实际情况，沿隧道施工开挖方向约每 15m 设置 1 个监测点位，测点选在施工过程中新开挖裸露岩石表面，并对隧道开挖出来的渣石进行测量。

（30）空气氡浓度：测量仪器采用 FD216 型环境氡测量仪。监测布点：结合隧道施工实际情况，沿隧道施工开挖方向每 100m 设置 1 个监测点位，监测点位选在与施工开挖方向垂直的隧道断面中央。

（31）粉尘浓度：测量仪器采用 P-5L2C 型便携式微电脑粉尘仪。监测布点：结合隧道施工实际情况，沿隧道施工开挖方向每 100m 设置 1 个监测点位，监测点位选在与施工开挖方向垂直的隧道断面中央。

（32）水样采集。取样布点：根据监测方案并结合隧道施工实际情况，沿隧道施工开挖方向每 100m 采集 1 个水样。采样完毕后尽快送中国广州分析测试中心测量。

3.3.10.5　HSE 检查控制要点

3.3.10.5.1　垂直运输

施工材料及管片的吊运必须落实吊运的设备，确定吊运吨位的匹配，对吊运的索具进行配置。制定相应的分项安全技术措施和操作规程，在吊运过程中进行监控。对起重设备的操作人员和指挥人员进行交底。

（1）行车司机必须经过培训、考核合格后方能上岗。

（2）做好对行车、起重指挥工的安全教育及安全交底工作。

（3）重点强调重物下严禁站人，并落实措施及管理工作，专职设备员定期检查并做好记录（每周检查）。

（4）对起重设备的索具、钢丝绳、卸扣、土箱、管片吊钩做到定期检查，安全使用各种安全装置，督促落实维修、整改工作。在吊装预制构件或其他施工材料时，吊环和索具的安全系数 $K \geqslant 8$。

（5）同步施工由于起重高度的限制，务必要注意起吊夹角和上下人员的安全，吊装预制构件时，必须固定牢靠后方可脱钩。

3.3.10.5.2　水平运输

（1）电瓶车司机必须经过培训，考试合格后方可上岗作业。

（2）做好对电瓶车司机的安全教育，并做好安全交底工作，防止电瓶车伤人，严格控制电瓶车速度。

（3）井下电瓶车司机兼职挂钩，同样必须经考核合格后持证上岗。

（4）严格执行电瓶车安全操作规程，加强对电瓶车"连接"部位检查制。

（5）督促电瓶车司机做好交接班及运行情况记录工作。

（6）电瓶车运行过程中严禁搭乘电瓶车，做好检查、监督工作。

（7）做好每日巡视检查工作，检查电瓶车运行速度、进入车架段限速及轨道端头限位装置安放情况。

（8）电瓶车的警铃和信号必须齐全，进入同步施工区域必须鸣（响）信号，警告施工人员；电瓶车上的运输材料必须堆放整齐并固定牢靠，以防在运输过程中滑移，撞击 T 形刚架和伤害施工人员；由于后配套拖车区域二侧间距较小，进入此区域电瓶车司机的手、头严禁超出机车外。

（9）施工安全区域的划分和信号规定。

（10）洞门处钉挂"限速""注意电瓶车"等警示标示，在距洞口 30～50m 范围安设阻车器装置。

3.3.10.5.3 通风

（1）隧道内的施工作业人员必须配备防尘口罩、耳塞等个人劳动保护用品，并定期体检。

（2）隧道内应保持良好的照明，车辆在洞内行驶时必须严格控制车速，以防撞伤人员和供风设备。

（3）非操作人员严禁触碰各种机电设备，非电工不得进行电工作业操作，所有操作人员必须持证上岗。

（4）进入安装作业区前，先观察工作面有无危石、异常变形，确认安全后方可进行作业。

（5）风机安装应稳固，并设置安全警示标识，吊装风机时，必须安排专人进行统一指挥。

（6）设置专职安全员，监督和落实各项安全制度，并定期进行检查，消除各种事故隐患。

3.3.10.5.4 循环管路注意事项

（1）管路支架及辅助支撑必须满焊至预埋件上。

（2）管路延伸时，必须进行泄压处理，如发现管路关闭不严的情况需对上上处阀门进行关闭，压力下降后方可拆除管路。

（3）管路的连接须做到紧固，目前连接形式为使用抱箍式，抱箍内密封安装尤为重要，保证管路对接齐平，内密封平均分到抱箍凸台两边，使用抱箍均匀抱住密封，两端紧定螺栓均匀用力收紧，直到紧固。

（4）安装人员注意轨道挤压、撞击、砸脚的风险。

3.3.10.5.5 线路延伸注意事项

（1）线缆延伸涉及高处作业，高处作业时必须系挂安全带。

（2）通信线路比较脆弱，延伸释放时注意防拉挂，每环掘进前释放出足够的余量，防止线路拉断通信中断。

（3）高压电缆同步释放，同样需每环掘进前释放出足够余量。

（4）所有线路掘进时均须密切关注干涉情况，防剐蹭、拉扯损坏。

3.3.10.5.6 长距离隧道通风及运输风险分析及措施

（1）重难点及风险分析。

长江穿越盾构隧道独头掘进 10.226km，为国内最长。泥水盾构长距离独头掘进，对隧道长距离通风、物料运输要求高，施工组织难度大。

① 隧道施工通风应能提供隧道内各项作业所需的最小风量：每人应供应新鲜空气 $4m^3/min$，且该工程穿越地层富含沼气，容易在发生点聚集，风速较小时会反流形成甲烷带，发生危险。

② 常规电瓶机车电池容量不能满足持续运输，而内燃机车在隧道内运行时需增加 DOC 柴油尾气净化器装置和安装防爆装置，成本高且易发生爆炸危险。因此，本项目对洞内运输设备要求高。

③ 物料运输是否高效连续运行直接关系盾构机能否连续掘进，进而影响整个项目工期。

（2）主要对策。

① 隧道通风：配置 $2 \times 132kW$ 风机和 $\phi 2.0m$ 风管，保证隧道内最低风速应 $\geqslant 1.0m/s$，满足作业人员所需风量的同时，防止沼气聚集。

② 针对隧道长的特点，运输设备选用超级电容作为动力源的电机车，以满足隧道运距长、运输速度和环保等要求。

隧道内运输采用 4 组编组同时在 2#、3# 轨道上运输的方式，在洞内安装渡线道岔进行错车，满足长距离连续运输要求，保证盾构机连续掘进施工。

3.3.11 盾构掘进测量及监测

3.3.11.1 工序介绍

盾构掘进施工过程中的环境影响是施工控制的重点，周边环境的稳定与否直接关系到工程的成败，而现场测量及监测则是环境控制的重要手段。现场监控量测作为信息化施工的重要组成部分，不仅可监视分析围岩、支护及周围环境的安全稳定性，保证施工安全及环境稳定，还可判断支护设计及施工方法是否合理，确认和修正设计参数，从而提高经济效益。因此，在盾构掘进施工过程中建立全面、严密的监控量测体系是完全必要的，通过定期的测量与及时的监测反馈指导施工，不仅可保证盾构隧道结构自身的安全稳定，满足设计要求，还可对周边环境影响进行有效控制，减少施工对周边建构筑物、路面及管线等周围环境的影响，从而有效地将施工控制在安全范围之内。

3.3.11.2 施工工艺

3.3.11.2.1 地面控制测量

采用卫星定位测量控制网、导线及导线网、三角形网等形式。根据施工场地的地理条件和施工精度要求布设控制网。平面控制网分为二等 GPS 首级测量控制网及二等加密导线测量控制网。

3.3.11.2.2 联系测量

盾构隧道贯通前的联系测量次数 $\geqslant 3$ 次，联系测量位置应在隧道掘进至 100m、1/3 贯通长度和距贯通面150m前分别进行一次。当贯通长度超过1500m时，应增加联系测量次数和采用高精度联系测量方法，提高联系测量精度。

3.3.11.2.3 隧道内控制测量

隧道内控制测量起算点应采用直接从地面通过联系测量传递到工作井下的平面和高程控制点，隧道内平面起算点应≥3个，起算方位边应≥2条，高程起算点应≥2个。

施工导线和施工水准应随盾构掘进布设，当直线隧道掘进长度＞200m或到达曲线段时，应布设施工控制导线和控制水准。

延伸隧道内控制导线和控制水准时，应对现有施工控制点进行检测，并应选择稳定点进行延伸测量。

3.3.11.2.4 掘进施工测量

盾构始发井建成后，应采用联系测量的方法，将平面和高程测量数据传入隧道内控制点。盾构就位后，应采用人工测量方法测定盾构的初始姿态，人工测量与盾构导向系统较差应≤$2\sqrt{2}$（m为点位测量中误差）。

当盾构始发和距接收工作井100m内时，应提高测量频率。盾构姿态根据测量成果及时进行调整。

管片拼装后，应进行盾尾间隙测量；壁后注浆完成后，应进行衬砌环测量，包括衬砌环中心坐标、底部高程、水平直径、竖直直径、前端面里程，测量中误差为±3mm。

3.3.11.2.5 贯通测量

隧道贯通后应进行贯通测量，测量内容包括隧道的纵横向和高程贯通误差。

3.3.11.2.6 施工监测

施工监测通过对周边环境变化情况的量测，掌握施工中影响范围内周边环境的稳定情况、变形的动态信息，预防事故和险情，作为调整施工的依据，以便优化调整施工方案、施工工序、工艺参数，从而指导施工队伍安全高效施工。施工监测重点关注穿越建构筑物对地层变位的影响，监测项目以地表沉降以及管片结构监测为主。

3.3.11.2.7 第三方监测

引入第三方监测制度，是建设单位为建设施工加设的一道安全防线，将使建设单位能完全客观真实地全面把握工程的质量，掌握工程各主体部分的关键性指标，是加强工程施工安全风险管控，防止重大事故发生的有力措施。作为客观的第三方监测，其数据和资料往往是处理工程合同纠纷的重要依据。它可以对承包商的施工监测数据进行监督、检验，可以防止承包商采用虚假的资料和数据隐瞒工程质量真相，找到工程质量问题的根源所在，并在建设单位进行索赔时提供确凿的证据。

第三方监测单位依据相应规程和条款对施工影响区域内重要的建筑物、管线和地层位移实施独立、客观、公正的一项监测工作，同时协助建设单位对参与的施工监测进行监督、管理，为建设单位和设计、监理、施工单位提供及时、可靠的信息用以评定施工对周边环境的影响，并对可能发生的危及结构安全、施工安全、环境安全的隐患或事故提供及时、准确的预报及工程突发危险部位的紧急监测，让有关各方作出反应，避免事故的发生。

3.3.11.3 作业管理统一规定

3.3.11.3.1 施工准备

根据工程项目的特点，项目开工前对管段内所交GPS点、水准点进行复测。按照设计交桩要求进行控制参数精度复测，隧道建立独立加密控制测量。

选取始发区域和接收区域各一个控制点作为约束点，通过精度评定，满足约束点规范要求。

加密网复测时，外业操作（包括观测时间、观测时段等）均以设计交桩要求为标准，按国家规定的测量等级控制要求复测。

经内业计算，各项指标均满足国家规定的测量等级控制规范要求。原始资料记录规范，内业数据处理采用软件严密平差。

水准基点复测观测时采用水准仪配铟钢尺和GPS进行水准测量，严格按照二等水准测量规范操作，操作如下。

在始发区域和接收区域各选一个对应的国家测量等级水准点。在同一侧沿南北两岸江边点延长线上取等距离（南北两岸江边点）的2个点，间距>50m。架设6个GPS同时观测，观测时间、观测时段按6倍于南北两岸江边点距离（公里）进行二等规范观测。在岸同一侧的3个点再用水准仪配铟钢尺进行联测，然后分别再联测至国家二等水准点，在规范偏差范围内采用软件严密平差。得出两岸点高程，复测完后，及时整理出复测成果并报监理审批。

根据《城市轨道交通工程测量规范》（GB 50308—2017），定期对高程控制网和导线控制网进行测量复核（每6个月复测一次，测量成果报测量监理工程师）审批合格后才能采用成果，严格执行测量三级复核制度，做到层层复核及时反馈信息，确保各项施工的正确定位。

3.3.11.3.2 场区控制网的加密

交接桩后对平面控制点、高程控制点进行加密测量。

布设的平面控制点和高程控制点，桩位稳定，成果可靠。

3.3.11.3.3 技术要求

（1）一般要求。

测量前，应对施工现场进行踏勘，收集相关测量资料，办理测量资料交接手续，并应对既有测量控制点进行复测和保护。

施工前，应根据周边环境、地面控制网、盾构进入隧道方式、贯通长度和贯通精度，以及盾构配置的导向系统的精度、特点和人工测量仪器精度等，制定施工测量方案。

施工控制网应采用抵偿坐标系和抵偿高程面，并计算隧道两端的变形值，同时完成跨江水准测量，抵消长度投影变形和高程投影面等因素的影响。

同一贯通区间内始发和接收工作井所使用的地面近井控制点间应进行联测，并应与区间内的其他地面控制点构成附合路线或附合网。

隧道贯通后应分别以始发和接收工作井的隧道内近井控制点为起算数据，采用附合路线形式，重新测设地下控制网。

地面施工测量控制点应埋设在施工影响的变形区以外。当施工现场条件限制时，埋设在变形区内的施工测量控制点使用前应进行检测。

（2）地面控制测量。

盾构始发和接收工作井间应建立统一的施工控制测量系统，每个井口应布设≥3个控制点。

当水准路线跨越水域时，应进行跨水域水准测量，并应符合现行国家标准《国家一、二等水准测量规范》（GB/T 12897—2006）的有关规定。

地面控制网应定期复测，复测频率每年应≥1次，当控制点不稳定时，应增加复测频率。

（3）联系测量。

盾构隧道贯通前的联系测量次数应≥3次，宜在隧道掘进至100m、1/3贯通长度和距贯通面150m前分别进行一次。当贯通长度超过1500m时，应增加联系测量次数或采用高精度联系测量方法，提高联系测量精度。

地下应埋设永久近井点。近井导线点应≥3个，点间边长宜＞50m。近井高程点应≥2个。

（4）隧道内控制测量。

隧道内控制测量起算点应采用直接从地面通过联系测量传递到工作井下的平面和高程控制点，隧道内平面起算点应≥3个，起算方位边应≥2条，高程起算点应≥2个。

控制点应埋设在稳定的隧道结构上，并应埋设强制对中装置。平面控制点应避开强光源、热源、淋水等地方，控制点间视线距隧道壁及洞内设施应＞0.5m。

施工导线和施工水准应随盾构掘进布设，当直线隧道掘进长度＞200m或到达曲线段时，应布设施工控制导线和控制水准。

施工控制水准测量的水准点宜按每200m间距设置1个。

延伸隧道内控制导线和控制水准时，应对现有施工控制点进行检测，并应选择稳定点进行延伸测量。

在隧道贯通前，隧道内控制导线和控制水准测量应≥3次。重合点坐标较差应＜（30mm×导线长度/贯通长度），高程较差应＜10mm，且应采用平均值作为测量结果。

(5)掘进施工测量。

盾构始发工作井建成后,应采用联系测量方法,将平面和高程测量数据传入隧道内控制点。

盾构就位后应采用人工测量方法测定盾构的初始姿态,人工测量与盾构导向系统测量较差应≤$2\sqrt{2}$(m为点位测量中误差)。

当采用人工测量、自动导向系统测量时,应符合《盾构法隧道施工及验收规范》(GB 50446—2017)的相关规定。

当盾构始发和距接收工作井100m内时,应提高测量频率。

盾构姿态应根据测量成果及时调整。

管片拼装后,应进行盾尾间隙测量。

壁后注浆完成后,宜进行衬砌环测量,包括衬砌环中心坐标、底部高程、水平直径、竖直直径、前端面里程,测量中误差为±3mm。

(6)贯通测量。

隧道贯通后应进行贯通测量,测量内容包括隧道的纵横向和高程贯通误差。

贯通测量时,应在贯通面设置贯通相遇点。

(7)竣工测量。

隧道贯通后应以始发和接收工作井内的控制点为起算点,对隧道内的导线点和水准点分别重新组成附合路线或附合网,测量结果作为隧道竣工测量以及后续施工测量的依据。

竣工测量应包括隧道轴线平面偏差、高程偏差、衬砌环椭圆度和隧道纵横断面测量等。

隧道应在直线段每10环、曲线段每5环测量1个横断面,横断面上的测点数量≥4个。

横断面测量中误差应为±10mm。

竣工测量结果应按要求归档。

3.3.11.3.4 工艺流程

项目测量管理实行二级复合管理制度,平面控制测量的复测和上场初期的加密工作由施工单位专业测量队伍完成,隧道按照开挖进度情况进行复检,项目部测量队长负责测量班测量过程的监督和测量成果的复核,随时做到监控测量,测量班在测量时加强自检自核。

3.3.11.3.5 施工要求

(1)一般要求。

盾构施工测量是指导盾构按设计要求正确掘进而进行的测量工作。在盾构施工全过程应提供盾构施工所需的施工测量控制点、盾构姿态和管片成环状况,并对盾构自身定向系统进行检核测量,提供修正参数。

盾构施工测量主要内容应包括地面控制测量、竖井联系测量、地下控制测量、掘进施工测量和竣工测量。

应了解盾构结构和自身定向系统特点、精度，制定科学可行的盾构施工测量方案。

地面施工控制测量应采用附合路线形式或同精度的其他形式；地下控制测量在隧道贯通后也应采用附合路线形式重新布设和施测。

地面施工测量控制点必须埋设在施工影响的变形区以外，并必须定期进行复核。由于施工现场条件限制，埋设在变形区内的施工测量控制点必须经常检核。

测量外业数据采集和内业数据处理应遵循国家规定的相关技术标准，使用规范的表格和软件，并有复核手续。

盾构施工隧道贯通测量中横向贯通测量误差应为±50mm，高程贯通测量误差应为±25mm。

（2）地面控制测量。

在盾构始发井和接收井间必须建立统一的施工控制测量系统，控制点应分布在两个井口便于使用的地方。

① GPS 平面控制网测量技术要求应符合表 3.58 的规定。

表 3.58　GPS 平面控制网测量技术要求

平均边长 / km	最弱点的点位中误差 / mm	相邻点的相对点位中误差 / mm	最弱点的相对中误差	与现有控制点的坐标相较 / mm
2	±12	±10	1/90000	≤50

② 平面加密控制网的技术要求应符合表 3.59 的规定。

表 3.59　平面加密控制网技术要求

平均边长 / m	导线长度 / m	每边测距中误差 / mm	测角中误差 / (″)	测回数 DJ1	测回数 DJ2	相邻点的相对点位中误差 / mm
200	1000	2	±2.5	4	6	±8

③ 高程加密控制网的技术要求应符合表 3.60 的规定。

表 3.60　高程加密控制网技术要求

每千米高差中数中误差 /mm 偶然中误差	每千米高差中数中误差 /mm 全中误差	线路长度 / km	水准仪的型号	水准尺	观测次数 与已知点联测	观测次数 附合或环线
±2	±4	2~4	DSI	钢尺	往返各一次	往返各一次

当水准路线跨越江时，应进行越江水准测量。跨江水准测量可采用光学测微法、倾斜螺旋法、经纬仪倾角法和测距三角高程法等，并应执行现行国家标准《国家一、二等水准测量规范》（GB/T 12897）的规定。视线长度＜100m 时，可采用一般方法进行水准测量。

(3)联系测量。

联系测量内容应包括地面近井导线测量和近井高程测量、竖井定向测量和导入高程测量以及地下近井导线和近井高程测量。

竖井定向测量可采用联系三角形法、陀螺仪与垂准仪组合定向法或满足精度要求的其他方法。

导入高程测量应满足下列条件：

在竖井内悬吊钢尺进行高程传递测量时地上、地下的两台水准仪应同时读数，并在钢尺上悬吊与其检定时相同质量的重锤；

传递高程时独立进行3次，高程较差应<3mm；

高差应进行温度、尺长改正；

地下近井导线点应≥3个，近井高程点应≥2个，各类点间应构成检核条件。

(4)地下控制测量。

地下控制测量应包括地下施工导线测量、施工控制导线测量和地下施工水准测量、施工控制水准测量。

地下控制测量起算点必须采用直接从地面通过联系测量传递到井下的平面和高程控制点，一般地下平面起算点应≥3个，起算方位边应≥2条，起算高程点应≥2个。

控制点可埋设在隧道两侧或顶、底板上。

地下控制网可为支导线和支水准路线，有条件时必须构成附和路线或导线网。

隧道掘进中应先布设施工导线和施工水准，隧道掘进应>200m，并应选择稳固的施工导线点组成施工控制导线。

施工控制导线应满足下列技术要求：

相邻两条导线边长比（短边/长边）应≥1/2；

采用2s全站仪施测，左、右角各测二测回，左、右角平均值之和与360°较差应<6s；

最远点横向中误差应在±25mm之内；

施工控制水准的水准点间距宜为150m，水准点可利用导线点标石，也可埋设管片上标志；

每次延伸地下控制导线和控制水准，应对已有施工控制点进行检核，检测点如有变动，应选择其他稳定点进行延伸测量；

地下控制导线和控制水准在隧道贯通前应独立测量≥3次；

隧道贯通距离>1500m时应采取措施增强地下控制网强度。

(5)掘进施工测量。

盾构始发井建成后，应采用联系测量方法，将平面和高程测量数据传入井下控制点上，并应满足盾构拼装、反力架和导轨等安装对测量的要求。

测量盾构姿态所设置的测量标志应满足下列要求：

应牢固设置在盾构纵向或横向截面上，且≥2个，标志点间距离应尽量大，标志点可粘贴反射片或安置棱镜；

标志点间三维坐标系统应和盾构几何坐标系统一致或建立明确的换算关系。

盾构姿态测量应满足下列要求：

盾构姿态测量内容包括其横向偏离值、纵向坡度、横向转角、高程偏离值及切口里程；

横向偏离值测至毫米，坡度1‰，横向角2′～3′，高程偏离值以毫米为单位，切口里程以米为单位；

人工测量频率应根据盾构自身导向装置精度确定，一般盾构每掘进累计预计形成15mm误差，测量一次；

以控制导线点按极坐标法测定测量标志点，测量精度应<3mm；

衬砌环测量应在完成管片拼装后进行盾尾间隙测量，在衬砌环完成壁后注浆，宜在管片出车架后进行测量，其内容包括衬砌环中心坐标、底部高程、水平直径、垂直直径和前端面里程，测量误差为±3mm。

（6）竣工测量。

盾构隧道贯通后应进行贯通误差测量，贯通误差测量应在接收井的贯通面设置贯通相遇点，利用接收井和始发井传递下来的控制点分别测定贯通相遇点三维坐标，贯通误差应归化到线路纵向和横向的方向上。

隧道贯通后应利用始发井和接收井控制点进行贯通隧道附合路线测量，并重新平差作为以后的测量依据。

竣工测量内容应包括隧道中心的三维坐标、横向偏离值、高程偏离值、椭圆度测量等，直线段每10环、曲线段每5环测一个断面。

测量方法可采用极坐标等测量方法，测量精度<10mm。

竣工测量成果应按要求整理归档，并作为隧道验收依据。

3.3.11.3.6 劳动组织

项目测量人员配置管理坚持以科学发展观和科学人才观为指导，按照因事设岗、按岗聘用、优化结构、精简效能的原则，根据工作任务、编制定员和实际需要等因素，科学合理设置岗位，以符合项目特点和满足发包人要求。项目测量岗位的设置执行下列原则。

（1）因事设岗原则。根据职能任务及项目需要，以提高工作效率为前提，按照工作性质、工作量等因素设置必要的岗位，保证每个人员工作任务饱满，发挥岗位的最佳效能。

（2）结构合理原则。根据项目的工作特点、测量要求和责任大小合理确定，并根据实际需要进行优化组合。

（3）动态调整原则。岗位设置应与项目的实际情况相适应，随着岗位职能的变化和实际工作需要适时调整。

（4）先考核后上岗原则。配置测量人员必须考核合格后上岗作业。

项目部设测量队，工区设测量班（组），综合素质能达到独立胜任隧道工程的控制测量和隧道放样的水平。测量队和工区测量班（组）实行班（组）长负责制，项目部测量队负责对工区施工测量进行指导，测量班（组）及时为工区施工提供定位和服务。人员配备见表3.61。

表 3.61 人员配备

岗位	人数	备注
技术负责人	2	
技术员	3	
测量员	2	

3.3.11.3.7 机具设备配置

监测主要仪器、设备配置见表3.62。

表 3.62 监测主要仪器、设备配置

序号	仪器设备名称	规格型号	数量	用途	备注
1	全站仪	满足使用	2	水平位移	
2	电子水准仪	满足使用	2	竖向位移	
3	条码钢钢尺	满足使用	2	竖向位移	
4	游标卡尺	满足使用	2	裂缝	
5	监测平差软件	满足使用	1	数据平差	
6	水位计	满足使用	1	水位	
7	电脑	满足使用	2	处理数据	
8	打印机	满足使用	1	打印	
9	汽车	满足使用	1	通勤	
10	手持地钻机	满足使用	1	埋设监测点	
11	发电机	满足使用	1		
12	冲击钻	满足使用	1		
13	手电钻	满足使用	1		
14	取土机	满足使用	1		
15	取芯机	满足使用	1		

3.3.11.4 质量控制要点

（1）审查第三方监测单位人力资源投入，要求具有丰富施工、监测经验以及有结构沉降计算、分析能力的工程技术人员组成，在施工单位和监理工程师的指导下工作。

（2）所有仪器设备必须按有关规定进行检验和校核，确保仪器的稳定可靠性和保证观测的精度。

（3）设定警戒值，当发现接近或超过警戒监测值时，立即报告监理，并向监理报送应急补救措施。

（4）观测前，采用增加测回数的措施，保证初始值的准确性。

（5）制定各点位的保护措施。定期对使用的基准点或工作基点进行稳定性检测和复核，发现问题及时处理，监测时采用相同的观测路径及方法。

（6）建立监测复核制度，确保监测数据的真实可靠性。

（7）建立监测成果反馈制度，采用回归分析进行数据处理。对大量的监测信息使用计算机绘图和分析。求出变形回归方程以推算最终位移和掌握位移变化规律，及时将监测信息及监测成果反馈给监理和施工现场，以指导施工，及时调整施工方案和施工参数。

3.3.11.5 HSE 检查控制要点

（1）制定专项监测方案，监控方案应包括监控目的、监测项目、监控报警值、监测方法及精度要求，监测点的布置、监测周期、工序管理和记录制度以及信息反馈系统等。

（2）监测点的布置应满足监控要求，从基坑边缘以外 1~2 倍开挖深度范围内的需要保护物体均应作为监控对象。

（3）位移观测基准点数量应≥两点，且应设在影响范围以外。

（4）监测项目在基坑开挖前应测得初始值，且应≥两次。

（5）各项监测的时间间隔可根据施工进程确定。当变形超过有关标准或监测结果变化速率较大时，应加密观测次数。当有事故征兆时，应连续监测。

（6）根据安全监测数据、安全巡视信息等综合分析，确定风险工程的综合预警状态。

（7）按照设计图纸结合相关规范最终确定的控制标准进行控制。现场监测成果确认达到报警状态时，应立即将风险信息报送相关部门，及时进行预警响应和处置。

4 竖井施工关键工序检查卡

本章编制内容均以国内某工程竖井施工为例，整理并总结了竖井地基加固、围护结构、支护与土方、主体结构、防水工程、基坑降水等分部分项工程关键控制参数及管理要求。地基加固、围护结构及主体结构流程图如图 4.1 至图 4.3 所示。

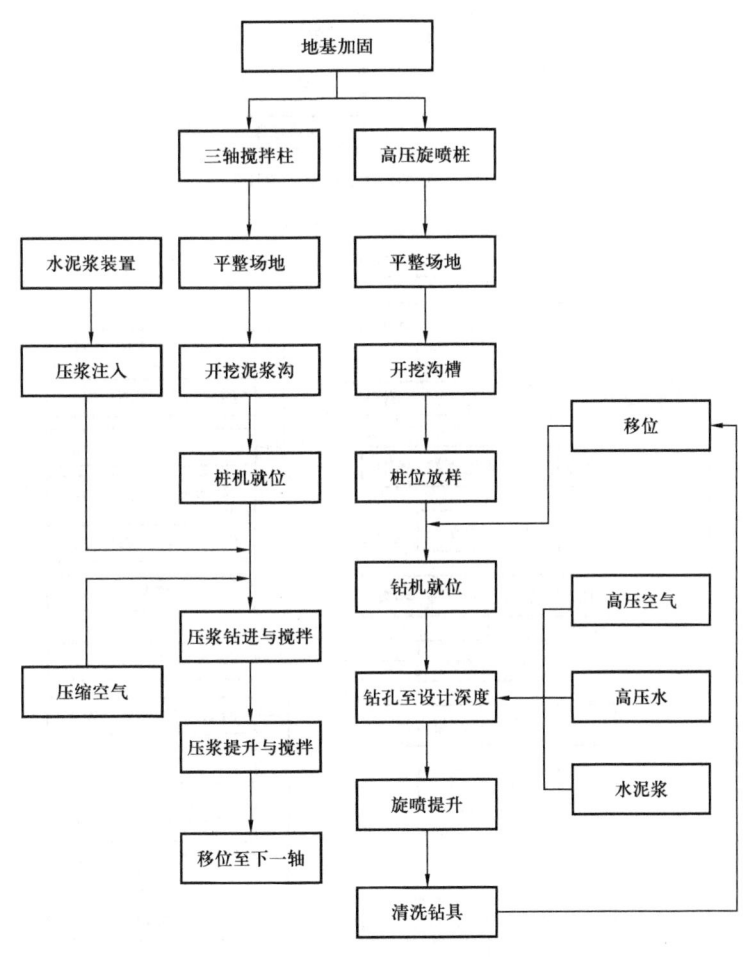

图 4.1 地基加固施工流程图

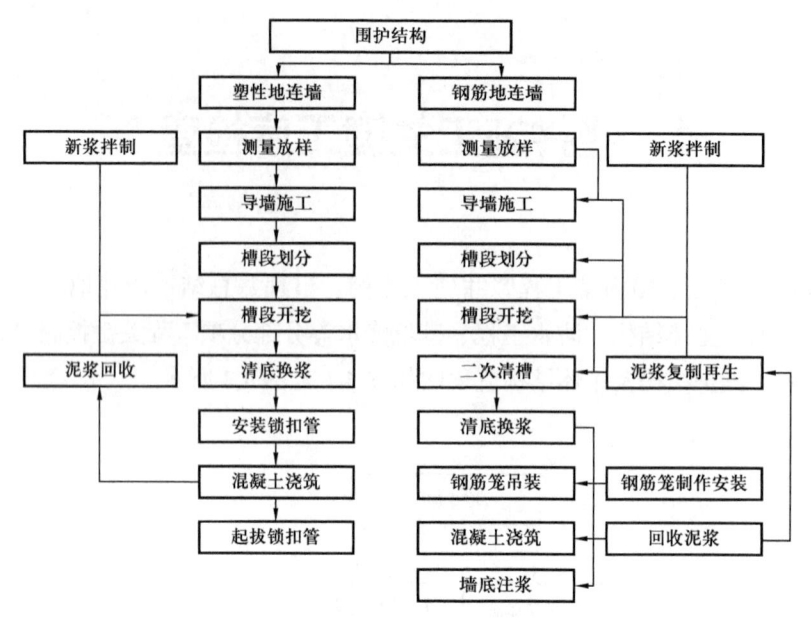

图 4.2 围护结构施工流程图

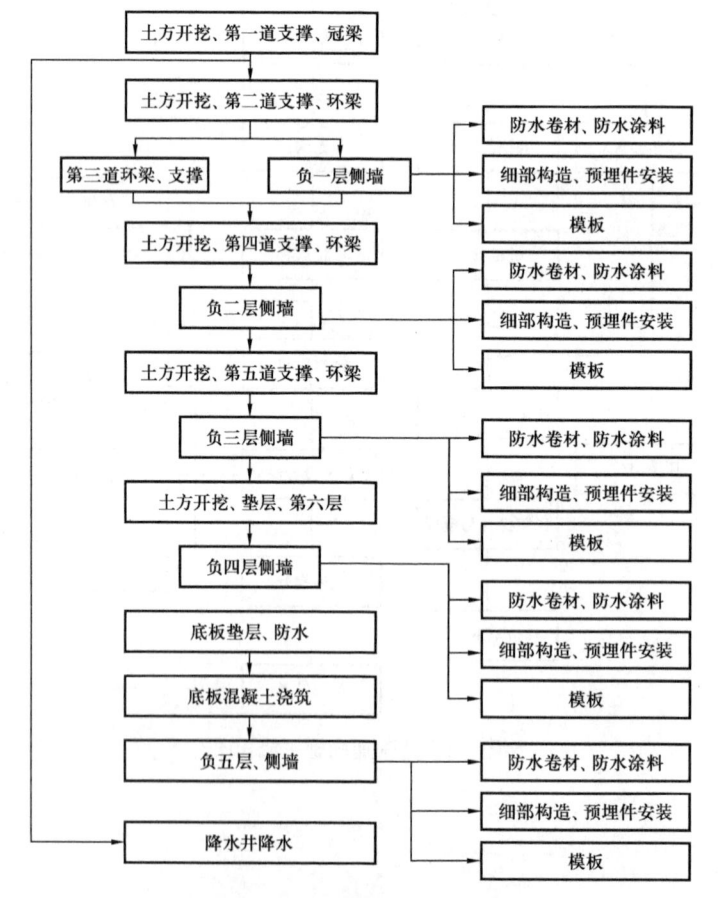

图 4.3 主体结构施工流程图

4.1 地基加固

4.1.1 三轴搅拌桩

三轴搅拌桩相关数据见表4.1。

表 4.1 三轴搅拌桩

序号	项目	设计 / 规范要求	检查方法 / 依据 / 工具
1	水泥	水泥 P42.5 级普通硅酸盐水泥，水泥掺入比≥25%	产品合格证书、质量证明文件、复检报告
2	桩机就位	桩位偏差≤50mm	测量放线核查、卷尺
3	搅拌桩垂直度	精度≥1/200	全站仪、水准仪、水平尺、铅坠
4	水泥浆液	水灰比 1~1.5	现场抽查配比、密度
5		水泥掺量：坑底以下 10m（实桩 25%）	查看注浆记录、记录小票
6		水泥掺量：坑底以上 28.2m（空桩 7%）	注浆记录、流量计
7	钻进搅拌	下沉速度 0.5~1.0m/min	现场抽查
8		上提速度 1.0~1.5m/min	现场抽查
9	注浆压力	1.5~2.5MPa	查看注浆压力表
10	注浆流量	20~400L/（min·台）	查看注浆记录仪
11	槽壁加固	地下连续墙两侧采用 ϕ850mm@600mm 三轴水泥土搅拌桩，加固深度为地面以下 8m，水泥掺量 25%	
12	端头加固	1）端头加固采用外包 0.8m 厚塑性混凝土地下连续墙 + 三轴搅拌桩 + 旋喷桩填充措施； 2）搅拌桩加固区纵向长度为 18m，加固宽度为 13.6m； 3）加固深度为盾构隧道顶、底边缘外≥3m 的范围，单根桩长 28.6m，其中空桩长 15m，实桩 13.6m	

三轴搅拌桩施工图片如图 4.4 至图 4.9 所示。三轴搅拌桩在成桩 7d 后，采用潜部开挖桩头检查搅拌均匀性，量测成桩直径，检查数量≥总桩数的 5%。成桩 28d 后，钻孔取桩身芯样检查抗压强度，检验数量为总桩数的 2%，且≥3 根。加固后无侧限抗压强度＞1MPa，渗透系数＜1×10^{-7}cm/s。

图 4.4 三轴搅拌桩水泥存储罐

图 4.5 搅拌桩垂直度测量

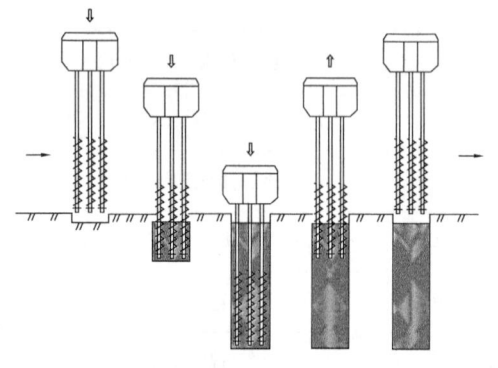

图 4.6 三轴施工示意图

图 4.7 三轴搅拌桩注浆压力

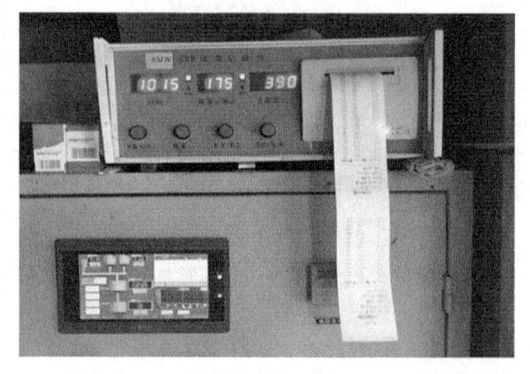

图 4.8 三轴搅拌桩注浆记录仪

图 4.9 三轴搅拌桩钻孔取芯

4.1.2 高压旋喷桩

高压旋喷桩相关数据见表 4.2。

高压旋喷桩施工照片如图 4.10 至图 4.15 所示。成桩 28d 后检验抗压强度（采用钻孔取芯方法），检验数量为施工总桩数的 2%，且≥6 点。加固后无侧限抗压强度应>1MPa，渗透系数应<1×10^{-7}cm/s。

表 4.2 高压旋喷桩

序号	项目	设计/规范要求	检查方法/依据/工具
1	水泥	42.5 级的普通硅酸盐水泥	复检报告、试验检验
2	水泥浆水灰比/水泥掺量	0.8～1.2/20%	配比相对密度、试验检验
3	桩长/桩径/间距/咬合	14m/0.8m/0.5m/0.3m	尺量测量桩位
4	注浆压力/气流压力	>20MPa/>0.7MPa	注浆压力表/气压
5	提升速度	0.15～0.2m/min	现场计时核查
6	钻孔深度	允许偏差 ±200mm	设备记录
7	钻孔位置	允许偏差 50mm	尺量
8	钻孔垂直度	允许偏差 1.5%	水平尺实测或者经纬仪测钻杆、铅坠
9	注浆流量	>30L/min	查看流量计
10	抗压强度、渗透系数	成桩 28d 后检验抗压强度（采用钻孔取芯方法），检验数量为总桩数的 2%，且≥6 点，加固后无侧限抗压强度>1MPa，渗透系数应<1×10^{-7}cm/s	

图 4.10 高压旋喷桩引孔

图 4.11 高压旋喷设备下钻

图 4.12 高压旋喷设备施工

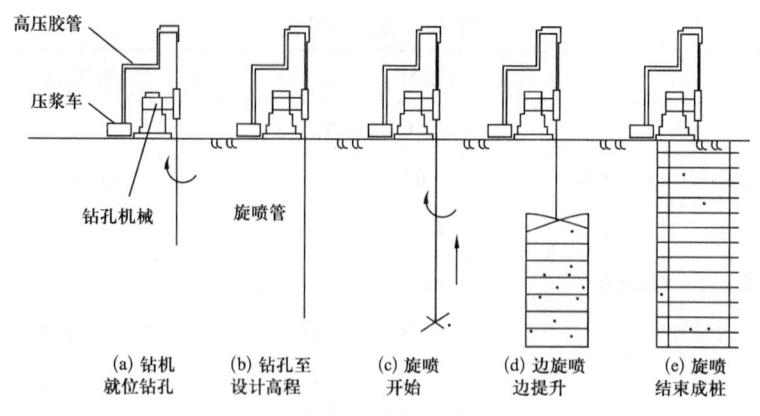

图 4.13　高压旋喷桩设备施工示意图

图 4.14　高压旋喷设备提升喷浆

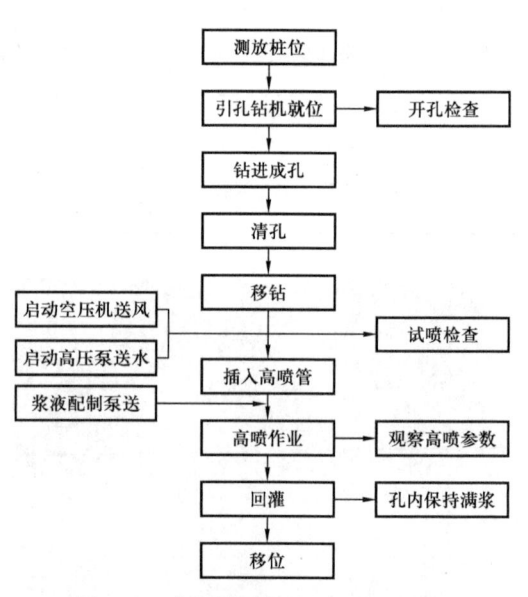

图 4.15　高压旋喷桩施工工艺流程图

4.2　围护结构

4.2.1　塑性地下连续墙

4.2.1.1　导墙

导墙相关数据见表 4.3。

4.2.1.2　泥浆指标

泥浆指标见表 4.4。

表 4.3 塑性地下连续墙导墙

序号	项目	设计/规范要求	检查方法/依据/工具
1	宽度	800mm（允许偏差±10mm）	钢卷尺量
2	垂直度	允许偏差 H（深度）/500	线锤、尺量、水平尺
3	深度	1.5m	钢卷尺测量
4	墙面平整度	允许偏差 5mm	钢卷尺测量
5	平面位置	允许偏差±10mm	钢卷尺测量
6	顶面标高	导墙顶面宜高出地面 100mm，允许偏差±20mm	水准仪

表 4.4 塑性地下连续墙泥浆指标

序号	项目		设计数值控制标准	检查方法/依据/工具
1	新浆泥浆	相对密度	1.03~1.10	泥浆比重计
2		漏斗黏度 黏性土	22~30s	漏斗法
		漏斗黏度 砂性土	22~30s	
3		胶体率	>98%	量筒法
4		失水量	<30mL/30min	失水量仪
5		泥皮厚度	<1mm	失水量仪
6		pH 值	8~9	pH 试纸
7	循环泥浆	相对密度	1.05~1.25	泥浆比重计
8		漏斗黏度 黏性土	22~30s	漏斗法
		漏斗黏度 砂性土	25~40s	
9		胶体率	>98%	量筒法
10		失水量	<30mL/30min	失水量仪
11		泥皮厚度	<3mm	失水量仪
12		pH 值	8~9	pH 试纸
13		含砂率 黏性土	<4%	洗砂瓶
		含砂率 砂性土	<7%	

4.2.1.3 成槽

成槽相关参数见表 4.5。

表 4.5 塑性地下连续墙成槽

序号	工序	项目	设计/规范要求	检查方法/依据/工具
1	成槽	深度	38.2m（允许偏差100mm）	测绳 2 点/幅
2		槽位	≤30mm	钢卷尺 1 点/幅
3		墙厚	≤50mm	100% 超声波 2 点/幅
4		垂直度	≤1/300、≤1/400 基坑深度范围	100% 超声波 2 点/幅
5		沉渣厚度	≤100mm	100% 超声波 2 点/幅
6		槽段长度	直线幅 5m，转角幅 3.2～2.2m，端头 3.88～1.8m	钢卷尺测量
7		槽内泥浆液面	不应低于导墙面 0.3m	钢卷尺测量
8		设计图纸	单元槽段成槽过程中抽检泥浆指标≥3 次；L 形、T 形等折线形槽段成槽施工宜在相邻槽段施工完成后进行	
9	刷壁	接头部位清刷	1）刷壁次数≥10 次，直至刷壁器无杂物；2）刷壁应与接头形式匹配；3）刷壁完成再次清基和泥浆置换；4）清基后用泵吸法或者气举反循环法进行，清基后槽底沉渣和泥浆指标应符合要求	
10	清基后泥浆指标	相对密度 黏性土	≤1.15	泥浆比重计
		相对密度 砂性土	≤1.20	
11		黏度	20～30	量筒法
12		含砂率	<7%	失水量仪
13		pH 值	8～10	pH 试纸
14		清基后应对槽段底部泥浆进行检测	取样地点距离槽底宜为 0.5～1.0m	泥浆取样桶（有刻度）

4.2.1.4 塑性混凝土浇筑

塑性混凝土浇筑相关参数见表 4.6。

4.2.2 钢筋地下连续墙

4.2.2.1 导墙

导墙相关参数见表 4.7。

表4.6 塑性混凝土浇筑

序号	工序	项目	设计/规范要求	检查方法/依据/工具
1	混凝土浇筑	混凝土	塑性混凝土	核查开盘鉴定报告
2		浇筑方量	按设计量审查	核查混凝土进料单
3		塌落度	每幅≥3次，（200±20）mm	塌落度筒
4		浇筑	混凝土浇筑应均匀连续，间隔时间≤30min	核查浇筑记录
5		导管直径	200~300mm	钢卷尺测量
6		导管埋深	2~4m，相邻两导管间混凝土差应<0.5m	核查下管数量
7		试块	抗压：①每幅槽段≥1组，每组3个边长150mm×150mm×150mm，且每100m³≥一组，每组≥3件；②连续浇筑1000m³时，每200m³≥1次 抗渗：①连续浇筑混凝土每500m³应留置1组（6个）抗渗试件，且每项工程≥两组；②采用预拌混凝土的抗渗试件，留置组数应根据结构的规模和要求而定，28d送检	
8	塑性墙报告	抗压强度、渗透系数	塑性混凝土地连墙应在成墙28d后对墙体质量进行钻孔取芯检测，检测槽段数为总槽段的10%。抗压强度应为2.0~3.0MPa，渗透系数应<1×10⁻⁷cm/s。取芯钻孔应及时采用0.5∶1的微膨胀水泥浆或水泥砂浆回填。其他要求见《现浇塑性混凝土防渗芯墙施工技术规程》（JGJ/T 291—2012）	试验报告

表4.7 钢筋地下连续墙导墙

序号	项目	设计/规范要求	检查方法/依据/工具
1	宽度	1.2m（允许偏差±10mm）	钢卷尺测量
2	垂直度	允许偏差 H（深度）/500	线锤、尺量
3	深度	1.5m	钢卷尺测量
4	墙面平整度	允许偏差5mm	钢卷尺测量
5	平面位置	允许偏差±10mm	钢卷尺测量
6	顶面标高	导墙顶面宜高出地面100mm 允许偏差±20mm	水准仪

导墙施工图片如图4.16至图4.21所示。

图 4.16　导墙宽度测量

图 4.17　导墙垂直度测量

图 4.18　导墙深度测量

图 4.19　导墙钢筋绑扎

图 4.20　导墙标高测量

图 4.21　导墙绑扎钢筋间距测量

4.2.2.2　泥浆指标

泥浆指标见表4.8。

泥浆检测如图4.22至图4.27所示。成槽完成，刷壁及清基后，应取槽段上、中、下3个部位处泥浆密度、黏度、含砂率、pH值进行测定验收并完成记录。单元槽段成槽过程中抽检泥浆指标≥3次。相关要求见《地下连续墙施工规程》（DG/TJ 08—2073）。

表 4.8　钢筋地下连续墙泥浆指标

序号	项目		设计数值控制标准	检查方法/依据/工具
1	新浆泥浆	相对密度	1.03~1.10	泥浆比重计
2		漏斗黏度　黏性土	22~30s	漏斗法
		漏斗黏度　砂性土	22~30s	
3		胶体率	>98%	量筒法
4		失水量	<30mL/30min	失水量仪
5		泥皮厚度	<1mm	失水量仪
6		pH 值	8~9	pH 试纸
7	循环泥浆	相对密度	1.05~1.25	泥浆比重计
8		漏斗黏度　黏性土	22~30s	漏斗法
		漏斗黏度　砂性土	25~40s	
9		胶体率	>98%	量筒法
10		失水量	<30mL/30min	失水量仪
11		泥皮厚度	<3mm	失水量仪
12		pH 值	8~9	pH 试纸
13		含砂率　黏性土	<4%	洗砂瓶
		含砂率　砂性土	<7%	

图 4.22　泥浆密度检测设备

图 4.23　泥浆黏度测试

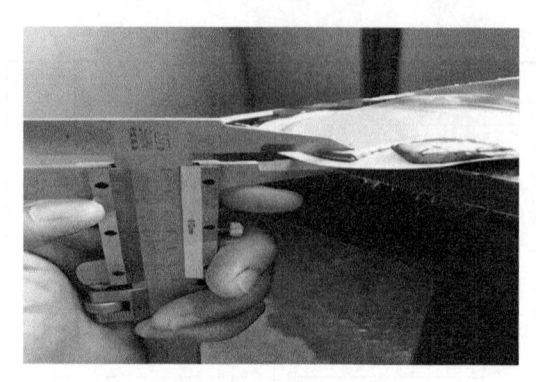

图 4.24 泥皮厚度测量　　图 4.25 泥浆 pH 值检测

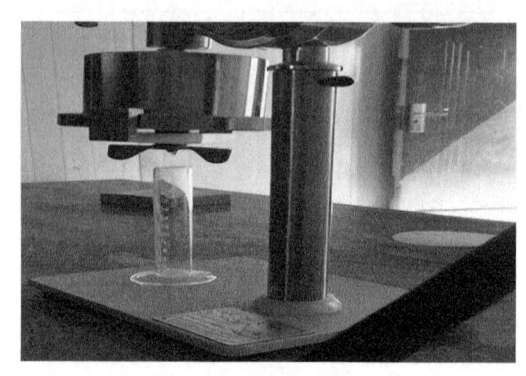

图 4.26 泥浆失水量检测　　图 4.27 泥浆含砂率检测

4.2.2.3 成槽

成槽相关数据见表 4.9。

成槽施工图片如图 4.28 至图 4.39 所示。

表 4.9 钢筋地下连续墙成槽

序号	工序	项目	设计/规范要求	检查方法/依据/工具
1	成槽	深度	58m（允许偏差 100mm）	测绳 2 点/幅
2		槽位	≤30mm	钢尺 1 点/幅
3		墙厚	≤50mm	100% 超声波 2 点/幅
4		垂直度	≤1/500 基坑深度范围	100% 超声波 2 点/幅
5		沉渣厚度	≤100mm	100% 超声波 2 点/幅
6		槽段长度	直线幅 5.2m/5.5m，转角幅 2.1~2.2m（尺测）	钢尺
7		槽内泥浆液面	不应低于导墙面 0.3m	钢尺
8		泥浆抽测	单元槽段成槽过程中抽检泥浆指标≥3 次	

续表

序号	工序	项目	设计/规范要求		检查方法/依据/工具
9	刷壁	接头部位清刷	1）刷壁次数≥10次，直至刷壁器无杂物； 2）刷壁应与接头形式匹配； 3）刷壁完成再次清基和泥浆置换； 4）清基后用泵吸法或者气举反循环法进行		
10	静置试验	泥浆指标	静置2～4h，取槽内上、中、下3点每0.5h测一次泥浆指标		泥浆测试记录
11	清基后泥浆指标	相对密度	黏性土	≤1.15	泥浆比重计
			砂性土	≤1.20	
12		漏斗黏度	20～30s		量筒法
13		含砂率	<7%		失水量仪
14		pH值	8～10		pH试纸
15		清基后应对槽段底部泥浆进行检测	取样地点距离槽底宜为0.5～1.0m		泥浆取样桶（有刻度）
16	超声波检测	垂直度	检测槽壁垂直度，坍塌、扩缩径位置		超声波检测报告

图4.28 测量槽深（绳测）

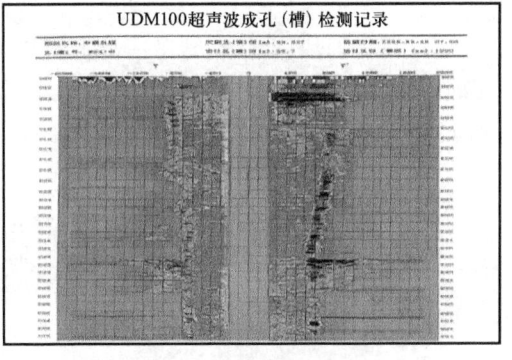

图4.29 超声波检测报告

图4.30 测量垂直度

图4.31 成槽施工

图 4.32　槽段划分

图 4.33　成槽泥浆除砂

图 4.34　槽内泥浆（液面不应低于导墙面 0.3m）

图 4.35　成槽机刷壁清理接头杂物

图 4.36　刷壁完成

图 4.37　成槽机清底施工

图 4.38　钢筋笼入槽前槽底换浆　　图 4.39　成槽机仪表盘（显示槽度、XY 轴偏差）

4.2.2.4 钢筋笼加工制作

钢筋笼加工制作相关数据见表 4.10。

表 4.10　钢筋笼加工制作

序号	项目	设计 / 规范要求	检查方法 / 依据 / 工具
1	钢筋品种、级别、规格、数量	钢筋采用 HRB400E ϕ32mm、ϕ28mm、ϕ25mm、ϕ18mm 及 HPB300ϕ16mm 钢筋，拉筋采用 HPB300 ϕ12mm 钢筋，吊环采用 HPB300ϕ40mm 钢筋	设计图纸
2	钢筋笼长度	57.5m	卷尺检查：偏差 ±100mm
3	钢筋笼宽度	6m/5.2m	卷尺检查：偏差 0，-20mm
4	钢筋笼厚度	1.06m	卷尺检查：偏差 0，-20mm
5	主筋间距	ϕ32mm@200mm	卷尺检查：偏差 ±10mm
6	分布筋间距	ϕ25mm@100mm/ϕ28mm@100mm	钢卷尺检查：偏差 ±20mm
7	钢筋笼保护层厚度	70mm	钢卷尺检查：偏差 0，-20mm
8	钢筋笼焊接搭接长度	单面焊≥10d，双面焊≥5d	钢卷尺测量
9	钢筋笼车丝头断面	平整光滑	目测
10	水平筋、纵向筋	种类、级别、规格、数量、长度、间距、是否固定牢固	设计图纸 / 卷尺
11	吊点筋、桁架筋	焊缝饱满，无夹渣，无裂缝	目测
12	H 形钢板焊接	单面焊≥10d，双面焊≥5d；高度 0~15mm，厚度 0~60mm；焊缝饱满无夹渣，敲除焊渣，焊缝长度满足要求	焊检尺
13	X 形剪力拉筋大小、定位	ϕ25mmX 形剪力拉筋允许偏差 ±10mm	卷尺

续表

序号	项目	设计/规范要求	检查方法/依据/工具
14	钢筋拧紧扭矩值	ϕ25mm：260N·m；ϕ28mm：280N·m；ϕ32mm：320N·m；ϕ36mm：360N·m	扭矩扳手检查
15	丝头有效螺纹数量应≥设计要求套筒长度	ϕ25mm：P=3mm，螺纹数11，套筒长60mm，螺纹长35mm	目测/卡尺测量
16		ϕ28mm：P=3mm，螺纹数12，套筒长67mm，螺纹长38mm	
17		ϕ32mm：P=3mm，螺纹数13，套筒长75mm，螺纹长40.5mm	
18		ϕ36mm：P=3mm，螺纹数14，套筒长85mm，螺纹长49mm	
19	吊筋长度	根据导墙实际标高计算2.03m（允许偏差±10mm）	钢卷尺测量检查
20	预留接驳器	ϕ25mm@250mm（允许偏差±10mm）	钢卷尺测量间距
21	钢筋笼二层筋	外侧：3号筋ϕ32mm@200mm长16.2m，从笼头22m处开始	卷尺
22		内侧：6号筋ϕ32mm@200mm长15m，从笼头15m处开始	
23	外漏螺纹长度≤2P	目测查数：单边外漏有螺纹不超过2P	螺纹规
24	钢筋笼制作检查	1）钢尺测量：检查上、中、下各3处；2）任取一断面，连续量取间距，取平均值作一点，每片钢筋网测4点	钢卷尺测量
25	声测管、注浆管	声测管4根/幅，注浆管2根/幅，声测管≥20%	
26	测斜管、应力计、土压力盒	测斜管：N-04.05.08.09.13.14.17.18；钢筋应力计：N-04.05.08.09.13.14.17.18；土压力盒：N-04.09.17	核查图纸及方案要求

钢筋笼加工制作图片如图4.40至图4.62所示。

图4.40 钢筋品种、级别、规格、数量检查　　　　图4.41 钢筋笼长度测量

图 4.42　钢筋笼宽度测量 　　　　　　　　图 4.43　钢筋笼厚度测量

图 4.44　钢筋笼主筋间距测量 　　　　　　图 4.45　钢筋笼水平筋间距测量

图 4.46　钢筋笼保护层厚度测量 　　　　　图 4.47　钢筋笼主筋焊接搭接长度

图 4.48　钢筋机械连接套筒扭矩检测

图 4.49　钢筋笼纵向筋间距测量

图 4.50　钢筋笼吊点处焊接长度钢筋检查

图 4.51　钢筋笼桁架筋检查

图 4.52　X形剪力拉筋大小、定位检查

图 4.53　钢筋机械连接套筒扭矩值检测

图 4.54　钢筋笼机械连接套筒长度测量

图 4.55　钢筋笼吊筋长度测量（ϕ40mm 圆钢）

图 4.56　钢筋笼预留接驳器间距测量

图 4.57　钢筋笼二层筋长度测量

图 4.58　钢筋笼对接时机械套筒连接外漏螺纹检查

图 4.59　声测管、注浆管（白色包裹）

图 4.60 钢筋笼测斜管　　　　图 4.61 钢筋笼钢筋应力计安装

图 4.62 钢筋笼土压力盒检测

4.2.2.5 碳素钢板

碳素钢板相关数据见表 4.11。

表 4.11 碳素钢板

序号	项目	设计/规范要求	检查方法/依据/工具
1	表面外观检查	整体表面不得存在使用上的缺陷，不得有明显的扭转、弯曲等现象	目测
2		角焊缝、平焊缝需焊接饱满，无夹渣无裂缝，且焊渣清理干净	焊检尺
3		局部不可有塌角、腿扩及腿并现象	目测
4	尺寸检查	腹板厚度14mm/翼缘板厚度14mm	卡尺/千分尺
5		截面宽度500mm，截面高度1018mm+14mm+14mm	卷尺
6	机械性能	检查其对应材质报告，符合国家标准	送检报告
7	其他检查	材料符合规范要求，焊接工人持证上岗	焊工证件

碳素钢板检查图片如图 4.63 至图 4.68 所示。

图 4.63　H 形钢表面外观检查

图 4.64　H 形钢表面外观检查

图 4.65　H 形钢焊缝余高检查

图 4.66　碳素钢板厚度测量

图 4.67　H 形钢宽度检查

图 4.68　碳素钢板送检样品（100cm×500cm）

4.2.2.6　钢筋笼吊装

钢筋笼吊装相关数据见表 4.12。

表 4.12　钢筋笼吊装

序号	项目	设计/规范要求	检查
1	吊装准备	1）是否核实货物准备重量； 2）检查作业人员是否经过培训； 3）核实吊索具及附件是否满足吊装能力； 4）检查吊索具及其附件有无缺陷； 5）是否明确货物调运线路； 6）是否明确货物放置地点； 7）是否需要引绳（拉钩）； 8）吊装作业许可证项目经理是否已签字	现场核查
2	吊装区域	1）是否已设置路障和警告标志； 2）设障区域是否涵盖货物旋转半径	现场核查
3	起重机及人员	1）是否确定吊装作业负责人； 2）起重司机是否持证上岗； 3）吊装指挥人员是否持证上岗； 4）天气情况是否符合吊装情况	核查资料
4	关键性吊装作业	1）是否已制定关键性吊装作业计划； 2）是否指定监护人员； 3）是否确认操作区域附近的电线、管道及防护措施	现场核查

钢筋笼吊装作业图片如图 4.69 至图 4.86 所示。

图 4.69　钢筋笼吊装区地基承载力试验

图 4.70　钢筋笼吊装前吊索检查

图 4.71　钢筋笼吊装作业许可证

图 4.72　吊装作业区域设置警戒线

图 4.73　吊装人员证件检查

图 4.74　钢筋笼吊装作业前检查

图 4.75　320t、260t 两吊机准备就绪

图 4.76　开始起吊下节钢筋笼

图 4.77　下节钢筋笼直立行走

图 4.78　下节钢筋笼对准入槽

图 4.79 起吊上节钢筋笼

图 4.80 上下节钢筋笼对接

图 4.81 上下节对接绑条焊接

图 4.82 钢筋笼整体下放

图 4.83 钢筋笼整体下放穿扁担

图 4.84 下放完成、穿扁担、拆除吊环

图 4.85 钢筋笼整体下放到位　　　　图 4.86 钢筋笼下放完成标高测量

4.2.2.7 混凝土浇筑

混凝土浇筑相关数据见表 4.13。

表 4.13 混凝土浇筑

序号	工序	项目	设计/规范要求	检查方法/依据工具
1	混凝土浇筑	开盘鉴定	审查商混站提供的报告	核查开盘鉴定报告
2		浇筑方量	按设计量审查	核查混凝土进料单
3		坍落度	每幅≥3 次，（200±20）mm	坍落度筒
4		浇筑	混凝土浇筑应均匀连续，间隔时间≤30min	核查浇筑记录
5		导管直径	200～300mm	钢卷尺测量
6		导管埋深	2～4m，相邻两导管间混凝土差<0.5m	核查下管数量
7		试块	1）抗压：每幅槽段≥1 组，每组 3 个边长 150mm×150mm×150mm，且每 100m³≥一组，每组≥3 件；连续浇筑 1000m³ 时，每 200m³≥1 次； 2）抗渗：连续浇筑混凝土每 500m³ 应留置 1 组 6 个抗渗试件，且每项工程≥两组；采用预拌混凝土的抗渗试件，留置组数应根据结构的规模和要求而定，28d 送检	
8	墙底注浆	注浆压力 注浆量	1）注浆压力 0.2～0.4MPa，水胶比 0.5～0.6； 2）注浆要达到设计要求的 80% 以上，压力达到 2MPa，达到以上条件终止注浆	检查注浆压力及注浆量
9	地连墙报告	抗压、抗渗	1）检测地下连续墙墙体完整性； 2）抗压 C40，抗渗 P12	试验报告

混凝土浇筑照片如图 4.87 至图 4.92 所示。

图 4.87　混凝土开盘鉴定

图 4.88　混凝土塌落度检测（200±20）mm

图 4.89　混凝土浇筑

图 4.90　浇筑前槽内沉渣厚度测量

图 4.91　地连墙混凝土试块

图 4.92　混凝土浇筑完成起拔锁扣管

墙底注浆施工图片如图 4.93 至图 4.98 所示。

图 4.93　墙底注浆水泥搅拌桶

图 4.94　注浆管线

图 4.95　注浆压力表

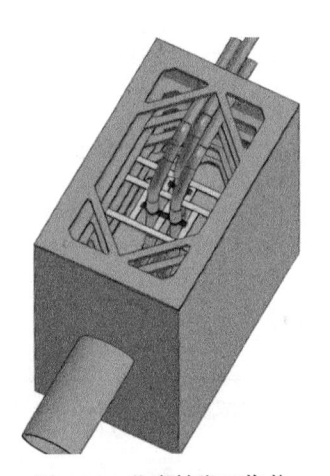

图 4.96　北岸始发工作井

图 4.97　南岸接收工作井

图 4.98　北岸竖井剖面图

4.3 主体结构

4.3.1 地下连续墙超灌混凝土破除

地下连续墙超灌混凝土破除相关数据见表4.14。

表4.14 地下连续墙超灌混凝土破除

序号	项目	设计/规范要求	检查方法/依据/工具
1	土方开挖	桩身混凝土强度整体达到设计强度的80%以上后,方可进行基坑开挖和桩头凿除	试验报告
2	测量放线	从控制桩点引测到竖井给出设计坐标及高程坐标控制点参数;现场根据测量控制点参数确定开挖位置与开挖深度;在墙身弹出设计墙顶以上5cm处的墨线,作为桩头凿除控制线	全站仪、卷尺
3	排水沟	基坑四周按坡比设置排水沟,并设置集水坑、水泵	目测
4	人工清底	开挖到设计冠梁底标高以上20~30cm,人工清底保证底部平整,控制超欠挖	尺量
5	清凿后混凝土	应新鲜、坚实、无泥土等杂物,并采用清水冲洗干净,底标高满足设计要求	水准仪、目测
6	安装声测管墙体保护	注意对声测管的保护,防止声测管堵塞失效	目测

地下连续墙超灌混凝土破除施工图片如图4.99至图4.104所示。

图4.99 地连墙桩头破除

图4.100 竖井土方开挖

图 4.101　地连墙桩头钢筋调直 　　　　　图 4.102　地连墙凿除底部人工清底

图 4.103　用高压空气清扫浮渣 　　　　　图 4.104　地连墙测斜管保护

4.3.2　冠梁施工

4.3.2.1　冠梁钢筋作业施工

冠梁钢筋作业施工相关数据见表 4.15。

表 4.15　冠梁钢筋作业施工

序号	项目	设计 / 规范要求	检查方法 / 依据 / 工具
1	钢筋除锈	钢筋的表面必须洁净，油渍、锈斑、浮皮等应在使用前清除干净	目测
2	地连墙预留筋调直	可用机械或人工调直，其表面伤痕不应使钢筋截面减小 5%	目测
3	钢筋制作安装	主筋采用 HRB400Eϕ32mm、ϕ20mm 钢筋，对撑、斜撑主筋采用 HRB400Eϕ25mm、ϕ20mm 钢筋，采用机械连接方式；箍筋均采用 HPB300ϕ12mm 钢筋，加密区箍筋间距为 100mm，非加密区间距 200mm，加密区为冠梁与支撑、冠梁与斜撑相接处 1.5 倍梁净高范围，腋角箍筋全加密；冠梁拉钩筋采用 HPB300ϕ10mm 钢筋间距 400mm×400mm 梅花形布设，钢筋保护层 40mm	钢筋下料单

续表

序号	项目	设计/规范要求	检查方法/依据/工具
4	钢筋连接	绑扎搭接、机械连接及焊接：单面焊焊缝长度≥10d，双面焊焊缝长度≥5d（d为钢筋直径），主筋应在同一轴线上。同一连接区段内钢筋接头百分率见表4.16	试验报告、卷尺
5	拧紧扭矩值	见表4.17	扭矩扳手抽查

表4.16 同一连接区段内钢筋接头百分率

接头型式	受拉区	受压区
绑扎搭接接头	25%	50%
机械或焊接接头	50%	不限

表4.17 拧紧扭矩值

钢筋直径/mm	≤16	18~20	22~25	28~32	36~40
拧紧扭矩/N·m	100	200	260	320	360

冠梁钢筋作业施工图片如图4.105至图4.110所示。

图4.105 地连墙钢筋除锈

图4.106 冠梁钢筋高度测量

图4.107 箍筋间距测量

图4.108 转角处箍筋加密区长度测量

图 4.109 钢筋接头百分率检查　　图 4.110 环梁预留接驳器

4.3.2.2 冠梁模板安装

冠梁模板安装相关数据见表 4.18。

表 4.18 冠梁模板安装

序号	项目	设计／规范要求	检查方法／依据／工具
1	冠梁及支撑模板	采用 14mm 厚木胶板，背楞采用双排 50mm×100mm 方木，上排方木距模板顶 100mm，下排方木距地面 100mm；次楞采用双拼 $\phi48mm×3.5mm@1500mm$ 钢管，采用 14mm 对拉丝杆与主筋焊接进行加固，复核模板位置、垂直度、结构净空	测量复核、尺量
2	对拉丝杆	止水螺杆，斜撑与地面的夹角宜在 45°～60° 之间，水平间距 500mm	检测报告
3	混凝土支撑模板安装	（示意图：主楞 50mm×100mm，两排；次楞双拼 $\phi48mm×3.5mm@1500mm$ 钢管；14mm 对拉丝杆，焊接至主筋；侧模、定位筋、冠梁、地锚、斜撑、平撑、混凝土垫层）	测量复核尺量
4	冠梁模板安装	（示意图：导墙、侧模、主楞 50mm×100mm，两排；次楞双拼 $\phi48mm×3.5mm@1500mm$ 钢管；14mm 对拉丝杆，焊接至主筋；定位筋、冠梁、斜撑、地锚、平撑、地下连续墙、槽壁加固）	测量复核尺量

冠梁模板安装施工照片如图 4.111 至图 4.116 所示。

图 4.111　冠梁梁底模板安装

图 4.112　模板垂直度测量

图 4.113　直支撑模板宽度测量

图 4.114　斜撑模板高度测量

图 4.115　斜支撑模板宽度测量

图 4.116　冠梁整体模板

4.3.2.3 冠梁混凝土浇筑

冠梁混凝土浇筑相关数据见表 4.19。

表 4.19 冠梁混凝土浇筑

序号	项目	设计/规范要求	检查方法/依据/工具
1	混凝土浇筑	1）采用 C40P8 混凝土，坍落度（200±20）mm； 2）应分层浇筑，每层浇筑厚度≤30cm； 3）混凝土振捣采用插入式振捣器，振捣间距约为 50cm，振捣时间约为 15～30s，以混凝土表面泛浆、无大量气泡产生为止； 4）冠梁与钢筋混凝土支撑节点同时施工，冠梁采用 C40P8 防水补偿收缩混凝土，支撑采用 C40P8 补偿收缩混凝土，两者宜分段分批浇筑，接头处新老混凝土接合面按施工缝要求凿毛处理； 5）为了便于后续结构侧墙的浇筑，冠梁宜预留 ϕ250mm 灌注孔兼做排气孔，间距 1m，位于侧墙中线上，钢筋绑扎时预埋长度 1m 的 PVC 管，侧墙浇筑完成后及时封堵	核查开盘鉴定、进料单；现场坍落度试验
2	混凝土养护	1）土工布或塑料布进行覆盖并洒水养护，养护时间≥14d； 2）当日平均温度＜5℃时，不得洒水，采用覆盖养护法	核查试验记录
3	施工缝凿毛	1）用人工凿毛时，混凝土强度≥2.5MPa，用风动机等机械进行凿毛时，≥10MPa； 2）钢筋绑扎前对混凝土表面进行冲洗，但不得有积水； 3）冠梁及支撑浇筑完成后，强度达到设计强度的 80%（32MPa），开挖下一层	试验报告或回弹仪实测
4	防洪圈预留钢筋、预留底部内衬墙钢筋	预留钢筋位置、垂直度，内侧 ϕ28mm@100mm、外侧 ϕ25mm@200mm，第三道支撑内侧 ϕ32mm@100、外侧 ϕ25mm@200mm。控制接驳器保护和底平面接触良好	钢卷尺

冠梁混凝土浇筑施工照片如图 4.117 至图 4.128 所示。

图 4.117 冠梁斜撑混凝土浇筑　　　　图 4.118 直支撑混凝土浇筑

图 4.119　冠梁转角处混凝土浇筑

图 4.120　冠梁混凝土分层浇筑振捣

图 4.121　斜撑混凝土分层浇筑

图 4.122　冠梁混凝土养护

图 4.123　冠梁混凝土浇筑塌落度检测

图 4.124　混凝土试块

图 4.125 防洪井圈墙宽度测量

图 4.126 防洪井圈施工缝凿毛

图 4.127 预留注浆孔间距测量

图 4.128 混凝土入模温度检测

4.3.3 环梁施工

4.3.3.1 环梁钢筋作业

环梁钢筋作业相关数据见表 4.20。

表 4.20 环梁钢筋作业

序号	项目	设计/规范要求	检查方法/依据/工具
1	施工作业准备	环梁钢筋绑扎前,将围护结构预埋的锚固钢筋调直,复核预埋钢筋是否在腰梁设计位置上,若不在腰梁范围,需按照设计要求植筋处理,达到强度后进行拉拔试验检测,复核要求合格后,进行钢筋绑扎	试验报告
2	环梁钢筋制作	主筋采用 HRB400Eϕ36mm、ϕ32mm、ϕ22mm,间距 100mm,第四道环梁箍筋采用 HPB300ϕ14mm 钢筋,梁柱一般段箍筋间距采用 200mm,加密区间距采用 100mm	核查设计图纸
		冠梁及环梁腋板范围布设 10 根 HRB400Eϕ25mm、12 根 HRB400Eϕ28mm、16 根 HRB400Eϕ28mm 钢筋	
		每层环框梁上部设置 ϕ25mm 防坠落钢筋,间距 1500mm。HPB300ϕ14mm 钢筋	

环梁钢筋作业施工照片如图 4.129 至图 4.134 所示。

图 4.129　第三道环梁预留钢筋间距测量

图 4.130　环梁与直支撑之间箍筋加密区间距测量

图 4.131　斜支撑钢筋绑扎高度测量

图 4.132　环梁与内衬墙钢筋保护层厚度测量

图 4.133　环梁钢筋绑扎内衬墙预留筋横向间距测量

图 4.134　环梁与斜支撑腋脚加强筋间距测量

4.3.3.2 环梁模板安装

环梁模板安装相关数据见表 4.21。

表 4.21 环梁模板安装

序号	项目	设计/规范要求	检查方法/依据/工具
1	环梁模板	环梁模板采用14mm厚木胶板，背楞采用双排50mm×100mm方木，次楞采用双拼HRB400ϕ48mm×3.5mm@1500mm钢管，采用14mm对拉丝杆与主筋焊接进行加固，环梁部位对拉丝杆必须使用止水螺杆，斜撑与地面的夹角宜在45°~60°之间，间距3m，端部设置地锚，另一侧以地下连续墙支护	钢卷尺/线绳/铅锤
2	环梁模板安装示意图		设计图纸

环梁模板安装施工照片如图 4.135 至图 4.140 所示。

图 4.135 环梁与内衬墙模板间距测量

图 4.136 环梁模板垂直度测量

图 4.137 模板加固钢管间距测量 　　图 4.138 环梁转角处模板加固

图 4.139 环梁模板矮边墙模板 　　图 4.140 竖井环梁模板间距测量

4.3.3.3 环梁混凝土浇筑

环梁混凝土浇筑相关数据见表 4.22。

表 4.22 环梁混凝土浇筑

序号	项目	设计/规范要求	检查方法/依据/工具
1	混凝土浇筑	1）采用 C40P8 混凝土，坍落度（200±20）mm； 2）应分层浇筑，每层浇筑厚度≤30cm； 3）混凝土振捣采用插入式振捣器，振捣间距约为 50cm，振捣时间为 15~30s，以混凝土表面泛浆、无大量气泡产生为止； 4）冠梁与钢筋混凝土支撑节点同时施工，冠梁采用 C40P8 防水补偿收缩混凝土，支撑采用 C40P8 补偿收缩混凝土，两者宜分段分批浇筑，接头处新老混凝土接合面按施工缝要求凿毛处理； 5）为了便于后续结构侧墙的浇筑，冠梁宜预留 ϕ250mm 灌注孔兼做排孔，间距 1.5m，位于侧墙中线上，钢筋绑扎时预埋长度 1m 的 PVC 管，侧墙浇筑完成后及时封堵； 6）对侧墙边上道水平施工缝处约 0.5m 高混凝土采用补偿收缩混凝土浇筑，混凝土强度 C45	核查开盘鉴定、进料单、现场坍落度试验

续表

序号	项目	设计/规范要求	检查方法/依据/工具
2	混凝土养护	1）土工布或塑料布进行覆盖并洒水养护，养护时间≥14d； 2）当日平均温度＜5℃时，不得洒水，采用覆盖养护法	核查试验记录
3	施工缝凿毛	1）施工缝采用凿毛机进行凿毛处理； 2）用人工凿毛时，混凝土强度≥2.5MPa，用风动机等机械进行凿毛时，≥10MPa； 3）钢筋绑扎前对混凝土表面进行冲洗，但不得有积水； 4）冠梁及支撑浇筑完成后，强度达到设计强度的80%（32MPa），开挖下一层	回弹仪检查

4.3.4 侧墙施工

4.3.4.1 侧墙钢筋安装

侧墙钢筋安装相关数据见表4.23。

表4.23 侧墙钢筋安装

序号	项目	设计/规范要求	检查方法/依据/工具
1	钢筋连接	绑扎搭接、机械连接及焊接：单边焊焊缝长度≥10d，双边焊焊缝长度≥5d（d为钢筋直径），主筋应在同一轴线上 同一连接区段内钢筋接头百分率 | 接头型式 | 受拉区 | 受压区 | | --- | --- | --- | | 绑扎搭接接头 | 25% | 50% | | 机械或焊接接头 | 50% | 不限 |	试验报告
2	侧墙钢筋制作	侧墙外侧纵向主筋采用HRB400Eϕ25mm@200mm，第三道环梁以上侧墙内侧纵向主筋采用HRB400Eϕ28mm@100mm、分布筋采用HRB400Eϕ22mm@150mm，第三道环梁以下侧墙内侧纵向主筋采用HRB400Eϕ32mm@100mm、分布筋采用HRBϕ400Eϕ25mm@150mm，拉勾筋均采用HPB300ϕ12mm钢筋间距200mm×200mm。每层侧墙纵向主筋上部采用机械连接，下部采用单面焊接，焊接长度满足单面10d	技术交底

侧墙钢筋施工检查照片如图4.141至图4.146所示。

图 4.141　负一层侧墙钢筋纵向主筋间距测量 　　　　图 4.142　负一层侧墙水平筋间距测量

图 4.143　负一层侧墙拉筋间距测量 　　　　　　　　图 4.144　负一层侧墙厚度测量

图 4.145　负一层侧墙对拉螺栓纵向间距测量 　　　　图 4.146　负一层侧墙对拉螺栓横向间距测量

4.3.4.2 侧墙模板安装

侧墙模板安装相关数据见表4.24。

表4.24 侧墙模板安装

序号	项目	设计/规范要求	检查方法/依据/工具
1	侧墙模板	结构侧墙模板采用14mm厚木胶板,次楞采用双排40mm×90mm@200mm方木,主楞采用双拼20@500mm槽钢	钢卷尺
2	对拉丝杆	采用ϕ20mm对拉丝杆单面焊接至地连墙主筋加固,纵向间距≤1300mm,横向间距500mm,对拉丝杆均采用中部安装法兰片的止水螺杆	钢卷尺
3	预埋地脚螺栓	地脚螺栓采用HRB400Eϕ22mm钢筋制成,垂直锚入侧墙长度35d,外露长度≥400mm,螺纹长度≥6cm	目测/钢卷尺
4	地脚螺栓预埋示意图		设计图纸
5	模板及主楞槽钢安装	侧墙钢筋安装完成并经验收合格后,根据结构净空控制线弹出侧墙边线,并在侧墙钢筋上焊接模板定位钢筋及ϕ22mm对拉丝杆,丝杆与上、下预埋对角螺栓处于一条垂线上,对拉丝杆端部与地连墙主筋采用单面焊接10d 安装侧墙模板,侧墙模板体系次楞采用双排50mm×100mm@200mm方木,主楞采用双拼20@500mm槽钢,模板拼装最大高度为4m;单根槽钢支架应先固定上部地脚螺栓,预埋锚筋螺纹必须满拧,槽钢安装时应随时加设临时支撑,防止倒塌伤人 调节模板垂直度,紧固支架预埋件系统,对模板体系进行全面检查,经验收后格后进行混凝土浇筑	铅锤/线绳/钢卷尺

侧墙模板安装施工照片如图4.147至图4.152所示。

4.3.4.3 侧墙混凝土浇筑

侧墙混凝土浇筑相关数据见表4.25。

图 4.147 竖井侧墙模板垂直度测量

图 4.148 竖井负一层侧墙模板加固

图 4.149 竖井侧墙模板轴线偏差测量

图 4.150 竖井侧墙转角模板

图 4.151 竖井侧墙模板对拉螺杆间距复核测量

图 4.152 侧墙模板安装加固槽钢间距测量

表 4.25　侧墙混凝土浇筑

序号	项目	设计／规范要求	检查方法／依据／工具
1	基面清理	杂物、灰尘清除	目测
2	施工缝清理	在施工缝上浇筑混凝土前，先将混凝土表面凿毛，清除杂物，冲净并湿润，再刷一层水泥基渗透结晶	目测
3	混凝土	检查混凝土开盘鉴定，抽查塌落度（200±20）mm	开盘鉴定
4	试块制作	抗压：每100m³≥1组，每组≥3件；抗渗：连续浇筑混凝土每500m³应留置1组6个抗渗试件，且每项工程≥2组；采用预拌混凝土的抗渗试件，留置组数应根据结构的规模和要求而定，28d送检	检测报告
5	混凝土浇筑及振捣	1）振捣手在操作振捣棒要做到"快插慢拔"，以消除两层之间的接缝，同时振捣上层混凝土时，应在混凝土初凝前进行； 2）振捣手操作振捣棒插入要均匀排列，采用"行列式"的次序移动，不能混乱，以免造成漏振，每次振动移动的距离为30～40cm； 3）一般每点振捣时间20～30s，使用高频振捣棒时也应≥10s，应使混凝土表面呈水平不显著下沉，不再出现气泡，表面泛出水泥砂浆为宜； 4）混凝土浇筑时停顿时间要求：混凝土浇捣应连续进行，不得停歇，由于机械故障等因素不得不使浇筑中断时，当大气温度≤25℃时，中断时间≤180min；当大气温度＞25℃时，中断时间≤50min	目测
6	混凝土养护	混凝土采取覆盖保温养护措施，混凝土设专人养护，养护时间≥14d	目测

侧墙混凝土浇筑施工照片如图 4.153 至图 4.158 所示。

图 4.153　侧墙混凝土浇筑（预留浇筑管）

图 4.154　侧墙混凝土浇筑振捣（预留口）

图 4.155　侧墙混凝土浇筑塌落度检测

图 4.156　侧墙混凝土入模温度检测

图 4.157　侧墙混凝土浇筑（始发洞门）

图 4.158　侧墙棉被保温措施

4.4　土方开挖

土方开挖相关数据见表 4.26。

表 4.26　土方开挖

序号	项目	设计 / 规范要求	检查方法 / 依据 / 工具
1	土方开挖	桩身混凝土强度整体达到设计强度的 50% 以上后，方可进行基坑开挖和桩头凿除	回弹仪
2	坑底高程	允许偏差（mm）：+10，-20；检验频率范围：每段基坑或长 50m，频率 5 个点	全站仪
3	基坑尺寸	≥设计值，用尺量、每边各计 1 点	尺量
4	人工清底	开挖到设计基坑底标高 30cm，人工清底保证底部平整，控制超欠挖	尺量

续表

序号	项目	设计/规范要求	检查方法/依据/工具
5	土方分层开挖	土方分层开挖立面示意图	尺量

4.5 防水工程

防水工程相关数据见表4.27。

表4.27 防水工程

序号	工序	项目	设计/规范要求	检查方法/依据/工具
1	侧墙防水	侧墙防水	侧墙采用水泥基渗透结晶型防水涂料涂2mm厚，涂刷厚度为2kg/m²	千分尺
2	施工缝防水	遇水膨胀止水胶条	遇水膨胀止水胶条距离两侧混凝土边沿均为100~150mm，成型后的宽度为18~20mm，高度为8~10mm	钢卷尺
		镀锌止水钢板	采用中埋式镀锌钢板止水带，止水钢板燕尾朝向要求：燕尾朝外侧（地下连续墙）。钢板搭接为5cm，贴合边焊接，钢板交叉部位采用贴合四边满焊，钢板焊缝严密，如发现焊缝不合格或有渗漏现象，应予修整或补焊	钢卷尺
			沿隧道方向存在四道施工缝，其中两道为底板与边墙交接处，位置设置于底板腋角上沿上方≥30cm处两侧对称设置；另外两道为边墙与顶板交界处，位置设置于顶板腋角下沿下方220cm处	钢卷尺
		施工缝注浆管注浆	注浆管使用卡扣固定牢固，注浆管搭接10~15cm；每道环梁四角及对撑处甩出注浆导管	钢卷尺
			注浆导管距离施工缝表面距离10~20cm，结构施工完成并在混凝土强度到达100%结束后进行注浆处理	钢卷尺
3	底板防水	基面处理	基层表面可潮湿，但不得有明水流，否则应进行堵水处理或临时引排	目测
			所有阴角均采用1:2.5水泥砂浆做成5cm×5cm的钝角，阳角做成20mm×20mm的钝角	钢卷尺

续表

序号	工序	项目	设计/规范要求	检查方法/依据/工具
4	底板防水（CBS-ZL817预铺渗透反应型高聚物改性沥青自粘防水卷材）	基面处理	铺设防水卷材的基面应平整，平整度应满足 D/L≤1/20，D 为相邻两凸面间的最大深度，L 为相邻两凸面间的最小距离。并要求凹凸起伏部位应圆滑平缓。所有不满足上述要求的凸出部位应凿除，并用 1:2.5 的水泥砂浆进行找平；凹坑部位采用 1:2.5 的水泥砂浆填补。基面应洁净、平整、坚实，不得有疏松、起砂、起皮现象	目测/水平仪
			对穿出基层的金属构件，如钢筋头、锚杆头等构件应切除并用砂浆抹平，不能切除的金属构件如锚索头等，必须采用喷混凝土或砂浆将其覆盖，其圆弧半径 R>200mm，对于凸出鼓包混凝土采用风镐凿平以满足净空和圆顺要求	
5		混凝土垫层/找平层	基坑基底满足防水板铺设要求后，铺设 C20 混凝土垫层，厚度 15cm，并收面平整，垫层混凝土强度未达到时禁止踩踏	水平仪
6		卷材铺设	防水卷材采用 4mm 自粘沥青基聚酯胎防水卷材 PY 类	钢卷尺
7		卷材固定	该卷材采用冷粘法搭接，相邻两幅搭接缝宽度 10cm，搭接前，可用铅笔在搭接面上画出搭接线，同时保证搭接部位干净无水渍，铺设过程中，将基面与卷材间空隙推平，保证卷材与基面密贴	钢卷尺
8		清理、检查、验收	防水卷材铺设完成后，清理施工过程中留下的杂物，并检查铺设面是否有刺穿或材料自身孔洞，若发现孔洞，可裁剪小块卷材进行贴焊处理。相邻卷材十字接缝部位也应进行贴焊补强	目测
9		底板细石混凝土保护层	底板防水层铺设完毕，除掉卷材的隔离膜，并立即浇筑 50mm 厚 C30 细石混凝土保护层，侧墙防水层应采取临时保护措施避免防水层受到破坏	钢卷尺

防水工程施工图片如图 4.159 至图 4.164 所示。

图 4.159 水泥基渗透结晶型防水涂料

图 4.160 侧墙施工缝止水钢板

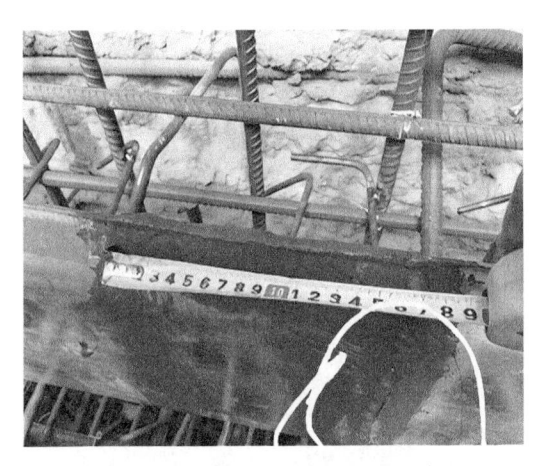

图 4.161　侧墙止水钢板焊接防腐

图 4.162　侧墙与底板交界处搭接长度测量

图 4.163　侧墙施工缝预留注浆管安装

图 4.164　底板防水卷材铺设平整

底板防水照片如图 4.165 至图 4.170 所示。

图 4.165　竖井坑底夯实平整

图 4.166　C30 细石混凝土保护层

图 4.167 卷材搭接缝宽度测量 　　　　图 4.168 防水卷材厚度测量

图 4.169 底板防水卷材搭接细部处理 　　图 4.170 C20 混凝土垫层

4.6 脚手架工程

脚手架工程相关数据见表 4.28

表 4.28 脚手架工程

序号	项目	设计/规范要求	检查方法/依据/工具
1	立杆	每根立杆底部宜设置底座或垫板 脚手架必须设置纵向、横向扫地杆。纵向扫地杆采用直角扣件固定在距钢管底端≤200mm处的立杆上。横向扫地杆应采用直角扣件固定在紧靠纵向扫地杆下方的立杆上 立杆横距为0.8m，立杆纵距为1.8m，步距为1.8m 单排、双排脚手架底层步距均应≤2m	钢卷尺

续表

序号	项目	设计 / 规范要求	检查方法 / 依据 / 工具
2	脚手架立杆的对接、搭接	当立杆采用对接接长时,立杆的对接扣件应交错布置,两根相邻立杆的接头不应设置在同步内,同步内隔一根立杆的两个相隔接头在高度方向错开的距离应≥500mm;各接头中心至主节点的距离应≥步距的1/3	目测
		当立杆采用搭接接长时,搭接长度应≥1m,并应采用≥3个旋转扣件固定。端部扣件盖板的边缘至杆端距离应≥100mm	
3	脚手板	作业层脚踏板应铺满、铺稳、铺实,所有脚手板必须用铅丝绑扎牢固	目测
4	剪刀撑	每2~3跨设置1道剪刀撑,斜杆与地面的倾角应在45°~60°之间	目测
		剪刀撑斜杆的接长应采用搭接或对接,搭接应符合立杆搭接的规定	
		剪刀撑斜杆应用旋转扣件固定在与之相交的横向水平杆的伸出端或立杆上,旋转扣件中心线至主节点的距离应≤150mm	
5	作业平台	施工作业平台安装防护栏杆,间距0.6m,高1.2m,并安装挡脚板及防护网。端头设施工临时爬梯	目测
6	脚手架拆除	单排、双排脚手架拆除作业必须由上而下逐层拆除横杆、纵杆及各种剪刀撑和斜杆、立杆,严禁上下同时作业	目测
		架体拆除作业应设专人指挥,当有多人同时操作时,应明确分工、统一行动,且应具有足够的操作面	
		卸料时各构配件严禁抛掷至地面	
		运至地面的构配件应及时检查、整修与保养,并应按品种、规格分别存放	

脚手架施工照片如图 4.171 至图 4.176 所示。

图 4.171 脚手架步距测量　　　　图 4.172 脚手架横向间距测量

图 4.173　脚手架踢脚板高度测量 　　　　图 4.174　脚手架小横杆外漏尺寸测量

图 4.175　脚手架剪刀撑中心间距测量 　　图 4.176　脚手架扫地杆距地面高度测量

4.7　降水井施工

降水井施工相关数据见表 4.29。

表 4.29　降水井施工

序号	项目	设计/规范要求	检查方法/依据/工具
1	排水沟坡度	允许偏差或允许值：1‰~2‰	目测：不积水，排水顺畅
2	井管（点）垂直度	允许偏差或允许值：1%	插管时目测
3	井管（点）间距	允许偏差或允许值：≤150mm	用钢尺量
4	井管（点）插入深度	允许偏差或允许值：≤200mm	水准仪
5	过滤砂砾料填灌	允许偏差或允许值：≤5mm	检查回填用量

续表

序号	项目		设计/规范要求	检查方法/依据/工具
6	钻机就位		钻机对位偏差应<20mm，钻孔垂直度偏差≤1%	用钢尺量
7	洗井		填充滤料后8h内必须采用空压机洗井，若井内沉没比不够时应注入清水，洗井必须洗到水清砂净为止	目测
8	泥浆相对密度		1.05～1.10	比重计
9	滤料回填高度		+10%	试验报告或回弹仪实测黏土体积、孔口浸水检验密封性
10	封孔		设计要求	现场检验
11	出水量		≥设计值	查看流量表
12	成孔孔径		±50mm	钢尺测量
13	成孔深度		±20mm	测绳测量
14	扶中器		设计要求	测量扶中器高度、厚度、间距、检查数量
15	沉淀物高度		≤5%井深	测锤测量
16	含砂量（体积比）		≤1/20000	现场目测或用含砂量计测量
17	活塞洗井	次数	≥20次	检查施工记录
		时间	≥2h	检查施工记录

降水井施工图片如图4.177至图4.182所示。

图4.177 降水井打井钻机就位

图4.178 降水井井深测量

图 4.179　降水井滤料回填

图 4.180　钻机钻进过程中垂直度测量

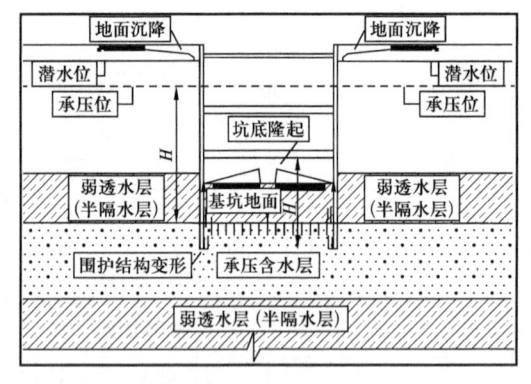

图 4.181　基坑抗承压水突涌稳定性验算原理示意图

图 4.182　降水井封井照片

5 管片预制关键工序检查卡

本章编制内容均以国内某工程管片预制为例，整理并总结了钢筋工程、混凝土工程、模板工程、管片养护、管片试验、管片成品检验等分部分项工程关键控制参数及管理要求。管片生产工艺流程如图 5.1 所示。

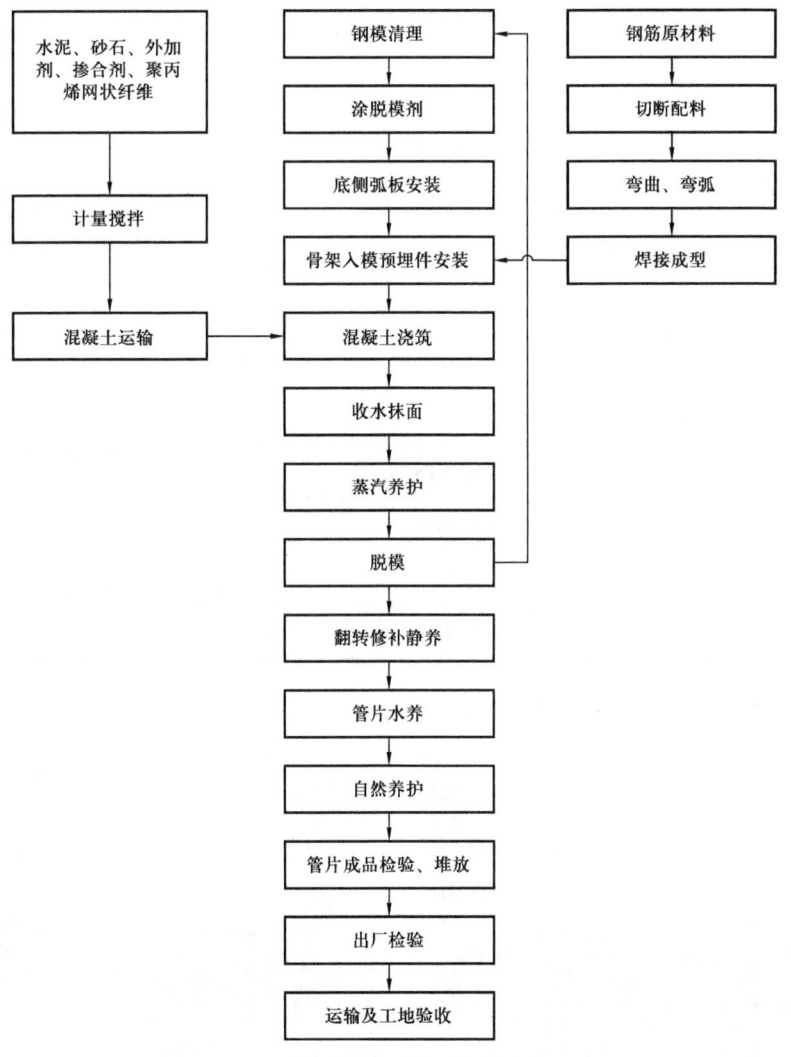

图 5.1 管片生产工艺流程图

5.1 钢筋工程

5.1.1 钢筋原材

钢筋原材相关数据见表 5.1。

表 5.1 钢筋原材

序号	原材料名称	项目	设计/规范要求	检查/方法/依据/工具
1	热轧带肋钢筋	钢筋规格/mm	25	检测项目需符合《钢筋混凝土用钢 第2部分：热轧带肋钢筋》（GB/T 499.2—2018）所规定的 HRB400E 钢筋的技术要求
2		重量偏差/%	±4.0	
3		下屈服强度/MPa	≥400	
4		抗拉强度/MPa	≥540	
5		最大力总延伸率/%	≥9.0	
6		强屈比	≥1.25	
7		超屈比	≤1.30	
8		反向弯曲试验结果	无裂纹	
9	热轧光圆钢筋	重量偏差	±6.0	所检项目需符合《钢筋混凝土用钢 第1部分：热轧光圆钢筋》（GB/T 1499.1—2017）所规定的 HPB300 钢筋的技术要求
10		屈服强度/MPa	≥300	
11		拉伸强度/MPa	≥420	
12		伸长率/%	≥25	
13		弯曲试验	无裂纹	

钢筋原材照片如图 5.2 至图 5.7 所示。

图 5.2 热轧带肋钢筋

图 5.3 热轧光圆钢筋

图 5.4　钢筋摆放标识　　　　　　　　图 5.5　钢筋原材进场报验表

图 5.6　钢筋原材见证取样记录表　　　图 5.7　钢筋原材检验报告

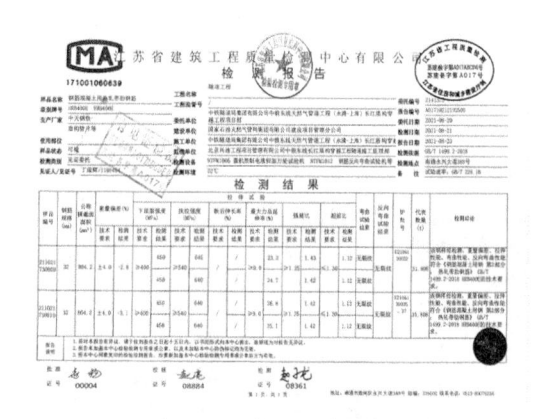

5.1.2　钢筋半成品加工

钢筋半成品加工相关数据见表 5.2。

表 5.2　钢筋半成品加工

序号	项目	设计/规范要求	检查方法/依据/工具
1	钢筋进场检查	进行外观检查，保证钢筋表面无裂缝、结疤和折叠，如有凸块，不得超过螺纹的高度，其他缺陷的高度或深度不得超过所在部位的允许偏差，表面不得有油污，并将外观检查不合格的钢筋及时剔除	目测检查报告
2	钢筋储存	钢筋的外观检验合格后，应按钢筋品种、等级、牌号、规格及生产厂家分类堆放，设立识别标志。钢筋在储存过程中，应避免锈蚀和污染，做好防范工作	监督检查
3	钢筋送检	管片所使用钢筋每 60t 进行一次见证取样	见证取样报告
4	钢筋加工	1）配料单编制； 2）钢筋除锈去污	目测观察

— 317 —

续表

序号	项目	设计/规范要求	检查方法/依据/工具
5	钢筋下料	下料前认真核对钢筋规格、级别及加工数量，无误后按配料单下料	配料单
6	钢筋弯制	1）采用钢筋弯曲机或弯箍机在工作平台上进行； 2）钢筋弯制和弯钩均应符合设计及规范要求； 3）成型的钢筋如果弧度、精度不符合要求，必须无条件返工处理	目测及钢卷尺测量
7	钢筋摆放	成品钢筋骨架按照要求分类摆放在标有型号长度的料架上，不得混乱摆放，确保后续焊接人员正确拿料使用	目测
8	钢筋半成品加工的检测	1）受力钢筋长度允许误差 ±10mm； 2）弯起钢筋弯折位置允许误差 ±10mm； 3）箍筋的外廓尺寸允许误差 ±5mm； 4）螺旋筋内净尺寸允许误差 ±3mm	钢卷尺测量

钢筋半成品加工照片如图 5.8 至 5.13 所示。

图 5.8　钢筋见证取样

图 5.9　钢筋除锈去污

图 5.10　钢筋下料

图 5.11　凹榫加强筋

图 5.12　螺栓孔加强筋　　　　　　图 5.13　钢筋笼主筋预制

5.1.3　钢筋笼焊接

钢筋笼焊接相关数据见表 5.3。

表 5.3　钢筋笼焊接

序号	工序	项目	设计/规范要求	检查方法/依据/工具
1	钢筋焊接	焊接前准备	1）焊接人员必须持有焊工证； 2）低温焊接工艺，采用 1.2mm/1.0mm 焊丝进行焊接作业； 3）靠模的精度必须符合规范要求； 4）焊接人员参照标准件进行焊接作业	焊丝复检报告
2	钢筋焊接	钢筋骨架焊接	1）钢筋骨架严格按设计要求配料、布置在特制的钢筋焊接靠模上进行焊接成型，确保钢筋笼的组装度； 2）主筋焊接过程中先焊牢端部有定位板一端的上下主筋，再摆正另一端钢筋进行焊接； 3）焊接过程中合理调整焊接电流	目测
3		钢筋骨架的摆放及标识	1）管片在吊运或叉车倒运时需轻起轻放，保证钢筋骨架不变形； 2）摆放时每摆钢筋笼须为同一种类型，不得混合摆放，方便后续统计、安装和使用； 3）挂好标识牌并分类堆放，摆放整齐	目测
4	钢筋骨架焊接	钢筋骨架长宽高	允许偏差 +5，-10（mm）	钢卷尺量
5		主筋间距	允许偏差 ±5（mm）	
6		主筋保护层厚度	允许偏差 +5，-3（mm）	
7		箍筋间距	允许偏差 ±10（mm）	
8		分布筋间距	允许偏差 ±5（mm）	

钢筋笼焊接照片如图 5.14 至图 5.19 所示。

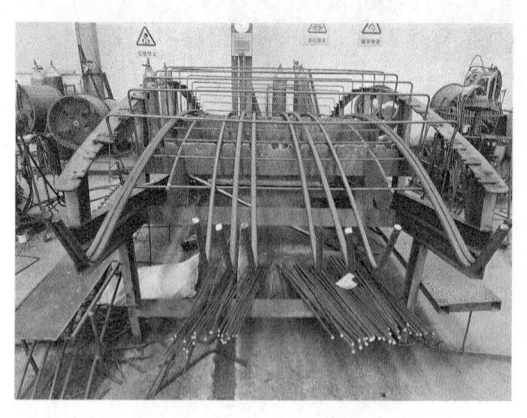

图 5.14　钢筋笼主筋焊接安装

图 5.15　钢筋骨架焊接过程检查

图 5.16　管片钢筋笼的摆放

图 5.17　钢筋骨架厚度测量

图 5.18　钢筋笼箍筋间距测量

图 5.19　检查钢筋笼焊接质量

5.1.4　钢筋笼安装

钢筋笼安装相关数据见表 5.4。

表 5.4 钢筋笼安装

序号	项目	设计/规范要求	检查方法/依据/工具
1	所用保护垫	1）管片钢筋的保护层垫块采用高强度塑料垫块； 2）骨架垫块应位置准确、布设均匀，所形成的保护层厚度符合设计要求； 3）目前施工暂定底侧保护层垫块大块钢筋笼安装 8 个，小块钢筋笼安装 4 个	目测/钢卷尺
2	安装预埋件	1）下笼时需扶牢钢筋笼，钢筋笼入模时自模板上方垂直放下，过程中钢筋骨架不得与模具及预埋弧板发生碰撞或摩擦； 2）钢筋骨架入模后，检查侧模、端模及底部保护层的厚度调整好钢筋笼位置，钢筋骨架不得碰撞钢模，不得接触底侧弧板锚固钢筋； 3）测量钢筋笼内外侧主筋混凝土保护层厚度及构造钢筋的混凝土保护层厚度	
3	下笼	按设计要求安装各类预埋件（弧形钢板、芯棒、注浆管），确保预埋件就位准确，固定牢固，以防在振动时移位	
4	质检员检查	检查钢筋品种、规格、尺寸、长度，钢筋的位置和数量、间距、保护层等项目	

钢筋笼安装施工照片如图 5.20 至图 5.25 所示。

图 5.20 管片模具清理

图 5.21 钢筋笼安装所用保护垫

图 5.22 管片弧形钢板预埋件

图 5.23 检查钢筋预埋件安装

图 5.24　钢筋笼入模　　　　　　　　图 5.25　检查钢筋笼入模保护层厚度

5.2 混凝土工程

5.2.1 混凝土原材的选用

混凝土原材选用相关数据见表 5.5。

表 5.5　混凝土原材选用

序号	项目	设计/规范要求（规格型号）	检查方法/依据/工具
1	水泥	规格：P·Ⅱ52.5 应选用品质稳定的普通硅酸盐水泥或者硅酸盐水泥，不宜使用早强水泥，碱含量不应超过水泥重的 0.6%	检验报告
2	粉煤灰	F 类Ⅱ级	
3	硅灰	二氧化硅含量≥85%	
4	砂	河砂/中砂	
5	碎石	5～25mm（备注：两级配） 选用粒形良好、质地坚固、细胀系数小的洁净碎石	
6	减水剂	聚羧酸高性能减水剂（标准型）	
7	拌合水	可采用饮用水，不得采用海水	
8	纤维	聚丙烯网状纤维	
9	钢筋	HPB300/HRB400E/HRB400	

5.2.1.1 水泥

水泥相关数据见表 5.6。

表 5.6 水泥

序号	项目	设计/规范要求	检查方法/依据/工具
1	烧失量/%	≤3.5	检验报告
2	不溶残渣/%	≤1.5	
3	氧化镁/%	≤5.0	
4	三氧化硫/%	≤3.5	
5	氯含量/%	≤0.06	
6	碱含量/%	≤0.6	
7	比表面积/（m²/kg）	≥300	
8	初凝时间/min	≥45	
9	终凝时间/min	≤390	
10	安定性（试饼法）	合格	
11	3d 抗折强度/MPa	≥4.0	
12	28d 抗折强度/MPa	≥7.0	
13	3d 抗压强度/MPa	≥23.0	
14	28d 抗压强度/MPa	≥52.5	

注：水泥按同生产厂家、同品种、同强度等级、同批次分批验收，以 500t 为一验收批，不足上述量者，应按一验收批进行验收，按照规范要求数量，现场见证取样。

5.2.1.2 硅灰与粉煤灰

硅灰与粉煤灰相关数据见表 5.7。

表 5.7 硅灰与粉煤灰

序号	原材料名称	项目	设计/规范要求	检查方法/依据/工具
1	硅灰	烧失量/%	≤6.0	见证取样检测报告
2		氯离子/%	≤0.10	
3		二氧化硅/%	≥85	
4		含水率/%	≤3.0	
5		细度比表面积/（m²/kg）	≥15000	
6		45μm 方孔筛筛余/%	≤5.0	
7		需水量比/%	≤125	
8		3d 活性指数/%	≥90	
9		7d 活性指数/%	≥95	
10		28d 活性指数/%	≥115	

续表

序号	原材料名称	项目	设计/规范要求	检查方法/依据/工具
11	粉煤灰	细度	≤30.0	见证取样检测报告
12		需水量比	≤105	
13		烧失量/含水量	≤8.0/≤1.0	

注：硅灰按同生产厂家、同品种、同强度等级、同批次分批验收，以30t为一验收批，不足上述量者，应按一验收批进行验收，按照规范要求数量，现场见证取样。粉煤灰按同生产厂家、同品种、同强度等级、同批次分批验收，以500t为一验收批，不足上述量者，应按一验收批进行验收，按照规范要求数量，现场见证取样。

5.2.1.3 网状纤维

网状纤维相关数据见表5.8。

表5.8 网状纤维

序号	项目	设计/规范要求	检查方法/依据/工具
1	密度/（g/cm³）	0.90～0.92	见证取样检测报告
2	含水率/%	≤2.0	
3	长度/mm	12～19	
4	抗拉强度/MPa	≥500	
5	外观	色泽均匀，表面无污染	
6	初始模量	≥3.79×10³	
7	断裂伸长率/%	≤30	
8	耐碱性能/%	≥95.0	
9	分散性相对误差	−10～+10	
10	混凝土和砂浆裂缝降低系数	≥55	
11	混凝土抗压强度比	≥90	
12	抗冲击次数比	≥3.0	

注：掺量为每 m³ 混凝土1.8kg；用于混凝土的合成纤维为增韧纤维（HZ）。

5.2.1.4 砂

砂相关数据见表5.9。

表 5.9 砂

序号	项目	设计/规范要求	检查方法/依据/工具
1	含泥量 /%	≤2.0	见证取样检测报告
2	泥块含量 /%	≤0.5	
3	级配区	Ⅱ区	
4	氯离子含量 /%	0.01	

5.2.1.5 碎石

碎石相关数据见表 5.10。

表 5.10 碎石

序号	项目	设计/规范要求	检查方法/依据/工具
1	含泥量 /%	≤0.5	见证取样检验报告
2	泥块含量 /%	≤0.2	
3	针、片状颗粒 /%	≤8	
4	压碎值 /%	≤10	

5.2.1.6 拌合水

拌合水相关数据见表 5.11。

表 5.11 拌合水

序号	项目	设计/规范要求	检查方法/依据/工具
1	pH 值	≥4.5	检验报告
2	不溶物 /（mg/L）	≤2000	
3	可溶物 /（mg/L）	≤5000	
4	氯离子 /（mg/L）	≤1000	
5	硫酸根离子 /（mg/L）	≤2000	
6	碱含量 /（mg/L）	≤1500	

原材料见证取样照片如图 5.26 至图 5.31 所示。

图 5.26　碎石见证取样

图 5.27　中砂见证取样

图 5.28　硅灰见证取样

图 5.29　混凝土配合比报告

图 5.30　混凝土原材料见证取样记录表

图 5.31　混凝土原材料检测报告

5.2.2　管片生产流水线作业

管片生产流水线作业相关数据见表 5.12。

表 5.12 管片生产流水线作业

序号	项目	设计 / 规范要求	检查方法 / 依据 / 工具
1	模具清理	组模前必须认真清理模具，把混凝土残积物全部清除。不得使用锤敲和凿子等钝器	模具内的任何杂物都将影响到管片质量及合模精度
2	喷涂脱模剂	抹刷后做好检查，不能漏涂和存在积液	脱模剂应采用喷涂或者棉纱均匀、全面抹刷在钢模与混凝土的所有接触面上
3	预埋弧板安装	预埋弧板安装须与模具贴合、定位准确	在模具上将弧板的4个角位置用角钢焊接固定，生产时将弧板4个角放置到角内
4	钢筋笼下笼	钢筋骨架垫块应位置准确、布设均匀，所形成的保护层厚度符合设计要求	底侧保护层垫块大块钢筋笼安装8个，小块钢筋笼安装4个，保证钢筋笼放置稳定，保护层符合要求
5	预埋件安装	进行螺栓孔芯棒及注浆管安装，配套地进行相应的螺旋筋及凸榫处钢筋安装	1）芯棒安装到位后必须安装好固定装置，确保振捣时不偏位不漏浆； 2）注浆孔预埋安装时必须旋紧，并与钢模内弧面径向垂直
6	隐蔽工程检查	1）检查预埋件数量及位置是否达标，预埋件及弯管螺栓安装是否紧固，钢筋保护层厚度是否达到设计要求等项目； 2）检查模具脱模剂涂抹是否均匀，检查钢筋骨架、预埋件是否受到污染等； 3）检查模具合模后的各尺寸参数是否符合设计要求，各模具侧模、端模螺栓是否锁紧，合模后有无缝隙	检查工位必须由质检人员对先前工序作业质量进行检查确认
7	混凝土浇筑及振捣	1）边下料边开启两侧气动阀门，确保底侧弧板不空振松动，控制好下料速度，防止混凝土溢出钢模外； 2）气动振捣时，必须保证混凝土振动密实，严禁少振、过振，振捣时间必须保证270s	
8	收面	1）管片浇筑完成出振捣室后第一个模位先将盖板面和口上的混凝土清理干净后再开盖。 2）成型管片外弧面混凝土表面达到初凝开始收水。收水必须使管片外表面压实抹光且保证外弧面的平整和顺。 3）收水过程中，为保证管片边口处密实，收水工需用铁板压管片的边口处。 4）钢模内侧面和端面螺孔芯棒既要便于脱模又要防止套管偏移，芯棒抽出时间应根据天气、温度、混凝土结硬程度的情况而定。正常情况下在振捣室后第四个工位拨出芯棒，冬季天气寒冷，混凝土凝固时间慢，定在第五个模位。 5）当芯棒拨出后，须将芯棒洗刷干净并涂上机油，放在钢模上指定的地方备用，不得混乱堆放。 6）收水分为两次，第一次收水在管片出振捣室后，用大尺进行收面，收面后，表面压实，多余的混凝土要刮掉，进入静停区后进行二次收面，本次收面不准向混凝土表面洒水，收面结束后要保证表面平滑，不准出现波纹、沟壑，在管片进蒸养窑前一个工位覆盖塑料薄膜，避免失水龟裂，最后合上盖板。 7）管片当班收水完毕后，须清理钢模边角的混凝土，并将管片覆盖好薄膜，由于冬季外界气温较低，静养房外面的管片再加盖一层薄膜。 8）钢模边棱应均匀涂刷柴油或废机油，保证模具不锈蚀，方便下次清模	1）收水必须使管片外表面压实抹光且保证外弧面的平整和顺； 2）保证管片边口处密实； 3）收面结束后要保证表面平滑，不准出现波纹、沟壑，在管片进蒸养窑前一个工位覆盖塑料薄膜，避免失水龟裂，最后合上盖板； 4）保证模具不锈蚀，方便下次清模

管片生产流水线照片如图 5.32 至图 5.37 所示。

图 5.32　模具清理

图 5.33　喷涂脱模剂

图 5.34　检查预埋钢板预留筋长度

图 5.35　管片预留螺栓孔检查

图 5.36　管片混凝土浇筑

图 5.37　管片混凝土收面

5.2.3　混凝土拌合质量控制

管片生产流水线作业相关数据见表 5.13。

表 5.13 管片生产流水线作业

序号	项目	设计/规范要求	检查方法/依据/工具
1	搅拌站计量系统	保证计量装置的准确性	定期对搅拌站计量系统进行校准,并作好记录
2	施工配合比	施工配合比数据录入配料系统	开盘前,拌合站按照试验室提供的数据录入
3	混凝土搅拌	混凝土搅拌要充分、均匀,现场测试混凝土坍落度满足设计要求	将纤维和粗细骨料投入搅拌机干拌≥60s,然后再加水泥、矿物掺合料、水和外加剂搅拌120s
4	拌合站材料计量误差	胶凝材料≤2%,砂、碎石≤3%,外加剂、水≤1%	检验报告
5	砂石含水率测试	每日开工前测一次	随时进行检测,并及时调整施工配合比
6	外加剂、矿物掺和料使用效果	应立即检查和调整配合比,并及时通知物资部门与厂家联系解决	观察

注:为了严格控制混凝土的质量,混凝土施工配合比不得随意改动。在生产过程中由于材料性能有变化时,为了满足生产需要,配合比砂率、外加剂掺量根据设计配合比允许稍做调整,砂率调整≤±2%,外加剂掺量调整≤其用量的20%。

5.3 模板工程

模板工程相关数据见表 5.14。

表 5.14 模板工程

序号	工序	项目	设计/规范要求	检查方法/依据/工具
1	模板工程	钢模制造	确保钢模具有足够的刚度、精度和耐久性,达到管片预制精度的要求	内径千分尺、钢卷尺、专用卡尺、靠尺、塞尺、刻度放大镜、高度尺
2		钢模检测	钢模在正式投入管片制作前必须经过4个阶段的检测:加工装配精度检测、运输到厂钢模定位后的精度复测、试生产后的钢模精度同实物精度对比检测和管片3环水平拼装精度的综合检测	
3		钢模检查	钢模需要定期检查,以每套模具制作100环管片作为暂定检查周期。其目的是保证钢模在允许精度之内进行管片制作。如有特殊情况,可缩短其检查周期或作针对性检查。超标必须上报和及时修正。复检达标后方可继续进行管片制作。测试工具必须保持完好状态,并要妥善放置在可靠的地方	

续表

序号	工序	项目	设计／规范要求	检查方法／依据／工具
4	管片模板允许偏差表	宽度/mm	±0.4	内径千分尺（6点／片）
5		弧弦长/mm	±0.4	专用卡尺、检验样板（4点／片）
6		靠模夹角间隙/mm	≤0.2	靠尺、塞尺（4点／片）
7		对角线/mm	±0.8	钢卷尺、刻度放大镜（2点／片）
8		内腔高度/mm	±1.0	高度尺（6点／片）

管片模具测量照片如图 5.38 至图 5.43 所示。

图 5.38　管片生产模具

图 5.39　模具宽度测量

图 5.40　模具内腔高度测量

图 5.41　模具弧弦长测量

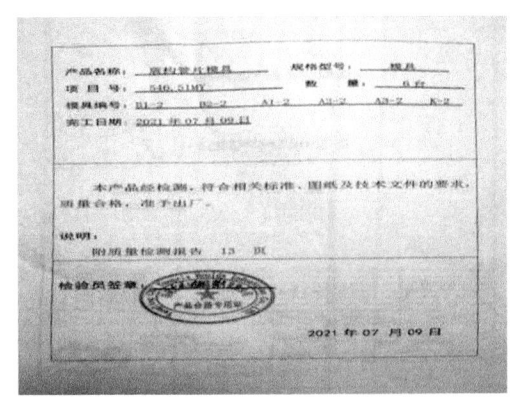

图 5.42　记录测量数据　　　　　　　图 5.43　管片模具合格证

5.4　管片养护

管片养护相关数据见表 5.15。

表 5.15　管片养护

序号	工序	项目	设计/规范要求	检查方法/依据/工具
1	蒸汽养护	放进蒸汽养护区进行养护	升温速度≤15℃/h，最高温度≤60℃，降温速度≤15℃/h	温度计
2	管片水养	管片脱模区进行降温修补	管片整体温度与环境温度差＜20℃	温度计
3		吊装入池进行水养	水养时间＞7d，且管片全部浸没在水中，水的 pH 值应满足弱碱性，如未达到规定值，加入一定的 Ca(OH)$_2$	PH 检测仪
4	自然养护	再次进行存放养护	养护 28d	按天计算

管片养护照片如图 5.44 至图 5.49 所示。

图 5.44　蒸汽养护　　　　　　　　　图 5.45　蒸汽养护完成

— 331 —

图 5.46 管片水养池标识

图 5.47 管片水养

图 5.48 管片水养完成

图 5.49 自然养护

5.5 管片试验

管片试验相关数据见表 5.16。

表 5.16 管片试验

序号	项目	设计/规范要求	检验方法执行标准规范
1	几何尺寸和主筋保护层厚度检验	每生产15环管片应抽检1环管片进行几何尺寸和主筋保护层厚度检验	《盾构法隧道施工及验收规范》（GB 50446—2017）第6.6.3条
2	水平拼装检验	每生产200环，进行3环拼装检验	
3	渗漏检验	每生产50环管片应抽查1块进行检漏测试，试验标准为：0.8MPa水压力维持2h，渗水深度不超过管片的50mm；连续3次检漏试验均合格，则改为每生产100环抽查1块，再连续3次合格，按最终检测频率200环1块进行检测	《管片结构设计图纸》第4.4条
4	抗弯性能检验	每生产1000环，抽检1块管片进行抗弯性能检验	检验报告

5.5.1 管片拼装检验

管片拼装检验相关数据见表 5.17。

表 5.17 管片拼装检验

序号	项目	允许偏差	设计/规范要求	检查方法/工具/依据
1	环缝间隙 /mm	≤1	插片、每环测 6 点	设计图纸
2	纵缝间隙 /mm	≤2	插片、每环测 6 点	
3	成环后内径 /mm	±2	不放衬垫，每环测 4 条	
4	成环后外径 /mm	+6/0	不放衬垫，每环测 4 条	
5	螺栓孔不同轴度 /mm	≤1	全部	

三环拼装检验照片如图 5.50 至图 5.55 所示。

图 5.50 管片水平拼装

图 5.51 三环拼装检验完成

图 5.52 测量螺栓轴度

图 5.53 测量环缝间隙

图 5.54　测量纵缝间隙　　　　　　　图 5.55　测量三环拼装内、外径

5.5.2　渗漏检验

5.5.2.1　试验仪器设备及技术要求

（1）检漏试验架。

用于固定试件的支承座，应采用刚性支座，紧固螺杆及应有足够刚度的试验架钢板。密封片与管片能够紧密接触，结合处应采用橡胶密封垫密封。进水口应分布在承水压面的中心线上。检漏装置示意图如图 5.56 所示，管片检漏密封示意图如图 5.57 所示。

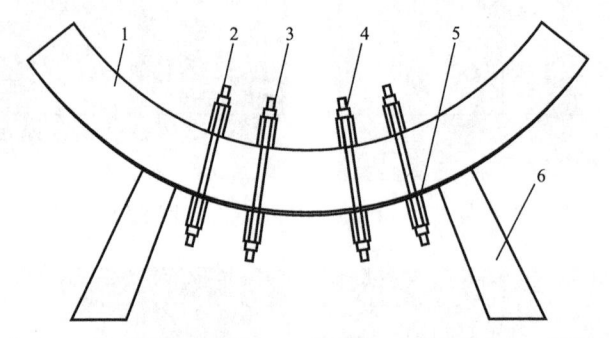

1—管片；2—紧固螺栓；3—螺母；4—横压件；5—防水胶条；6—刚性支架。
图 5.56　检漏装置示意图

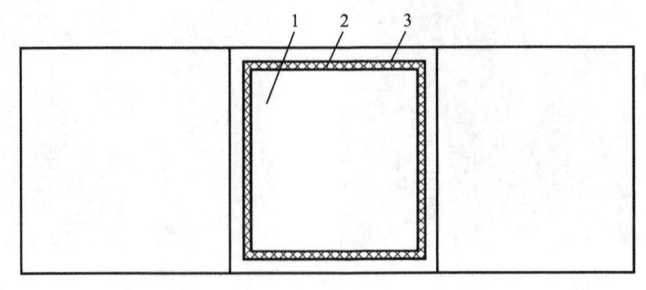

1—受检区域；2—钢板；3—防水胶条。
图 5.57　管片检漏密封示意图

(2)检漏试验仪器技术要求。

检漏试验仪器技术要求见表 5.18。

表 5.18 检漏试验仪器技术要求

仪器名称	技术指标		
	量程	分度值	精度
压力表	2.5MPa	0.05MPa	1.6 级
电子秒表	>2h	≤1s	
加压泵	能保证均匀加压		

5.5.2.2　检漏试验方法

检漏试验方法见表 5.19。

表 5.19　检漏试验方法

序号	实验方法步骤
1	将管片平稳安放在实验架上,检查密封橡胶垫是否紧贴在管片外弧面上,密封橡胶垫距管片边缘的距离为 50mm
2	为防止紧固横杆时损坏管片,试验时在管片内弧面轴线上垫上三条橡胶条,中间一条,边沿各一条
3	在管片内弧面宽度方向上紧固横杆,用螺栓与下支承座上的紧固横杆连接,从中间开始向两边收紧
4	打开放气阀门,接通进水阀,注入自来水;当排气孔中排除水后,关闭排气阀,启动加压泵,按 0.05MPa/min 的加压速度加压到 0.2MPa,恒压 10min,检查管片是否有渗漏水现象,观察侧面渗透高度,做好记录
5	继续加压到 0.4MPa、0.6MPa…,每级恒压时间 10min,直至加压到设计抗渗压力,恒压 2h,检查管片是否有渗漏水现象,观察侧面渗透高度,做好记录
6	结果评定:在设计检漏试验压力的条件下,恒压 2h,不得出现渗漏水现象,渗水深度不超过 50mm

渗漏试验照片如图 5.58 至图 5.63 所示。

图 5.58　检漏装置安装

图 5.59　电动试压泵

图 5.60　电动试压泵表盘

图 5.61　观察电动试压泵数值

图 5.62　电动试压泵继续加压

图 5.63　渗漏试验检验表面是否渗水

5.5.3　抗弯性能检验

5.5.3.1　试验仪器设备及技术要求

（1）试验反力架。

用于固定试件的反力试验架最大承载能力应满足试验要求，抗弯性能试验装置示意图如图 5.64 所示，抗弯性能试验位移测试点示意图如图 5.65 所示。

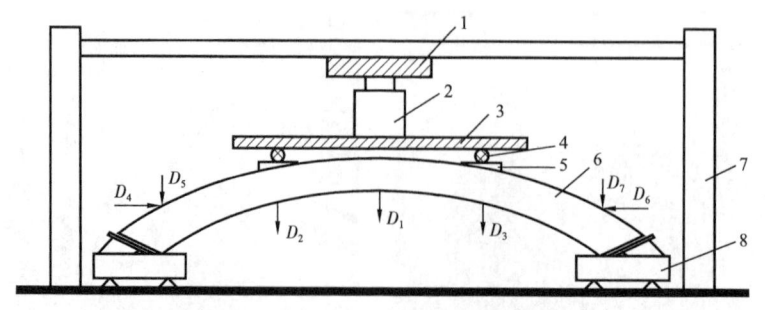

1—加荷垫块；2—千斤顶、测力传感器；3—分配梁；4—圆钢；5—橡胶垫；6—管片；7—试压架；8—活动小车。
$D_1 \sim D_7$ 为位移测点；其中 D_1 为中心点竖向测量位移，D_2、D_3 为荷载点竖向测量位移，
D_5、D_7 为端部中心竖向测量位移，D_4、D_6 为端部中点水平测量位移。

图 5.64　抗弯性能试验装置示意图

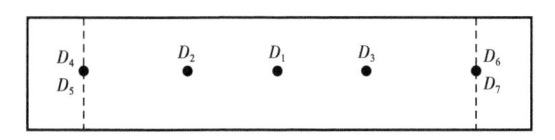

图 5.65 抗弯性能试验位移测试点示意图

（2）抗弯性能试验仪器技术要求。

抗弯性能试验仪器技术要求见表 5.20。

表 5.20 抗弯性能试验仪器技术要求

仪器名称	单位	量程	分度值	精度
管片荷载多点位移测试仪	kN	500	0.1	1 级
	mm	30	0.01	
荷载测试仪	kN	500	0.1	1 级
读数显微镜	mm	10	0.01	0.01
百分表	mm	30	0.01	1 级
电子秒表	min	>2h	1s	
加压千斤顶	500kN 能保证连续加压			

5.5.3.2 抗弯性能试验方法

抗弯性能试验方法见表 5.21。

表 5.21 抗弯性能试验方法

序号	实验方法步骤
1	将管片平稳安放在试验架上，在加载点上垫上厚度≥20mm 的橡胶垫
2	采用千斤顶分配梁系统加荷，加荷点标距 900mm 或设计确定。加压棒的长度应能覆盖管片全宽度，支承管片两端的小车可沿地面轨道滚动
3	荷载分级和持续时间：管片抗弯性能检验采用分级加载方式，先按设计荷载的 20% 级差加荷至设计荷载的 80%，再按设计荷载的 10% 级差加荷至设计荷载的 90%，继续按设计荷载的 5% 级差加荷至设计荷载，每级保持加荷荷载时间 5min，加荷至设计荷载值时应持荷 30min。加荷过程中每一级持荷结束后均应记录每级荷载值下的中心点和加荷点及水平位置等各点位移，记录裂缝开展情况和最大裂缝宽度。加荷至设计荷载持荷结束后可以卸载，终止检验。如需继续检验，则按设计荷载的 5% 级差加荷，每级保持加荷荷载时间 5min，直至破坏
4	裂缝荷载：裂缝宽度为 0.20mm 时的荷载值
5	破坏荷载：当加荷至测试仪显示数据不再上升时，以此级荷载值为最终破坏荷载，并记录最大裂缝宽度

续表

序号	实验方法步骤
6	试验记录及位移变量计算：记录每一级加荷后的位移变量，并按下列方法计算：中心点竖向计算位移 $=D_1-(D_5+D_7)/2$，载荷点位移 $=(D_2+D_3)/2-(D_5+D_7)/2$，水平点位移 $=(D_4+D_6)/2$；根据位移变量绘制各中心点、荷载点、水平点变量与荷载的关系曲线图；记录在不同荷载情况下裂缝出现的位置和裂缝宽度
7	当出现下列情况之一时检验失效，应重新检验，并应以重新检验结果为准：1）位移变量曲线出现异常突变；2）管片在加载点处出现局部破坏
8	结果评定：根据位移变量绘制各中心点、荷载点、水平点变量与荷载的关系曲线图；记录在不同荷载情况下裂缝出现的位置和裂缝宽度

抗弯性能检验照片如图 5.66 至图 5.71 所示。

图 5.66　管片抗弯试验

图 5.67　锚杆拉拔仪

图 5.68　试验荷载增加

图 5.69　观察测试仪显示数值

图 5.70　测试仪数值　　　　　　　　图 5.71　抗弯性能检测报告

5.6　管片成品检验

5.6.1　管片尺寸检验

管片尺寸检验相关数据见表 5.22。

表 5.22　管片尺寸检验

序号	项目	设计 / 规范要求	检查方法 / 依据 / 工具
1	宽度	±0.5mm，每块测 3 点	设计图纸
2	弧长、弦长	±1mm，每块测 3 点	
3	厚度	+3/−1mm，每块测 3 点	
4	螺栓孔位及孔径	±1mm，全部	
5	内半径	±1mm，每块测 3 点	
6	外半径	+2/0mm，每块测 3 点	
7	端面平整度	±0.5mm，每个端面	
8	每延米平整度	±0.2mm，每个端面	
9	预留孔洞（中心位置）	±10mm，全部	
10	预留孔洞（尺寸）	±10/0mm，全部	
11	预埋件（中心位置）	±3mm，全部	

5.6.2 外观质量检验

外观质量检验相关数据见表 5.23。

表 5.23 外观质量检验

序号	项目	设计/规范要求	检查方法/依据/工具
1	贯穿裂缝	用 20 倍读数放大镜测量，精确至 0.01mm	读数放大镜
2	拼接面裂缝	用 20 倍读数放大镜测量，精确至 0.01mm	
3	非贯穿性裂缝	用 20 倍读数放大镜测量，精确至 0.01mm	
4	内表面、外表面露筋	观察	目测
5	孔洞	观察、测量孔洞深度和长度	钢卷尺
6	麻面、粘皮、蜂窝	用钢卷尺测量，精确至 1mm	钢卷尺
7	疏松、夹层	观察	目测
8	环、纵向螺栓孔	目测，用螺栓穿孔进行试验	目测
9	缺棱掉角、飞边	观察	目测

管片成品检验照片如图 5.72 至图 5.77 所示。

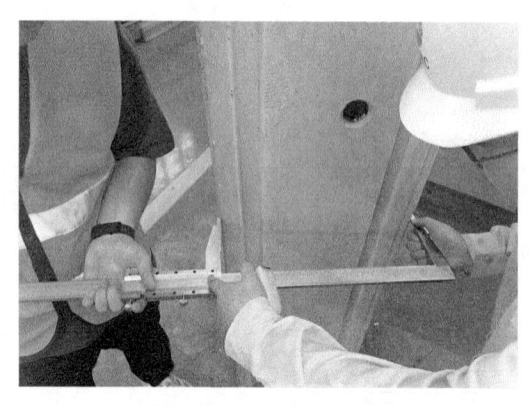

图 5.72 测量管片厚度

图 5.73 测量管片宽度

图 5.74 拼装定位孔检查

图 5.75 脱模管片强度回弹测量

图 5.76　检测主筋保护层厚度　　　　　图 5.77　管片外观质量检查

5.7　管片储存与运输

管片储存与运输相关数据见表 5.24。

表 5.24　管片储存与运输

序号	工序	项目	设计/规范要求	检查方法/依据/工具
1		倒运	管片倒运采用平板车运输模式，厂区配备专用管片倒运拖头及拖板进行管片厂区驳运工作	1）管片出池后立放整齐摆放至倒运车上，摆放时，需在后一块管片上安放防撞垫块，确保管片不碰撞破损； 2）管片出池装车完成后，平稳缓速倒运至堆场存放区域停稳
2	成品倒运与堆放	储存堆放	1）管片按堆放方法的不同，分为单片侧立和内弧面向上放置两种堆放方式； 2）管片单片侧立堆放时，方木需摆放顺直，控制好摆放间距和数量； 3）管片内弧面向上堆放时，上下方木需摆放在同一直线上，确保受力均匀	1）管片单片侧立摆放时，需横平竖直，竖直方向确保上层管片压在下层管片上，切勿摆放在下层管片缝隙上，不能单靠方木支撑上层管片重量，摆放时前后螺栓孔须在一条直线上，过于倾斜的及时调整。管片堆场堆放时前后管片之间必须卡放防撞方木。 2）管片内弧面向上堆放时，上下方木需摆放在同一直线上，确保受力均匀，最底层管片下方采用 20cm×20cm 大方木进行铺垫，上侧采用 10cm×10cm 的小方木进行隔垫。整环管片摆放整齐
3	管片运输	出厂运输	1）管片装车需要经过培训合格并取得证书的吊装指挥人员进行指挥吊装； 2）管片出厂前，需对车辆情况进行检查，对装运货物进行检查，检查货物是否装运平稳，绷带是否紧固到位	检查吊装操作人员证书，对车辆情况进行检查

管片储存与运输照片如图 5.78 至图 5.80 所示。

图 5.78 管片运输出厂

图 5.79 管片进场摆放

图 5.80 管片防护措施

6 盾构掘进关键工序检查卡

本章编制内容以国内某工程盾构掘进施工为例，整理并总结了盾构机参数、盾构机吊组装、泥水处理、管片拼装、同步注浆、带压进仓换刀等关键工序的控制参数及管理要求。盾构掘进流程图如图 6.1 所示。

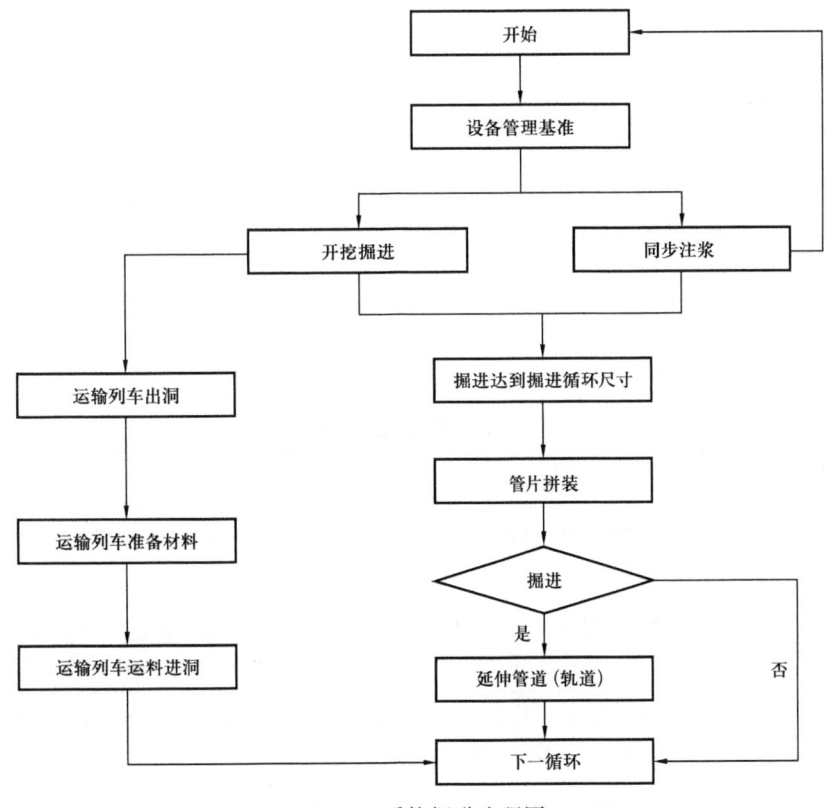

图 6.1 盾构掘进流程图

6.1 盾构机

6.1.1 盾构机简介

盾构机简介见表 6.1。

表 6.1　盾构机简介

序号	项目	设计/规范要求
1	盾构机型号	CTS7890E-1200
2	开挖直径	ϕ7950mm
3	最大工作压力	10bar（1bar=100kPa）
4	纵向爬坡能力	±5%
5	最大推进速度	60mm/min
6	整机总长度	约146m
7	整机总质量	约660t
8	装机总功率	约3071kW
9	适用管片规格（外径×内径×宽度）	7600mm×6800mm×1500mm

6.1.2　盾构机各设备参数

6.1.2.1　盾构机头设备

盾构机头设备相关数据见表6.2。

表 6.2　盾构机头设备

序号	设备	项目/参数
1	刀盘	四中空主梁+四副梁，刀盘规格ϕ7950mm×2615mm，开口率32%，结构总重（含刀具）约160t
2	前盾	前盾规格（直径×长度）ϕ7950mm×4063mm，前盾重量约135t，被动搅拌臂数量2个，前盾壳体润滑孔数量8个，压力传感器数量4个，材质采用Q355B
3	人仓	双仓并联，主仓可容纳人数3人，副仓可容纳人数2人，工作压力10bar（1bar=100kPa），刀具运输导轨配置1道
4	主驱动系统	驱动型式电驱驱动组数量6组，驱动总功率1200kW，最大转速3.1r/min，额定扭矩8284kN·m，脱困扭矩9941kN·m，密封形式为指形+VD密封，内密封数量1+1道，外密封数量1+1道
5	中盾	中盾前部规格（直径×长度）ϕ7880mm×3466mm，中盾重量约97t，超前注浆管数量为正面4个+周向16个，中盾壳体润滑孔数量8个，材质采用Q355B
6	盾尾	盾尾规格（直径×长度）ϕ7870mm×4730mm，盾尾重量57t，尾盾密封刷排数4+1排，最后一道加强型尾刷，预留一道尾刷安装空间，盾尾止浆板1排，盾尾安装间隙35mm，注浆管数量为6用8备，单、双液共用，注脂管数量4×12+1×12根，材质采用Q460D

6.1.2.2 盾构机身设备

盾构机身设备相关数据见表6.3。

表6.3 盾构机身设备

序号	设备	项目	参数/功能
1	1号拖车	主控室 分流器 排浆泵 P2.1 冲刷泵 P0.2	盾构机操控中心 泥水环流主排浆系统 刀盘冲刷功能
2	设备桥	管片吊机控制柜	为盾体各系统提供电以及P2.1提供电
3	2号拖车	左侧为砂浆罐、注浆机，右侧为换刀泵站、主液压泵站、冲刷泵变电站、液压油箱	为液压系统供油、冲刷泵供电、同步注浆。管片泵：升降、旋转；管片应急泵：供油；辅助泵：管片拼装机；注浆泵：3×10m³/h。常压换刀回油、回油系统、卸油系统、常压换刀系统、推进系统、超挖刀系统、球阀系统、管片机系统、土仓搅拌A1/A2/B1/B2、超挖回油系统、辅助系统、油箱1000L、3个注浆泵（YE2-160L-4）电机1465r/min、配电柜、油脂泵14个、WSJ-12砂浆搅拌罐、电动油脂泵、上部设置管片吊装滑道
4	3号拖车	左侧为主驱动变电柜、液压泵站配电柜，右侧为盾尾油脂泵、EP2泵	盾尾密封、主驱动润滑、主驱动供电、液压泵站供电
5	4号拖车	左侧为工业空气罐，右侧为变压器、周末保压装置	盾构机配电、周末保压、工业储气、管片吊机供电。公共变压器：除刀盘、驱动以外的用电设备供电（1600kV·A）
6	5号拖车	左侧为保压气罐，右侧为工业空压机、变压器（倒排主驱动电机、排浆泵供电）、空压机控制柜	盾构机供电、工业空气罐供气、保压气罐储气
7	6号拖车	左侧为保压气罐、休息室，右侧为保压空气机、应急发电机	提供保压空气、设备应急发电、人员休息场所
8	7号拖车	左侧为油脂库房（预留），右侧为工业水系统、内水系统、高压开关柜	提供内冲洗水、内循环水冷却、高压分
9	8号拖车	左侧为污水系统，右侧为制冷系统、收浆系统	隧道降温、换管浆液收集、污水外排等
10	9号拖车	左侧为厕所，右侧为换管装置	换管收浆
11	10号拖车	左侧为电缆箱，右侧为二次风机	二次送风、存放电缆
12	11号拖车	左侧为水管卷筒，右侧为储风筒	延伸水管存储、风管存储

盾构机照片如图 6.2 至图 6.7 所示。

图 6.2　盾构机刀盘

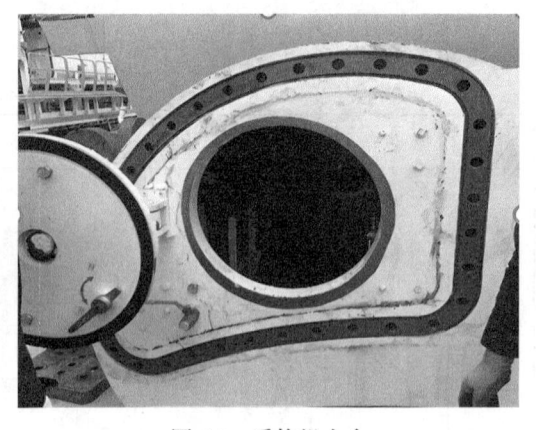

图 6.3　盾构机人仓

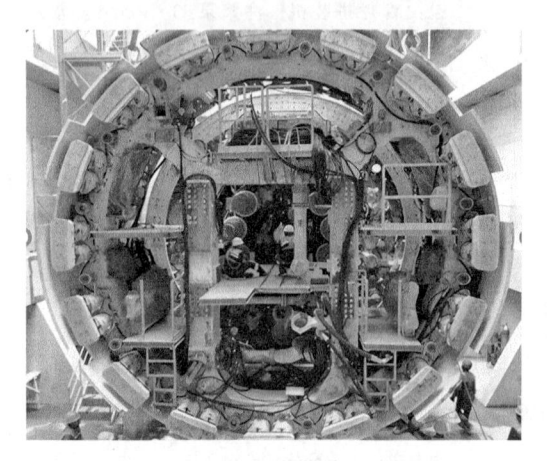

图 6.4　盾构机中盾

图 6.5　一号拖车

图 6.6　分流器

图 6.7　排浆泵

6.2 盾构机吊组装

6.2.1 吊装设备选型

吊装设备选型相关数据见表 6.4。

表 6.4 吊装设备选型

序号	项目	吊物重量/t	吊索具重/t	吊装负荷/t	选用吊车	吊装半径/m	额定负荷/t	负载率/%	检查方法/依据/工具
1	前盾+主驱动（主翻身）	125.5	11	136.5	XGC400t	12	381	35.83	1）XGC400t 履带式起重机、AC300t 汽车起重机使用说明书、起重性能表；2）中铁 996 号盾构机相关图纸资料
1	前盾+主驱地面配合翻身	125.5	2	127.5	AC300t	4.5	160	79.69	
1	前盾+主驱动（就位）	251	11	262	XGC400t	18	286.5	91.45	
2	刀盘（主翻身）	80	11	91	XGC400t	12	381	23.88	
2	刀盘地面配合翻身	80	2	82	AC300t	5	147	55.78	
2	刀盘（就位）	160	11	171	XGC400t	16	322.2	53.07	
3	中盾（主翻身）	80	11	91	XGC400t	12	381	23.88	
3	中盾地面配合翻身	80	2	82	AC300t	6	126	65.08	
3	中盾（就位）	160	11	171	XGC400t	24	206.5	82.81	
4	盾尾（下部）	30	2	32	AC300t	14	60	53.33	
5	盾尾（上部）	29	2	31	AC300t	14	60	51.67	
6	管片拼装机（含主梁）	34	1.5	35.5	AC300t	14	60	59.17	
7	一号拖车	54	2	56	AC300t	14	60	93.33	
8	设备桥	41	2	43	AC300t	14	60	71.67	
9	二号拖车	50	2	52	AC300t	14	60	86.67	
10	三号拖车	40	2	42	AC300t	14	60	70.00	
11	四号拖车	32	2	34	AC300t	20	41	82.93	
12	五号拖车	35	2	37	AC300t	20	41	90.24	
13	六号拖车	30	2	32	AC300t	20	41	78.05	
14	七号拖车	25	2	27	AC300t	20	41	65.85	
15	八号拖车	30	2	32	AC300t	20	41	78.05	
16	九号拖车	29	2	31	AC300t	14	60	51.67	
17	十号拖车	32	2	34	AC300t	20	41	82.93	

吊装设备照片如图 6.8 至图 6.11 所示。

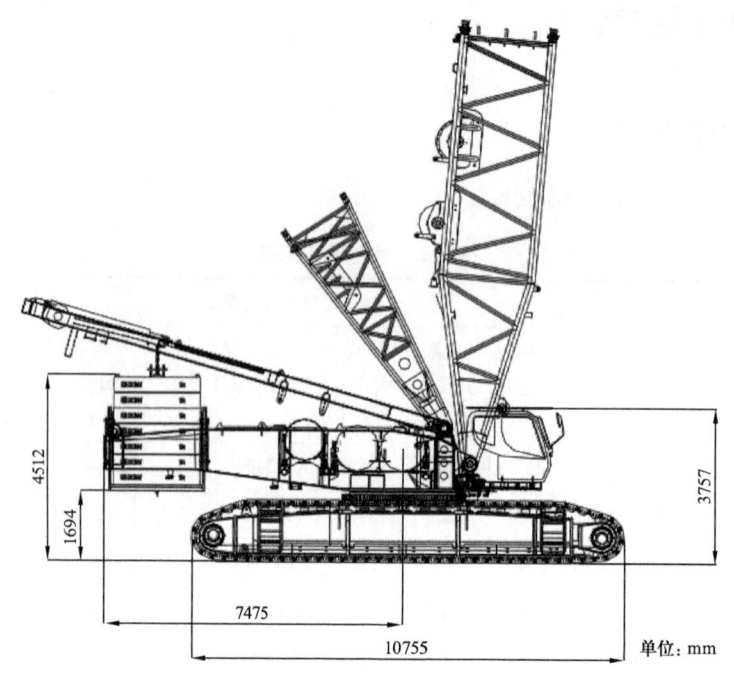

图 6.8　XGC400t 履带吊基本型工况外形图

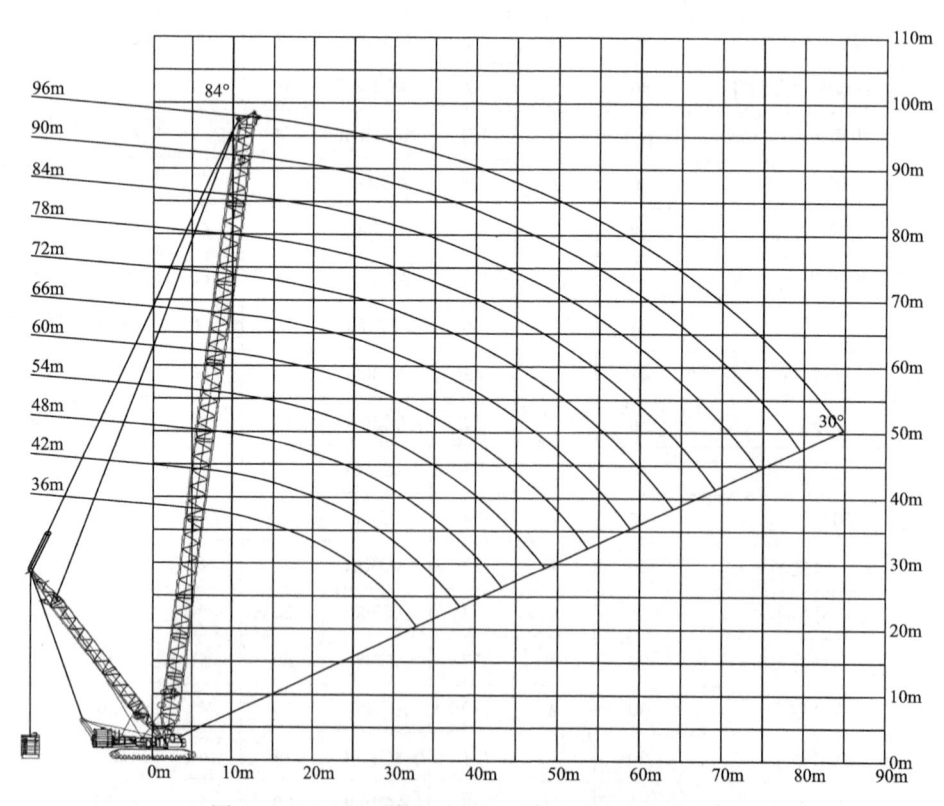

图 6.9　XGC400t 履带吊超起工况重型主臂作业范围

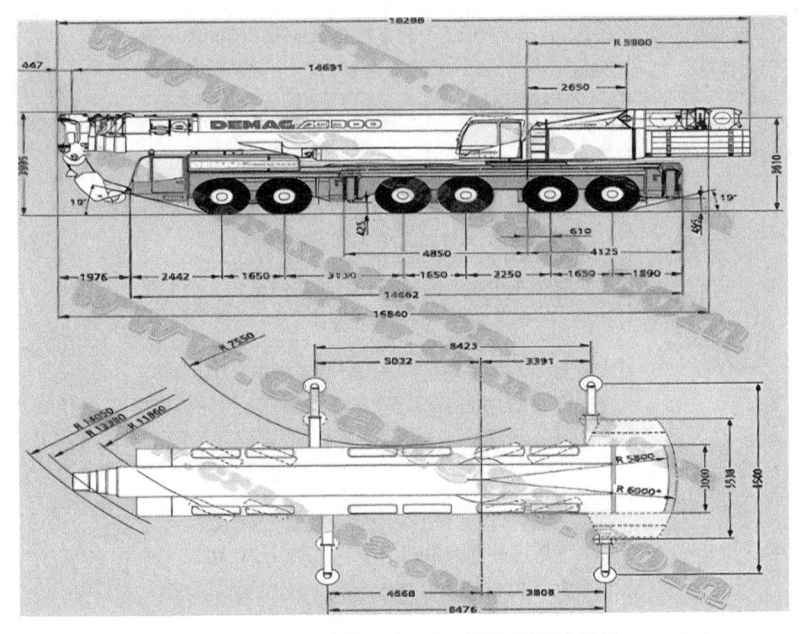

表 6.5 XGC400t 履带吊超起工况重型主臂起重性能表

幅度 /m	不同臂长下的最大起重量 /t					
	36m	42m	48m	54m	60m	66m
7	400.0					
8	400.0	384.0				
9	395.0	379.0	357.0	328.2		
10	390.0	373.0	356.0	326.7	294.7	261.7
12	381.0	362.0	348.0	323.8	292.2	261.7
14	367.5	353.0	338.0	320.8	289.7	261.7
16	322.2	321.3	320.4	317.8	287.3	260.3
18	286.5	285.6	284.8	284.4	283.5	258.3
20	256.7	256.3	256.0	255.4	254.7	253.5
22	230.6	230.5	230.2	229.6	229.0	228.3
24	206.5	206.3	206.1	205.7	205.3	204.7
26	186.7	186.5	186.3	185.8	185.4	184.8
28	170.2	169.9	169.7	169.2	168.7	168.1
30	156.1	155.8	155.6	155.1	154.6	154.0

注：110t 转台平衡重 +20t 车身平衡重 +230t 超起平衡重，超起平衡重半径 11～15m。

图 6.10 AC300t 汽车吊基本型工况外形图（单位：mm）

100 t　360°　DIN/ISO

Ausladung Radius Portée m	Hauptausleger · Main boom · Flèche principale m: 14,7 2) t	14,7 t	19,7 t	24,6 t	29,7 t	34,5 t	39,6 t	44,5 t	49,4 t	54,3 t	59,0 t	Ausladung Radius Portée m
3	300,0 1)	195,0	160,0	-	-	-	-	-	-	-	-	3
3,5	205,0 1)	180,0	160,0	140,0	-	-	-	-	-	-	-	3,5
4	181,0 1)	166,0	160,0	140,0	110,0	-	-	-	-	-	-	4
4,5	160,0 1)	155,0	154,0	140,0	110,0	-	-	-	-	-	-	4,5
5	147,0	144,0	143,0	140,0	110,0	-	-	-	-	-	-	5
6	126,0	126,0	125,0	126,0	102,0	83,0	-	-	-	-	-	6
7	112,0	112,0	111,0	111,0	94,5	83,0	70,0	-	-	-	-	7
8	101,0	101,0	99,5	100,0	87,0	77,5	66,5	58,0	-	-	-	8
9	91,5	91,5	90,0	90,5	80,5	72,0	63,5	56,5	45,0	-	-	9
10	83,5	83,5	82,0	82,5	74,5	68,5	60,0	54,5	45,0	36,0	-	10
12	-	-	69,0	69,5	64,5	62,0	54,0	49,5	44,0	35,5	28,0	12
14	-	-	59,5	60,0	56,0	56,5	48,5	44,5	40,0	34,0	28,0	14
16	-	-	46,5	51,5	49,5	51,0	43,5	39,5	36,5	32,5	26,8	16
18	-	-	-	44,5	43,5	46,0	39,0	35,5	33,0	30,5	25,5	18
20	-	-	-	38,5	38,0	41,0	35,0	32,0	30,5	28,6	24,2	20
22	-	-	-	-	33,5	36,5	31,5	29,3	28,0	26,5	22,9	22
24	-	-	-	-	29,2	32,0	29,1	26,8	25,8	24,5	21,5	24
26	-	-	-	-	21,8	28,4	26,8	24,7	23,8	22,6	20,2	26
28	-	-	-	-	-	25,4	24,4	22,9	22,0	20,9	18,9	28
30	-	-	-	-	-	22,1	21,9	21,2	20,4	19,4	17,7	30
32	-	-	-	-	-	-	19,7	19,8	18,9	18,1	16,5	32
34	-	-	-	-	-	-	17,9	17,9	17,6	17,0	15,5	34
36	-	-	-	-	-	-	-	16,2	16,4	16,0	14,5	36
38	-	-	-	-	-	-	-	14,7	15,2	15,1	13,7	38
40	-	-	-	-	-	-	-	12,0	13,8	14,3	12,8	40
42	-	-	-	-	-	-	-	-	12,6	13,2	12,1	42
44	-	-	-	-	-	-	-	-	11,4	12,1	11,4	44
46	-	-	-	-	-	-	-	-	-	11,1	10,8	46
48	-	-	-	-	-	-	-	-	-	10,2	10,3	48
50	-	-	-	-	-	-	-	-	-	7,5	9,5	50
52	-	-	-	-	-	-	-	-	-	-	8,7	52
54	-	-	-	-	-	-	-	-	-	-	7,0	54

图 6.11　AC300t 汽车吊起重性能表（100t 配重）

6.2.2　吊扣选择

吊扣选择相关数据见表 6.6。

表 6.6　吊扣选择

序号	工序	项目	设计 / 规范要求	检查方法 / 依据 / 工具
1	吊装钢丝绳选择	主机主吊钢丝绳	ϕ94mm，型号为 6×37+FC（公称抗拉强度为 1870MPa）钢丝绳	1）《起重机钢丝绳保养、维护、检验和报废》（GB/T 5972—2016） 2）《重要用途钢丝绳》（GB 8918—2006）
2		主机副吊钢丝绳选择	ϕ92mm，6×37+FC（公称抗拉强度为 1870MPa）钢丝绳	
3		拖车吊装钢丝绳	ϕ38mm，6×37+FC（公称抗拉强度为 1870MPa）钢丝绳	
4	卸扣选用	主驱动 + 前盾	主驱动 + 前盾组合体重 251t，卸车及吊装时用 4 个 85t 卸扣，溜尾翻身时，用 2 个 85t 卸扣	《钢丝绳吊索 使用和维护》（GB/T 39480—2020
5		刀盘	刀盘整体重 160t，吊装下井时用主吊采用 2 个 120t 卸扣，溜尾吊装采用 2 个 85t 卸扣	
6		中盾	中盾重为 160t，卸车、下井时时采用 4 个 55t 卸扣，用 2 个 55t 卸扣配合溜尾竖立	
7		一号拖车	一号拖车最重为 55t，吊装下井时用 4 个 21t 卸扣	
8		拼装机	拼装机为 34t，吊装下井时用 4 个 55t、2 个 35t 卸扣	
9		上、下盾尾	上、下盾尾最重为 30t，主吊采用 4 个 21t 卸扣，调整用 2 个 17.5t 卸扣	
10		其他	其他拼装小件时用 10～21t 卸扣	

6.3 盾构掘进

盾构掘进相关数据见表 6.7。

表 6.7 盾构掘进

序号	项目	设计 / 规范要求	检查方法 / 依据 / 工具
1	始发掘进	1）始发掘进前，进行始发条件验收，满足验收条件后方可实施盾构始发。应制定洞门围护结构破除方案，并采取密封措施保证始发安全。反力架应进行安全验算。 2）始发掘进时，应对盾构姿态进行复核。 3）盾构始发完成，最后一次调试完成后，拆除一把常压验证刀盘磨损情况，必要时采取人员带压进仓方式验证刀盘磨损情况及盾构设备状态	1）对洞门外经改良后的土体进行质量检查； 2）制定洞门围护结构破除方案； 3）对反力架进行安全验算； 4）对施工方案、应急预案、监测措施、人机料筹备、技术交底等项目进行验收
2	推力值、扭矩值	1）推力应控制在 1800~2000t 以内； 2）刀盘扭矩控制在 4500~5000kN·m 以内	1）盾构机的总推力根据各种推进阻力的总和及所需的富余量决定； 2）刀盘最大设计扭矩指刀盘机构所能提供的最大扭矩，主要考虑切削土体阻力及附加阻力
3	刀盘转速、掘进速度	1）刀盘转速控制在 0.8~1.2r/min； 2）正常掘进条件下，掘进速度设定为 20~40mm/min，如盾构正面遇到障碍物，掘进速度应根据实际情况降低	1）在掘进时如果刀盘转速过大，则会使刀盘在经过地层交界面时使刀具受到冲击力过大，造成刀具损坏； 2）掘进速度选取时，必须注意与地质条件匹配，避免速度选择不合适对盾构机刀盘、刀具造成非正常损坏和隧洞周边土体扰动过大
4	控向系统参数—盾构姿态	<table><tr><td>名称</td><td>单位</td><td>计算取位精度</td></tr><tr><td>横向偏差</td><td>mm</td><td>1</td></tr><tr><td>竖向偏差</td><td>mm</td><td>1</td></tr><tr><td>俯仰角</td><td>(′)</td><td>1</td></tr><tr><td>方位角</td><td>(′)</td><td>1</td></tr><tr><td>滚转角</td><td>(′)</td><td>1</td></tr><tr><td>切口里程</td><td>m</td><td>0.01</td></tr></table>	自动测量系统实时测量
5	各组油缸推力	推进系统有 16 对油缸，共 32 根，分为 4 组，设计最大推力为 7916t（161t/m²）	在上坡段掘进时，适当加大盾构下部油缸的推力；在下坡段掘进时，则适当加大上部油缸的推力；在左转弯曲线段掘进时，则适当加大右侧油缸推力；在右转弯曲线段掘进时，则适当加大左侧油缸的推力；在直线平坡段掘进时，则应尽量使所有油缸的推力保持一致
6	泥水仓压力	不超过盾构机中部高度的水压	泥浆压力与开挖面的水土压力应保持平衡，排出渣土量与开挖土量应保持平衡，并应根据掘进状况进行调整和控制

盾构掘进照片如图 6.12 至图 6.17 所示。

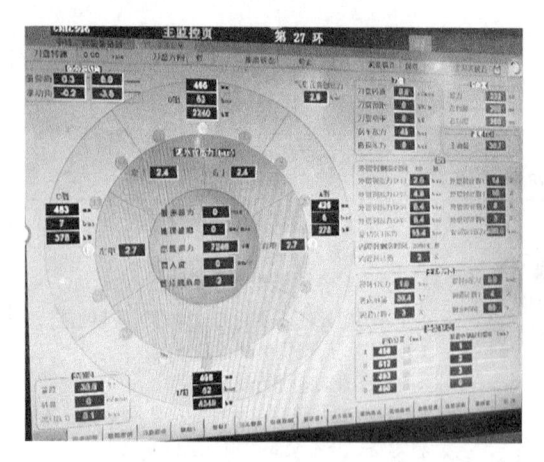

图 6.12　盾构机主控室泥水仓压力

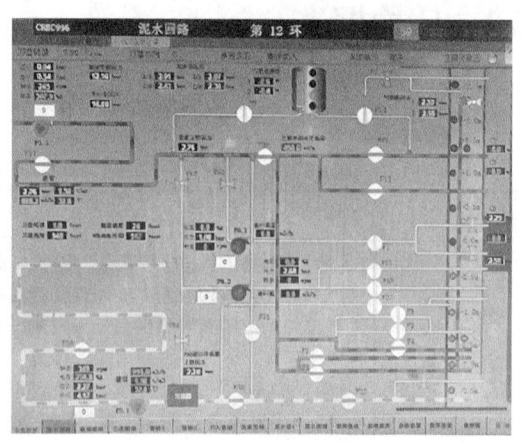

图 6.13　泥水回路

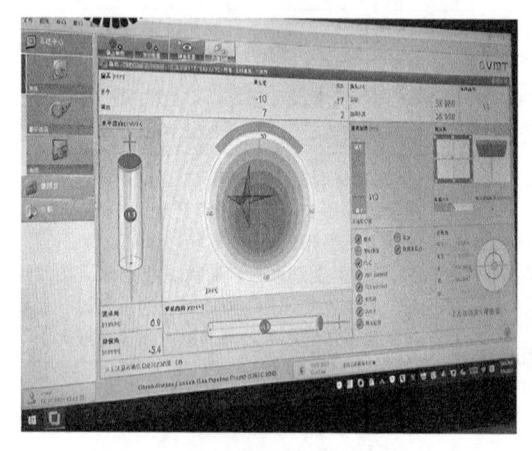

图 6.14　轴线偏差数据

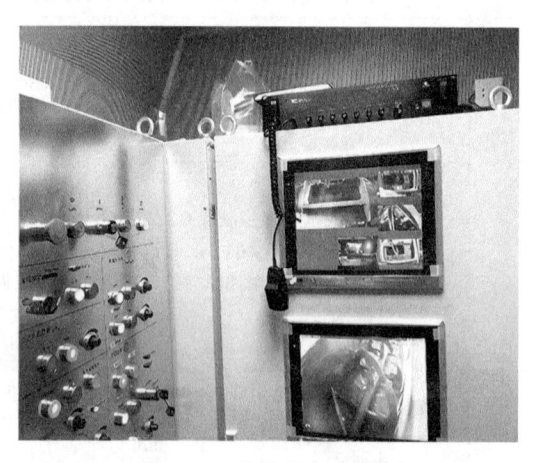

图 6.15　主控室实时监控

图 6.16　盾尾密封数据

图 6.17　注浆控制柜

6.4 盾构掘进姿态及方向管理

盾构掘进姿态及方向管理相关数据见表 6.8。

表 6.8 盾构掘进姿态及方向管理

序号	工序	项目	设计／规范要求	检查方法／依据／工具
1	盾构姿态	水平偏差	水平偏差控制在 ±50mm 以内，单环允许最大纠偏量 5mm	自动导向测量系统（VMT）／定期人工测量校核
2	盾构姿态	竖向偏差	竖向偏差控制在 ±50mm 以内，单环允许最大纠偏量 5mm	自动导向测量系统（VMT）／定期人工测量校核
3	滚动纠偏	滚动偏差	施工组织设计要求滚动偏差≤1.5°	自动导向测量系统（VMT）

6.5 泥水处理

泥水处理相关数据见表 6.9。

表 6.9 泥水处理

序号	项目	设计／规范要求	检查方法／依据／工具
1	振动筛筛分	一级配置 DN250 旋流器组，分离粒度 d50 为 75μm～2mm；二级配置 DN100 旋流器组，分离粒度 d50 为 20～75μm，进行脱水筛分处理，固体外排，液体进入沉淀池	掘进方案
2	调浆池循环利用	泥浆配比膨润土：水 =1：7	现场抽查
2	调浆池循环利用	泥水密度的范围应在 1.05～1.25g/cm³	泥浆比重计抽查密度
2	调浆池循环利用	在粉质黏土及黏土地层中掘进时，泥浆漏斗黏度宜采用 17～20s；在粉土地层中掘进时，泥浆漏斗黏度宜采用 20～22s；在粉细砂或细砂地层中掘进时，泥浆漏斗黏度宜采用 20～25s	泥浆黏度计测定
2	调浆池循环利用	泥水的析水量须<5%，须呈碱性，pH 值约 8.1	泥浆失水量测定仪，泥浆 pH 值分析仪测定侵出液
2	调浆池循环利用	含砂量 3%	使用筛分装置或砂量仪代测
3	渣土外运	渣不落地	设备报验、抽查维护保养记录、检查防渗措施，定期巡查排浆管线无渗漏

泥水处理照片如图 6.18 至图 6.21 所示。

图 6.18　泥浆池　　　　　　　图 6.19　泥浆相对密度、黏度、含砂率试验

图 6.20　泥浆试验仪器包

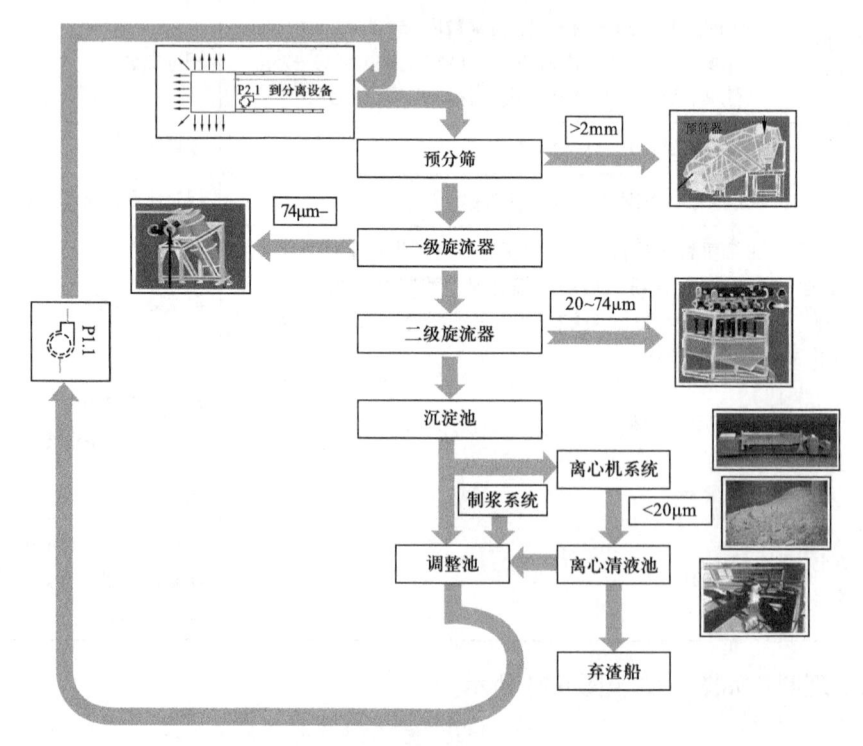

图 6.21　泥水处理流程图

6.6 管片拼装

6.6.1 管片拼装准备

管片拼装准备相关数据见表 6.10。

表 6.10　管片拼装准备

序号	项目	设计／规范要求	检查方法／依据／工具
1	管片质量检查	隧道主体的管片必须经过质检工程师检查验收合格后方可吊装下井	凡存在缺角、止水材料粘贴不合格、蜂窝、麻面、裂缝、破损等缺陷的混凝土管片一律不得吊运下井。并要对不合格管片做好记录
2	下井和运输组织	管片下井作业人员必须按照井下值班工程师的型号要求进行管片下井作业	下井和运输组织过程中要注意对管片本身以及粘贴的防水材料的保护
3	管片吊机卸车、倒运管片	管片通过水平运输设备运送到安装区域后通过安装在拖车上的机械手进行卸车	卸车时再次对管片的型号、本身外观及防水材料粘贴质量进行检查，同时根据安装的点位合理放置各片管片
4	管片安装区清理	管片安装前要对安装区域进行清理，盾壳内的积水、污泥要完全清除干净	观察
5	管片安装前检查	盾构掘进完成后要将安装的管片就位并清理干净，同时检查运至作业面的管片是否和工程师下达的本环管片指令类型相同	检查管片是否有破损、掉角、脱边以及裂缝；止水条、衬垫和自粘性橡胶薄板等是否有起鼓、隆起、断裂、破损和脱落等现象，管片连接螺栓、垫圈、螺栓孔密封垫圈及吊装孔封堵塞等数量是否齐全，质量是否完好；安装工具（风动扳手、梅花扳手、手锤）是否齐全，风管及高压风等状况是否良好

6.6.2 管片拼装精度控制

管片拼装精度控制相关数据见表 6.11。

表 6.11　管片拼装精度控制

序号	项目	允许误差	检查方法／依据／工具	备注
1	相邻环的环向间隙	1.0mm	塞尺	
2	纵缝相邻块的块间间隙	2+2/0mm	塞尺	2mm 为传力衬垫
3	对应的环向螺栓孔不同轴度	1mm	铅锤	
4	拼装成环的水平直径偏差、竖向直径偏差	2‰D	全站仪	D 为外直径
5	隧道轴线平面位置	±50mm	全站仪	

续表

序号	项目	允许误差	检查方法/依据/工具	备注
6	隧道轴线高程	±50mm	全站仪	
7	衬砌环内错台	10mm	塞尺、钢板尺	隧道成型后
8	衬砌环间错台	15mm	塞尺、钢板尺	隧道成型后

管片拼装施工照片如图 6.22 至图 6.27 所示。

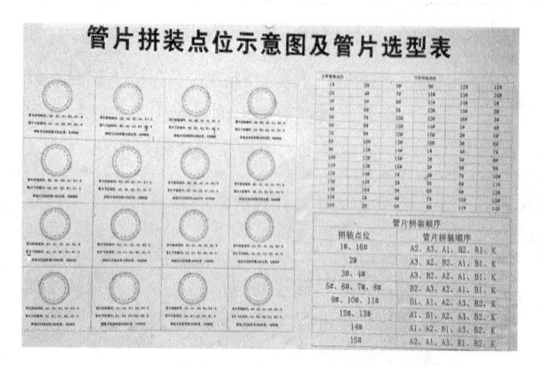

图 6.22　管片拼装点位及管片选型表

图 6.23　管片拼装机

图 6.24　管片拼装施工

图 6.25　检查拼装过程

图 6.26　测量纵缝间隙

图 6.27　测量错台量

6.7 同步注浆

同步注浆相关数据见表 6.12。

表 6.12 同步注浆

序号	工序	项目	设计/规范要求	检查方法/依据/工具
1	同步注浆	胶凝时间	4~8h	施工记录
2		固结体强度	24h 屈服强度≥0.2MPa；28d 抗压强度≥1.0MPa	见证取样、检测报告
3		析水率	5%	现场抽查配比
4		密度	1.9g/cm³	
5				
6				
7		稠度	11.5~13.5cm	
8				
9		注浆压力	盾构试掘进阶段同步注浆压力应控制在1.1~1.2bar，正常掘进阶段应＞泥水仓压力0.1~0.2bar（1bar=100kPa）	查看注浆压力表
10	泥浆配合比	浆液成分	水泥200kg，粉煤灰273kg，膨润土100kg，砂350kg，微彭润剂15kg，絮凝剂12kg，水520kg	试验报告

同步注浆施工照片如图 6.28 至图 6.33 所示。

图 6.28 泥浆相对密度、含砂率、黏度试验

图 6.29 水泥储存罐

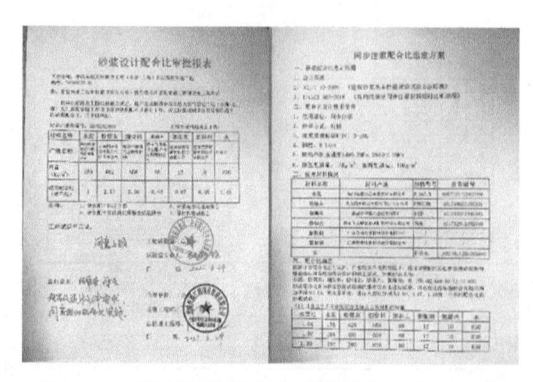

图 6.30 同步注浆配合比审批报表、选定方案

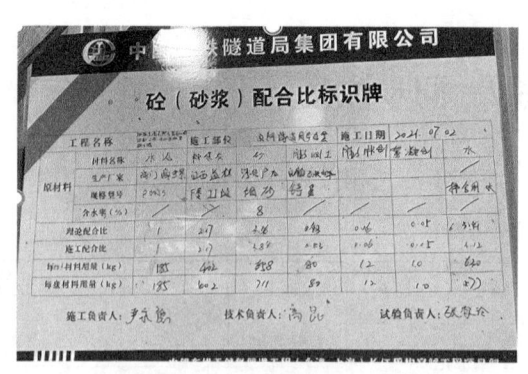

图 6.31 砂浆配合比标识牌

图 6.32 二次注浆

图 6.33 同步注浆搅拌站

6.8 盾构带压进仓换刀

6.8.1 盾构带压开仓标准

盾构带压开仓标准见表 6.13。

表 6.13 盾构带压开仓标准

序号	项目	设计/规范要求	检查方法/依据/工具
1	土仓压力	压力≤0.36MPa	方案交底
2	一氧化碳	≤0.0024%	
3	二氧化碳	≤0.5%	
4	甲烷	≤1%［=20% 爆炸下限（LEL）］	
5	硫化氢	≤0.00066%	
6	氧气	1.5~2.5MPa	
7	地层情况观察	开仓后及时观察、描述掌子面地层情况	
8	刀具检查	刀具的磨损量检测，外观检测，刀具螺栓检测，刀盘螺栓检查	

6.8.2 常规带压进仓气体检测标准

常规带压进仓气体检测标准见表 6.14。

表 6.14 常规带压进仓气体检测标准

序号	项目	设计/规范要求	检查方法/依据/工具
1	一氧化碳	≤0.0024	方案交底
2	二氧化碳	≤0.5	
3	甲烷	≤1	
4	硫化氢	≤0.00066	
5	氧气	19~22	

进仓作业施工照片如图 6.34 和图 6.35 所示。

图 6.34 开仓作业前检查施工照片 图 6.35 带压开仓作业施工照片

6.9 盾构掘进监测及测量

盾构掘进监测相关数据见表 6.15，盾构掘进测量相关数据见表 6.16。

表 6.15 盾构掘进监测

序号	项目	设计/规范要求	检查方法/依据/工具
1	地表沉降	穿越盾构隧道轴线上方地表监测点每 5~10m 布设 1 个测点，监测断面间距宜为 50m，隧道中线两侧各 1.5 倍埋深范围	全站仪
2		坚硬—中硬土 10~20mm，中软—软弱土 15~25mm，变化速率 3mm/d	全站仪

续表

序号	项目	设计/规范要求	检查方法/依据/工具
3	建筑物沉降、倾斜	隧道中线两侧各1倍埋深范围内的建筑物四角,沿墙体或长江大堤每5~10m处或每隔2~3根柱基上;建筑物倾斜,测点布置在重要的高层、高耸建(构)筑物上,同一断面内顶部及底部宜各设置1个测点	全站仪
4		累计值30mm,变化速率3mm/d	全站仪
5	地下管线沉降	施工影响范围的管线,测点间距5~15m,可结合地表沉降监测点布设	全站仪
6	隧道收敛变形	纵向每10环设置1组收敛变形测点	全站仪
7	隧道纵向沉降	纵向每10环设置1个纵向沉降测点	全站仪
8	管片结构沉降	坚硬—中硬土累计值10~20mm,中软—软弱土累计值20~30mm	全站仪
9	管片结构净空收敛	累计值0.2%D,变化速率3mm/d	全站仪

表6.16 盾构掘进测量

序号	工序	项目	设计/规范要求	检查方法/依据/工具
1	水准基准网	垂直沉降监测控制网技术要求	见表6.17	全站仪
2	平面基准网	水平位移监测控制网主要技术要求	见表6.18	全站仪
3		黄色预警	累计值和速率值双控指标均达到控制值的70%,或双控指标之一达到控制值的80%	
4		橙色预警	累计值和速率值双指标均达到控制值的80%,或双控指标之一达到控制值	
5		红色预警	累计变形监测的绝对值和速率值双控指标均达到控制值	

表6.17 垂直沉降监测控制网技术要求

等级	相邻基准点的点位中误差/mm	平均边长/m	测角中误差/(″)	最弱边相对中误差	全站仪标称精度	水平角观测测回数	距离观测测回数（往测）	距离观测测回数（返测）
Ⅰ	±1.5	150	±1.0	≤1/120000	±1″,±(1mm+1×10-6×D)	9	4	4
Ⅱ	±3.0	150	±1.8	≤1/70000	±2″,±(2mm+2×10-6×D)	9	3	3
Ⅲ	±6.0	150	±2.5	≤1/40000	±2″,±(2mm+210-6×D)	6	2	2

表 6.18 水平位移监测控制网主要技术要求

等级	相邻基准点高差中误差/mm	每站高差中误差/mm	往返较差,附合合或环线闭合差/mm	检测已测高差之较差/mm
Ⅰ	±0.3	±0.07	±0.15$\sqrt{n}$	0.2$\sqrt{n}$
Ⅱ	±0.5	±0.15	±0.30$\sqrt{n}$	0.4$\sqrt{n}$
Ⅲ	±1.0	±0.30	±0.60$\sqrt{n}$	0.8$\sqrt{n}$

盾构掘进监测照片如图 6.36 至图 6.39 所示。

图 6.36 拱顶沉降、净空收敛测量

图 6.37 地表沉降测量

图 6.38 隧道内沉降监测点

盾构区间现场安全巡视记录表

巡查时间:2021年11月7日10时　　气温:21℃　　天气:小雨　　现场巡查人:侯如溪

分类	巡查内容	巡查结果	备注
施工工况	盾构始发端、接收端土体加固情况	1. 盾构停机保压未掘进。 2. 盾构p2.9泵站故障维修。 3. 文明施工。	
	盾构掘进位置(环号)		
	盾构停机、开仓等的时间位置		
	掘进面土的类型、特征及含水量情况		
	其他		
管片变形	管片破损、开裂、错台情况	无	
	管片渗漏水情况		
	其他		
周边环境	建(构)筑物、桥梁墩台或梁体等的裂缝位置、数量和宽度,混凝土剥落位置、大小和数量、设施能否正常使用	无	
	地下构筑物给水及渗水情况,地下管线的漏水、漏气情况	无	
	周边地表或地面的裂缝、沉降、隆起、冒浆的位置、范围等	无	
	河流的水位变化情况,水面有无出现旋涡、气泡及其位置、范围,堤坡裂缝宽度、深度、数量及其发展趋势等	无	
	工程周边的开挖、堆载、打桩等可能影响工程安全的其他生产活动	无	
	其他	无	
监测设施	基准点、监测点的完好状况、保护情况	DBC5-5、DBC5-6、DBC5-8、DB01、DB02、DB03、JMD02、JMD03占压、DB04、DB05破坏	
	监测元器件的完好状况、保护情况	良好	
	其他	无	

图 6.39 隧道内安全监测记录